Concours professeur des écoles

CRPE

PRÉPARATION COMPLÈTE

Oral

Éducation physique et sportive

Alain Saint-Jalmes

Professeur agrégé d'EPS

Instituteur

Conseiller pédagogique départemental pour l'EPS, direction académique d'Ille-et-vilaine

Membre du jury de recrutement du CRPE, académie de Rennes

Nathan

Responsable d'édition : Géraldine de Saint Palais
Conception maquette : Nicolas Balbo
Conception couverture : Marie-Astrid Bailly-Maître
Coordination artistique : Isabelle Jalfre
Mise en pages : Lo Yenne/Nicole Sicre
Illustrations : Corinne Tarcelin
Fabrication : Camille Friquet

ISBN : 978-2-09-164727-2

AVANT-PROPOS

Vous êtes admissible. Félicitations ! Il faut maintenant vous préparer pour réussir les épreuves orales.

Le concours de recrutement de professeurs des écoles (CRPE) a été modifié par l'arrêté du 19 avril 2013. Pour l'éducation physique et sportive (EPS), le changement est doublement important.

D'une part, le coefficient attribué à la discipline est désormais plus conséquent. Vous devrez donc vous préparer d'autant plus.

D'autre part, le contenu même de l'épreuve a évolué. Il y a des ressemblances avec l'ancien concours, que certains des enseignants que vous rencontrerez en stage auront sans doute connu.

Le sujet s'appuiera sur des documents ou sur une question en vue de l'exposé. Ne vous inquiétez pas, cet ouvrage est destiné à vous préparer au mieux à cette nouvelle épreuve.

Pour cela, vous trouverez en **introduction** la présentation des modalités du concours, des informations sur le déroulement de l'épreuve orale, ainsi que des conseils pour la préparer.

La **partie « Méthodologie »** vous guidera pas à pas pour optimiser votre organisation le jour J. Des sujets y sont analysés afin de vous donner les clés pour réussir l'épreuve.

La partie « **L'EPS à l'école primaire** » vous apprendra tout sur l'EPS en tant que discipline scolaire (décryptage des programmes, la santé à l'école, le développement moteur de l'enfant…).

La partie « **Les contenus d'enseignement** » aborde toutes les **notions au programme du concours** et vous présente toutes les **compétences et connaissances attendues**.

Attention !

Nous nous appuyons sur les nouveaux programmes de l'école maternelle (*B.O.* du 26 mars 2015) et de l'école élémentaire (*B.O.* du 26 novembre 2015).

Nous nous appuyons également sur **la nouvelle définition de l'épreuve** (arrêté du 13 mai 2015) qui liste huit activités au programme (voir p. 16)

La dernière partie vous préparera à l'épreuve dans les conditions réelles du concours à travers **dix sujets corrigés**.

Enfin, vous retrouverez les nouveaux programmes de 2015 en fin d'ouvrage.

*Remarque : les mots signalés par un astérisque * dans l'ouvrage sont définis sur les rabats.*

Bonne préparation et bon courage !

SOMMAIRE

Introduction

Partie I Méthodologie de l'épreuve

Partie II L'EPS à l'école primaire

Partie III Les contenus d'enseignement

Partie IV Sujets corrigés

Annexes

Présentation du concours

Important

Pour retrouver les textes officiels ou obtenir des informations détaillées, n'hésitez pas à consulter le site du ministère de l'Éducation nationale : www.education.gouv.fr.

1 Les modalités du concours

1.1 *Les conditions d'inscription au concours externe*

a) Les conditions générales du concours externe

Vous devez remplir la condition prévue à l'article L.141-5 du Code de l'éducation disposant que « dans les établissements du premier degré publics, l'enseignement est exclusivement confié à un personnel laïque ».

Aucune limite d'âge n'est imposée. Néanmoins, vous ne serez pas admis à concourir s'il apparaît que vous dépasserez la limite d'âge (65 ans) à la date à laquelle devra intervenir votre titularisation, après accomplissement de votre stage d'un an.

Pour vous inscrire, vous devez, au plus tard le jour de la première épreuve d'admissibilité :
– posséder la nationalité française ou être ressortissant d'un autre État membre de l'Union européenne, ou d'Andorre ou de Suisse ;
– jouir de vos droits civiques ;
– ne pas avoir subi une condamnation incompatible avec l'exercice des fonctions ;
– être en position régulière au regard des obligations du service national ;
– justifier des conditions d'aptitude physique requises.

b) Les conditions spécifiques du concours externe

Vous ne pouvez pas être candidat au concours externe si vous êtes professeur des écoles stagiaire ou titulaire.

- **Conditions de titre ou de diplôme**

Vous devez justifier à la date de publication des résultats d'admissibilité :
– d'une inscription en première année d'études (M1) en vue de l'obtention d'un master ou d'un titre ou diplôme reconnu équivalent par le ministre chargé de l'Éducation ;
– ou des conditions pour vous inscrire en dernière année d'études en vue de l'obtention d'un master ou d'un titre ou diplôme reconnu équivalent par le ministre chargé de l'Éducation ;
– ou d'une inscription en dernière année d'études en vue de l'obtention d'un master ou d'un titre ou diplôme jugé équivalent par le ministre chargé de l'Éducation ;

– ou d'un master (M2) ou d'un titre ou diplôme reconnu équivalent par le ministre chargé de l'Éducation (titre ou diplôme classé au niveau I du répertoire national des certifications professionnelles ou sanctionnant un cycle d'études post-secondaires d'au moins cinq années).

Vous êtes reconnu justifier de la condition de titre ou de diplôme pour vous inscrire au concours si vous avez ou avez eu la qualité de fonctionnaire titulaire dans un corps de personnels enseignants ou d'éducation ou de maître contractuel des établissements d'enseignement privé sous contrat admis définitivement à une échelle de rémunération.

Vous êtes dispensé de diplôme si vous êtes mère ou père de famille d'au moins trois enfants ou sportif de haut niveau à la date de publication des résultats d'admissibilité.

- **Conditions requises à l'issue de l'admission**

Pour être nommé fonctionnaire stagiaire, vous devez justifier d'une inscription en dernière année d'études en vue de l'obtention d'un master métiers de l'enseignement, de l'éducation et de la formation (MEEF), sauf si vous détenez un master ou un titre ou diplôme reconnu équivalent par le ministre chargé de l'Éducation.

Si vous ne pouvez pas justifier d'une telle inscription, vous garderez le bénéfice du concours jusqu'à la rentrée scolaire suivante. Si vous justifiez alors d'une telle inscription, vous pourrez être nommé fonctionnaire stagiaire ; dans le cas contraire, vous ne pourrez être nommé et perdrez le bénéfice du concours.

Pour être titularisé, vous devrez justifier d'un master ou d'un titre ou diplôme reconnu équivalent par le ministre chargé de l'Éducation. Si vous êtes déclaré apte à être titularisé sans détenir un master ou un titre ou diplôme reconnu équivalent, votre stage sera prorogé d'un an afin de parfaire la condition de diplôme. Si à l'issue de cette prolongation vous ne justifiez pas d'un tel diplôme, vous serez licencié ou réintégré dans votre corps d'origine si vous aviez déjà la qualité de fonctionnaire.

- **Qualifications en natation et secourisme**

Vous devez justifier des deux qualifications suivantes au plus tard à la date de publication des résultats d'admissibilité :
– une attestation certifiant que vous avez réalisé un parcours d'au moins 50 mètres dans une piscine placée sous la responsabilité d'un service public, établie par un service universitaire (STAPS, SCAPS), ou par une autorité d'un service public territorial des activités physiques et sportives (piscine municipale), ou par une autre autorité publique habilitée à assurer une formation dans le domaine de la natation ;
– une attestation certifiant votre qualification en secourisme reconnue de niveau au moins égal à celui de l'unité d'enseignement « prévention et secours civiques de niveau 1 » (PSC1) par le ministère de l'Intérieur (sécurité civile). Les candidats détenteurs de l'AFPS n'ont pas à justifier du PSC1.

Pour ces deux qualifications, les attestations délivrées par une autorité compétente d'un État membre de l'Union européenne ou d'un autre État partie à l'accord sur l'espace économique européen sont également admises.

Si vous êtes déclaré admissible au concours et que vous ne justifiez pas à la date de publication des résultats d'admissibilité de chacune de ces deux qualifications, vous ne serez pas admis à vous présenter aux épreuves d'admission.

Les dispenses de diplôme consenties aux mères et aux pères d'au moins trois enfants et aux sportifs de haut niveau ne sauraient s'étendre aux qualifications en natation et en secourisme exigées, l'administration devant vérifier que les intéressés seront en mesure de porter secours aux élèves placés sous leur responsabilité.

Les candidats atteints d'un handicap relevant de l'une des catégories mentionnées aux 1°, 2°, 3°, 4°, 9°, 10° et 11° de l'article L. 5212-13 du Code du travail qui ne sont pas, en raison de leur handicap, en mesure d'obtenir ces qualifications, peuvent en être dispensés après qu'un médecin agréé aura constaté, d'une part, l'incompatibilité du handicap avec le respect de l'une ou l'autre ou les deux de ces conditions et, d'autre part, que l'absence de respect de celle-ci ne remet pas en cause l'aptitude du candidat à exercer les fonctions postulées, compte tenu des possibilités de compensation du handicap.

1.2 *Un concours disciplinaire et professionnel*

Les modalités des épreuves des concours enseignants mettent en œuvre deux principes fondamentaux :
– un recrutement fondé sur des épreuves de concours d'un haut niveau intellectuel et scientifique qui exige des candidats en premier lieu la maîtrise du ou des champs disciplinaires concernés ;
– une prise en compte, à l'écrit et à l'oral, des dimensions professionnelles de l'enseignement ou de l'éducation des élèves.

Ce travail a été réalisé selon des orientations portées en commun par les ministères de l'Éducation nationale et de l'Enseignement supérieur et de la Recherche :
– une évaluation des compétences disciplinaires, tout en établissant une professionnalisation des contenus des quatre épreuves ;
– des épreuves de concours qui ne dupliquent pas la certification des masters mention métiers de l'enseignement, de l'éducation et de la formation (MEEF), mais permettent de sélectionner et de classer les candidats répondant aux critères d'excellence disciplinaire, et ayant initié une démarche professionnelle ;
– des épreuves se rapportant aux compétences professionnelles prenant appui sur les éléments des stages d'observation et de pratique accompagnée, en école ou en établissement scolaire, réalisés au cours du parcours universitaire et tout particulièrement lors de la première année de master.

Le nouveau concours respecte un cadrage précis :
– un concours composé de deux épreuves écrites d'admissibilité et deux épreuves orales d'admission ;
– une répartition des coefficients d'un tiers pour l'admissibilité et de deux tiers pour l'admission ;
– une connaissance du contexte institutionnel de l'école érigée en passage obligé pour l'ensemble des concours.

Les lauréats sont recrutés comme professeurs ou conseillers d'éducation stagiaires et placés en stage en responsabilité en alternance à mi-temps en école à la rentrée suivante. Ils suivent dans les ESPE les enseignements de leur seconde année de master MEEF ou une formation spécifique pour ceux déjà titulaires d'un master.

1.3 Les ESPE

Les écoles supérieures du professorat et de l'éducation (ESPE) ont ouvert leurs portes à la rentrée 2013.

La formation qui est dispensée au sein de ces écoles comprend une importante dimension professionnelle. Elle allie un tronc commun, visant à créer une culture partagée par tous les futurs professeurs et personnels d'éducation, des enseignements orientés vers la pratique professionnelle, des enseignements de spécialisation en fonction du métier choisi par l'étudiant. Cette formation interne aux ESPE est complétée par des stages successifs dans les écoles ou les établissements, afin de permettre aux étudiants d'entrer progressivement dans le métier.

Les ESPE délivrent des masters des métiers de l'enseignement, de l'éducation et de la formation (MEEF) à l'issue de deux années d'études. À la fin de leur première année de master, les étudiants des ESPE peuvent présenter les concours de l'enseignement et de l'éducation.

1.4 Un concours académique

Le concours de recrutement des professeurs des écoles est académique. Les lauréats sont nommés professeurs stagiaires et sont affectés dans un département de l'académie dans laquelle ils ont été recrutés. Le choix du département est effectué en fonction des vœux des intéressés et dans l'ordre de leur classement aux concours externe ou interne, d'où l'importance du choix de cette académie lors de l'inscription au concours. Le directeur académique des services de l'Éducation nationale (DASEN) les affecte dans une école du département.

À savoir

Le nombre de candidats par poste varie selon les académies. Vous aurez ainsi plus de chances d'être admis dans les académies de Créteil, de Guyane ou de Versailles, qui ont moins de candidats par rapport au nombre de postes offerts. À l'inverse, dans les académies de Toulouse, de Corse et de la Réunion, vous aurez moins de chances d'être admis, en raison de la proportion plus élevée de candidats par rapport au nombre de postes offerts. Les lauréats sont affectés dans un des départements de l'académie où ils ont passé le concours et enseigneront après titularisation dans ce département (d'où l'importance du choix de l'académie lors de l'inscription au concours).

2 Les épreuves du concours

L'ensemble des épreuves du concours vise à évaluer les capacités des candidats au regard des dimensions disciplinaires, scientifiques et professionnelles de l'acte d'enseigner et des situations d'enseignement.

À savoir

Le cadre de référence des épreuves d'admissibilité est celui des programmes pour l'école primaire.
Les connaissances attendues des candidats sont celles que nécessite un enseignement maîtrisé de ces programmes. Le niveau attendu correspond à celui exigé par la maîtrise des programmes de collège.
Les épreuves d'admissibilité portent sur le français et les mathématiques. Certaines questions portent sur le programme et le contexte de l'école primaire et nécessitent une connaissance approfondie des cycles d'enseignement de l'école primaire, des éléments du socle commun de connaissances, de compétences et de culture et des contextes de l'école maternelle et de l'école élémentaire.

ÉPREUVES D'ADMISSIBILITÉ	Durée	Barème
1. Épreuve écrite de français L'épreuve vise à évaluer la maîtrise de la langue française des candidats (correction syntaxique, morphologique et lexicale, niveau de langue et clarté d'expression) ainsi que leurs connaissances sur la langue ; elle doit aussi évaluer leur capacité à comprendre et à analyser des textes (dégager des problématiques, construire et développer une argumentation) ainsi que leur capacité à apprécier les intérêts et les limites didactiques de pratiques d'enseignement du français. L'épreuve comporte trois parties : **1.** La production d'une réponse, construite et rédigée, à une question portant sur un ou plusieurs textes littéraires ou documentaires. **2.** Une partie portant sur la connaissance de la langue (grammaire, orthographe, lexique et système phonologique) ; le candidat peut avoir à répondre à des questions de façon argumentée, à une série de questions portant sur des connaissances ponctuelles, à procéder à des analyses d'erreurs-types dans des productions d'élèves, en formulant des hypothèses sur leurs origines. **3.** Une analyse d'un dossier composé d'un ou plusieurs supports d'enseignement du français, choisis dans le cadre des programmes de l'école primaire qu'ils soient destinés aux élèves ou aux enseignants (manuels scolaires, documents à caractère pédagogique), et de productions d'élèves de tous types, permettant d'apprécier la capacité du candidat à maîtriser les notions présentes dans les situations d'enseignement.	4 heures	L'épreuve est notée sur 40 points : 11 pour la première partie, 11 pour la deuxième et 13 pour la troisième ; 5 points permettent d'évaluer la correction syntaxique et la qualité écrite de la production du candidat. Une note globale égale ou inférieure à 10 sur 40 est éliminatoire.
2. Épreuve écrite de mathématiques L'épreuve vise à évaluer la maîtrise des savoirs disciplinaires nécessaires à l'enseignement des mathématiques à l'école primaire et la capacité à prendre du recul par rapport aux différentes notions. Dans le traitement de chacune des questions, le candidat est amené à s'engager dans un raisonnement, à le conduire et à l'exposer de manière claire et rigoureuse. L'épreuve comporte trois parties : **1.** Une première partie constituée d'un problème portant sur un ou plusieurs domaines des programmes de l'école ou du collège, ou sur des éléments du socle commun de connaissances, de compétences et de culture, permettant d'apprécier particulièrement la capacité du candidat à rechercher, extraire et organiser l'information utile. **2.** Une deuxième partie composée d'exercices indépendants, complémentaires à la première partie, permettant de vérifier les connaissances et compétences du candidat dans différents domaines des programmes de l'école ou du collège. Ces exercices pourront être proposés sous forme de questions à choix multiples, de questions à réponse construite ou bien d'analyses d'erreurs-types dans des productions d'élèves, en formulant des hypothèses sur leurs origines. **3.** Une analyse d'un dossier composé d'un ou plusieurs supports d'enseignement des mathématiques, choisis dans le cadre des programmes de l'école primaire qu'ils soient destinés aux élèves ou aux enseignants (manuels scolaires, documents à caractère pédagogique), et productions d'élèves de tous types, permettant d'apprécier la capacité du candidat à maîtriser les notions présentes dans les situations d'enseignement.	4 heures	L'épreuve est notée sur 40 points : 13 pour la première partie, 13 pour la deuxième et 14 pour la troisième. 5 points au maximum peuvent être retirés pour tenir compte de la correction syntaxique et de la qualité écrite de la production du candidat. Une note globale égale ou inférieure à 10 sur 40 est éliminatoire.

▶▶▶

ÉPREUVES D'ADMISSION	Durée	Barème
Les deux épreuves orales d'admission comportent un entretien avec le jury qui permet d'évaluer la capacité du candidat à s'exprimer avec clarté et précision, à réfléchir aux enjeux scientifiques, didactiques, épistémologiques, culturels et sociaux que revêt l'enseignement des champs disciplinaires du concours, et des rapports qu'ils entretiennent entre eux.		
1. Première épreuve orale : mise en situation professionnelle dans un domaine au choix du candidat Cette épreuve vise à évaluer les compétences scientifiques, didactiques et pédagogiques du candidat dans un domaine d'enseignement relevant des missions ou des programmes de l'école élémentaire ou de l'école maternelle, choisi au moment de l'inscription au concours parmi les domaines suivants : sciences et technologie, histoire, géographie, histoire des arts, arts visuels, éducation musicale, enseignement moral et civique. Le candidat remet préalablement au jury un dossier de dix pages au plus, portant sur le sujet qu'il a choisi. Ce dossier pourra être conçu à l'aide des différentes possibilités offertes par les technologies de l'information et de la communication usuelles, y compris audiovisuelles (format « Compact Disc »). Il est adressé au président du jury sous format papier accompagné le cas échéant d'un support numérique « Compact Disc », dans un délai et selon des modalités fixées par le jury. Ce dossier se compose de deux ensembles : – une synthèse des fondements scientifiques relatifs au sujet retenu ; – la description d'une séquence pédagogique, relative au sujet choisi, accompagnée des documents se rapportant à cette dernière. L'épreuve comporte : – la présentation du dossier par le candidat (vingt minutes) ; – un entretien avec le jury portant, d'une part, sur les aspects scientifiques, pédagogiques et didactiques du dossier et de sa présentation, et, d'autre part, sur un élargissement et/ou un approfondissement dans le domaine considéré (quarante minutes), pouvant notamment porter sur sa connaissance réfléchie des différentes théories du développement de l'enfant. **Le candidat apporte tout le matériel nécessaire à sa prestation.** La responsabilité de l'utilisation et de la bonne marche du matériel apporté par le candidat lui incombe. **Il n'est fourni par les organisateurs du concours que l'accès à un branchement électrique usuel.**	1 heure	L'épreuve est notée sur 60 points : 20 points pour la présentation du dossier par le candidat, 40 points pour l'entretien avec le jury.
2. Deuxième épreuve orale : entretien à partir d'un dossier L'épreuve comporte deux parties. La première partie permet d'évaluer les compétences du candidat pour l'enseignement de l'éducation physique et sportive (EPS) ainsi que sa connaissance de la place de cet enseignement dans l'éducation à la santé à l'école primaire. La deuxième partie de l'épreuve vise à apprécier les connaissances du candidat sur le système éducatif français, et plus particulièrement sur l'école primaire (organisation, valeurs, objectifs, histoire et enjeux contemporains), sa capacité à se situer comme futur agent du service public (éthique, sens des responsabilités, engagement professionnel) ainsi que sa capacité à se situer comme futur professeur des écoles dans la communauté éducative. **Pour chaque session,** le recteur d'académie établit un programme de quatre activités physiques, sportives et artistiques parmi celles les plus couramment enseignées à l'école primaire (maternelle et élémentaire) : – activités athlétiques, – arts du cirque, – danse, – activités aquatiques, – jeux et sports collectifs, – activités d'orientation, – activités gymniques, – jeux de lutte. Ce **programme est publié sur le site internet de l'académie** et communiqué au directeur de l'école supérieure du professorat et de l'éducation (ESPE) de l'académie.	Durée de la préparation : trois heures ; durée totale de l'épreuve : une heure et quinze minutes.	L'épreuve est notée sur 100. 40 points sont attribués à la première partie ; 60 sont attribués à la deuxième partie dont 20 points pour l'exposé et 40 pour l'entretien.

ÉPREUVES D'ADMISSION	Durée	Barème
Première partie : Le jury propose au candidat un sujet relatif à une activité physique, sportive et artistique (APSA) praticable à l'école élémentaire ou au domaine des activités physiques et expériences corporelles réalisables à l'école maternelle. Le sujet pourra être présenté à l'aide des différentes possibilités offertes par les technologies de l'information et de la communication usuelles, y compris audiovisuelles. Le sujet se rapporte soit à la progression au sein d'un cycle d'activités portant sur l'APSA ou la pratique physique et corporelle considérée, soit à une situation d'apprentissage adossée au développement d'une compétence motrice relative à cette même APSA ou pratique physique et corporelle. Le candidat expose ses réponses (dix minutes) et s'entretient avec le jury (vingt minutes). Le jury élargit le questionnement aux pratiques sportives personnelles du candidat ou encore au type d'activités sportives qu'il peut animer ou encadrer. **Deuxième partie :** Elle consiste en un exposé du candidat (quinze minutes) à partir d'un dossier de cinq pages maximum fourni par le jury et portant sur une situation professionnelle inscrite dans le fonctionnement de l'école primaire, suivi d'un entretien avec le jury (trente minutes). L'exposé du candidat présente une analyse de cette situation et des questions qu'elle pose, en lui permettant d'attester de compétences professionnelles en cours d'acquisition d'un professeur des écoles. L'entretien permet également d'évaluer la capacité du candidat à prendre en compte les acquis et les besoins des élèves, en fonction des contextes des cycles de l'école maternelle et de l'école élémentaire, et à se représenter de façon réfléchie la diversité des conditions d'exercice du métier, ainsi que son contexte dans ses différentes dimensions (classe, équipe éducative, école, institution scolaire, société), et les valeurs qui le portent dont celles de la République.		

3 Caractéristiques de l'école et du métier

3.1 *L'école primaire : deux écoles et trois cycles*

L'école primaire comprend l'école maternelle et l'école élémentaire.

La loi d'orientation et de programmation pour la refondation de l'école de la République du 8 juillet 2013 redéfinit le socle socle commun, désormais intitulé « socle commun de connaissances, de compétences et de culture ». Il entrera en application à la rentrée 2016.

Les cycles d'enseignement sont modifiés. À la rentrée 2016, les quatre cycles sont :
- **cycle 1, cycle des apprentissages premiers :** petite section, moyenne section et grande section de l'école maternelle ;
- **cycle 2, cycle des apprentissages fondamentaux :** cours préparatoire (CP), cours élémentaire première année (CE1) et cours élémentaire deuxième année (CE2) de l'école élémentaire ;
- **cycle 3, cycle de consolidation :** cours moyen première année (CM1), cours moyen deuxième année (CM2) de l'école élémentaire et classe de sixième des collèges ;
- **cycle 4, cycle des approfondissements :** classes de cinquième, de quatrième et de troisième des collèges.

Les programmes d'enseignement de l'**école maternelle** sont parus au *B.O.* spécial n° 2 du 26 mars 2015.

Les programmes des cycles 2, 3 et 4 sont parus au *B.O.* du 26 novembre 2015 pour une mise en œuvre à la rentrée 2016 à l'**école élémentaire et au collège.**

3.2 Les champs disciplinaires

La pluridisciplinarité des épreuves du concours fait écho à la polyvalence du professeur des écoles qui suppose, en référence aux programmes de l'école primaire, la prise en compte de savoirs disciplinaires multiples : français, mathématiques, histoire et géographie, sciences et technologie, musiques, arts plastiques, langue vivante étrangère (et parfois régionale) et éducation physique.

Les différents champs disciplinaires enseignés aux élèves sont souvent imbriqués les uns dans les autres. Nombreuses sont les situations qui croisent plusieurs apprentissages. Ainsi, une séance d'EPS (éducation physique et sportive) sera non seulement l'occasion d'exercer le corps, mais pourra aussi permettre un temps d'échanges verbaux, de réflexion sur l'esprit de groupe et la collaboration, de renforcement de la confiance en soi. Un projet d'écriture pourra amener les élèves à lire, à produire des textes, mais également à faire des recherches dans le domaine de l'histoire ou de la géographie, à s'ouvrir au monde et commencer à s'y situer. Un travail sur les plantes ou le thermomètre pourra quant à lui permettre de poser des questions sur l'alimentation et les modes de vie d'une culture à l'autre ou de mobiliser des connaissances et des compétences dans le domaine des mesures.

3.3 Le métier de professeur des écoles

Le professeur des écoles a pour mission de transmettre les savoirs disciplinaires à ses élèves. D'autres apprentissages, sociaux, éthiques ou citoyens, sont aussi de sa responsabilité. Son rôle est d'accompagner les élèves, de leur proposer des itinéraires (souvent différenciés) d'accès aux connaissances et aux compétences à construire, de structurer, d'encourager, d'évaluer pour aider à aller plus loin. Il est un « passeur ».

Il a la responsabilité d'une classe de vingt à trente élèves, à raison de 24 heures hebdomadaires. L'âge des enfants peut varier de 2 à 11 ans. Parfois, compte tenu des effectifs, il est nécessaire de grouper deux niveaux d'apprentissage dans une même classe (classe multiniveaux ou multi-âges).

Le supérieur hiérarchique direct du professeur des écoles est l'inspecteur chargé de circonscription (ICC), anciennement inspecteur de l'Éducation nationale (IEN). Au cours de sa carrière, le professeur des écoles est régulièrement évalué par son inspecteur, qui veille en particulier à l'application des programmes et directives ministérielles et aux acquis des élèves. Comme pour tout fonctionnaire, la rémunération des professeurs des écoles augmente périodiquement au fur et à mesure qu'ils gravissent les échelons. Le salaire mensuel minimal d'un stagiaire est de 2 000 euros bruts ; le salaire maximal d'un professeur avec trente ans de carrière est de 3 626 euros bruts.

Présentation de l'épreuve orale d'EPS

1 Définition générale de l'épreuve d'EPS

1.1 Les textes officiels

a) Définition de l'épreuve

L'épreuve d'EPS correspond à la première partie de la deuxième épreuve orale d'admission « entretien à partir d'un dossier ».

« La première partie permet d'évaluer les compétences du candidat pour l'enseignement de l'éducation physique et sportive (EPS) ainsi que sa connaissance de la place de cet enseignement dans l'éducation à la santé à l'école primaire.
[...]
L'épreuve est notée sur 100 points : 40 points sont attribués à la première partie.
[...]
Première partie :
– durée de l'exposé : 10 minutes ;
– durée de l'entretien : 20 minutes.
Le jury propose au candidat un sujet relatif à une activité physique, sportive et artistique (APSA) praticable à l'école élémentaire ou au domaine des activités physiques et expériences corporelles réalisables à l'école maternelle. Le sujet pourra être présenté à l'aide des différentes possibilités offertes par les technologies de l'information et de la communication usuelles, y compris audiovisuelles. Le sujet se rapporte soit à la progression au sein d'un cycle d'activités portant sur l'APSA ou la pratique physique et corporelle considérée, soit à une situation d'apprentissage adossée au développement d'une compétence motrice relative à cette même APSA ou pratique physique et corporelle.
Le candidat expose ses réponses (dix minutes) et s'entretient avec le jury (vingt minutes). Le jury élargit le questionnement aux pratiques sportives personnelles du candidat ou encore au type d'activités sportives qu'il peut animer ou encadrer. »

Attention !

L'épreuve d'EPS a été modifiée par l'arrêté du 13 mai 2015. Désormais, **pour chaque session**, le recteur d'académie établit **un programme de quatre activités physiques, sportives et artistiques parmi celles les plus couramment enseignées à l'école primaire** (maternelle et élémentaire) :
– activités athlétiques ;
– arts du cirque ;
– danse ;
– activités aquatiques ;
– jeux et sports collectifs ;
– activités d'orientation ;
– activités gymniques ;
– jeux de lutte.

Ce **programme est publié sur le site Internet de l'académie** et communiqué au directeur de l'école supérieure du professorat et de l'éducation (ESPE) de l'académie.

Cela signifie donc qu'il faudra vous renseigner sur le site de votre académie pour savoir quelles quatre activités ont été choisies. Par exemple, pour l'académie de Rennes, les quatre activités choisies pour la session de 2016 étaient : activités athlétiques, activités aquatiques, jeux et sports collectifs, activités gymniques.

À noter !

Cet ouvrage vous prépare également aux concours externe spécial, interne et interne spécial et au troisième concours qui comportent tous la même épreuve orale d'EPS que celle du concours externe (voir le site www.education.gouv.fr).

b) Exemples de sujets des années antérieures

Exemple n° 1 (académie de Grenoble)

« Dans votre classe de CE1, vous avez prévu d'organiser en EPS une séquence en natation. L'an passé, vos élèves ont bénéficié de 10 heures d'apprentissage dans cette activité.
Suite à un travail de liaison avec votre collègue de la classe de CP dans le cadre d'un conseil de cycle, il apparaît que sur 28 enfants, 12 ont validé le palier 1 du savoir-nager : "Effectuer un enchaînement d'actions sans reprise d'appuis, en moyenne profondeur, amenant à s'immerger en sautant dans l'eau, à se déplacer brièvement sous l'eau (par exemple pour passer sous un obstacle flottant) puis à se laisser flotter un instant avant de regagner le bord." Pour les 16 élèves n'ayant pas validé ce premier palier, décrivez les 3 premières séances d'une unité d'apprentissage ayant pour objectif d'effectuer une coulée ventrale en prenant appui sur le bord. »

Exemple n° 2 (académie de Rennes)

« En grande section de maternelle, lors des premières séances d'EPS, vous cherchez à développer les capacités motrices de vos élèves dans les projections d'objets.
Présentez une situation d'apprentissage pour permettre aux élèves de réaliser différents types de lancers. »

Remarque

Vous trouverez en fin d'ouvrage 10 sujets complets corrigés.

1.2 *Les caractéristiques de l'épreuve*

a) Une entrée dans l'épreuve par l'EPS

Le libellé de l'épreuve met d'une part l'accent sur **l'enseignement de l'EPS**, et d'autre part sur **les liens qui existent entre l'EPS et l'éducation à la santé**. Il s'agit donc bien d'une entrée par l'EPS et non pas d'une entrée par les **APSA*** (activités physiques, sportives et artistiques) (voir p. 66).

Remarque

On parle d'APSA pour l'école élémentaire.
Pour la maternelle, on parle plutôt d'activités physiques et artistiques.

Vous devrez donc impérativement avoir clarifié les liens qui existent entre l'EPS, discipline scolaire obligatoire, et les APSA ou les activités physiques et expériences corporelles pour la maternelle, qui sont des moyens pour enseigner l'EPS.

Pour vous aider à circoncrire un peu mieux vos représentations de l'EPS, prêtez-vous à un petit test (voir p. 67).

b) La présence ou non de documents

Des documents peuvent vous être proposés dans le sujet.

Chaque académie organise son concours de manière singulière : certaines proposent des intitulés proches des sujets zéro, d'autres profitent des « *différentes possibilités offertes par les technologies de l'information et de la communication usuelles, y compris audiovisuelles* » pour s'appuyer sur des documents divers (copie d'une situation pédagogique, documents vidéo…).

N'oublions pas que le temps de préparation est de 3 heures pour deux parties : l'EPS, pour la première partie, et l'analyse d'une situation professionnelle qui s'appuie sur un dossier de cinq pages maximum fourni par le jury, pour la seconde partie. Afin de ne pas surcharger le candidat de documents, les académies s'orienteront peut-être vers un libellé proche des deux sujets zéro avec éventuellement un document (comme une situation pédagogique par exemple), à l'instar des concours de recrutement précédents.

Nous partirons de cette hypothèse large pour vous présenter des exemples de sujets traités.

c) Progression ou situation d'apprentissage

« Le sujet se rapporte soit à la progression au sein d'un cycle d'activités portant sur l'APSA ou la pratique physique et corporelle considérée, soit à une situation d'apprentissage adossée au développement d'une compétence motrice relative à cette même APSA ou pratique physique et corporelle. »

Si nous nous référons aux deux sujets zéro (voir p. 27 et suivantes), le premier invite le candidat à proposer une **situation d'apprentissage** (des ateliers) adossée aux activités gymniques. Le second, quant à lui, s'appuie sur la description, par le candidat, d'une **progression**, une mini-programmation de 3 séances d'un jeu sportif collectif au choix.

Les sujets traités dans cet ouvrage vous permettront d'aborder ces diverses possibilités.

2 Les pratiques sportives personnelles ou d'encadrement du candidat

À l'issue de la partie d'entretien, « *le jury élargit le questionnement aux pratiques sportives personnelles du candidat ou encore au type d'activités sportives qu'il peut animer ou encadrer* ». Celles-ci peuvent être multiples et variées :
- sport pratiqué en club ;
- loisir sportif régulier : footing, vélo… ;
- expérience de l'EPS vécue à l'école, au collège, au lycée ou dans l'enseignement supérieur ;
- encadrement d'équipes de club ;
- encadrement de jeunes, à travers des pratiques sportives, en centres de loisirs, colonies de vacances…

2.1 *Faites le lien entre votre expérience et votre futur rôle d'enseignant*

Faites l'inventaire de vos expériences en listant les faits saillants, positifs comme négatifs. Efforcez-vous d'identifier ce que vous en avez retiré **pour vous-même et pour votre futur enseignement.**

Exemple n° 1

Vous pouvez mettre en avant le fait que durant toute votre scolarité, vous n'avez été confronté qu'à certaines APSA et que face à des milieux particuliers (les milieux inconnus comme la forêt ou des rochers élevés que vous devez escalader par exemple), vous êtes en difficulté, voire que vous avez quelques appréhensions. Afin de développer une motricité efficiente, il est important que l'élève vive des expériences motrices diverses et variées, d'où la nécessité pour l'enseignant de programmer en EPS des activités multiples qui se complètent et qui ont un volume horaire assez équilibré. Si nous poursuivons notre exemple, vous pourriez ainsi insister sur votre volonté de mettre en place des activités de pleine nature (APPN : activités d'orientation, activités d'escalade…) et ce, malgré les nombreuses difficultés que vous ne manqueriez pas de rencontrer : lieux de pratiques éloignés, manque de formation…

Exemple n° 2

Vous indiquez aux membres du jury que vous pratiquez tel sport à un bon niveau. Vous n'aurez certainement aucune difficulté à mettre en avant tous les bienfaits de cette pratique sportive : bien-être physique, social… Allez plus loin en transposant ce que vous avez appris grâce à ce sport à votre futur enseignement. Vous allez, ce faisant, opérer une sorte de **transposition didactique*** et vous pourrez insister sur la nécessité de proposer des contenus appréhendables par tous et pas seulement par les « bons » dont vous faites partie puisque vous pratiquez à un bon niveau ! Vous pourrez de même insister sur la nécessité d'adapter les règles de jeu (en sports collectifs, en sports de raquette ou de combat par exemple) afin de rendre ce sport enseignable. Vous pourrez, à cette occasion, parler de **situation de référence** ou encore de **pratique sociale de référence***. De même, la différence entre les deux publics (club et école) pourra être mise en avant. D'un côté, des sportifs qui ont choisi leur sport et qui jouent dans des championnats équilibrés (niveau identique) et de l'autre, des écoliers qui n'ont pas choisi et qui pratiquent l'EPS dans des groupes parfois très hétérogènes. Il ne vous sera alors pas compliqué de parler de différenciation, de motivation…

Exemple n° 3

Si vous avez été animateur de centre de loisirs et que vous avez mis en place des activités physiques comme des jeux traditionnels, il sera alors facile de mettre en avant les différences entre, d'une part, des jeux qui sont uniquement utilisés pour divertir et occuper les enfants, et d'autre part, des contenus d'EPS s'appuyant sur les mêmes jeux mais qui seront un prétexte pour permettre aux élèves de construire des **compétences de l'EPS*** et des **compétences transversales*** qu'ils pourront exploiter dans d'autres disciplines scolaires ou encore en dehors de l'école. Vous pourrez ainsi mettre en avant l'autonomie, la responsabilité…

2.2 *Faites le lien entre le sujet proposé et votre expérience*

Il peut être intéressant de choisir une thématique et de la traiter durant tout votre exposé. Habituez-vous, de la même manière, à décliner cet axe, cette problématique, par rapport à vos pratiques personnelles d'encadrement et/ou sportives. Vous pourrez alors faire des liens très rapidement durant l'entretien. Et il se dégagera de votre oral une cohérence accrue !

Exemple

Vous avez été interrogé sur les activités de lutte en maternelle et vous pratiquez du judo en club. Vous connaissez donc les problématiques liées aux sports de combat : par exemple, comment attaquer son adversaire tout en se défendant ou encore comment déséquilibrer son adversaire tout en préservant son propre équilibre. En étudiant les activités d'opposition à l'école maternelle (voir p. 243), vous allez apprendre que les élèves de cet âge éprouvent des difficultés à entrer dans des combats en opposition duelle (un contre un) lorsque l'adversaire leur est imposé. Vous saurez ainsi qu'il est beaucoup plus judicieux de proposer aux élèves de maternelle des jeux collectifs d'opposition (sortir l'ours de la tanière, arrêter les fourmis…) pour leur permettre de choisir, parmi tous les adversaires de l'équipe adverse, celui qu'ils veulent affronter. Les élèves peuvent même choisir de ne pas s'affronter en restant un peu en retrait. Une problématique forte peut alors être la question de la transposition didactique : comment permettre à tous les élèves d'entrer dans des activités d'opposition duelle en opérant un traitement didactique des sports de combat ? Une autre thématique peut s'ancrer autour de la motivation des élèves : comment s'appuyer sur les représentations des élèves (la symbolique forte du kimono par exemple) tout en prenant en compte les potentialités des élèves ? Vous pourriez également vous pencher sur la question de la participation de tous les élèves en vous appuyant, par exemple, sur le cas soulevé précédemment des élèves qui éprouvent certaines difficultés à s'investir dans ce genre d'activité. La problématique de la différentiation peut ainsi être abordée.

Conseils pour votre prestation orale d'EPS

Sans trop vouloir employer de métaphore, nous ne vous conseillerons jamais assez de préparer cette épreuve comme si vous participiez à une compétition sportive. Elle demande **de la préparation et de l'entraînement.**

Cela impose d'adopter une hygiène de vie compatible avec les efforts à fournir : nourriture plus saine, sommeil plus régulier…

Ces conseils vous semblent un peu démesurés ? Sachez que vous verrez très rapidement les bénéfices de ce genre de préparation : davantage d'assurance, de maîtrise de soi…

L'estime de soi est aujourd'hui reconnue comme une composante essentielle de la réussite et ce, quel que soit le domaine concerné. Il en est de même pour la préparation à un concours ou à un examen. Connaître les enjeux de l'épreuve, savoir que l'on maîtrise de mieux en mieux les connaissances utiles, s'entraîner régulièrement à travers des simulations sont, parmi d'autres, des moyens éprouvés qui vous mèneront à la réussite, à la victoire !

Voici quelques conseils simples et quelques règles utiles à suivre pour y parvenir.

1 Quelques astuces avant l'épreuve

L'épreuve d'EPS ne comporte plus de partie physique. Pour autant, abordez-la comme une véritable compétition sportive. Voici quelques petites astuces pour vous présenter le jour J dans une forme optimale.

Une prestation orale se prépare longtemps à l'avance. Elle nécessite **de vous forcer, de vous obliger** à faire des simulations, même si vous ne vous sentez pas prêt. Vous aurez d'ailleurs, pour certains, le sentiment de ne jamais l'être, un peu à la manière des comédiens qui doivent monter sur scène avec un trac toujours présent. **Le trac fait partie du jeu !** Habituez-vous à vivre avec en faisant un maximum de simulations. Plus vous prendrez l'habitude de vous produire devant un auditoire, plus vous prendrez la parole en public, plus vous progresserez !

Lors des simulations, **enregistrez-vous** afin de détecter toute monotonie dans la diction, mais également tous tics ou erreurs de langage : mots répétés trop souvent, fautes de langage comme « pallier à », « malgré que »…

De la même manière, **filmez-vous** si c'est possible afin de détecter tout mouvement parasite : jouer avec vos cheveux, triturer vos mains, détourner le regard…

N'hésitez pas également, si vous en avez l'occasion, à **assister à des simulations d'oraux.** On apprend aussi par l'observation des autres.

Faites régulièrement des **exercices de respiration.**

Exemple

Inspirez longuement par le nez (5 à 7 secondes) puis expirez doucement par la bouche sur un temps deux fois plus long que l'inspiration. Répétez cet exercice trois à quatre fois. Le fait de vous concentrer sur votre respiration vous relaxera. De plus, en hyperventillant, vous ferez diminuer votre pouls et donc votre stress. Attention à ne pas répéter cet exercice un trop grand nombre de fois, au risque de ressentir quelques étourdissements !

2 Le jour J : 10 conseils pour bien communiquer lors de votre exposé et de votre entretien

2.1 *L'entrée dans la salle d'entretien*

Remarque

Tous les exemples donnés dans ce chapitre sont issus de situations réelles et vécues durant ces quinze dernières années en tant que membre du jury du CRPE.

◆ *Conseil n° 1 : de l'importance du premier contact*

Il est de coutume de dire qu'à l'oral, tout se joue dès les premières secondes. Même si ce moment particulier de l'épreuve, durant lequel les membres du jury et le candidat se rencontrent pour la première fois, est effectivement important, il n'est pas crucial !

D'une part, le jury fait toujours preuve de professionnalisme durant la totalité de l'épreuve. Ce serait donc le nier que de penser qu'une tenue savamment orchestrée ou qu'une prise de contact habilement gérée suffirait à vous permettre de réussir !

D'autre part, l'épreuve est suffisamment longue (30 minutes au total) pour permettre au jury d'évoluer dans son jugement et de rectifier, par exemple, une première impression négative.

Pour autant, voici quelques points à ne pas négliger.

La tenue vestimentaire. Il n'y a pas de tenue « type ». N'oubliez pas que vous vous présentez à un concours de recrutement de cadre A de la fonction publique. Évitez donc toute ostentation, toute provocation. Optez plutôt pour une tenue neutre mais dans laquelle vous vous sentez à l'aise.

L'entrée dans la salle. Vous serez normalement introduit dans la salle par un membre du jury (souvent une personne du service des examens et concours du rectorat). Vous devrez peut-être, auparavant, attendre dans le couloir. Surtout, n'entrez pas sans y avoir été invité ! Si le jury a du retard, rassurez-vous, vous n'avez pas été oublié. Le jury peut prendre un peu de retard pour diverses raisons : par exemple, une harmonisation sur la note du candidat précédent plus longue que prévue.

L'accueil. Un des membres du jury (le plus souvent le président de la sous-commission) va vous accueillir. Attendez qu'il vous invite à vous asseoir. N'essayez surtout pas d'établir une relation de proximité avec le jury. Ne lui demandez pas, par exemple, si ce n'est pas trop difficile d'interroger autant de candidats toute la journée par ce beau soleil.

Installez, si nécessaire, **vos notes, vos stylos et crayons à papier**, votre chronomètre, votre bouteille d'eau et votre verre. Ne soyez pas trop brusque mais, pour autant, ne prenez pas trop de temps pour disposer ces éléments devant vous. Commencer l'épreuve en faisant attendre le jury n'est vraiment pas judicieux ! De même, évitez de boire à la bouteille juste après vous être installé.

Lorsque le membre du jury qui vous a accueilli vous aura présenté les deux autres membres du jury et vous aura rappelé les modalités de l'épreuve, demandez si vous pouvez utiliser votre **chronomètre.** Théoriquement, on ne peut pas vous l'interdire mais demandez-le par correction. De même, certains jurys proposent aux candidats de leur donner une indication de temps (une ou deux minutes avant la fin de l'exposé le plus souvent). Répondez par l'affirmative même si vous pensez être certain de bien gérer votre temps. Trop de candidats oublient, dans le « feu de l'action », de consulter leur chronomètre. De même, trop de candidats ne remettent pas leur chronomètre à zéro entre la partie exposé et la partie entretien. Parfois, certains oublient même de le déclencher… N'utilisez pas de téléphone portable pour vous chronométrer : il pourrait se mettre à sonner ! Déclenchez votre chronomètre en même temps que le jury.

De la même manière, s'il n'y a pas de **bouteille d'eau** et de verre mis à votre disposition, demandez l'autorisation d'utiliser votre bouteille et votre verre et surtout, ne buvez pas à la bouteille ! En outre, buvez avec modération…

2.2 *Le début de l'exposé*

◆ *Conseil n° 2 : de la nécessité d'être assis correctement*

Installez-vous le dos droit, les pieds bien à plat, comme si vous vouliez vous ancrer dans le sol.

Cette attitude vous permettra de vous concentrer dès le début de l'épreuve. Elle vous aidera également à trouver un juste milieu entre trop de nonchalance et une raideur, une rigidité excessives.

◆ *Conseil n° 3 : de l'utilisation des notes*

Vous aurez normalement rédigé votre introduction (voir p. 30). Afin de vous rassurez, vous allez peut-être avoir tendance à lire vos notes. Si c'est le cas, essayez de vous en détacher le plus rapidement possible afin de créer un premier contact avec les trois membres du jury. L'idéal est d'apprendre par cœur la ou les premières phrases lors de votre préparation. À l'inverse, si vous connaissez le début, voire la totalité de votre introduction, **ne la récitez pas !**

Ensuite, référez-vous à vos notes sans donner l'impression de les lire excessivement.

2.3 *La suite de l'exposé*

◆ *Conseil n° 4 : de l'art d'une communication bien gérée*

Il est important de vous adresser à tous les membres du jury en les regardant successivement, même si certains passeront peut-être la majeure partie du temps à prendre des notes.

Parlez lentement au début afin d'évacuer une partie du stress et surtout pour être certain de **bien vous faire comprendre**. Progressivement, vous retrouverez votre débit naturel.

Ne vous laissez pas déstabiliser par certaines attitudes que vous pourriez considérer, à tort, comme inadéquates de la part de certains membres du jury. Comme les candidats, ils se comportent tous différemment. Pour autant, ils ont tous reçu comme consignes, de la part du président du jury, d'être neutres, attentifs et bienveillants vis-à-vis de tous les candidats. Ne surinterprétez pas leur attitude.

Si vous éprouvez quelques difficultés à soutenir le regard de vos interlocuteurs, parlez-leur en fixant un point imaginaire situé juste un peu au-dessus et au milieu des deux yeux.

Modulez votre intervention. Ne soyez pas monotone. Si vous avez besoin d'expliquer une situation, un bon schéma est très souvent plus parlant. De plus, vous redonnez ainsi un certain dynamisme à votre exposé et vous suscitez différemment l'attention du jury. Privilégiez les schémas simples sur feuille ou au tableau ; entraînez-vous à parler en dessinant, voire à dessiner dos au jury lorsque vous êtes au tableau, afin de lui permettre de suivre vos explications tout en dessinant. À l'inverse, ne faites pas de schéma si cela n'apporte pas d'informations significatives. **L'utilisation d'un média doit apporter un plus**. Sinon, le jury retiendra surtout la perte de temps occasionnée.

Vous avez la possibilité d'utiliser le tableau ou le paperboard. N'hésitez pas à le faire. Mais, comme pour les schémas, faites-le si cela apporte un plus. Et, de la même manière, entraînez-vous avec des craies et des crayons pour tableau blanc : vous ne connaîtrez pas à l'avance la configuration de la salle. Il serait fort surprenant que vous puissiez disposer d'un TBI. Il est préférable de connaître les codes utilisés pour les schémas : par exemple, représentez un trajet de joueur par une flèche sinueuse et une trajectoire de balle par une flèche droite.

N'envahissez pas l'espace du jury. En général, la distance entre votre table et celles des membres du jury est suffisante pour que chacun ait un espace défini, non interpénétré (comme on pourrait le dire pour certains sports collectifs). Vous pourrez faire évoluer cet espace en allant au tableau ou en donnant aux membres du jury des documents que vous aurez produits durant votre préparation. Dans tous les cas, demandez toujours, au préalable, l'autorisation de vous déplacer, surtout si vous vous rapprochez du jury. À noter : certaines salles d'interrogation sont très petites, voire confinées.

Ne paniquez pas si vous éprouvez, à un moment donné, quelques difficultés d'élocution. Calmez-vous en reprenant votre respiration et reprenez votre phrase.

2.4 La fin de l'exposé et le début de l'entretien

◆ Conseil n° 5 : de l'habileté à « limiter la casse »

Si vous vous rendez compte que vous ne pourrez pas clore votre exposé dans le temps imparti (10 minutes), n'accélérez pas votre débit pour essayer de tout dire. Ne rajoutez pas inutilement, à la mauvaise gestion du temps, une impression de contrôle de vous-même peu efficace. Faites plutôt le choix de dire clairement, en faisant une sorte de résumé, que vous auriez dû parler de tel sujet et que, en cas de besoin, si le jury vous le demande, vous reviendrez sur ces propos pour y apporter toutes les précisions nécessaires.

◆ Conseil n° 6 : de la qualité d'une transition réussie

Indiquez clairement au jury que vous avez terminé.

Si le jury ne vous le propose pas, **demandez à vous désaltérer** : vous pourrez ainsi reprendre vos esprits en respirant calmement et en vous préparant mentalement à la suite de l'épreuve. Pour autant, n'abusez pas en prenant tout votre temps : cela pourrait être interprété comment une volonté manifeste de ne pas commencer l'entretien. De la même manière, ne vous mettez pas en scène en montrant ostensiblement au jury combien ce fut difficile.

Ce qui est fait est fait. Vous ne pourrez revenir en arrière. Projetez-vous donc dès la fin de votre exposé dans votre entretien et ce, quelles que soient les conditions dans lesquelles vous avez terminé votre exposé !

Si vous le pouvez, anticipez quelques questions. Si votre exposé est bien construit, vous aurez volontairement laissé quelques zones d'ombres afin que le jury puisse y revenir (voir Conseil n° 8).

2.5 *L'entretien*

◆ Conseil n° 7 : de la pertinence des réponses

Soyez attentif pour entendre et comprendre les questions du jury, surtout si elles sont longues.

Prenez le temps, sans trop exagérer, avant de répondre.

Vos réponses ne doivent pas être trop courtes, sauf si on vous le demande. Elles ne doivent pas non plus être trop longues. Le jury pourrait penser que vous essayez de gagner du temps en digressant sciemment.

À l'inverse, **ne coupez jamais la parole au jury durant une question**, même et surtout si vous avez la réponse. En effet, il n'est pas rare de constater qu'à travers une question l'examinateur exprime également une opinion. Laissez-le aller jusqu'au bout de son argumentation.

Si la question comporte en fait plusieurs questions, commencez par répondre à celle que vous maîtrisez le mieux ; sinon, commencez par la dernière.

Si vous ne comprenez pas une question, dites-le, soit en reformulant vous-même la question afin d'en préciser le sens, soit en demandant au jury de le faire. Bien entendu, le faire trop souvent pourra être interprété comme un manque de connaissances, de préparation ou encore comme un moyen de ne pas vouloir répondre et/ou de vouloir gagner du temps.

De la même manière, si vous ne connaissez pas la réponse, dites-le également. Comme précédemment, le fait de le dire plusieurs fois vous sera inévitablement préjudiciable. Dans ce cas, il est préférable de donner une réponse, même incomplète. Le jury vous reposera peut-être différemment la question ou vous invitera éventuellement, en précisant certains points, à compléter votre première réponse.

◆ Conseil n° 8 : de la richesse des échanges

Vous serez peut-être en désaccord avec un ou plusieurs membres du jury. Prenez acte des remarques afin de pondérer votre propos. Il ne s'agit pas de renoncer aussitôt à votre argumentation en allant systématiquement dans le sens du jury ou, au contraire, de vous arc-bouter sur vos positions. Le plus souvent, il s'agit de **moduler certaines assertions** peut-être trop exagérées ou encore trop dithyrambiques. Les candidats affirment trop souvent par exemple que grâce à l'EPS, il est aisé de résoudre de nombreux problèmes (échec scolaire, incivilités...). La nuance pour ces problématiques fortes est ici de mise !

Si, pour autant, vous voulez rester sur vos positions, affinez vos arguments, précisez votre pensée, sans pour autant vous mettre en situation d'affrontement. Le jury, en vous demandant des précisions ou en vous poussant un peu plus dans vos retranchements, ne cherche, en fait, qu'à vérifier la solidité de vos réponses.

Ne vous braquez pas s'il vous est demandé de préciser votre réponse. Durant votre préparation, vous construirez des cadres d'analyse, de réponses, qui vous seront propres. Le jury ne connaît pas forcément tous les référents théoriques que vous utilisez ! De plus, certaines informations vous sembleront tellement évidentes que vous n'éprouverez pas la peine de les apporter. Dites-vous bien que **cela va toujours mieux en le disant !**

◆ *Conseil n° 9 : de la maîtrise de soi*

Nous avons tous des **tics de langage**. N'hésitez pas à vous enregistrer afin de les repérer et de palier ces défauts.

De la même manière, **notre corps nous trahit** malheureusement très souvent ! Si vous savez que vous avez tendance à triturer vos cheveux dans les moments de stress, faites donc un chignon ou une natte ! De la même manière, si vous savez que vous ne pouvez pas vous empêcher de faire tourner votre stylo sur vos doigts, n'en prenez pas dans les mains !

Par contre, si vous vous sentez maladroit avec vos mains, gardez un stylo dans l'une d'elle. Vous voyez bien qu'il s'agit avant tout **de vous connaître le mieux possible** afin d'anticiper les éventuels désagréments qui pourraient apparaître.

Certaines postures et attitudes sont à éviter : croiser les bras ostensiblement est une marque d'opposition ; se reculer et se coller au dossier de votre chaise à la suite d'une question laisse supposer que vous êtes en difficulté et que vous accusez le coup physiquement en reculant ; ne pas regarder la personne qui vous parle indique que vous la fuyez ou que vous ne vous intéressez pas à ce qu'elle dit ; ne regarder qu'un membre du jury (souvent celui qui vous paraît le plus « accueillant » ou au contraire le plus « important ») laissera à penser que vous n'accordez aucun intérêt aux autres membres du jury. N'oubliez pas que les trois membres du jury poseront votre note collégialement !

Votre registre de langue doit être adapté au futur métier que vous voulez exercer. Aucun écart de langage ne sera toléré ! Certains candidats pensent qu'il peut être judicieux de mimer des comportements que pourraient avoir des enseignants en EPS. Et, à tort, il font souvent l'amalgame avec ce qu'ils ont pu entendre sur certains terrains de sport. N'oubliez pas le **devoir d'exemplarité** que tout enseignant se doit de respecter, surtout au niveau du registre de langue.

Enfin, il ne coûte rien d'être agréable, courtois, souriant, sans tomber dans la flagornerie et la servilité.

2.6 *La fin de l'entretien*

◆ *Conseil n° 10 : d'une fin d'entretien réussie*

Le responsable de la sous-commission vous demandera de laisser tous les documents et feuilles que vous aurez utilisés durant l'épreuve. N'en soyez pas étonné : ils seront détruits afin de garder la **confidentialité** du concours.

À la fin de l'entretien, comme durant toute la durée de l'épreuve (voir Conseil n° 1), vous ne devez **pas chercher à établir une relation de proximité** avec le jury. Si ce dernier vous souhaite bon courage pour la suite, faites-en de même, sobrement.

Ne prenez pas trop de temps pour partir, même si vous vous sentirez légitimement plus soulagé : n'oubliez pas que le jury a un timing à respecter et qu'il doit, entre deux candidats, arrêter une note.

Méthodologie de l'épreuve

LA MÉTHODOLOGIE PAS À PAS DE L'ÉPREUVE

Vous avez trois heures de préparation pour les deux parties de l'épreuve (EPS et éthique). Consacrez idéalement 1 h 15 pour l'EPS et 1 h 45 pour l'éthique.

Attention !

Dans la méthodologie qui suit, deux niveaux de réponses vous sont proposés. Le premier niveau vous permet de faire une réponse de qualité qui devrait vous assurer une bonne note. Le deuxième niveau vous propose d'aller plus loin, reportez-vous alors aux encadrés « Pour aller plus loin » qui renvoient à un niveau « Expert ».

Vous pourrez également vous référer à une formule « express » signalée dans les encadrés. C'est une formule plus allégée, centrée sur les éléments incontournables à mettre en avant.

Et bien entendu, rien ne vous empêche de mixer les différentes formules afin de personnaliser au mieux vos réponses !

Les étapes qui suivent sont expliquées et détaillées à partir des deux sujets zéro donnés par le ministère de l'Éducation nationale que nous reproduisons ci-dessous (disponibles sur le site www.education/gouv.fr).

Sujet zéro n° 1

« En classe de moyenne section de maternelle, lors des premières séances d'activité physique, vous avez mis en œuvre, pour vos élèves, des activités liées au déplacement dans un parcours aménagé.
Vous souhaitez maintenant faire évoluer les réponses motrices des enfants.
Présentez les ateliers d'activités gymniques que vous organiseriez pour développer les habiletés motrices suivantes : se suspendre, se balancer, se renverser. »

Sujet zéro n° 2

« Dans votre classe de CM2, vous avez prévu d'organiser, en EPS, un cycle de jeux collectifs.
L'an passé, vos élèves avaient participé à une rencontre sportive au cours de laquelle vous aviez constaté leur difficulté à s'organiser dans leur jeu d'équipe.
À partir d'un jeu collectif que vous préciserez, décrivez une programmation sur 3 séances ayant pour objectif la prise de conscience du rôle d'attaquant, du rôle de défenseur et de la notion de démarquage. »

1 La lecture du sujet et la rédaction de l'introduction

- **Lisez attentivement le libellé du sujet afin de déterminer le niveau de scolarité et le vécu dans l'activité proposée**

Sujet zéro n° 1

« En classe de moyenne section de maternelle, lors des premières séances d'activité physique, vous avez mis en œuvre, pour vos élèves, des activités liées au déplacement dans un parcours aménagé. »

– **Niveau** : moyenne section de maternelle, les élèves ont donc 4 à 5 ans.

– **Vécu dans l'activité :** quelques séances d'activités physiques sous forme de parcours aménagé.

Sujet zéro n° 2

« Dans votre classe de CM2, vous avez prévu d'organiser, en EPS, un cycle de jeux collectifs. L'an passé, vos élèves avaient participé à une rencontre sportive au cours de laquelle vous aviez constaté leur difficulté à s'organiser dans leur jeu d'équipe. »

– **Niveau** : CM2, donc fin de cycle 3.

– **Vécu dans l'activité** : un cycle (une séquence en fait) de jeux collectifs en CM1 qui s'est concrétisé par une rencontre sportive.

- **Identifiez l'objectif défini par les programmes de maternelle de 2015 ou le champ d'apprentissage issu des programmes de 2015 pour les cycles 2 et 3 en lien avec le sujet, déclinez-la et définissez une activité physique**

Sujet zéro n° 1

« Présentez les ateliers d'activités gymniques que vous organiseriez pour développer les habiletés motrices suivantes : se suspendre, se balancer, se renverser. »

L'objectif défini par les programmes de 2015 est : « *Adapter ses équilibres ou ses déplacements à des environnements ou des contraintes variées* ».

Afin de construire cette compétence, l'élève va, comme le précisent les programmes, être confronté à des **milieux variés, guidés ou non**, qui vont lui permettre d'enrichir sa motricité en termes de déplacements et d'équilibre.

Comme le stipule ce sujet, il s'agit ici **d'activités gymniques. Vous allez organiser vos propositions d'activités à partir** :

– des verbes d'action imposés par le sujet : se suspendre, se balancer, se renverser ;

– du dispositif imposé : les ateliers.

Sujet zéro n° 2

« À partir d'un jeu collectif que vous préciserez, décrivez une programmation sur 3 séances. »

Le champ d'apprentissage des programmes de 2015 est : « *Conduire et maîtriser un affrontement collectif ou inter-individuel* ».

Les jeux sportifs collectifs qui s'y réfèrent sont de type handball, basket-ball, football, rugby, volley-ball… Il s'agit de coopérer avec ses partenaires pour affronter collectivement des adversaires, en respectant des règles, en assurant des rôles différents (attaquant, défenseur, arbitre).

Pour le cycle 3, vous devez préciser le jeu collectif. Choisissez un sport collectif parmi la liste ci-dessus plutôt qu'un jeu traditionnel (la balle aux capitaines, la balle aux prisonniers…) et ce pour deux raisons : ce sont des élèves de CM2 et il est précisé dans le sujet que l'an passé, vos élèves avaient participé à une rencontre sportive.

• **Amorcez le développement de votre exposé en identifiant une ou deux thématiques en lien avec le sujet**

– une thématique centrée sur la motricité de l'élève, en lien avec la question logique de l'activité ;

Pour aller plus loin

– une thématique plus transversale, plus générale.

Pour la thématique transversale, prenez appui, si vous le souhaitez, sur les compétences transversales qui étaient déclinées dans les programmes de 2002. Il existe, de plus, une certaine communauté lexicale avec les compétences méthodologiques et sociales des programmes d'EPS du collège. Ces compétences sont les suivantes :

• **Cycle 1 :**

– s'engager dans l'action ;
– faire un projet d'action ;
– identifier et apprécier les effets de l'activité ;
– se conduire dans le groupe en fonction de règles.

• **Cycle 2 :**

– s'engager lucidement dans l'action ;
– construire un projet d'action ;
– mesurer et apprécier les effets de l'activité ;
– apprécier des règles de vie collective.

• **Cycle 3 :**

– s'engager lucidement dans la pratique de l'activité ;
– construire de façon de plus en plus autonome un projet d'action ;
– mesurer et apprécier les effets de l'activité ;
– se confronter à l'application et à la construction des règles de vie et de fonctionnement collectif.

Remarque

– Vous pouvez vous référer à cette terminologie d'un point de vue didactique mais surtout pas d'un point de vue institutionnel. Les seuls programmes à citer sont ceux de 2015 !

– Ces compétences transversales ou générales peuvent, judicieusement, vous permettre de faire des liens avec l'objectif de santé (voir p. 79).

Sujet zéro n° 1

Le sujet souligne votre volonté de faire évoluer les réponses motrices de vos élèves. Caractérisez cette motricité au regard du sujet.

• **Thématique motrice** : l'évolution des réponses motrices lorsque l'élève doit se déplacer sans les appuis pédestres en se suspendant, se balançant, se renversant.

Le sujet met en avant le passage du parcours à la mise en place d'ateliers.

Pour aller plus loin

• **Thématique transversale** : l'utilisation et l'évolution des dispositifs pour permettre aux élèves d'apprendre en devenant plus autonomes et responsables.

Sujet zéro n° 2

Le sujet évoque l'organisation d'une rencontre sportive l'année précédente et met en évidence « la difficulté d'organisation du jeu d'équipe de vos élèves. Caractérisez cette difficulté ».

• **Thématique motrice** : le jeu des équipes est trop organisé en « grappe » : tout le monde veut le ballon en même temps, sans se soucier des partenaires et des adversaires ; vous voulez faire évoluer le jeu collectif en insistant sur les démarquages en avant et sur les côtés pour les attaquants, et sur la nécessité de défendre pour tous les défenseurs.

Pour aller plus loin

• **Thématique transversale** : la mise en œuvre de ce genre de manifestation : rencontre au sein de l'école, entre plusieurs écoles, la place des partenaires (l'USEP*...) avec les différents rôles à tenir pour les élèves : participant, organisateur, arbitre...

• **Amorcez le développement de votre exposé en identifiant, sans les détailler, la ou les situations sur lesquelles vous vous appuierez pour organiser votre exposé.**

Sujet zéro n° 1

La thématique des ateliers vous est imposée : se balancer, se suspendre, se renverser. Par contre, vous devez préciser ces ateliers : se balancer aux barres asymétriques, se suspendre à une barre fixe et se renverser à partir d'un plinth par exemple.

Sujet n° 2

Les situations vont aborder les thèmes du démarquage (« La passe à dix », « La balle aux capitaines avec relais ») et de la réversibilité des rôles (« Poules, renards, vipères »). Toutes ces situations sont décrites p. 35 et suivantes.

De la même manière, si le sujet vous le demande, décrivez dans les grandes lignes une séquence d'apprentissage.

Sujet n° 1

Le sujet ne vous demande pas de décrire une séquence d'apprentissage.

Sujet n° 2

Le sujet vous impose une mini séquence de 3 séances. Incluez-la dans une séquence plus large de 9 séances comme suit :
– séance 1 : mise en place de la situation de référence (SR) comme évaluation diagnostique avec comme support APSA le handball ;
– séances 2 à 4 : la mini séquence de 3 séances imposée par le sujet : le démarquage en attaque et en défense, le début de réversibilité des rôles attaquant/défenseur, l'arbitrage ;
– séance 5 : la SR à nouveau comme évaluation formative ;
– séances 6 à 8 : la réversibilité des rôles, l'implication de tous les joueurs en attaque comme en défense, l'arbitrage ;
– séance 9 (un après-midi) : rencontre sportive de handball, au cours de laquelle vous pourrez, le cas échéant, procéder à une évaluation sommative.

• **Rédigez l'introduction**

Remarque

La rédaction de l'introduction peut se faire après l'agencement de votre développement, mais le risque est grand de ne plus avoir assez de temps. Si c'est le cas, reportez-vous à la formule express p. 32.

– Dans un premier temps, rappelez brièvement le sujet.

Sujet zéro n° 1

Mes élèves de moyenne section de maternelle ont été confrontés, lors des premières séances d'activité physique, à des parcours de motricité [...].

– Évoquez très rapidement le dispositif proposé dans le sujet en caractérisant la motricité mise en jeu.

Sujet zéro n° 1

Il s'agit ici d'un parcours. Vous devez proposer des situations qui vont modifier la motricité de l'élève en la faisant évoluer d'une **motricité** habituelle (ou dite « **de terrien** »*) à une motricité adaptative : ici, une motricité de moins en moins pédestre et de plus en plus manuelle et aérienne (voir le développement de ces concepts dans la Fiche « Les activités gymniques », p. 166).

[...] mettant en jeu des déplacements qui sollicitaient une motricité différente de celle qu'ils utilisent habituellement. Leurs repères de terrien étaient ainsi modifiés : remise en cause de l'équilibre vertical par des déplacements sur un banc, des chaises, une poutre basse ou en quadrupédie, par exemple, ou encore perte progressive de repères visuels en roulant ou se mettant tête en bas [...].

– Faites ensuite le lien avec le libellé du sujet en mettant en avant votre thématique motrice ou vos deux thématiques, motrice et transversale (niveau expert).

Sujet zéro n° 1

Les deux thématiques retenues sont :

– une motricité se caractérisant par des déplacements sans appuis pédestres ;

Pour aller plus loin
– une volonté de développer la responsabilité à travers la mise en place d'ateliers plus ou moins autonomes.

[...] Je veux maintenant faire évoluer leurs réponses motrices en les confrontant à des situations qui vont leur permettre de développer des habiletés motrices autour des verbes d'action : se suspendre, se balancer et se renverser, valorisant de fait une motricité de moins en moins pédestre, de plus en plus aérienne et renversée.

En choisissant de faire évoluer le dispositif par la mise en place d'ateliers, je veux leur permettre d'augmenter leur qualité d'action et de répétition.

Pour aller plus loin
J'ai également la volonté de rendre mes élèves plus autonomes et responsables. Lors des séances mises en place à partir des parcours aménagés, j'ai déjà mis l'accent sur la nécessité de respecter les règles collectives (attendre son tour, ne pas bousculer, respecter le sens de déplacement sur le parcours). J'ai donc pu observer leur capacité à adopter un comportement responsable et à être de plus en plus autonomes. Je sais par conséquent qu'ils vont maintenant être capables de travailler en ateliers. [...]

– Faites enfin un lien avec la notion de santé. Pour cela, prenez une compétence déclinée à partir du concept d'« attitude santé » (voir p. 79).

Sujet zéro n° 1

[...] Les situations mises en place à travers ces ateliers vont de plus les amener à gérer leur stress, favorisant ainsi la construction d'une « attitude santé ».

Formule express

Ne rédigez pas trop l'introduction, indiquez seulement les mots importants.

Sujet zéro n° 1

Parcours aménagés vécus, motricité inhabituelle remise en cause, repères de terrien.

Vers ateliers, motricité sans appuis pédestres autour de verbes d'action : se suspendre, se balancer, se renverser.

Être responsable, autonomie, gestion du stress pour développement « attitude santé ».

2 Le développement de l'exposé

L'EPS est une discipline scolaire obligatoire, au même titre que le français ou les mathématiques. Elle se fonde aussi sur des programmes, des contenus, des méthodes... Appuyez-vous sur les connaissances institutionnelles, didactiques et pédagogiques pour structurer votre réponse.

Pour que les élèves puissent apprendre efficacement, vous devez donc **construire, mettre en œuvre et évaluer des contenus adaptés.**

Si votre réponse doit s'adresser à des élèves d'un niveau de classe déterminé, vous n'oublierez pourtant pas de proposer, dans le respect des textes de l'école, des contenus évolutifs et individualisés pour que **chaque élève ait une chance égale de réussir.**

• Appuyez-vous sur les programmes et, pour la maternelle, sur les ressources mises en ligne sur Éduscol, pour étayer votre propos

Les programmes sur lesquels vous devez vous appuyer sont les suivants (voir chapitre sur l'explication des programmes p. 54 et en annexes p. 379) :
- les programmes de 2015 pour la maternelle ;
- les programmes de 2015 pour les cycles 2 et 3.

Remarque

Les ressources pour les cycles 2 et 3 ne sont pas encore parues. Vous pouvez vous référer aux progressions de 2012 d'un point de vue didactique... mais pas institutionnel !

Dans le sujet zéro n° 1, pour la maternelle, les programmes précisent que les élèves vont être amenés à « **mettre en jeu des conduites motrices inhabituelles** » (escalader, se suspendre, ramper...). Les ressources proposées sur Éducol mettent en avant la nécessité d'« **éprouver son corps dans des actions nécessitant une perte d'équilibre plus importante** » (marcher à reculons, se suspendre par les bras, tourner, se balancer, voler...).

Sujet zéro n° 1

Dispositif : ateliers

– Se balancer

Fig. 1 – *Se balancer.*

– Se suspendre

Fig. 2 – *Se suspendre.*

– Se renverser (l'élève part du plinth et se renverse tête en bas pour venir en appui sur les mains puis il se déplace sur les mains le long du plinth)

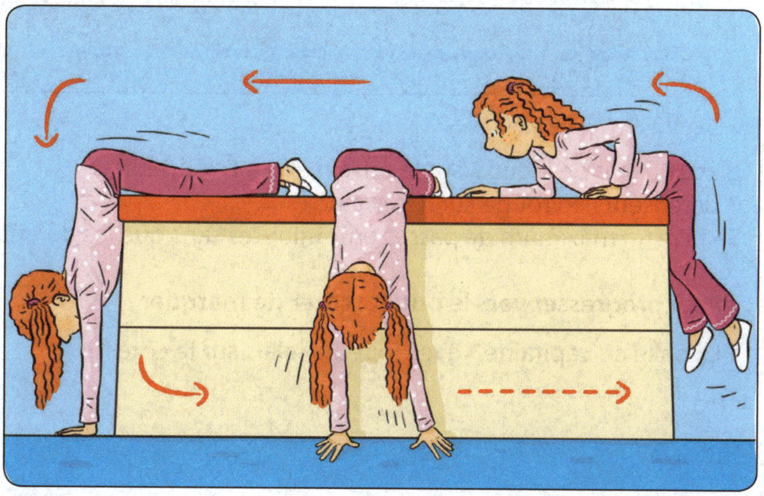

Fig. 3 – *Se renverser.*

Sujet zéro n° 2

Les programmes de cycle 3 précisent qu'il faut « adapter son jeu et ses actions aux adversaires et à ses partenaires. »

En attaque, la notion de démarquage concerne le lanceur et le receveur pour les attaquants. Elle renvoie donc aussi bien à celui qui fait une passe à un partenaire démarqué qu'à celui qui se démarque pour recevoir cette passe. En défense, il s'agit par contre de s'interposer pour tenter de contrarier les actions des attaquants qui sont démarqués ou qui veulent se démarquer.

Comme le sujet vous impose de proposer 3 séances, organisez votre réponse en partant de la construction collective de l'attaque (voir chapitre sur les connaissances en jeux collectifs p. 243). Consacrez l'une d'elles au démarquage en tant qu'attaquant **pour conserver le ballon** puis une seconde **pour progresser vers le but et tenter de marquer**. Enfin, proposez une troisième séance **en tant que défenseur**, toujours autour de ce thème du démarquage.

Exemples de situations en handball

• Pour conserver la balle

« La passe à 10 avec jokers sur le côté »

Fig. 4 – *La passe à 10.*

6 attaquants en bleu : 3 sur le terrain et 3 à l'extérieur.
3 défenseurs en rouge sur le terrain.
Se faire un maximum de passes en 2 minutes sans que les défenseurs prennent la balle.

• Pour progresser vers le but et tenter de marquer

« La balle au capitaine » avec joueurs relais sur le côté

2 équipes (rouge et bleue). L'équipe en possession du ballon tente de le transmettre à son capitaine en utilisant ou non les joueurs relais situés sur les côtés. Si le ballon est intercepté ou s'il sort des limites du terrain, l'équipe adverse essaie à son tour de le transmettre à son capitaine.

Fig. 5 – *La balle au capitaine.*

Remarque

Même s'il s'agit de handball, il vous est tout à fait possible d'utiliser en cycle 3 des jeux traditionnels pour permettre aux élèves de construire des compétences. Vous remarquerez que certains jeux sont modifiés (il ne s'agit plus de « balle au capitaine » mais de « balle au capitaine avec joueurs relais ») afin d'adapter la situation aux objectifs poursuivis. Ici, l'ajout de joueurs relais favorise l'écartement du jeu et permet plus de démarquages latéraux et en profondeur. Si des buts remplacent la cible à atteindre (la zone du capitaine), nous nous retrouvons alors dans une situation d'apprentissage typique de handball.

• Pour agir en tant qu'attaquant ou défenseur

« Poules, renards, vipères »

3 équipes : les poules, les renards et les vipères. Chacune des équipes a son camp. Les renards doivent attraper les vipères, les vipères doivent attraper les poules et les poules doivent attraper les renards. Dès qu'un animal est attrapé, il devient prisonnier et va dans le camp adverse. Il peut se faire délivrer. Pour cela, il suffit qu'un de ses coéquipiers lui tape dans la main. S'il y a plusieurs prisonniers, ces derniers peuvent former une chaîne, à condition que le dernier ait encore un pied dans le camp adverse. Lorsque le premier se fait taper dans la main, toute la chaîne est délivrée.

Fig. 6 – *Poules, renards, vipères.*

- **Précisez les objectifs à atteindre en référence aux thématiques retenues**

Sujet zéro n° 1

Pour la maternelle, vous définirez un objectif en partant des programmes et de ressources diverses (Éduscol, ouvrages didactiques et pédagogiques, voir bibliographie sur les rabats). Précisez ainsi explicitement l'objectif moteur à atteindre pour chaque atelier.

Exemple d'objectifs :
– accepter de perdre ses repères habituels en se suspendant, se balançant et se renversant ;

Pour aller plus loin
– respecter des consignes d'organisation de travail en atelier.

Sujet zéro n° 2

Précisez ainsi l'objectif à atteindre à l'issue des X séances et pour chaque séance.
Deux thématiques sont retenues :
– une thématique motrice : la prise en compte du démarquage en attaque et en défense ;
– une thématique transversale : la prise en charge de l'arbitrage, en vue de l'organisation d'une future rencontre sportive.
Objectifs pour les trois séances :
– assurer, lors des démarquages, les rôles d'attaquant et de défenseur ;
– assurer à plusieurs l'arbitrage d'un match.

- **Déclinez les propositions**

À partir des objectifs poursuivis, adoptez une présentation identique pour tous les cycles **tout en tenant compte du libellé de votre question**.

- **Le contexte**
Vous n'aurez pas le temps de décrire toutes les séances et toutes les situations d'une séance. Indiquez rapidement le contexte puis faites le choix de décrire une seule séance, voire une seule situation.

- **Le schéma de la situation**
Vous pourrez, si vous vous en sentez capable, dessiner le schéma de la situation à main levée durant vos explications (voir p. 23). Par contre, faites-le évidemment au brouillon avant !

- **Le but à atteindre pour les élèves** : ce que l'élève doit faire explicitement dans la situation.

- **Le dispositif choisi** : l'organisation spatiale (le matériel utilisé pour chaque atelier et la disposition des différents ateliers pour le sujet de maternelle par exemple), temporelle (le temps consacré à chaque atelier mais également le temps pour les rotations et le temps pour les explications) et humaine (exemples : le nombre d'élèves par atelier, le nombre d'élèves par lieux identifiés pour la pratique, l'attente, l'observation…).

- **Les consignes à respecter** : utilisation du matériel, rotation sur les ateliers, rôles à tenir…

- **Les comportements attendus pour réussir** : ils renvoient aux **capacités*** qui vont permettre à l'élève de réaliser ce que vous

Remarque

Vous pourrez observer très fréquemment dans la littérature didactique et pédagogique une confusion entre les termes *critère* et *indicateur*. Ainsi, si le critère de réussite retenu est « la régularité de la course de durée », un indicateur de réussite peut alors être « passer devant un repère précis (un plot…) à chaque signal sonore ».

attendez de lui. Pour votre concours, vous vous centrerez tout d'abord sur les comportements moteurs. Vous élargirez ensuite votre propos en définissant les **attitudes*** et les **connaissances*** qui permettront aux élèves de construire les compétences des programmes.

• **Les comportements prévisibles et les évolutions à apporter** : vous attendez que les élèves réussissent. Vous avez donc défini et fait identifier par vos élèves les comportements attendus et les critères et indicateurs de réussite. Pour autant, vous pouvez très légitimement penser que certains élèves seront en difficulté ou, au contraire, qu'ils seront très rapidement en situation de réussite. Prévoyez alors des évolutions à apporter en termes de **simplification** et de **complexification**.

Remarque

Termes proches que vous trouverez également dans les ouvrages didactiques et pédagogiques : *comportement observé ou observable.*

Pour aller plus loin

• **Les critères et indicateurs de réussite** : ils renvoient à l'évaluation par l'élève. Les critères de réussite définissent le(s) champ(s) d'observation que vous allez privilégier pour savoir si les comportements attendus sont atteints avec succès (exemple en jeux sportifs collectifs : le gain du match). Les indicateurs de réussite précisent quantitativement les critères de réussite (exemple : gagner 3 matchs sur 4) et qualitativement (exemple : se réceptionner sur les deux pieds après un saut en contrebas).

• **Les règles d'efficacité à intégrer par l'élève pour réussir :** ce sont les relations entre les procédés utilisés et les résultats escomptés, que l'élève doit identifier et construire dans l'action. Exemple : « pour me démarquer, je m'éloigne de mon adversaire et je me montre à mon partenaire porteur de balle ».

• **L'évaluation**

A minima, vous insisterez sur l'**évaluation formatrice*** (intégration des critères et indicateurs de réussite par l'élève afin d'identifier, d'apprécier les effets de son activité et d'élaborer et de réguler un projet).

Vous pouvez également proposer une **évaluation sommative*** (évaluation à l'issue de la période de référence : proposition de 3 séances pour l'exemple de jeux collectifs de C3). N'hésitez pas à décrire des outils d'évaluation (exemple : le diagramme de performance p. 53).

• **La différenciation**

Appuyez-vous sur les paramètres et les variables pour faire évoluer les situations (voir p. 50) et sur la trame de variance (voir p. 168).

• **La sécurité**

Vous pouvez vous référer à la sécurité passive et à la sécurité active (voir p. 73).

Formule express

Contentez-vous de décrire le contexte (la ou les séances, la ou les situations en fonction de la question posée), ce que l'élève doit faire, les consignes à respecter, les évolutions à apporter en fonction d'un ou deux comportements observés et donnez une ou deux variables (différenciation).

Ce niveau de réponse peut également constituer le premier niveau pour le développement.

Sujet zéro n° 2

• Le contexte

Séquence de trois séances :

– séance 1 : conserver le ballon à partir de la situation « La passe à 10 avec jokers sur le côté » ;

– séance 2 : faire progresser le ballon vers la cible adverse à partir de la situation « La balle au capitaine avec joueurs relais » ;

– séance 3 : passer rapidement du statut d'attaquant à celui de défenseur à partir de la situation « Poules, renards, vipères ».

Objectifs séance 2 :

– faire progresser le ballon vers la cible en élargissant le jeu ;

– participer à la mise en œuvre des intentions tactiques collectives.

Exemple détaillé à partir de la situation : « La balle au capitaine avec joueurs relais ».

• Le schéma de la situation (voir le schéma de la balle au capitaine, p. 35)

• Le but à atteindre pour les élèves

Transmettre la balle à leur capitaine.

• Le dispositif choisi

La classe est divisée en trois équipes : 2 équipes de 3 à 5 joueurs (rouge et bleue) dont le capitaine, plus 2 à 4 joueurs relais sur les côtés qui s'affrontent. La 3e équipe arbitre ; chasubles de couleurs différentes ; 1 ballon.

• Les consignes à respecter

Règles utilisées : pas d'agression sur le porteur de balle ; pas de déplacements avec le ballon dans les mains sauf dans l'élan (règle du « marcher) » ; si le ballon sort ou est intercepté, le jeu continue avec changement de rôles (ballon à l'adversaire) ; pas de jeu possible en dehors des limites du terrain sauf pour transmettre le ballon à un joueur relais ou au capitaine ; les joueurs relais ne peuvent jouer entre eux et ne peuvent pas faire de passes au capitaine.

Match de 2 fois 4 minutes.

Rotation des rôles (joueurs de champ, relais) : après 4 minutes, rotation des arbitres à chaque changement de match.

En tant qu'arbitre, se répartir les tâches : décompte des points, respect des lignes (touche, zone), respect de la règle du « marcher », respect de la règle de non agression.

• Les indicateurs de réussite

Gagner le match de 8 minutes en utilisant les joueurs relais pour faire plus de passes au capitaine.

• Les comportements prévisibles et les évolutions à apporter

Collectivement, le jeu reste en grappe : tous les joueurs sont autour du ballon :

– diminuer le nombre de joueurs : match à 3 contre 3 ;

– si la difficulté persiste, jouer sous forme attaque/défense : les attaquants font une succession d'attaques durant 4 minutes. Ensuite, sur les 4 autres minutes, ils deviennent défenseurs. Les joueurs relais sont uniquement des attaquants. Cette évolution peut d'ailleurs s'apparenter à la situation « La passe à 10 avec jokers sur le côté » (voir p. 34).

Individuellement :

– si le capitaine reste tout le temps au même endroit, faire évoluer son camp en rem-

plaçant la zone par un certain nombre de cerceaux. Faire émerger la règle d'efficacité suivante : « je me démarque toujours vers le cerceau le plus près du porteur de balle afin de lui faciliter la tâche » ;
– si les attaquants ne peuvent faire la passe au capitaine, faire émerger la règle d'efficacité suivante : « si mon capitaine ne peut recevoir le ballon car il n'est pas démarqué, je fais une passe à l'opposé » ;
– si un arbitre est en difficulté par rapport à la tâche qui lui a été confiée, l'assister temporairement en arbitrant avec lui.

Pour aller plus loin

• **L'évaluation** (développez une des deux évaluations)
– **Formative*** : identification des règles d'efficacité et prise en compte du nombre de passes réussies au capitaine d'un match sur l'autre.
– **Sommative*** : classement de l'équipe à la fin de la séquence dans une formule championnat : un match gagné vaut 2 points, un match nul vaut 1 point et un match perdu 0 point.

• **Enrichissez votre réponse en élargissant le propos**

– Référez-vous au **socle commun de connaissances, de compétences et de culture*** (voir p. 62).

Remarque

Le palier correspond à ce qui est attendu au plus tard en fin de CE1 pour le palier 1 et en fin de CM2 pour le palier 2 ; le palier 3 correspond à la fin de la scolarité obligatoire.

Pour la maternelle, la référence au socle commun n'est pas obligatoire. Par contre, il peut être judicieux de faire référence au socle commun en GS à partir d'exemple(s) très concret(s). Ainsi, il est important, à travers les activités gymniques, de mettre en avant la nécessité de respecter les règles, les autres ou encore le matériel.

Pour les cycles 2 et 3, les programmes font des liens entre les compétences générales de l'EPS* et les domaines du socle. Citez un ou deux liens pour un ou deux domaines du socle.

Formule express

Évoquez simplement un domaine du socle, sans le détailler.

Sujet zéro n° 2

Domaine 3 « *La formation de la personne et du citoyen* ». Compétence générale de l'EPS : « *Partager des règles, assumer des rôles et des responsabilités.* »

Afin de mettre en avant la polyvalence du maître, vous pouvez également évoquer les croisements entre enseignements, pour les cycles 2 et 3, ou avec les autres grandes thématiques du niveau concerné.

Sujet zéro n° 1

Pour la maternelle, la maîtrise de la langue est un objectif fondamental. L'EPS peut y contribuer de manière très pertinente, en permettant à l'élève de construire ses connaissances à partir d'expériences vécues. Devenir élève est un autre objectif très important qui peut être aisément évoqué à l'occasion du développement de l'autonomie, de la coopération ou encore du vivre ensemble (liens possibles avec le socle commun).

Remarque

N'oubliez pas, pour autant, que l'essentiel de votre réponse (comme plus tard l'essentiel de votre intervention en EPS en tant qu'enseignant) doit concerner la motricité de l'élève !

Sujet zéro n° 2

Pour les cycles 2 et 3, des croisements entre enseignements sont proposés dans les programmes. La restriction émise plus haut vaut également pour ces niveaux de scolarité !

Exemples :

– lien avec le français pour les compétences orales : décrire, expliquer, argumenter à propos de choix tactiques individuels ou collectifs ;

– lien avec le français pour les compétences écrites : les différents travaux qui peuvent être réalisés par le biais du **cahier d'EPS*** ;

– lien avec les mathématiques : calculs de vitesses en course ;

– liens avec les sciences expérimentales : **le lien avec « le fonctionnement du corps humain et la santé »** est ici évident.

Formule express

Évoquez, au choix, le socle ou le lien avec les autres disciplines.

– **Anticipez** les questions qui pourront vous être posées par le jury lors de la partie extension de l'entretien car, comme le précise l'arrêté du 19 avril 2013 : *« le jury élargit le questionnement aux pratiques sportives personnelles du candidat ou encore au type d'activités sportives qu'il peut animer ou encadrer »*. Vous pouvez alors évoquer un thème particulier que vous aimeriez développer lors de l'entretien. En proposant au jury quelques pistes de réflexion, il est possible que celui-ci veuille en savoir un peu plus et qu'il reviendra sur l'une d'entre elles lors de l'entretien.

Prenez appui sur :

– votre EPS à l'école, au collège et au lycée ;

– et/ou votre vécu sportif de club ;

– et/ou votre pratique physique de loisir (courir le dimanche matin, faire de la bicyclette, marcher en montagne, faire de la zumba...) ;

– et/ou votre (vos) expérience(s) dans le domaine de l'encadrement sportif et/ou dans le domaine de l'animation (colonies de vacances, centres de loisirs...).

• **Précisez explicitement le lien avec l'objectif de santé** (voir p. 79)

Cet aspect de votre exposé est très important car les programmes de 2015 définissent de manière explicite le lien avec la santé à travers la compétence « *Apprendre à entretenir sa santé par une activité physique régulière* ».

Sujet zéro n° 1

Pour la maternelle, il s'agit, comme nous l'avons vu précédemment pour l'élève, d'« adapter ses déplacements à des environnements ou contraintes variés ». Ces environnements devront d'une part être **sécurisés** ; ils devront d'autre part permettre à l'élève de prendre quelques initiatives afin d'éprouver de **nouvelles réponses motrices**. L'efficacité croissante de celles-ci va alors permettre à l'élève d'être de plus en plus à l'aise avec le matériel, avec lui-même comme avec les autres, favorisant ainsi l'**estime de soi**.

Sujet zéro n° 2

Pour les jeux collectifs de cycle 3, la notion de santé pourra être abordée de multiples manières : la gestion des efforts, l'efficacité individuelle qui favorisera l'intégration au sein de l'équipe, la capacité à participer à l'élaboration et la mise en œuvre de stratégies collectives…

- **Organisez le développement sous forme de plan détaillé**

N'oubliez pas de numéroter vos pages et n'écrivez qu'au recto.

Sujet zéro n°1

Introduction (1 minute à 1 minute 30)

Mes élèves de moyenne section de maternelle ont été confrontés, lors des premières séances d'activité physique, à des parcours de motricité mettant en jeu des déplacements qui sollicitaient une motricité différente de celle qu'ils utilisent habituellement. Leurs repères de terrien étaient ainsi modifiés : remise en cause de l'équilibre vertical par des déplacements sur un banc, des chaises, une poutre basse ou en quadrupédie, par exemple, ou encore perte progressive de repères visuels en roulant ou en se mettant tête en bas.
Je souhaite maintenant faire évoluer leurs réponses motrices en les confrontant à des situations qui vont leur permettre de développer des habiletés motrices autour des verbes d'action : se suspendre, se balancer et se renverser, valorisant de fait une motricité de moins en moins pédestre, de plus en plus aérienne et renversée.
En choisissant de faire évoluer le dispositif par la mise en place d'ateliers, je veux leur permettre d'augmenter leur qualité d'action et de répétition.

Pour aller plus loin

J'ai également la volonté de rendre mes élèves plus autonomes et responsables. Lors des séances mises en place à partir des parcours aménagés, j'ai déjà mis l'accent sur la nécessité de respecter les règles collectives (attendre son tour, ne pas bousculer, respecter le sens de déplacement sur le parcours). J'ai donc pu observer leur capacité à adopter un comportement responsable et à être de plus en plus autonomes. Je sais par conséquent qu'ils vont maintenant être capables de travailler en ateliers.
Les situations mises en place à travers ces ateliers vont de plus les amener à gérer leur stress et à prendre des risques calculés, favorisant ainsi la construction d'une « attitude santé ».

Développement (8 minutes à 8 minutes 30)

I. Les textes officiels

a) L'objectif de l'EPS : « *Adapter ses équilibres et ses déplacements à des environnements et des contraintes variés* ». Donner si possible la compétence attendue.

Pour aller plus loin

b) « *Apprendre ensemble et vivre ensemble* »

II. Les thématiques/les objectifs

– une thématique motrice

Pour aller plus loin

– une thématique générale en plus

III. Le dispositif global : des ateliers pour « se suspendre, se balancer, se renverser »

a) L'organisation spatiale : disposition, nombre d'ateliers, rotation sur les ateliers : description rapide des différents ateliers

b) La place et le rôle des adultes (PE, ATSEM)

IV. L'atelier décrit plus précisément les éléments suivants

a) Le but pour l'élève

b) Le dispositif

c) Les consignes

d) Les comportements attendus

e) Les comportements prévisibles et les évaluations à apporter (variables de simplification et complexification)

Pour aller plus loin

f) Les règles d'efficacité à intégrer par l'élève pour réussir

g) La différenciation

h) Les indicateurs de réussite

i) L'évaluation : un moyen simple, parmi d'autres, d'évaluer les élèves consiste à identifier des **niveaux d'habilité*** (voir ci-dessous)

j) La sécurité

V. Le lien avec le socle commun et les autres disciplines

VI. La construction d'une « attitude santé »

Conclusion (30 secondes à 1 minute, *voir plus loin*)

Encadré explicatif pour les niveaux d'habileté

Ce tableau ne figurera pas dans votre plan détaillé.

Atelier : se suspendre

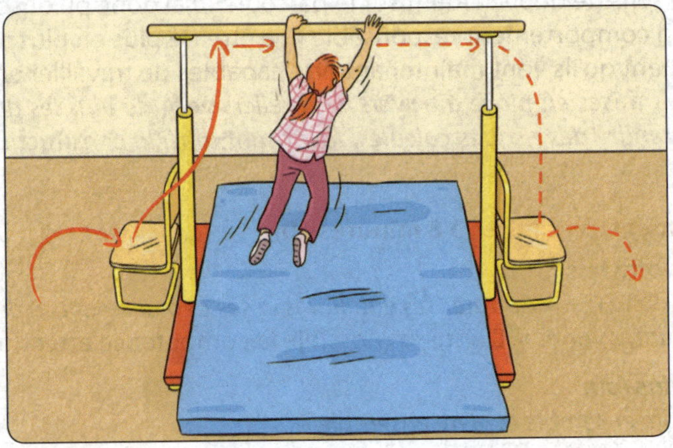

Fig. 7 – *Se suspendre et se déplacer.*

Monter sur une chaise pour attraper une barre et s'y suspendre. Se déplacer le long de la barre afin de sortir de l'autre côté par la chaise opposée.

Niveau 1 : monter à la barre et se suspendre, puis lâcher la barre.

Niveau 2 : monter à la barre, se suspendre, se déplacer et sortir de l'autre côté.

Niveau 3 : monter à la barre, se suspendre et se déplacer en faisant un demi-tour longitudinal avant de sortir de l'autre côté.

Remarque

La grille de niveaux d'habileté peut servir de grille d'évaluation :
– en faisant l'effort de faire identifier des critères et indicateurs de réussite par les élèves (ici des zones de couleur différente tracées sur le tapis), ils pourront s'auto-évaluer et progresser plus facilement ;
– en ayant en tête ces niveaux, il est plus aisé de mettre en place la différenciation.

3 La rédaction de la conclusion

Tout membre du jury du CRPE se pose, à un moment ou à un autre, cette question : « Est-ce que j'aimerais avoir ce candidat comme collègue dans mon école à la rentrée prochaine ? »

Vous devez donc faire preuve de cohérence et de congruence comme de pragmatisme et de réalisme. Ne tombez dans l'emphase : non, l'EPS n'est pas la rédemptrice de l'Éducation nationale ! Ne soyez pas non plus défaitiste : même si certaines difficultés peuvent exister (problèmes de locaux, de matériel...), vous aurez toujours la possibilité d'agir à votre niveau !

À l'inverse, vous devez être persuadé que toute réflexion renvoyant à une EPS « récréative », voire propédeutique aux savoirs intellectuels, est à éviter !

La conclusion doit vous permettre de rappeler au jury que vous faites des liens pragmatiques et cohérents entre votre vécu, vos expériences, la compréhension que vous avez des enjeux de l'école aujourd'hui et le sujet de la question.

Sans être trop longue, il est tout de même préférable de proposer au jury une piste de réflexion sous forme d'ouverture. Vous pouvez, par exemple, esquisser très brièvement la suite des séances dans la perspective d'une véritable **séquence d'apprentissage***. Vous pouvez également évoquer des possibilités de prolongement de vos propositions : une rencontre interclasse, un spectacle, une rencontre sportive, la mise en place d'une correspondance... Vous pouvez encore revenir rapidement sur la thématique abordée lors de votre développement en la mettant en perspective avec votre future formation.

Exemple de conclusion rédigée pour le sujet zéro n° 1

À l'issue de ce travail en ateliers, mes élèves sont capables de se suspendre, se balancer et se renverser. Le dispositif a favorisé la quantité et la variété d'actions, leur permettant ainsi de développer et de consolider leurs habiletés motrices. Ce mode de fonctionnement a également été l'occasion pour eux de devenir plus autonomes et responsables. La construction de ces compétences permet à chacun d'eux de maîtriser encore mieux leurs émotions et de développer ainsi une « attitude santé » conçue comme une ressource de la vie quotidienne qui met l'accent sur les ressources sociales et personnelles et sur les capacités physiques.
Je vais maintenant mettre en place de nouveaux ateliers afin de continuer à développer ces potentialités, notamment en combinant plusieurs habiletés motrices. Ce sera ainsi l'occasion de commencer avec eux un travail d'élaboration d'enchaînements courts à travers lesquels ils pourront faire des choix en fonction de leurs possibilités.

Ajoutez une dernière phrase où vous évoquerez rapidement votre expérience personnelle en la reliant avec ce que vous venez de développer.

Exemple : partir de cette notion de choix en mettant en avant les menus EPS du lycée qui vous ont permis d'appréhender l'EPS différemment et de façon très positive.

Formule express

Comme pour l'introduction, notez simplement les mots-clés, sans rédiger la conclusion.

Sujet zéro n° 1

Développer, consolider, habiletés motrices

« Attitude santé »

Nouveaux ateliers, combiner plusieurs habiletés motrices vers enchaînements courts

LES ÉLÉMENTS À CONNAÎTRE POUR CONSTRUIRE LES SÉQUENCES ET SÉANCES

1 La séquence d'apprentissage

Une séquence d'apprentissage doit s'envisager sur un temps suffisamment long pour permettre :
- aux élèves de construire les compétences attendues ;
- à l'enseignant de construire, mettre en œuvre et évaluer son enseignement.

Un temps minimum de **10 à 12 séances** par séquence est requis.

Chaque séquence s'organise en plusieurs phases.

1.1 *Les différentes phases*

a) Une phase de mobilisation de l'attention de l'élève

Cette phase va permettre à l'élève d'entrer dans l'activité et d'être confronté aux choix de l'enseignant. Il va pratiquer une activité physique ou une APSA (voir p. 69) dans un contexte particulier avec des principes et des règles de fonctionnement.

Elle va permettre à l'enseignant de faire des choix en fonction des observations réalisées lors de l'**évaluation diagnostique*** : définition d'objectifs et d'apprentissages à organiser, élaboration de la situation d'expression de la compétence attendue (voir p. 51) qui servira de support à l'évaluation formative et/ou sommative.

b) Une phase d'apprentissage

Les situations d'apprentissage (voir p. 48) vont permettre aux élèves de développer des **conduites motrices*** de plus en plus complexes et efficaces.

L'enseignant, en mettant en place les conditions pour qu'il y ait une grande quantité et une grande variété dans les actions, ainsi qu'une recherche de progrès spécifiques (voir ouvrage du CRDP de Grenoble, *Les jeux sportifs collectifs à l'école élémentaire*), va permettre à ses élèves d'apprendre, tant d'un point de vue moteur qu'au niveau méthodologique et social. Il met en place une différenciation pour favoriser la réussite de tous.

c) Une phase d'évaluation

L'élève peut, grâce aux indicateurs de réussite, s'auto-évaluer (évaluation formatrice). Certains outils peuvent également lui être proposés comme le diagramme de performance (*L'EPS au cycle 3*, P. Moniot, F. Reichert, CRDP de Bretagne). La confrontation à la **situation d'expression de la compétence attendue*** (ou encore appelée situation de référence) lui permet de mesurer ses progrès.

L'enseignant évalue ses élèves à partir d'une évaluation formative (au cours de la séquence) ou d'une évaluation sommative (en fin de séquence), notamment en mettant en place une situation d'expression de la compétence attendue.

Remarque

Le terme de « situation de référence » est utilisé dans de nombreux ouvrages didactiques et pédagogiques pour désigner une situation qui permet à l'enseignant et aux élèves de savoir où ils en sont par rapport aux attentes. Elle permet également de mesurer les progrès à différents moments de la séquence.

Le terme de « situation d'expression de la compétence » est plus récent (apparition avec le concept de compétence dans l'Éducation nationale et notamment avec le socle commun) et renvoie à la compétence attendue en fin de cycle.

d) Une éventuelle phase de prolongement

Il s'agit d'une **phase de prolongement, de réinvestissement, de concrétisation des apprentissages réalisés** : une rencontre sportive, un spectacle…

1.2 *Exemples de séquences pour le sujet zéro n° 2*

Sujet zéro n° 2

« Dans votre classe de CM2, vous avez prévu d'organiser, en EPS, un cycle de jeux collectifs.
L'an passé, vos élèves avaient participé à une rencontre sportive au cours de laquelle vous aviez constaté leur difficulté à s'organiser dans leur jeu d'équipe.
À partir d'un jeu collectif que vous préciserez, décrivez une programmation sur 3 séances ayant pour objectif la prise de conscience du rôle d'attaquant, du rôle de défenseur et de la notion de démarquage. »

a) Pour des séances de 30 à 45 minutes

Le tableau suivant décrit la chronologie d'une séquence avec différentes phases, dont deux d'apprentissage.

Phases	Nombre de séances	Situations	Remarques
Mobilisation de l'attention	1	Situation de référence	Voir détails p. 49
Apprentissage	3	– La passe à 10 avec joker – La balle au capitaine avec joueurs relais – Poules, renards, vipères	Voir détails p. 34-35
Évaluation	1	Situation de référence	Voir détails p. 49
Apprentissage	3	– Handball 2 x 2 avec jokers latéraux en attaque – Handball 2 x 2 avec jokers dans la profondeur – Handball 4 x 3	Après le démarquage latéral, démarquage en profondeur
Évaluation	1	Situation de référence	Voir détails p. 49
Prolongement	3	Rencontre sportive	Rencontre sur une demi-journée, soit 3 séances

b) Pour des séances de 45 minutes à 1 heure

Phases	Nombre de séances	Situations	Remarques
Mobilisation de l'attention	1	Situation de référence	Voir détails p.49
Apprentissage	6	Réorganisation des séances	Voir détails p. 47-48
Évaluation	1	Situation de référence	Voir détails p. 49
Prolongement	3	Rencontre sportive	Rencontre sur une demi-journée, soit 3 séances

Le temps de séance étant plus long, il est possible d'organiser la séance différemment et notamment de prévoir un temps de réinvestissement en fin de séance (voir p. 48).

Par contre, ce n'est pas possible de le faire si la séance ne dure que 30 à 45 minutes comme c'est souvent le cas en maternelle.

2 La séance d'apprentissage

2.1 *Pour les séances de 45 minutes à 1 heure*

a) Le découpage d'une séance

Le découpage d'une séance peut se calquer sur celui d'une séquence :
– une phase de mobilisation de l'attention en début de séance pour donner du sens aux apprentissages à réaliser. Cette phase inclut l'échauffement qui devra être en lien avec le thème de la séance. Il s'agit d'un échauffement contextualisé ;
– une phase d'apprentissage en lien direct avec la phase précédente ;
– une phase de réinvestissement pour restituer les apprentissages en contexte ;
– une phase de retour au calme en fin de séance pour faire le point sur les apprentissages réalisés, pour présenter la séance suivante et pour favoriser le retour en classe.

b) Exemple de séance qui peut être proposée pour le sujet zéro n° 2

- **Phase de mobilisation de l'attention**

– Échauffement contextualisé : passe à 5 avec 1 adversaire.
– Le jeu de la balle au capitaine. Mise en évidence d'un jeu « brouillon » avec notamment une difficulté à jouer sur la largeur.

- **Phase d'apprentissage**

– Le jeu de La balle au capitaine avec joueurs en relais (voir p. 35).
– Évolution de la situation :
  – **simplification** : diminution du nombre de joueurs (sur le terrain et/ou joueur relais) ; assouplissement des règles : autorisation de marcher avec le ballon sur 4/5 pas ;

– **complexification** : diminution du nombre de relais, évolution du rôle de joueurs relais (ils ne sont pas désignés à l'avance). Tout joueur peut, quand il le souhaite, le devenir en se déplaçant vers un côté.

- **Phase de réinvestissement**

– Soit revenir à la situation d'expression de la compétence attendue.
– Soit partir de cette situation en la modifiant en fonction du thème de la séance. Exemple : match à 3 x 3 avec jokers latéraux.

- **Phase de retour au calme**

– Retour sur la notion de démarquage.
– Mise en évidence de la notion de réversibilité des rôles qui sera abordée lors de la séance suivante.

2.2 *Pour les séances de 30 à 45 minutes*

Il est difficile d'envisager les quatre phases au cours d'une même séance. La situation d'expression de la compétence attendue est alors organisée sur des temps bien identifiés, plusieurs fois durant la séquence.

Les séances s'organisent plutôt :
– autour des deux premières phases (mobilisation de l'attention et apprentissage) ;
– ou autour de la seconde phase (apprentissage) avec évolution de la situation choisie comme décrit plus haut.

La phase de retour au calme est conservée.

3 Les différentes situations

Au cours de vos séquences et séances, vous allez décliner plusieurs situations. Il en existe différents types qui varient selon leur nature et leur fonction.

3.1 *Nature des situations*

Situation ouverte	Pas de précisions sur le but à atteindre et les moyens d'y parvenir. *Exemple : en petite section (PS) de maternelle, mise à disposition et utilisation libre du matériel (engins pour rouler : vélos, trottinettes).*
Situation semi-ouverte	Précision du but à atteindre sans spécification des moyens pour y parvenir. *Exemple : en PS, indications sur le but à atteindre (parcourir un trajet tracé au sol en utilisant l'engin de son choix).*
Situation fermée	Définition du but et des moyens. *Exemple : en PS, parcourir le trajet avec l'engin de son choix sans mettre les pieds au sol et en suivant le sens imposé.*

3.2 Fonction des situations

Situation de découverte	Entrée dans l'activité. Découverte du matériel, des installations… *Les apprentissages ne sont pas ciblés précisément.* *Les apprentissages sont incidents (apparition non programmée).*
Situation d'apprentissage : situation complexe, situation-problème, situation par essai/erreur, par imitation, par observation, par répétition…	Le type de situation dépend de la **méthode d'apprentissage***, de la dominante recherchée : **expérimentale, comparative, combinatoire ou inventive**. *Référence : revue EPS de l'académie de Nantes n°14, juin 1996.* *Apprentissages explicites et ciblés.*
Situation d'évaluation	Évaluation diagnostique, formative, formatrice, sommative. *Les apprentissages nouveaux ne sont pas visés.*
Situation de référence	Mise en activité. Elle peut être évaluative. *Les apprentissages nouveaux ne sont pas visés.*

3.3 Zoom sur la situation de référence

a) Définition

La situation de référence* va, comme son nom l'indique, servir de référence pour l'élève afin qu'il puisse appréhender les enjeux de l'activité pratiquée. Proposée plusieurs fois durant la séquence (en début, au milieu et en fin le plus souvent), elle lui permet également de percevoir et d'évaluer ses apprentissages et ses progrès.

Elle peut également servir à l'enseignant pour mettre en place ses différentes évaluations :
– diagnostique : on parle également de situation d'entrée dans l'activité. Il s'agit pour l'enseignant de définir le niveau des élèves et de déterminer les compétences à construire durant la séquence ;
– formative : elle est proposée le plus souvent en milieu de séquence ;
– sommative, elle peut également être certificative.

b) Caractéristiques

La situation de référence doit être représentative de l'activité pratiquée. Certains ouvrages didactiques parlent de logique interne de l'activité : les éléments les plus significatifs de celle-ci sont présents. Par exemple, en sport collectif, il faut qu'il y ait des partenaires et des adversaires qui vont s'affronter lors d'un (ou de plusieurs) match afin de tenter de le remporter en respectant les règles définies en début de séquence.

Elle doit être adaptée au niveau de tous les élèves et tenir compte, de manière réaliste, de la durée de la séquence.

c) Exemple

Pour des élèves de CM2 qui pratiquent le basket-ball, match en 3 contre 3 durant 5 minutes, sur un terrain de 20 mètres par 10 (utilisation des panneaux latéraux fixés aux murs dans les gymnases par exemple). Règles utilisées : le marcher (deux appuis maximum avec le ballon dans les mains), la reprise de dribble, les sorties (remise en jeu par l'équipe qui n'a pas fait sortir le ballon, à l'extérieur du terrain à l'endroit où est sorti le ballon) ; contacts corporels interdits. Marque : panier : 5 points, arceau touché par au-dessus sans pénétration du ballon dans le panier : 2 points, panneau touché sans pénétration du ballon dans le panier : 1 point. Les points ne s'additionnent pas ; exemple : si le ballon touche l'arceau avant de rentrer dans le panier, on ne compte que les 5 points du panier.

Organisation d'un mini championnat : groupes de 3 équipes : deux qui jouent et une qui arbitre.

Possibilité de demander deux temps mort de 1 minute au maximum pour redéfinir une stratégie offensive et/ou défensive en fonction de l'évolution du score.

4 Les éléments constitutifs des situations

4.1 *Définition*

Une situation s'inscrit dans un contexte et doit permettre à l'élève d'atteindre le ou les objectifs visés par l'enseignant, en référence aux compétences des programmes et du socle commun.

Remarque

Voir exemple détaillé p. 36-37.

Les éléments qui caractérisent une situation sont :
– le schéma (ce n'est pas une obligation cependant) ;
– le but à atteindre pour l'élève ;
– le dispositif choisi : les organisations matérielle, spatiale, temporelle ;
– les consignes à respecter ;
– les comportements attendus : ce que l'élève doit faire pour réussir ;
– les critères et indicateurs de réussite : les éléments qui vont permettre à l'élève de savoir s'il a réussi ou non ;
– les comportements prévisibles : les comportements qui risquent de se produire en fonction de la difficulté ou de la facilité de la situation ;
– les évolutions de la situation en fonction des comportements attendus ou prévisibles observés en termes de simplification et de complexification.

4.2 *Les paramètres et les variables pour faire évoluer les situations*

1. Le matériel : plus petit, plus gros, plus haut, plus bas, plus ou moins nombreux.
2. Le temps : plus court, plus long, plus ou moins de répétitions.
3. L'espace : plus grand, plus petit, agencé différemment.
4. Les contraintes par rapport au matériel (ne pas l'utiliser avec le pied…), à l'espace (ne pas aller dans telle zone…) , au temps (lâcher le ballon avant tant de temps…) ou aux autres (ne pas les toucher…).
5. Le nombre de joueurs (pour les activités collectives).
6. Le rôle tenu : attaquant, défenseur, arbitre pour les jeux collectifs ; acteur, chorégraphe, spectateur pour les activités artistiques.
7. La constitution des groupes : hétérogènes, homogènes, de niveau, de besoins.

Remarque

Autre dénomination : trame de variance (voir p. 191).

5 L'organisation de la classe

L'organisation de la classe dépend du nombre d'élèves, de l'activité support, du moment dans la séquence et des compétences professionnelles.

Organisation	Modalités	Caractéristiques	Remarques
Groupe classe	Tous ensemble	– Petits effectifs (pour les jeux collectifs) – Inciter les élèves à participer – Activités de découverte	– Classes uniques, CLISS – PS maternelle – Début de séquence ou activité nouvelle
	Par vagues ou en colonnes	Contrôle de toute la classe par l'enseignant	– Sécurité (activités de lancers par exemple) – Vérification du respect des règles
	Parcours	Succession de tâches enchaînées	Gestion rigoureuse indispensable pour favoriser une quantité d'activité suffisante
Plusieurs groupes	Ateliers	– Un atelier sous la responsabilité de l'enseignant et les autres en semi-autonomie – Tous les ateliers en semi-autonomie et l'enseignant en observation	– Travail indispensable sur la responsabilité et l'autonomie
		Deux groupes avec des statuts différents (ex. : un groupe de danseurs et un groupe de spectateurs ; un groupe de joueurs et un groupe d'arbitres…)	Moments particuliers : prestation des activités artistiques, temps d'évaluation sommative
	Activités à risque	Un groupe avec l'enseignant, un groupe avec un autre adulte agréé	En fonction de la législation en vigueur (voir p. 75)

6 L'évaluation

Type d'évaluation	Fonction	Formes
Diagnostique	Évaluer le niveau initial des élèves	Par l'enseignant, en début de séquence *Exemple : situation d'expression de la compétence attendue ou situation de référence ; situations d'entrée dans l'activité*

➤➤➤

	Fonction	Formes
Formative	Évaluer ponctuellement le niveau et les progrès des élèves à un moment précis de la séquence Permet à l'enseignant de réguler son intervention	Par l'enseignant, plusieurs fois durant la séquence *Exemple : situation d'expression de la compétence attendue ou situation de référence*
Formatrice	Évaluer le niveau et les progrès des élèves tout au long de la séquence Permet aux élèves de se réguler	Par les élèves, à l'aide des critères et indicateurs de réussite *Exemples :* *– indiquer par une couleur distinctive la longueur d'un saut* *– la fiche de co-évaluation* *– le diagramme de performance (voir p. 53)*
Sommative	Évaluer le niveau terminal des élèves	Par l'enseignant *Exemple : situation d'expression de la compétence attendue ou situation de référence*
Ponctuelle	Évaluer à un moment précis certaines compétences et connaissances des élèves	Par l'enseignant Assez rare en école primaire *Exemples :* *– l'attestation de première éducation à la route (APER)* *– test nécessaire avant la pratique des sports nautiques*

6.1 *Un outil d'évaluation formatrice : la fiche de co-évaluation*

Exemple

Fiche d'évaluation formatrice entre deux groupes d'élèves : chaque groupe évalue la prestation en acrosport de l'autre groupe en utilisant la fiche ci-dessous.

Cette fiche renvoie à :
– **la maîtrise de la pyramide** : la pyramide est identique à celle annoncée (aide apportée par une photographie prise auparavant et fournie au groupe évaluateur) et tenue 3 secondes sans bouger ;
– **la sécurité** : le montage et le démontage de la pyramide selon les règles de sécurité identifiées.
Elle **favorise aussi les échanges** en demandant au groupe évaluateur de donner des **conseils pour progresser.**

Montage de la pyramide	☺	☹
Pyramide immobile tenue 3 secondes	☺	☹
Pyramide identique à la pyramide annoncée (voir photo)	☺	☹

Démontage de la pyramide		
Nos conseils pour progresser :		

6.2 Le diagramme de performance

(D'après « L'EPS au cycle 3 » de P. Moniot et F. Reichert, CRDP de Bretagne.)

Le diagramme illustre l'activité de l'élève à différents moments de la séquence. Il représente ce qui est significatif de cette activité au regard des objectifs poursuivis par l'enseignant.

Remarque

Cet outil peut également servir lors de l'évaluation sommative.

Par exemple, en course de durée, le triangle de performance quantifie :
- la distance parcourue ;
- le nombre d'arrêts ;
- le degré d'essoufflement.

Si la surface du triangle augmente, c'est que l'élève s'est amélioré. De plus, il peut savoir dans quel domaine il a fait des progrès.

Il peut aussi être significativement en progrès sur un ou deux axes mais régresser sur le troisième. Il peut donc réorienter son projet afin de s'améliorer globalement.

Les textes officiels (programmes de 2015 et socle commun)

1 Les programmes de 2015

1.1 Quatre cycles

Où trouver les textes officiels

Les programmes de 2015 sont parus :
- au *B.O.* spécial n° 2 du 26 mars 2015 pour la maternelle ;
- au *B.O.* du 26 novembre 2015 pour les cycles 2, 3 et 4.

Le décret n° 2013-682 du 24-7-2013 paru au *B.O.* du 5 septembre 2013 réorganise en quatre cycles successifs la scolarité des élèves de l'école maternelle au collège de la manière suivante :

– depuis le 1er septembre 2014, **le cycle 1, cycle des apprentissages premiers**, correspond aux trois niveaux de l'école maternelle : petite section, moyenne section, grande section ;

– à compter du **1er septembre 2016** :
   – le **cycle 2, cycle des apprentissages fondamentaux**, regroupe les trois premières années de l'école maternelle : cours préparatoire (CP), cours élémentaire 1re année (CE1), cours élémentaire 2e année (CE2) ;
   – le **cycle 3, cycle de consolidation**, unit le cours moyen 1re année (CM1), le cours moyen 2e année (CM2) et la classe de 6e. Il trouve naturellement sa place dans les échanges organisés dans le cadre du conseil école-collège entré en vigueur depuis la rentrée de septembre 2014 ;
   – le **cycle 4, cycle des approfondissements**, comprend les classes de 5e, de 4e et de 3e.

1.2 Les programmes de 2015 de l'école maternelle

L'EPS s'inscrit prioritairement dans le domaine d'apprentissage « Agir, s'exprimer, comprendre à travers l'activité physique ».
Quatre objectifs sont définis :
   – agir dans l'espace, dans la durée et sur les objets ;
   – adapter ses équilibres et ses déplacements à des environnements ou des contraintes variés ;
   – communiquer avec les autres au travers d'actions à visée expressive ou artistique ;
   – collaborer, coopérer, s'opposer.

Nous verrons plus loin qu'il s'agit cependant de quatre expériences corporelles identiques.

1.3 Les nouveaux programmes d'EPS des cycles 2 à 4

Les programmes parus au *B.O.* du 26 novembre 2015 sont organisés pour présenter une unité conceptuelle, appelée également matrice disciplinaire, ainsi qu'une continuité temporelle qui rend compte d'un parcours de formation de l'élève complémentaire et progressif. Cette matrice est construite à partir de :
– **une finalité commune** : « former un citoyen cultivé, lucide, autonome, physiquement et socialement éduqué, dans le souci du vivre ensemble » ;

– **cinq compétences générales** travaillées en continuité durant les différents cycles :
 – développer sa motricité et apprendre à s'exprimer en utilisant son corps,
 – s'approprier par la pratique physique et sportive, des méthodes et des outils,
 – partager des règles, assumer des rôles et des responsabilités,
 – apprendre à entretenir sa santé par une activité physique régulière,
 – s'approprier une culture physique sportive et artistique ;

– **des compétences qui intègrent trois dimensions : motrice, méthodologique et sociale** afin de développer ces compétences générales ;

– **quatre champs d'apprentissage*** complémentaires pour développer les compétences générales à travers un parcours de formation cohérent et progressif :
 – produire une performance optimale, mesurable à une échéance donnée,
 – adapter ses déplacements à des environnements variés,
 – s'exprimer devant les autres par une prestation artistique et/ou acrobatique,
 – conduire et maîtriser un affrontement collectif ou interindividuel.

Les quatre champs d'apprentissage sont présentés de manière identique :
– des attendus de fin de cycle qui englobent toutes les dimensions des compétences travaillées : les dimensions motrices, méthodologiques et sociales ;
– des compétences travaillées durant le cycle. Il s'agit ici d'apporter des précisions par rapport aux attendus de fin de cycle ;
– des exemples de situations, d'activités et de ressources pour l'élève : le plus souvent, une liste d'APSA supports (voir tableau p. 58) ;
– des repères de progressivité (voir *Les documents complémentaires des programmes : les ressources* p. 60).

Des liens avec d'autres disciplines, communs aux quatre champs d'apprentissage, sont enfin proposés (voir « Croisements entre enseignements » p. 59).

1.4 Une continuité de l'école maternelle à l'école élémentaire

Même si la matrice disciplinaire n'apparaît pas de manière explicite, une continuité certaine existe entre les programmes de l'école maternelle et les nouveaux programmes de l'école élémentaire et du collège.

Ainsi, la finalité est très similaire :
– « la pratique d'activités physiques et artistiques contribue au développement moteur, sensoriel, affectif, intellectuel et relationnel des enfants » ;
– « les activités physiques participent d'une éducation à la santé en conduisant tous les enfants, quelles que soient leurs « performances » à éprouver le plaisir du mouvement et de l'effort, à mieux connaître leur corps pour le respecter ».

D'autre part, les objectifs pour l'école maternelle préfigurent les champs d'apprentissages des cycles 2 à 4 et renvoient également à quatre expériences similaires (voir le tableau comparatif p. 57).

1.5 Une continuité de l'école élémentaire au collège

Comme nous le soulignions précédemment, les trois cycles (cycles 2, 3 et 4) sont déclinés de manière identique pour l'EPS et participent ainsi de la lisibilité de la discipline.

Des trois nouveaux cycles définis, le cycle qui caractérise au mieux cette volonté de définir et d'organiser le parcours de formation de l'élève de manière cohérente et complémentaire durant toute sa scolarité obligatoire (de 6 à 16 ans) est le cycle 3 qui concerne aussi bien l'école élémentaire que le collège. Ainsi, il est souligné que : « les compétences travaillées dans les quatre champs d'apprentissage recouvrent les dimensions motrices mais également méthodologiques et sociales ». Cette terminologie était déjà présente dans les programmes de 2008 des collèges. Ils définissaient quatre compétences méthodologiques et sociales (CMS) :

« – Agir dans le respect de soi, des autres, et de l'environnement par l'appropriation de règles ;
– organiser et assumer des rôles sociaux et des responsabilités par la gestion et l'organisation des pratiques et des apprentissages : installer, utiliser, ranger du matériel, recueillir des informations, travailler en équipe, et s'entraider ;
– se mettre en projet par l'identification, individuelle ou collective, des conditions de l'action, de sa réussite ou de son échec pour élaborer un projet d'action et le mettre en œuvre, raisonner avec logique et rigueur, apprécier l'efficacité de ses actions, développer sa persévérance ;
– se connaître, se préparer, se préserver par la régulation et la gestion de ses ressources et de son engagement en sachant s'échauffer, récupérer d'un effort, identifier les facteurs de risque, prendre en compte ses potentialités, prendre des décisions adaptées, maîtriser ses émotions, apprécier les effets de l'activité physique sur le corps humain, s'approprier des principes de santé et d'hygiène de vie. »

Les nouveaux programmes ne définissent pas de CMS de manière aussi explicite mais nous retrouvons dans les attendus de fin de cycle ces quatre CSM. Quelques exemples :

– en cycle 2, pour le champ d'apprentissage *« Produire une performance maximale, mesurée à une échéance donnée »* : remplir quelques rôles spécifiques renvoie à la CMS *« Organiser et assumer des rôles sociaux… »* ;

– en cycle 3, pour le champ d'apprentissage *« Adapter ses déplacements à des environnements variés »* : identifier la personne responsable à alerter ou la procédure en cas de problème illustre la CMS *« Agir dans le respect… »*.

Proposer une approche commune, y compris dans la déclinaison des CMS, participe bien de la volonté d'organiser le parcours de formation de l'élève de manière équilibrée et progressive.

1.6 Les objectifs et les champs d'apprentissage : similarités et continuités

a) Quatre expériences corporelles

L'élève doit pouvoir vivre durant sa scolarité **quatre expériences corporelles**, à travers la pratique scolaire des activités physiques, sportives et artistiques :
– **agir dans l'espace, dans la durée et sur les objets, réaliser une performance :** courir vite, longtemps, lancer loin, sauter loin ou haut, nager loin… ;
– **se confronter et s'adapter à des environnements particuliers :** l'eau, la glace, la forêt ;

– **se confronter seul ou à plusieurs à un ou des adversaires dans des situations d'opposition :** lors de jeux sportifs et traditionnels collectifs, d'activités de raquettes (badminton, tennis, tennis de table), de jeux de lutte… ;
– **se montrer seul ou à plusieurs, à travers des activités artistiques, devant un public :** les rondes enfantines, la danse créative, les danses traditionnelles…

En permettant aux élèves de les vivre toutes, l'enseignant crée les conditions pour que chaque élève se construise une motricité générale complète et efficace qui lui permettra de se confronter sans difficulté à des milieux physiques et sociaux multiples et qui le mettra en position de réinvestir ses compétences dans les APSA diverses et variées dans et en dehors de l'école.

Chacun de ces domaines regroupe un certain nombre d'activités qui présentent des similitudes quant au milieu dans lequel les élèves évoluent :
– **un milieu stable et connu à l'avance** (une piste d'athlétisme, une cour de récréation, une piscine) : les activités athlétiques, la natation ;
– **un milieu inconnu ou semi-connu, incertain** (un parc, une forêt, une patinoire, une piscine pour les débutants) : les activités aquatiques, nautiques, d'escalade, de roule et de glisse, d'orientation ;
– **un milieu où il s'agit de s'affronter à d'autres, seul ou à plusieurs :** les jeux de lutte, de raquettes pour les activités duelles ; les jeux traditionnels, les jeux collectifs avec ou sans ballon, les jeux sportifs collectifs pour les affrontements collectifs ;
– **un milieu où il s'agit de se montrer devant un public en créant de l'émotion :** la danse, les activités gymniques.

b) Les objectifs ou les champs d'apprentissage par cycle

Tableau récapitulatif de l'EPS à l'école primaire

Au cycle 1 **Agir, s'exprimer, comprendre à travers l'activité physique** ***Quatre objectifs***	**Aux cycles 2 et 3** **EPS** ***Quatre champs d'apprentissage***
Agir dans l'espace, dans la durée et sur les objets.	Produire une performance optimale, mesurable à une échéance donnée.
Adapter ses équilibres et ses déplacements à des environnements ou contraintes variés.	Adapter ses déplacements à des environnements variés.
Communiquer avec les autres au travers d'actions à visée expressive ou artistique.	S'exprimer devant les autres par une prestation artistique et/ou acrobatique.
Collaborer, coopérer, s'opposer.	Conduire et maîtriser un affrontement collectif ou interindividuel.

Le premier objectif des programmes de l'école maternelle « *Agir dans l'espace, dans la durée et sur les objets* » ne met pas explicitement en avant la notion de performance que nous retrouvons aux cycles 2 et 3. Pour autant, les activités physiques et artistiques qui sont listées au chapitre « Ce qui est attendu des enfants en fin d'école maternelle » sont : « courir, sauter, lancer de différentes façons, dans des espaces et avec des matériels variés, dans un but précis ». Ces activités ont un lien ténu avec les activités de type athlétiques. Et la précision « dans un but précis » est bien ici référée à une performance personnelle.

Les trois autres objectifs du cycle 1 sont, par contre, de nature identique au trois champs d'apprentissage de l'EPS des cycles 2 et 3.

c) Les activités physiques et artistiques de l'école maternelle et les APSA des cycles 2 et 3

Il n'est pas encore question d'EPS en maternelle mais plutôt d'« agir, s'exprimer et de comprendre à travers l'activité physique ». Le législateur n'a pas voulu mettre en avant, de manière prématurée, le lien avec les APSA comme c'est le cas pour les cycles 2 et 3. C'est pourquoi il est précisé que « la pratique d'activités physiques et artistiques contribue au développement moteur, sensoriel, affectif, intellectuel et relationnel des enfants ».

Afin de permettre aux élèves de se construire par rapport aux compétences des programmes, l'enseignant va s'appuyer, pour son enseignement, sur un certain nombre d'activités physiques et expériences corporelles de maternelle et sur des activités physiques, sportives et artistiques (APSA). Ces activités sont les **formes scolaires** d'activités physiques, d'activités sportives, de loisirs sportifs ou de sports qui existent en dehors de l'école. Elles constituent le **support privilégié de l'enseignement de l'EPS**.

De par cette spécificité scolaire, la mise en œuvre didactique et pédagogique de ces activités doit respecter les grands enjeux de l'école aujourd'hui, au premier rang desquels nous trouvons **la réussite de tous et l'égalité des chances**.

Tableau récapitulatif des activités physiques et artistiques de maternelle et des APSA des programmes de 2015

Expériences motrices	École maternelle	Cycle 2	Cycle 3
Activités de performance	Lancer, attraper, faire rouler	Activités athlétiques aménagées	Activités athlétiques (courses, sauts, lancers) et natation
Activités en milieu particulier	– Jeux de conduites motrice inhabituelle : escalader, se suspendre, ramper… – Jeux permettant de développer de nouveaux équilibres : se renverser, rouler, se laisser flotter… – Jeux permettant de découvrir des espaces inconnus ou caractérisés par leur incertitude : piscine, patinoire, parc, forêt…	Natation, activités de roule et de glisse, activités nautiques, équitation, parcours d'orientation, parcours d'escalade…	Activités de roule et de glisse, activités nautiques, équitation, parcours d'orientation, parcours d'escalade, savoir nager…
Activités artistiques	Rondes, jeux dansés, danse	Danses collectives, danse de création, activités gymniques, arts du cirque	Danses collectives, activités gymniques, arts du cirque, danse de création
Activités d'opposition interindividuelle ou collective	– Jeux simples avec un, puis différents rôles – Situations ludiques de contact	Jeux traditionnels simples (gagne-terrain, béret, balle au capitaine, etc.), jeux collectifs avec ou sans ballon (à effectifs réduits), jeux pré-sportifs, jeux de lutte, jeux de raquettes	Jeux traditionnels plus complexes (thèque, béret, balle au capitaine, poules-vipères-renards…), jeux collectifs avec ou sans ballon et jeux pré-sportifs collectifs (type handball, basket-ball, football, rugby, volley-ball...), jeux de combats (de préhension), jeux de raquettes (badminton, tennis)

Cas particulier de la natation

La natation est dans un premier temps considérée comme une activité qui se déroule en milieu particulier. Le débutant doit, dans un premier temps, comprendre et adapter sa motricité de terrien au nouveau milieu dans lequel il évolue (voir « Motricité de terrien » sur les rabats et le tableau axes de progrès p. 120).

Ce n'est qu'ensuite, lorsqu'il aura atteint le niveau du savoir nager, qu'il pourra produire des performances : nager vite, nager longtemps. C'est pourquoi la natation n'apparaît dans le champ d'apprentissage *« Produire une performance maximale, mesurable à une échéance donnée »* qu'au cycle 3. Si par contre, ce niveau n'est pas encore atteint, l'élève doit d'abord obtenir le savoir nager qui renvoie au champ d'apprentissage *« Adapter ses déplacements à des environnements variés »* comme les débutants.

1.7 Croisements entre enseignements

Des croisements entre disciplines sont proposés par cycle.

a) Au cycle 2

L'éducation physique et sportive offre de nombreuses situations permettant aux élèves de pratiquer le langage oral. Ils sont ainsi amenés à utiliser un vocabulaire adapté et spécifique pour décrire les actions réalisées par un camarade, pour raconter ce qu'ils ont fait ou vu et pour se faire comprendre des autres.

En lien avec l'enseignement *« Questionner le monde »*, l'éducation physique participe à l'éducation à la santé et à la sécurité.

Elle contribue pleinement à l'acquisition des notions relatives à l'espace et au temps introduites en mathématiques et dans l'enseignement « Questionner le monde ». Toujours en mathématiques, les élèves peuvent utiliser différents modes de représentation (chiffres, graphiques, tableaux) pour rendre compte des performances réalisées et de leur évolution (exemple : graphique pour rendre compte de l'évolution de ses performances au cours du cycle, tableau ou graphique pour comparer les performances de plusieurs élèves).

En articulation avec l'enseignement moral et civique, les activités de cet enseignement créent les conditions d'apprentissage de comportements citoyens pour organiser un groupe, respecter les règles et autrui, accepter l'autre avec ses différences, développer l'estime de soi et regarder avec bienveillance la prestation de camarades.

Une langue vivante étrangère ou régionale peut être utilisée, par exemple pour donner les consignes de jeu ou de travail.

La danse, activité physique et artistique, approchée dans toutes ses formes, permet de faire le lien avec les activités artistiques.

b) Au cycle 3

L'éducation physique et sportive offre de nombreuses situations permettant aux élèves de pratiquer le langage oral. Ils sont ainsi amenés à utiliser un vocabulaire adapté et spécifique pour décrire les actions réalisées par un camarade et eux-mêmes, pour organiser leur activité ou celle d'un camarade et pour exprimer les émotions ressenties. Ils développent aussi des compétences de communication en pratiquant un langage dans un genre codifié (par exemple, restituer une observation faite à partir de critères précis face à un collectif ou un individu).

2 Les documents complémentaires des programmes : les ressources

2.1 Pour l'école maternelle

Des ressources sont en ligne sur le site Éduscol du ministère. Elles sont organisées, pour chaque objectif, de manière identique :
– les enjeux essentiels de l'objectif ;
– les conditions de la réussite ;
– la progressivité ;
– les moins de trois ans.

Et de manière spécifique, pour chaque objectif :
– Pour l'objectif 1 : « *Agir dans l'espace, dans la durée et sur les objets* » :
  – construire une image orientée de son corps ;
  – prendre soin de son corps et de sa santé.
– Pour l'objectif 2 : « *Adapter ses équilibres et ses déplacements à des environnements et des contraintes variées* » :
  – investir des espaces aménagés ;
  – explorer le milieu aquatique.
– Pour l'objectif 3 : « *Communiquer avec les autres au travers d'actions à visée expressive ou artistique* » :
  – s'engager dans une démarche de création ;
  – entrer dans un parcours d'éducation artistique et culturelle.
– Pour l'objectif 4 : « *Collaborer, coopérer, s'opposer* » :
  – jouer avec les autres ;
  – construire la notion de règle.

2.2 Pour l'école élémentaire

Les ressources ne sont pas encore parues.

Vous pouvez, d'un point de vue didactique et pédagogique, vous appuyer sur les progressions parues au *B.O.* n° 1 du 5 janvier 2012, notamment afin d'élaborer vos séquences par APSA. Vous ne devez par contre pas les citer comme ressources institutionnelles.

Les programmes de novembre 2015 proposent des éléments de progressivité par champ d'apprentissage et par cycle.

a) Au cycle 2

– « *Produire une performance maximale, mesurée à une échéance donnée* » : quelle que soit l'activité athlétique, l'enjeu est de confronter les élèves à une performance qu'ils peuvent évaluer. Ils doivent, tout au long du cycle, en mobilisant toutes leurs ressources, agir sur des éléments de leur motricité spontanée pour en améliorer la performance.

– « *Adapter ses déplacements à des environnements variés* » :

– En natation, les activités proposées permettent de passer de réponses motrices naturelles (découvrir le milieu, y évoluer en confiance) à des formes plus élaborées (flotter, se repérer) et plus techniques (se déplacer). L'objectif est de passer d'un équilibre vertical à un équilibre horizontal de nageur, d'une respiration réflexe à une respiration adaptée, puis passer d'une propulsion essentiellement basée sur les jambes à une propulsion essentiellement basée sur les bras.

– Tout au long du cycle, les activités d'orientation doivent se dérouler dans des espaces de plus en plus vastes et de moins en moins connus ; les déplacements doivent, au fur et à mesure de l'âge, demander l'utilisation de codes de plus en plus symboliques. Au fur et à mesure du cycle, la maîtrise des engins doit amener les élèves à se déplacer dans des milieux de moins en moins protégés et de plus en plus difficiles.

– « *S'exprimer devant les autres par une prestation artistique et/ou acrobatique* » : les activités expressives, artistiques, esthétiques ou acrobatiques proposées présentent une progressivité en termes de longueur, de difficultés d'exécution. Les élèves évoluent au cours du cycle en montrant une pratique de plus en plus élaborée, en passant progressivement de l'exécutant à la composition et à la chorégraphie simple. Lors des activités gymniques, ils réalisent des actions de plus en plus tournées et renversées, de plus en plus aériennes, de plus en plus manuelles, de plus en plus coordonnées. Ils réalisent progressivement des actions « acrobatiques » mettant en jeu l'équilibre (recherche d'exploits) et pouvant revêtir un caractère esthétique.

– « *Conduire et maîtriser un affrontement collectif ou interindividuel* » : tout au long du cycle, la pratique d'activités collectives doit amener les élèves à se reconnaître comme attaquant ou défenseur, développer des stratégies, identifier et remplir des rôles et des statuts différents dans les jeux vécus et respecter les règles. Au cours du cycle, les élèves affrontent seuls un adversaire afin d'obtenir le gain du jeu, de développer des stratégies comme attaquant ou comme défenseur et de comprendre qu'il faut attaquer tout en se défendant (réversibilité des situations vécues).

b) Au cycle 3

– « *Produire une performance maximale, mesurée à une échéance donnée* » : des aménagements sont envisageables pour permettre aux élèves d'exploiter au mieux leurs ressources pour produire une performance maximale, source de plaisir. Privilégier la variété des situations qui permettent d'exploiter différents types de ressources dans un temps d'engagement moteur conséquent. Les retours sur leurs actions permettent aux élèves de progresser.

– « *Adapter ses déplacements à des environnements variés* » :

– **La natation fera l'objet, dans la mesure du possible, d'un enseignement sur chaque année du cycle.**

– Les activités d'orientation peuvent être programmées, quel que soit le lieu d'implantation de l'établissement. Les autres activités physiques de pleine nature seront abordées si les ressources locales ou l'organisation d'un séjour avec nuitées le permettent.

– « *S'exprimer devant les autres par une prestation artistique et/ou acrobatique* » : les activités artistiques et acrobatiques peuvent être organisées sur chacune des trois années du cycle, en exploitant les ressources et les manifestations sportives locales.

– « *Conduire et maîtriser un affrontement collectif ou interindividuel* » : tout au long du cycle, la pratique d'activités collectives doit amener l'élève à se reconnaître comme attaquant ou défenseur, développer des stratégies, identifier et remplir des rôles et des statuts différents dans les jeux vécus et respecter les règles. Au cours du cycle, les élèves affrontent seuls un adversaire afin d'obtenir le gain du jeu, de développer des stratégies comme attaquant ou comme défenseur et de comprendre qu'il faut attaquer tout en se défendant (réversibilité des situations vécues).

3 Le socle commun de connaissances, de compétences et de culture

L'EPS, comme toutes les disciplines scolaires, concourt à la construction des cinq domaines de formation du socle commun.

3.1 Historique

Où trouver les textes officiels

Vous les trouverez sur le site du ministère :
www.education.gouv.fr/pid25535/bulletin_officiel.html&cid_bo=87834

• **La loi d'orientation et de programme pour l'avenir de l'école du 23 avril 2005** énonce, dans son article 9, le principe d'un socle commun de connaissances et de compétences :

« La scolarité obligatoire doit au moins garantir à chaque élève les moyens nécessaires à l'acquisition d'un socle commun constitué d'un ensemble de connaissances et de compétences qu'il est indispensable de maîtriser pour accomplir avec succès sa scolarité, poursuivre sa formation, construire son avenir personnel et professionnel et réussir sa vie en société. »

Le décret n° 2015-372 du 31-3-2015 paru au *B.O.* n° 17 du 23 avril 2015 précise :

« Le socle commun de connaissances, de compétences et de culture couvre la période de la scolarité obligatoire, c'est à dire dix années fondamentales de la vie et de la formation des enfants, de six à seize ans. Il correspond pour l'essentiel aux enseignements de l›école élémentaire et du collège qui constituent une culture scolaire commune. Précédée pour la plupart des élèves par une scolarisation en maternelle qui a permis de poser de premières bases en matière d'apprentissage et de vivre ensemble, la scolarité obligatoire poursuit un double objectif de formation et de socialisation. »

Cinq domaines de formation définissent ce nouveau socle et circonscrivent les grands enjeux de formation durant la scolarité obligatoire.

3.2 Cinq domaines de formation

– *Les langages pour penser et communiquer* : ce domaine vise l'apprentissage de la langue française, des langues étrangères et, le cas échéant, régionales, des langages scientifiques, des langages informatiques et des médias ainsi que des langages des arts et du corps.

– *Les méthodes et outils pour apprendre* : ce domaine vise un enseignement explicite des moyens d'accès à l'information et à la documentation, des outils numériques, de la conduite de projets individuels et collectifs ainsi que de l'organisation des apprentissages.

– *La formation de la personne et du citoyen* : ce domaine vise un apprentissage de la vie en société, de l'action collective et de la citoyenneté, par une formation morale et civique respectueuse des choix personnels et des responsabilités individuelles.

– *Les systèmes naturels et les systèmes techniques* : ce domaine est centré sur l'approche scientifique et technique de la Terre et de l'Univers ; il vise à développer la curiosité, le sens de l'observation, la capacité à résoudre des problèmes.

– *Les représentations du monde et l'activité humaine* : ce domaine est consacré à la compréhension des sociétés dans le temps et dans l'espace, à l'interprétation de leurs productions culturelles et à la connaissance du monde social contemporain.

3.3 EPS et socle commun

L'EPS répond aux enjeux de formation du socle commun en permettant à tous les élèves, filles et garçons ensemble et à égalité, *a fortiori* les plus éloignés de la pratique physique et sportive, de construire les cinq compétences travaillées en continuité durant les différents cycles.

Ci-dessous : les cinq compétences à construire en EPS/le domaine de formation du socle concerné.

a) Au cycle 2

• *Développer sa motricité et construire un langage du corps/Domaine du socle : 1*
– prendre conscience des différentes ressources à mobiliser pour agir avec son corps ;
– adapter sa motricité à des environnements variés ;
– s'exprimer par son corps et accepter de se montrer à autrui.

• *S'approprier seul ou à plusieurs par la pratique, les méthodes et outils pour apprendre/Domaine du socle : 2*
– apprendre par essai-erreur en utilisant les effets de son action ;
– apprendre à planifier son action avant de la réaliser.

• *Partager des règles, assumer des rôles et des responsabilités pour apprendre à vivre ensemble/Domaine du socle : 3*
– assumer les rôles spécifiques aux différentes APSA (joueur, coach, arbitre, juge, médiateur, organisateur...) ;
– élaborer, respecter et faire respecter règles et règlements ;
– accepter et prendre en considération toutes les différences interindividuelles au sein d'un groupe.

• *Apprendre à entretenir sa santé par une activité physique régulière/Domaine du socle : 4*
– découvrir les principes d'une bonne hygiène de vie, à des fins de santé et de bien-être ;
– ne pas se mettre en danger par un engagement physique dont l'intensité excède ses qualités physiques.

• *S'approprier une culture physique sportive et artistique/Domaine du socle : 5*
– découvrir la variété des activités et des spectacles sportifs ;
– exprimer des intentions et des émotions par son corps dans un projet artistique individuel ou collectif.

b) Au cycle 3

• *Développer sa motricité et construire un langage du corps Domaine du socle : 1*
– adapter sa motricité à des situations variées ;
– acquérir des techniques spécifiques pour améliorer son efficacité ;

– mobiliser différentes ressources (physiologique, biomécanique, psychologique, émotionnelle) pour agir de manière efficiente.

• *S'approprier seul ou à plusieurs par la pratique, les méthodes et outils pour apprendre/ Domaine du socle : 2*
– apprendre par l'action, l'observation, l'analyse de son activité et de celle des autres ;
– répéter un geste pour le stabiliser et le rendre plus efficace ;
– utiliser des outils numériques pour observer, évaluer et modifier ses actions.

• *Partager des règles, assumer des rôles et des responsabilités pour apprendre à vivre ensemble/Domaine du socle : 3*
– assumer les rôles sociaux spécifiques aux différentes APSA et à la classe (joueur, coach, arbitre, juge, observateur, tuteur, médiateur, organisateur...) ;
– comprendre, respecter et faire respecter règles et règlements ;
– assurer sa sécurité et celle d'autrui dans des situations variées ;
– s'engager dans les activités sportives et artistiques collectives.

• *Apprendre à entretenir sa santé par une activité physique* régulière/Domaine du socle : 4
– évaluer la quantité et la qualité de son activité physique quotidienne dans et hors l'école ;
– connaître et appliquer des principes d'une bonne hygiène de vie ;
– adapter l'intensité de son engagement physique à ses possibilités pour ne pas se mettre en danger.

• *S'approprier une culture physique sportive et artistique/Domaine du socle : 5*
– savoir situer des performances à l'échelle de la performance humaine ;
– comprendre et respecter l'environnement des pratiques physiques et sportives.

3.4 Évaluation du socle

• **Le décret n° 2015-1929 paru au *B.O.* n° 3 du 21 janvier 2016** définit l'évaluation des acquis scolaires des élèves et propose un livret scolaire d'évaluations à l'école et au collège. Le socle commun est évalué dans ce contexte.
Il est ainsi précisé que :

« Le niveau de maîtrise de chacune des composantes du premier domaine et de chacun des quatre autres domaines du socle commun est évalué à la fin de chaque cycle selon une échelle de référence qui comprend quatre échelons ainsi désignés :
1. maîtrise insuffisante ;
2. maîtrise fragile ;
3. maîtrise satisfaisante ;
4. très bonne maîtrise.

Un domaine ou une composante du premier domaine du socle commun est maîtrisé(e) à compter de l'échelon 3. »

Ce sont les enseignants qui définissent les modalités d'évaluations et qui évaluent le socle commun à chaque cycle de la scolarité.

Les résultats des évaluations sont mentionnés dans le livret scolaire qui suit l'élève durant toute sa scolarité.

- **Le décret entre en vigueur à compter de la rentrée scolaire 2016**

Il est spécifié que l'évaluation ne doit pas être une « notation-sanction à faible valeur pédagogique » et qu'il s'agit de « privilégier une évaluation positive, simple et lisible, valorisant les progrès, encourageant les initiatives et compréhensible par les familles ».

À retenir

– Quatre objectifs ou quatre champs d'apprentissages qui renvoient à quatre expériences motrices différentes et complémentaires permettant la construction de cinq compétences générales en EPS afin d'atteindre la finalité de l'EPS : former un citoyen cultivé, lucide, autonome, physiquement et socialement éduqué, dans le souci du vivre ensemble.

– Des compétences méthodiques et sociales, inspirées des anciens programmes de collège, en filigrane qui renforcent le lien avec le socle commun.

– À l'école maternelle, des activités physiques et artistiques le plus souvent déclinées sous forme de verbes d'action.

– En cycles 2 et 3, des APSA identifiées par champ d'apprentissage.

– Un nouveau socle commun de connaissances, de compétences et de culture avec cinq domaines de formation.

L'EPS, une discipline scolaire à part entière

L'EPS est une discipline scolaire obligatoire avec une finalité, des objectifs, des programmes et des horaires obligatoires.

Comme toutes les autres disciplines, elle concoure à l'atteinte des finalités et objectifs fixés à l'école par l'État. Elle doit permettre notamment **la réussite de tous les élèves en s'appuyant sur une égalité des chances.**

1 La différence entre EPS, APSA et sport

« L'éducation physique et sportive ne se confond pas avec les activités physiques et sportives qu'elle propose et organise. »

Cette phrase extraite des *I.O.* du 15 novembre 1985 reste tout à fait d'actualité aujourd'hui puisqu'elle pose bien le débat des liens entre l'EPS, les APSA et le sport de manière plus générale. Les vocables utilisés pour désigner l'EPS sont très nombreux : la gym, le sport… Les candidats les utilisent parfois invariablement, sans doute sous l'effet du stress.

Important

Entraînez-vous à utiliser la terminologie adéquate « éducation physique et sportive » ou EPS (même si pour vous les différences sont encore floues).

Le sport existe en dehors de l'école par le biais des clubs, des fédérations… Ses traits principaux sont : l'engagement moteur, la codification sportive (qui permet une pratique universelle) et l'institutionnalisation (organisation des compétitions par les instances sportives).

Les APSA (activités physiques, sportives et artistiques) ont un lien fort avec les pratiques sociales de référence (les sports, les pratiques sportives socialement reconnues) mais les modalités de pratiques sont plus diversifiées. La course à pied peut ainsi être pratiquée de manière compétitive (les courses de vitesse, de demi-fond…) comme sous forme de footing, de trail…

L'EPS est le nom de la discipline enseignée à l'école, au même titre que le français ou les mathématiques. Elle s'appuie progressivement, de la maternelle au cycle 3, sur les APSA pour organiser ses contenus afin d'atteindre les finalités et objectifs de l'école. Mais elle s'appuie également sur des pratiques physiques et des expériences corporelles (sans lien direct avec les APSA, comme les exercices de latéralisation, de souplesse...). Ces diverses activités ne sont que **des moyens pour permettre à l'élève de se construire une motricité efficiente.**

Tableau récapitulatif

	Sport	EPS
Forme de pratique	– Pratique volontaire – Un sport par licence [1]	– Pratique obligatoire – Des activités physiques et artistiques en maternelle et des APSA [2] en cycles 2 et 3
Public	De plus en plus homogène, en fonction du degré d'expertise : – compétitions séparées filles/garçons [3] – catégories d'âge [4], de poids – compétition par niveaux	Classes et groupes hétérogènes ; pratiques mixtes [5]
Caractéristique principale	La compétition	La réussite de tous les élèves

(1) Certains clubs ou associations sportives sont « multisports » : c'est le cas, par exemple, des écoles des sports dans certaines municipalités qui font découvrir plusieurs sports aux jeunes débutants.

(2) Libellé des programmes d'EPS.

(3) Certaines fédérations proposent, dans les catégories d'âge les plus basses, des compétitions par équipes mixtes.

(4) Selon les fédérations sportives, les appellations et les âges correspondants peuvent changer. Pour autant, on retrouve le plus souvent les appellations « débutant » ou « poussin » pour les catégories les plus jeunes.

(5) À l'école, la seule homogénéité vient de l'âge.

2 Votre conception de l'EPS

Voici un petit test très simple, sans aucune prétention scientifique, qui vous permettra de clarifier votre conception de l'EPS.

Parmi les 16 affirmations suivantes, choisissez les 5 qui vous semblent les plus caractéristiques de votre conception de l'EPS et les 5 qui en sont le plus éloignées. Ne classez pas les 6 autres.

À l'école primaire (maternelle et élémentaire), l'éducation physique et sportive est une discipline scolaire qui...

1 *permet aux élèves de se détendre.*
2 *favorise le développement des capacités physiques de base : détente, souplesse, équilibre, endurance...*
3 *confronte les élèves à de multiples activités physiques, sportives et artistiques : gymnastique, danse, natation...*
4 *amène les élèves à tenir des rôles multiples : joueur, arbitre, observateur...*
5 *s'organise lorsque les apprentissages importants de l'école (maths et français surtout) sont réalisés.*

➤➤➤

➤➤➤

6 *permet à chacun de se dépasser au niveau de ses potentialités physiques : plus vite, plus fort…*
7 *amène les élèves à être plus responsables, plus citoyens…*
8 *doit tenir compte du développement psychomoteur des élèves pour leur permettre d'améliorer au mieux leurs ressources.*
9 *favorise les apprentissages dans les autres matières.*
10 *s'appuie sur les sports qui existent en dehors de l'école.*
11 *donne l'occasion de construire la vie en collectivité : respect de l'autre, de la règle, solidarité…*
12 *est une affaire de spécialistes : maître-nageur, entraîneur…*
13 *favorise le jeu, le plaisir.*
14 *développe les capacités respiratoires, cardiaques, musculaires…*
15 *valorise le sens de l'effort, de la persévérance…*
16 *permet aux élèves de découvrir leurs aptitudes pour tel ou tel sport et de s'orienter vers un club sportif afin de se perfectionner.*

Ces 16 affirmations renvoient en fait à 4 conceptions de l'EPS.

- **Une conception « développementaliste »**

L'EPS est considérée comme un moyen de développement des qualités physiques de base : la vitesse, la force… Il s'agit bien ici de développer une **motricité fondamentale.** Cette conception se retrouve à travers le premier objectif de l'EPS (voir p. 55) : **développer et mobiliser ses ressources pour enrichir sa motricité, la rendre efficace et favoriser la réussite**. Les items **2 6 8 14** illustrent cette conception.

- **Une conception « éducative »**

L'EPS permet la construction de compétences méthodologiques et sociales : l'autonomie, la responsabilité… Elle renvoie au second objectif de l'EPS : **savoir gérer sa vie physique et sociale**. (Remarque : on retrouvait ces préoccupations dans les compétences générales ou transversales des programmes de 2002). Les items **4 7 11 15** illustrent cette seconde conception.

- **Une conception « culturaliste »**

L'EPS permet aux élèves de se confronter et d'intégrer des faits de culture que sont les activités physiques, sportives et artistiques. Nous pouvons identifier le troisième objectif de l'EPS : **accéder au patrimoine culturel**. Les items **3 10 12 16** illustrent cette troisième conception.

- **Une conception « récréative ou propédeutique »**

L'EPS permet essentiellement à l'élève de se détendre, de s'amuser, afin d'être plus efficace pour les apprentissages fondamentaux. Attention, cette conception ne renvoie pas à un objectif de l'EPS (**items 1 5 9 13**). Le temps de l'EPS s'y confond avec celui de la récréation. Inutile de vous préciser que, sans entrer dans des considérations didactiques, il ne serait pas très stratégique de votre part de défendre une telle conception…

Bien entendu, ce rapide test n'a pas d'autre prétention que de vous faire réfléchir à la manière dont vous envisagez la mise en œuvre de l'EPS. Vos choix vous permettront peut-être de dégager une tendance pour une conception particulière ou pour deux. À l'opposé, vous serez sans doute en capacité d'identifier ce qui, pour vous, ne relève pas de l'EPS.

La mise en œuvre de l'EPS à l'école primaire

1 Généralités

L'enseignant, professeur des écoles ou instituteur, est responsable de la conception, de la mise en œuvre et de l'évaluation de son enseignement.

Son service hebdomadaire est de 27 heures (voir p. 70).

Dans le cadre de l'enseignement de l'EPS, il peut être amené à solliciter l'aide d'intervenants extérieurs, professionnels qualifiés agréés par l'inspecteur d'académie, directeur académique des services de l'Éducation nationale (IA-DASEN), ou de bénévoles, également soumis à agrément. C'est tout particulièrement le cas des activités à encadrement renforcé (voir p. 75).

Dans le cadre de la polyvalence de son enseignement, l'enseignant peut très facilement développer des activités :
• **disciplinaires** : programmation complète et équilibrée des activités (aborder toutes les compétences de l'EPS (voir p. 72) ;
• **interdisciplinaires** : acquisition de connaissances et de compétences propres à d'autres domaines ou disciplines à partir de l'EPS ;

Exemple

La construction de l'espace, en maternelle, est abordée à partir de diverses activités et expériences corporelles telles que le jeu des déménageurs : l'espace d'évolution (dedans, dehors), mon camp, celui des adversaires, celui vers lequel je dois aller ou revenir…

• **transdisciplinaires** : construction de compétences méthodologiques et sociales (voir p. 54) et construction des connaissances et compétences du socle commun.

Exemple

La construction de rôles multiples et variés dans les activités d'expression (danseur, chorégraphe, spectateur, juge) permet à l'élève de construire un comportement responsable en respectant les autres (item de la compétence 6 du socle, « *Les compétences sociales et civiques* »).

2 Les horaires

Le **décret n° 2008-775 du 30 juillet 2008**, modifié par le **décret n° 2013-77 du 24 janvier 2013**, précise l'organisation du service des enseignants du premier degré de la manière suivante :
– vingt-quatre heures hebdomadaires d'enseignement à tous les élèves ;
– trois heures hebdomadaires en moyenne annuelle effectuées sous la responsabilité de l'inspecteur de l'Éducation nationale chargé de la circonscription dans laquelle exercent les enseignants concernés.

2.1 Les vingt-quatre heures hebdomadaires d'enseignement

L'EPS est mise en œuvre dans le volume horaire de ces 24 heures.

- **En maternelle**

Comme le précise le *B.O.* spécial n° 2 du 26 mars 2015 : « *Il est donc impératif d'organiser une séance quotidienne (de trente à quarante-cinq minutes environ, selon la nature des activités, l'organisation choisie, l'intensité des actions réalisées, le moment dans l'année, les comportements des enfants…). Ces séances doivent être organisées en cycles de durée suffisante pour que les enfants disposent d'un temps qui garantisse une véritable exploration et permette la construction de conquêtes motrices significatives* ».

- **À l'école élémentaire**

Il s'agit de 108 heures annualisées. La globalisation offre plus de souplesse et permet l'adaptation à des contextes locaux : implantation des installations (temps de déplacement…), nature des installations (salles en intérieur ou terrains en extérieur).

Plusieurs cas de figure peuvent ainsi être envisagés pour répartir les heures consacrées à l'EPS.

- **Trois heures hebdomadaires pour trente-six semaines de classe**

Ces trois heures peuvent être organisées de multiples manières : trois fois une heure sur trois jours différents ; une heure plus deux heures sur deux jours différents ; deux fois une heure trente sur deux jours différents.

Il est à souligner que l'horaire inscrit à l'emploi du temps et le temps effectif ne sont parfois pas tout à fait identiques. Ainsi, le rapport n° 2012-035 de mars 2012 intitulé **« La pratique sportive à l'école primaire »** chiffre le temps de pratique effectif à 45 minutes pour une séance d'une heure. Le problème de la récréation est souvent mis en avant pour expliquer ce différentiel. Le rapport souligne pourtant que « *L'horaire de l'EPS représentant le huitième de l'horaire total et le temps de récréation pouvant être estimé à deux heures hebdomadaires, l'EPS ne devrait « donner » que 15 minutes hebdomadaires pour les récréations* ».

Un autre différentiel existe également : celui entre les horaires obligatoires et réels. Ce même rapport précise que « *Le nombre d'heures d'EPS, dans l'emploi du temps d'une classe, est variable d'une école à une autre, la moyenne constatée étant proche de 2 heures par semaine. Les 3 heures demandées sont très rarement effectives* ».

Remarque

Reportez-vous utilement aux différentes conceptions de l'EPS p. 68.

- **Un temps hebdomadaire et un temps annualisé**

L'annualisation, sur une partie du volume horaire, peut se concevoir pour la mise en place d'activités nécessitant des déplacements conséquents d'une part, et des temps de mise en pratique plus longs d'autre part. Par exemple, les activés physiques de pleine nature (APPN) imposent le plus souvent de bloquer des demi-journées dans l'emploi du temps sur une période allant de six à douze semaines, car les installations peuvent être éloignées des écoles. De plus, il faut parfois manipuler des matériels spécifiques imposants : bateaux, canoës, kayaks, chars à voile…

La natation, qui est une activité quasi-obligatoire au cycle 2 (voir la circulaire n° 2011-090 du 7 juillet 2011 relative à l'enseignement de la natation dans les premier et second degrés p. 76), est mise en œuvre de différentes manières aujourd'hui :
– un enseignement filé : une séance par semaine sur un trimestre (10 à 12 semaines) ou un semestre (18 semaines) ;
– un enseignement massé : deux séances par semaine sur 6 à 7 semaines (de vacances à vacances) ou une à deux séances par jour sur une ou deux semaines.

Il est important, dans cette configuration, de ne pas tout globaliser ! Il ne serait pas concevable de proposer aux élèves des cours d'EPS sur une partie restreinte de l'année seulement, puis plus rien sur le reste de l'année.

Le manque d'installations couvertes est une autre raison d'annualisation. Pour autant, l'EPS ne doit pas être seulement programmée aux beaux jours. Il est, en effet, toujours possible de programmer de nombreuses activités en extérieur : jeux collectifs ou traditionnels, activités athlétiques, activités d'orientation…

Pour ce deuxième cas de figure, il faut donc prévoir au moins une heure hebdomadaire afin de permettre à tous les élèves d'avoir une pratique physique minimum régulière.

2.2 Les trois heures hebdomadaires effectuées sous la responsabilité de l'inspecteur de l'Éducation nationale

La circulaire n° 2013-019 du 4 février 2013 décline ces trois heures hebdomadaires en moyenne annuelle ainsi :
– 60 heures consacrées à de l'aide personnalisée ou à des interventions en groupes restreints auprès des élèves rencontrant des difficultés dans leurs apprentissages et au temps d'organisation proportionné correspondant ;
– 60 heures consacrées à des **activités pédagogiques complémentaires** (APC) dans le cadre du projet d'école, par groupes restreints d'élèves, pour l'aide aux élèves rencontrant des difficultés dans leurs apprentissages, pour une aide au travail personnel ou pour une activité prévue par le projet d'école, le cas échéant, en lien avec le projet éducatif territorial. Le temps consacré aux activités complémentaires est de 36 heures ;
– 24 heures consacrées aux travaux en équipes pédagogiques, aux relations avec les parents, à l'élaboration et au suivi des projets personnalisés de scolarisation pour les élèves handicapés ;
– 18 heures d'animation et de formation pédagogique ;
– 6 heures de participation aux conseils d'école obligatoires.

L'EPS peut également être organisée sur ce temps d'APC, comme le précise **la circulaire n° 2013-017 du 6 février 2013 intitulée « Organisation du temps scolaire dans le premier degré et des activités pédagogiques complémentaires »**.

« À l'école maternelle, l'aide peut être consacrée au renforcement de la maîtrise de la langue orale et à la découverte de l'écrit, par exemple, par l'accès à des récits riches et variés. Le travail en petits groupes permet de solliciter chaque élève et favorise les échanges avec l'enseignant. Ce temps d'aide permet aussi la mise en œuvre **de jeux symboliques et de jeux à règles.** »

L'EPS, dans ses contenus, organise ces jeux symboliques ou à règles, à travers la mise en place de **jeux traditionnels**.

« À l'école élémentaire, l'aide peut être consacrée à l'amélioration des compétences en français ou en mathématiques. Elle permet des temps supplémentaires de manipulation, d'entraînement, de systématisation ou des approches différentes des savoirs. Elle favorise la prise de parole des élèves, les échanges entre pairs et avec l'enseignant, les essais, les reformulations ainsi que l'explicitation des démarches employées. »

Pour l'école élémentaire, le lien est moins direct. Pour autant, dans la perspective de la construction des compétences du socle commun de connaissances, de compétences et de culture, l'EPS peut permettre, comme toutes les disciplines, l'amélioration du français (notamment l'amélioration de l'écrit par le biais du cahier d'EPS ou encore l'amélioration du langage oral ou des mathématiques (par exemple, le calcul des vitesses, des longueurs...).

La construction de compétences se fait en action et/ou à partir de situations vécues. Il peut être très efficace de faire parler ou écrire un élève sur les peurs éventuelles qu'il éprouve quand il va à la piscine pour apprendre à nager. C'est tout autant bénéfique pour son activité physique que pour son activité langagière.

Le fait d'enseigner toutes les disciplines et d'être en présence des mêmes élèves tout au long de la journée favorise ce genre d'approche interdisciplinaire.

3 La programmation

La programmation doit être **complète** : elle doit permettre à chaque élève de se construire des connaissances et des compétences dans tous les domaines de l'EPS. Elle doit également être **équilibrée** : chaque compétence de l'EPS doit être abordée dans un volume horaire similaire. Bien entendu, certaines activités sont prioritairement programmées à certaines périodes de la scolarité. C'est le cas, par exemple, de la natation qui est abordée principalement en cycle 2 (circulaire n° 2011-090 du 7 juillet 2011).

La programmation dépend de nombreux facteurs :
– les installations : disponibilité, diversité, espace, distance de déplacement… ;
– le matériel : diversité, nombre ;
– le sentiment de compétence des enseignants à enseigner telle ou telle APSA ;
– la possibilité ou non d'être aidé pour encadrer les activités nécessitant un encadrement renforcé (voir p. 75) ;
– la finalité de la séquence : une rencontre sportive au sein de l'école ou avec une ou plusieurs écoles, une **rencontre USEP**, un spectacle donné à un moment précis (fin d'année, fête de l'école…).

La programmation est également dépendante du découpage horaire (voir p. 73). Pour autant, comme il est précisé dans les progressions de janvier 2012, « *Il est souhaitable que les quatre compétences de l'éducation physique et sportive soient travaillées chaque année du cycle à travers au moins une activité* ».

Concrètement, chaque compétence doit être travaillée sur au moins une séquence durant l'année. Les séquences peuvent idéalement durer 10 à 14 semaines. Au minimum, une séquence durera 6 à 7 séances, de vacances à vacances.

Plusieurs cas de figure sont envisageables sur la semaine :
- deux APSA différentes de deux compétences de l'EPS différentes à raison d'une heure pour l'une et de deux heures pour l'autre (avec possibilité de grouper ou non les deux heures) ;
- trois APSA différentes de trois compétences de l'EPS différentes à raison d'une heure chacune ;
- une seule APSA sur un temps très court sur les trois heures afin de finaliser un projet.

4 La sécurité

L'enseignant veille à la sécurité de ses élèves en toutes circonstances. La sécurité est donc une donnée primordiale du métier d'enseignant.

Cette problématique revêt un aspect tout particulier en EPS puisque certaines activités dites « à encadrement renforcé », comme la natation ou encore la voile, peuvent être proposées aux élèves. De plus, lors de la pratique d'activités ordinaires qui ne sont pas identifiées comme étant à risque, le « risque zéro » n'existe pas non plus !

Il s'agit donc bien d'appréhender cette notion de sécurité sous tous ses aspects. Il vous en serait d'ailleurs fait le reproche si vous ne le faisiez pas lors de votre épreuve d'EPS.

4.1 *La sécurité passive et active*

a) La sécurité passive

Elle concerne les règles, l'organisation et le dispositif matériel et humain (les adultes).

Le matériel doit être vérifié avant la séance ; l'espace doit être sécurisé par des tapis (sous la poutre basse, à la réception du saut en contrebas, le long des plinths…), par des hauteurs et des espacements entre les objets adaptés, par un emplacement des ateliers adapté (pas trop près les uns des autres, pas trop près des murs).

b) La sécurité active

Elle concerne l'**élève** à travers les compétences et les connaissances qu'il a construites.

4.2 *La notion de risque*

a) Le risque objectif

C'est le risque réel, effectif encouru : tomber d'une hauteur de 5 mètres, faire un salto avant sans tapis de réception…

b) Le risque subjectif

C'est le risque ressenti par un individu en fonction de l'estimation de ses potentialités. Le risque subjectif peut être totalement en décalage avec la réalité objective du risque encouru. Par exemple, un élève peut paniquer en essayant de se hisser à une barre haute aux barres asymétriques alors que cette barre se trouve à 1 m 50 de hauteur et qu'il y a suffisamment de tapis de réception pour parer à toute chute éventuelle.

4.3 L'enseignant veille à la sécurité de ses élèves en toutes circonstances

– Par la connaissance de la réglementation en vigueur

Exemples

Le taux d'encadrement pour les activités à risque, le matériel à utiliser pour telle ou telle activité…

– Par la maîtrise des contenus qu'il met en œuvre, quelle que soit l'activité, à risque ou non

L'enseignant doit faire une démarche de complément de formation ou de prise d'informations sur le terrain si nécessaire.

Exemples

Se déplacer dans le parc ou le bois qui sera utilisé pour les activités d'orientation afin de repérer les endroits dangereux, tester personnellement le mur d'escalade…

– Par la sécurisation des lieux

Exemples

Délimiter l'espace, mettre des tapis de réception, demander aux élèves d'apporter une tenue adaptée à la pratique physique…

– Par les contenus apportés aux élèves afin de les rendre véritablement acteurs de leur propre sécurité

Exemples

Analyse des risques objectifs et subjectifs, vérification avec l'élève de la compréhension et du respect des consignes de fonctionnement…

– Par sa présence active

Exemples

La maîtrise visuelle de l'ensemble de la classe lors de la mise en place d'ateliers, l'aide et/ou la parade en activités gymniques…

– Par les consignes données en termes de fonctionnement

Exemples

Les « règles d'or » en activités de lutte : ne pas faire mal, ne pas se faire mal et ne pas se laisser faire mal, en activités gymniques : attendre son tour, être seul sur un agrès, ne pas être sous un agrès lors du passage d'un camarade.

– Par les conditions d'apprentissage qu'il met en place pour permettre à chaque élève de s'exprimer et de réussir (la sécurité psychologique)

Exemples

Ne pas laisser les élèves constituer eux-mêmes les équipes pour un jeu collectif. Nous savons très bien que ce sont toujours les mêmes élèves qui seront choisis en dernier ! Ou encore ne pas obliger un élève à se produire seul devant toute la classe lors d'une activité artistique alors même qu'il est en difficulté face à ce genre de situation. Il est ainsi plus judicieux de lui demander de se produire devant un public restreint ou encore de lui donner la possibilité de se produire avec d'autres élèves.

Cet aspect de la sécurité renvoie directement à l'une des compétences que chaque enseignant doit avoir construite : **Référentiel de compétences des enseignants paru au *B.O.* du 25 juillet 2013** et notamment la compétence « ***Agir en éducateur responsable et selon des principes éthiques*** ».

5 Les normes d'encadrement

Les deux textes qui régissent les activités dites à risque sont les suivants.

5.1 La circulaire n° 99-136 du 21 septembre 1999 relative à l'organisation des sorties scolaires dans les écoles maternelles et élémentaires publiques

a) Les types d'activités

Dans le cadre des sorties régulières ou occasionnelles, la circulaire définit trois types d'activités.

- **Les activités physiques et sportives qui ne doivent pas être pratiquées à l'école primaire**

Certaines activités physiques et sportives présentent des risques particuliers telles que le tir avec armes à feu, les sports aériens, les sports mécaniques (cette interdiction ne vise pas les activités liées à l'éducation à la sécurité routière, en particulier au moyen de mini-motos), la musculation avec emploi de charges, l'haltérophilie, la spéléologie (classe III et IV), la descente de canyon, le rafting et la nage en eau vive ; elles ne doivent pas être pratiquées à l'école primaire.

- **Les activités nécessitant un encadrement renforcé**

Certaines activités physiques et sportives, quel que soit le type de sortie, nécessitent un encadrement renforcé.

C'est le cas des activités physiques et sportives faisant appel aux techniques des sports de montagne, du ski, de l'escalade ou de l'alpinisme, les activités aquatiques et subaquatiques, les activités nautiques avec embarcation, le tir à l'arc, le VTT, le cyclisme sur route, les sports équestres, les sports de combat, le hockey sur glace, la spéléologie (classe I et II). Toutes ces activités nécessitent un encadrement renforcé par des personnes reconnues compétentes et possédant de ce fait un agrément délivré par l'Éducation nationale.

- **Toutes les autres activités**

Nous retrouvons ici bon nombre d'activités traditionnellement enseignées à l'école : l'athlétisme, les jeux collectifs, la danse…

b) Les normes d'encadrement

Elles sont les mêmes pour toutes les activités, à l'exception de la natation (voir ci-dessous).

École maternelle, classe maternelle ou classe élémentaire avec section enfantine	École élémentaire
Jusqu'à 12 élèves, le maître de la classe plus un intervenant, qualifié ou bénévole, agréé ou un autre enseignant	Jusqu'à 24 élèves, le maître de la classe plus un intervenant, qualifié ou bénévole, agréé ou un autre enseignant
Au-delà de 12 élèves, un intervenant, qualifié ou bénévole, agréé ou un autre enseignant supplémentaire pour 6 élèves	Au-delà de 24 élèves, un intervenant, qualifié ou bénévole, agréé ou un autre enseignant supplémentaire pour 12 élèves

5.2 La circulaire n° 2011-090 du 7 juillet 2011 relative à l'enseignement de la natation dans les premier et second degrés

Les normes d'encadrement pour l'enseignement de la natation sont différentes.

« **L'encadrement des élèves est défini par classe** sur la base suivante :
– à l'école élémentaire : l'enseignant et un adulte agréé, professionnel qualifié ou intervenant bénévole ;
– à l'école maternelle : l'enseignant et deux adultes agréés, professionnels qualifiés ou intervenants bénévoles.
Un encadrant supplémentaire est requis quand le groupe-classe comporte des élèves issus de plusieurs classes et qu'il a un effectif supérieur à 30 élèves.
Dans le cas d'une classe comprenant des élèves de maternelle et d'élémentaire, les normes d'encadrement de la maternelle s'appliquent. Néanmoins, quand la classe comporte moins de 20 élèves, l'encadrement peut être assuré par l'enseignant et un adulte agréé, professionnel qualifié ou intervenant bénévole.
Pour les classes à faibles effectifs, composées de moins de 12 élèves, le regroupement de classes sur des séances communes est à privilégier en constituant un seul groupe-classe pouvant être pris en charge par les enseignants. Lorsque cette organisation ne peut être mise en place, le taux d'encadrement pourra être fixé localement par l'inspecteur d'académie-directeur des services départementaux de l'Éducation nationale. »

6 Les intervenants extérieurs agréés

Pour programmer les activités qui nécessitent un encadrement renforcé, l'enseignant doit faire appel à des **intervenants extérieurs agréés*** et mettre en place une co-intervention.

Un **projet de co-intervention*** cadre cette intervention :
– il est **soumis à autorisation** de la part de l'inspecteur d'académie, directeur académique des services de l'Éducation nationale (IA-DASEN) ou de son représentant, l'inspecteur de l'Éducation nationale (IEN) en charge de la circonscription dont dépend l'école. Cette autorisation de mise en œuvre se fondera sur l'analyse du projet de co-intervention qui doit être déposé par le ou les enseignants concernés et **signé par le ou les enseignants, le ou les intervenants et le directeur de l'école** ;
– il identifie les personnes qui encadrent l'activité : le ou les enseignants, le ou les intervenants.

Les éléments du projet de co-intervention sont :
- le projet pédagogique construit conjointement, sous la responsabilité de l'enseignant ;
- l'organisation de l'activité : les modalités de concertation entre le ou les enseignants et le ou les intervenants (date de la réunion de mise en place de l'activité) et la mise en œuvre de la co-intervention (mode de répartition des élèves, nombre de séances menées sans intervenant, nombre de séances menées avec intervenant(s) extérieur(s)) ;
- les conditions de réalisation : lieu de pratique, nombre et durée des séances, dates ;
- les informations complémentaires (si nécessaire) : le budget.

Les intervenants extérieurs sont bénévoles* ou rémunérés*.

Dans les deux cas, **un agrément** doit être délivré par le IA-DASEN. Cet agrément vérifie les qualifications et les compétences pédagogiques.

6.1 Les intervenants professionnels qualifiés et rémunérés

Une **commission d'agrément** constituée de deux personnes vérifie les qualifications et les compétences des intervenants.

Elle se constitue le plus souvent d'un conseiller pédagogique départemental (CPD) pour l'EPS et d'un conseiller pédagogique de circonscription (CPC) en charge du dossier EPS.

- **Les qualifications**

Les intervenants sont des éducateurs sportifs ou des personnels territoriaux. Dans le premier cas, ils doivent posséder un titre ou un diplôme inscrit au Répertoire national des certifications professionnelles (RNCP). Il s'agit, le plus souvent, du brevet d'état de la discipline concernée. Pour les personnels territoriaux, c'est leur statut qui définit leur cadre d'intervention.

- **Les compétences pédagogiques et relationnelles**

Elle sont vérifiées lors de la visite d'agrément durant une séance d'EPS (le plus souvent la première ou la seconde séance d'une séquence).

Les éléments qui fondent la décision sont :
- la maîtrise de la discipline enseignée ;
- les qualités pédagogiques et relationnelles avec les élèves ;
- la relation partenariale mise en place avec l'enseignant.

Important

L'agrément est délivré à titre définitif (sauf cas exceptionnel qui amène à retirer l'agrément), mais c'est la qualité du projet pédagogique qui permettra sa mise en œuvre après autorisation du directeur académique ou de son représentant.

6.2 Les intervenants bénévoles

Des **intervenants bénévoles**, le plus souvent des parents d'élèves de l'école, peuvent être sollicités pour encadrer les activités nécessitant un encadrement renforcé, lorsqu'il n'est pas possible de faire appel à des professionnels qualifiés.

C'est le cas de la natation par exemple. Sans que ce soit encore généralisé, de plus en plus de collectivités territoriales mettent à la disposition des écoles du personnel territorial pour l'encadrement de cette activité. Le cas le plus fréquemment rencontré est le suivant : un maître nageur sauveteur (MNS) est chargé d'encadrer une classe avec l'enseignant. Il est par contre plus rare que deux MNS soient en encadrement pour une classe. La norme d'encadrement pour les écoles maternelles n'est alors pas atteinte et il faut faire appel à des intervenants bénévoles qui doivent également passer un agrément.

Il peut également arriver que des enseignants sollicitent des intervenants bénévoles afin d'augmenter la sécurité et ce, même si le taux d'encadrement est assuré. En natation, ils peuvent ainsi être utilement positionnés dans l'eau pendant que l'enseignant assure son cours depuis le bord du bassin.

L'agrément des intervenant bénévoles se déroule en deux temps :
– La vérification des compétences requises pour l'activité concernée.

Exemples

– Être à l'aise dans l'eau pour la natation. Il s'agit le plus souvent d'effectuer une entrée dans l'eau (saut ou plongeon), de se déplacer en nage ventrale et dorsale sur une certaine distance (50 m) et d'aller récupérer un objet immergé à une certaine profondeur (1 m 80 à 2 m).
– Se déplacer avec aisance à bicyclette : vérification de la maîtrise de l'équilibre, du contrôle des trajectoires et du contrôle de la vitesse, seul ou en peloton.

– Une partie informative faite par le CPC qui a organisé la session d'agrément, sur l'organisation de l'activité, la réglementation et les conduites sécuritaires à tenir et par le directeur de l'école sur les conditions d'organisation : prise en charge des groupes, nom des élèves, dates, nécessité de présence régulière…

La santé à l'école : un objectif particulier

1 La promotion de la santé

L'Organisation mondiale de la santé (OMS) définit en 1946 que la santé est « un état de complet bien-être physique, mental et social, et ne consiste pas seulement en une absence de maladie ou d'infirmité ».

La conférence d'Ottawa en 1986 fait évoluer cette approche en insistant notamment sur le changement de paradigme :

« La promotion de la santé a pour but de donner aux individus davantage de maîtrise de leur propre santé et davantage de moyens de l'améliorer. Pour parvenir à un état de complet bien-être physique, mental et social, l'individu, ou le groupe, doit pouvoir identifier et réaliser ses ambitions, satisfaire ses besoins et évoluer avec son milieu ou s'y adapter. **La santé est donc perçue comme une ressource de la vie quotidienne, et non comme le but de la vie ; c'est un concept positif mettant l'accent sur les ressources sociales et personnelles, et sur les capacités physiques.** La promotion de la santé ne relève donc pas seulement du secteur de la santé : elle ne se borne pas seulement à préconiser l'adoption de modes de vie qui favorisent la bonne santé ; son ambition est le bien-être complet de l'individu. »

2 La politique éducative de santé à l'école

La problématique de la santé est bien posée sur le portail national des professionnels de l'éducation (www.eduscol.education.fr) où **la santé est présentée comme un enjeu éducatif, de santé publique et de société**.

Il est précisé que :

« La politique éducative de santé à l'École contribue à la réussite de tous les élèves. Elle revêt deux aspects : le suivi de santé des élèves et l'éducation à la santé. »

Le suivi de santé des élèves comprend des bilans de santé réguliers et le suivi des élèves repérés. Il est assuré par les personnels de santé de l'Éducation nationale.

L'éducation à la santé, aux comportements responsables et à la citoyenneté, est prise en charge par les équipes éducatives. Elle associe les parents et les partenaires de l'Éducation nationale.

L'éducation à la santé s'appuie sur une démarche globale et positive, structurée autour de sept axes prioritaires :
- l'hygiène de vie ;
- l'éducation nutritionnelle et la promotion des activités physiques ;
- l'éducation à la sexualité, l'accès à la contraception, la prévention des IST et du SIDA ;
- la prévention des conduites addictives ;
- la prévention des « jeux dangereux » et la contribution à la prévention et à la lutte contre le harcèlement entre élèves ;
- la prévention du mal-être ;
- l'éducation à la responsabilité face aux risques (formation aux premiers secours).

3 EPS et santé : le concept d'« attitude santé »

3.1 L'objectif de santé : un objectif majeur

Les nouveaux programmes de 2015 définissent cinq compétences générales à construire en EPS et notamment : « *Apprendre à entretenir sa santé par une activité physique régulière* ».

Les ressources de maternelle publiées sur Éduscol consacrent un chapitre entier à « *Prendre soin de son corps et de sa santé* », où il est question de « *devenir grand* » mais également de « *devenir un grand* ». Il s'agit aussi de « *Connaître, mieux se connaître au travers d'un plaisir d'agir* ».

Et les programmes de l'école élémentaire et du collège soulignent que l'EPS « *amène les enfants et les adolescents à rechercher le bien-être et à se soucier de leur santé* ».

L'objectif de santé occupe donc une place de plus en plus importante en EPS.

3.2 Le concept d' « attitude santé »

Au regard de sept axes listés plus haut, l'EPS peut jouer un rôle déterminant dans l'éducation à la santé en favorisant la construction d'une « attitude santé ».

Les ressources de maternelle mettent l'accent sur cette construction.

« La construction de ce que l'on peut appeler une « attitude santé » peut s'ancrer également sur ce qui concerne la prévention des risques, la capacité à résoudre des problèmes, à prendre des décisions (...). Elle contribue, aux côtés des familles, à la construction de l'enfant, en tant que personne et citoyen, dans un double objectif du respect de soi et des autres. L'École est bien, en effet, le lieu d'acquisition de compétences nécessaires et indispensables au mieux-vivre ensemble. »

Dans son cahier pédagogique n° 15 de janvier 2010, l'USEP définit le **concept « d'attitude santé » à partir des dix compétences psychosociales identifiées par l'OMS en 1993. Ces compétences permettent à une personne de se maintenir en état de bien-être mental, en adaptant un comportement approprié et positif, à l'occasion des relations entretenues avec les autres, sa propre culture et son environnement :**

« L'« attitude santé » est un concept, une représentation générale et abstraite qui s'appuie sur une réalité : un enfant capable de repérer ses pratiques notamment physiques et sportives ; un enfant capable de s'enrichir de nouvelles connaissances ; un enfant capable d'affiner ses goûts et de questionner ses comportements ; un enfant capable d'échanger avec ses pairs. Autant d'éléments indispensables pour faire évoluer ses comportements dès lors que l'adulte éducateur saura lui permettre de se « mettre en projet. »

Tous les éléments primordiaux que vous pourrez exploiter lors de votre exposé sont identifiés :
– **la connaissance de soi** à travers la pratique d'activités physiques et sportives ;
– **la connaissance des autres** ;
– **la connaissance des milieux** dans lesquels peut se dérouler l'EPS.

Fig. 1 – *Le concept d' « attitude santé ».*

Quelques exemples

• Se connaître, c'est savoir, par exemple, comment on va réagir dans diverses situations : savoir comment on va réagir face à l'échec lorsque l'on perd un match, ou au contraire, face à la réussite quand on gagne ce match.
• Connaître les autres, c'est, par exemple, prendre en compte les réactions des autres quand on est spectateur ou arbitre et qu'on adopte des attitudes particulières (l'encouragement, la moquerie…).
• Connaître les milieux dans lesquels on évolue, c'est accepter de vivre toutes les expériences corporelles proposées par l'enseignant : monter sur une barre haute aux barres asymétriques ou encore faire la bascule arrière pour entrer dans l'eau.

À retenir

Le libellé de l'épreuve spécifie explicitement « sa connaissance de la place de cet enseignement dans l'éducation à la santé à l'école primaire ».
Ce volet devra donc être obligatoirement traité, au risque de vous voir sanctionné au niveau de la note.
L'angle d'analyse que nous vous proposons est le suivant :
– partez de la définition de la santé donnée par la conférence d'Ottawa en 1986 ;
– appuyez-vous sur le chapitre consacré à la santé dans les ressources de maternelle et sur le concept d' « attitude santé » développé par l'USEP en relevant certains items caractérisant cette attitude santé qui vous semblent être en lien avec la question ;
Vous trouverez dans cet ouvrage de nombreux exemples pour vous aider à aborder sereinement cet aspect de l'épreuve.

Le développement moteur de l'enfant de deux à onze ans

1 Les stades de développement de l'enfant

1.1 *Le développement de l'intelligence*

J. Piaget délimite trois stades :
– 0 à 2 ans : le stade de l'intelligence sensori-motrice ;
– 2 à 11 ans : le stade de l'intelligence opératoire ;
– après 11 ans : le stade de l'intelligence formelle.

Pour la période qui nous concerne (l'enfant de 2 à 11 ans), il sépare le stade de l'intelligence opératoire en deux périodes :
– 2 à 6 ans : le stade de l'intelligence intuitive ;
– 6 à 11 ans : le stade des opérations intellectuelles concrètes.

2.2 *Le développement de la motricité*

a) Les trois stades de Gallahue

Les différentes phases identifiées par D.L. Gallahue correspondent aux stades de J. Piaget :
– de 2 à 3 ans : la phase de la motricité rudimentaire ;
– de 3 à 6 ans : la phase de la **motricité fondamentale*** ;
– de 6 à 11 ans : la phase de la motricité sportive.

Remarques

- Les âges donnés correspondent à des moyennes. Il peut exister des différences importantes à âge égal : beaucoup d'enfants savent par exemple faire du vélo à 2 roues bien avant 6 ans (voir tableau ci-après).
- Ces bornes correspondent à peu près à la délimitation des âges à l'école maternelle et à l'école élémentaire.
- Nous pouvons traduire la motricité sportive par la motricité maîtrisée.

b) Exemples d'actions motrices caractéristiques

Phase	Bornes	Exemples
Phase de la motricité rudimentaire	2 ans	– court et tape dans un ballon sans perdre l'équilibre – marche de manière coordonnée et stabilisée – se hisse sur la pointe des pieds
Phase de la motricité fondamentale	De 3 à 6 ans	3 ans : – monte l'escalier sans aide – se tient debout sur une seule jambe – fait du tricycle – peut marcher sur la pointe des pieds 4 ans : – monte et descend l'escalier – peut sauter avec un ou deux pieds – pédale sur un vélo stabilisé – suit un rythme avec son corps 5 ans : – peut grimper et franchir des obstacles – peut sauter à la corde 6 ans : – sait se balancer seul – fait du vélo à 2 roues
Phase de la motricité maîtrisée	De 7 à 11 ans	À partir de 6/7 ans, **la transformation des grands patrons moteurs de base s'est opérée**. Les transformations dans les habiletés motrices seront alors le fait de facteurs : – morphologiques, biologiques ; – cognitifs ; – psycho-socio-affectifs.

2 Les conduites motrices

Une **conduite motrice** est une organisation signifiante du comportement moteur. Elle a du sens par rapport à l'individu qui la produit mais également par rapport au contexte environnemental et social dans lequel elle s'inscrit.

Remarque

Les compétences du socle commun sont déclinées de la même manière puisqu'une compétence est un ensemble de connaissances, de capacités et d'attitudes.

Toute conduite dépend du triptyque : moteur, cognitif et psycho-socio-affectif.

Nous pouvons schématiser les conduites motrices de la manière suivante (voir page suivante).

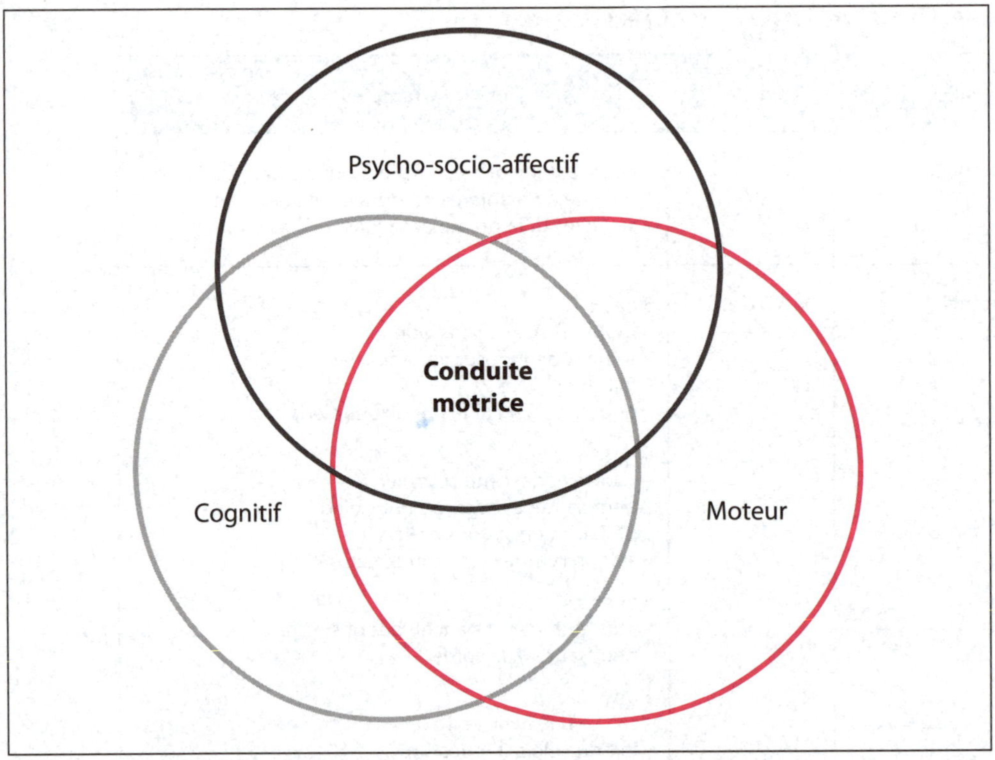

Fig. 1 – *L'organisation des conduites motrices.*

2.1 Les conduites motrices des élèves de maternelle

a) Au plan moteur

C'est à l'école maternelle que s'élabore le **répertoire moteur de base composé d'actions fondamentales**. Les programmes de 2008 précisent : « *des déplacements (courir, ramper, sauter, rouler, glisser, grimper, nager…), des équilibres, des manipulations (agiter, tirer, pousser) ou des projections et réceptions d'objets (lancer, recevoir)* ».

L'engagement dans l'action concerne le plus souvent le corps dans son entier. Les dissociations ne sont pas encore très présentes.

Leurs actions manquent de coordination. Ainsi, un élève qui prend un élan en courant pour sauter par-dessus une zone s'arrête devant cet obstacle puis le franchit en partant de l'arrêt ou presque. La raison principale est la volonté de vouloir préserver son **équilibre de terrien** (voir modélisation de la motricité p. 90).

Cet équilibre se caractérise par :
- une station verticale sur ses deux jambes ;
- un train inférieur (les deux jambes) propulseur et un train supérieur (les deux bras) équilibrateur ;
- une prise d'information essentiellement visuelle, le regard porte vers l'avant à la verticale.

Toute activité physique va modifier cet équilibre et ces prises d'informations.

Exemples

– Rouler en avant sur un tapis incliné va demander à l'élève d'accepter de partir en avant, donc d'être déséquilibré, et de perdre ses informations visuelles durant la roulade. C'est pourquoi certains élèves refusent de ne plus regarder où ils vont. On peut observer cette même réaction au plongeon où les fameux « plats » sont le plus souvent la conséquence de ce refus de perdre l'équilibre et les informations visuelles.
– Lors d'activités de lutte, les élèves doivent tirer, pousser... pour déséquilibrer leur adversaire. Lorsqu'un élève est déséquilibré, il a très souvent le réflexe de refuser de chuter. Quand il arrive au sol, il met alors sa ou ses mains en opposition pour amortir la chute, au risque de se faire mal au(x) poignet(s), plutôt que de l'accepter en roulant sur une épaule pour ne pas se faire mal et surtout pour pouvoir revenir dans le combat rapidement.

b) Au plan cognitif

L'élève va réagir aux stimulations du milieu. Il va l'explorer et agir en fonction des résultats obtenus dans l'instant, par essais et erreurs le plus souvent. Il ne se projette pas à moyen ou à long terme. Le milieu, organisé par l'enseignant, doit lui permettre de savoir s'il réussit ou non, s'il progresse ou non.

Exemple

L'utilisation d'un tapis de couleurs différentes et successives permet à l'élève de prendre des informations sur sa performance et sa maîtrise :
– lancer ou sauter de plus en plus loin se matérialisera par un repère de couleur différente ;
– lancer ou sauter dans telle zone précisément indiquera à l'élève son degré de maîtrise, son affinement du geste, par la régularité observée.

c) Au plan psycho-socio-affectif

L'élève passe progressivement de l'égocentrisme à l'ouverture aux autres et au milieu qui l'entoure. Il s'engage d'autant plus facilement qu'il en éprouve du plaisir, qu'il sait qu'il va ou peut réussir et qu'il se sent en sécurité. Il exprime de plus en plus ce qu'il aime ou non. Un milieu sécurisé doit donc lui permettre de s'investir afin d'éprouver des émotions, des sensations nouvelles et ainsi, d'oser prendre des risques calculés.

Exemples

– Oser sauter à partir d'un plinth en contrebas afin de se réceptionner sur un gros tapis.
– Oser sortir de sa « cabane » au risque de se faire attraper par le loup.
– Oser s'aventurer dans la cour des grands, sans la maîtresse, lors une activité d'orientation.

Remarque

• Chaque enfant est différent. À âge égal, les potentialités peuvent être très différentes. Le profil de l'enfant de maternelle est donc très général.

• L'enfant se développe bien évidemment de la petite à la grande section de maternelle :

– au plan moteur, il est de plus en plus latéralisé et équilibré, sa coordination s'améliore, ses gestes s'affinent, il est capable de plus en plus de dissociations ;

– au plan cognitif : il sait mesurer de mieux en mieux le résultat de ses actions par rapport à soi (je lance plus loin qu'avant) et par rapport aux autres (je cours plus vite que), il prend de plus en plus d'informations en même temps ;

– au plan psycho-socio-affectif : il s'extériorise de plus en plus vis-à-vis de lui-même, des autres et des milieux environnants de moins en moins habituels.

Quelles incidences pour l'enseignant ?

Il doit :

– organiser les contextes pour permettre à l'élève d'entrer dans l'activité en s'y investissant comme il le souhaite ;

– sécuriser les dispositifs tout en incitant l'élève à oser prendre des risques ;

– modifier progressivement les contraintes du milieu pour amener l'élève à faire autrement ou mieux ;

– rendre explicites les critères et indicateurs de réussite qui donneront aux élèves des retours immédiats sur le résultat de leurs actions ;

– valoriser les réussites ;

– varier les activités pour permettre une construction riche et étoffée d'actions motrices fondamentales.

2.2 *Les conduites motrices des élèves de cycle 2*

a) Au plan moteur

– Une meilleure coordination permet un enchaînement d'actions de base de plus en plus efficace.

Exemple

L'élève est capable de courir et de sauter sans marquer de temps d'arrêt ou encore de tirer et de tourner un adversaire en activité de lutte (voir modélisation de la motricité p. 90).

– La motricité est de plus en plus contrôlée en termes de dissociations segmentaires : l'élève peut courir droit tout en regardant sur le côté.

La latéralisation devient plus fonctionnelle : la latéralité, c'est-à-dire la préférence d'utilisation d'une des parties symétriques du corps, s'installe définitivement.

Exemple

Apparition de la notion de pied d'appel en saut.

b) Au plan cognitif

– Le développement de l'observation se caractérise par une prise en compte d'indices de plus en plus nombreux et précis.

Exemples

Prise en compte, lors de la pratique d'un jeu collectif, de ses déplacements et de ceux de ses partenaires ; prise en compte de la vitesse de déplacement et des éléments environnants lors d'activités d'orientation.

– L'élève de cycle 2 est capable de mettre en relation les procédés utilisés (comment je m'y prends pour faire) et les résultats. Ces résultats doivent être concrets et tangibles.

Exemples

Je tourne plus vite autour d'une barre fixe quand mon bassin est collé à cette barre ; je lance plus loin une balle lestée quand je suis positionné de profil plutôt que de face.

c) Au plan psycho-socio-affectif

– La volonté de s'intégrer et de se valoriser dans un groupe est de plus en plus marquée.

Exemples

La mise en place de jeux collectifs plus complexes où il faut prendre en compte de multiples facteurs : partenaires, adversaires, cible ; l'acceptation de tenir les différents rôles possibles dans ces jeux : gardien, attaquant, défenseur…

– Le cycle 2 est la période propice à la découverte de milieux multiples et variés.

Exemples

L'apprentissage de la natation ; la pratique des activités d'orientation en milieu connu différent de l'école (square…).

– Cette capacité à s'investir dans des activités nouvelles se double d'une volonté de faire du mieux possible, de tenter des choses plus difficiles en milieu sécurisé, de faire des efforts et de persévérer.

Exemples

Les activités gymniques sont plus aériennes (voler) ; les élèves courent plus longtemps en course longue.

– Les élèves de cet âge intègrent et respectent les règles, notamment celles liées à la sécurité.

Exemples

Les règles d'or en activités de lutte ; les règles plus nombreuses et plus contraignantes en jeux collectifs.

Quelles incidences pour l'enseignant ?

Il doit :
– mettre en place des situations variées et multiples qui vont permettre une grande quantité et une grande variété de pratiques ;
– valoriser une approche par essais et erreurs et par comparaison (par exemple, essayer de multiples manières de lancer) ;
– insister sur les mises en relations procédés-résultats ;
– inciter les élèves à faire mieux en les inscrivant dans la recherche de progrès spécifiques (en lien avec l'APSA support) ;
– amener les élèves à construire et expliciter des projets d'actions à court ou à moyen terme.

2.3 Les conduites motrices des élèves de cycle 3

a) Au plan moteur

– Le répertoire moteur de base s'est construit dès la naissance et à l'école maternelle. À l'âge de 6/7 ans, la transformation des **patrons moteurs de base** est achevée. La mise en œuvre de conduites motrices de plus en plus coordonnées et enchaînées entamée au cycle 2 se poursuit au cycle 3.

La combinaison de plusieurs actions est mieux enchaînée, mieux coordonnée : la fin d'une action correspond ainsi au début de l'action suivante (voir modélisation de la motricité p. 90).

Exemples

Lors d'un saut en longueur, la fin de la course d'élan correspond au début du saut ; en activités d'escalade, le déplacement d'appuis se fait sans discontinuité, par transfert d'équilibre.

– Durant un enchaînement d'actions, l'élève est en capacité de se rééquilibrer si nécessaire et le déséquilibre est recherché comme source d'efficacité, en partie grâce à une dissociation segmentaire plus efficace.

Exemples

Le lancer avec élan et rééquilibrage durant l'accompagnement après le lancer ; en activités de lutte, l'élève peut amener un adversaire au sol et anticiper la manière dont il va essayer de le contrôler en l'accompagnant au sol pour mieux le maîtriser.

– Certaines capacités physiques progressent significativement : la capacité aérobie, la force.

Exemples

Les efforts peuvent être plus soutenus en course de durée grâce à l'augmentation de la VMA ; les appuis manuels renversés sont possibles jusqu'à la verticale (appui tendu renversé ou ATR).

– La latéralisation est achevée.

b) Au plan cognitif

– Le résultat des actions est pris en compte à partir d'indices plus nombreux, plus variés et plus précis.

Exemples

En jeux collectifs, le porteur de balle prend en compte simultanément les partenaires, les adversaires et la cible ; en course d'orientation, il s'agit de prendre en compte l'état de fatigue et la configuration du terrain pour optimiser son déplacement.

– Le projet d'action est plus anticipé, plus intentionnel. Le résultat de l'action n'est pas forcément immédiat, il peut être différé.

Exemples

En activités de raquettes, le point peut être marqué à l'issue de plusieurs coups : jouer à droite puis à gauche, jouer long puis jouer court ; construire un enchaînement d'au moins 5 éléments en danse.

– Les projets d'actions sont plus objectifs : ils tiennent mieux compte des potentialités. La gestion des efforts est plus efficace. La remise en cause est possible au vue du ratio résultats escomptés/résultats obtenus.

Exemples

En natation, le déplacement sur une trentaine de mètres sera fonction de l'aisance dans l'eau ; en badminton, le gain du point ne se fait pas toujours en voulant utiliser un smash.

c) Au plan psycho-socio-affectif

– L'affirmation de soi s'ancre sur une confiance en soi plus importante basée sur une connaissance accrue des potentialités (points forts et points faibles).

Exemples

Le choix des éléments qui constituent l'enchaînement de 4 à 5 éléments dans les activités gymniques se fonde plus sur le rapport risque/sécurité que sur la seule envie de travailler et de donner à voir tel ou tel élément ; en activités de raquettes, la prise en compte de l'adversaire avec ses points forts et ses points faibles est plus présente.

– L'acceptation de participer à toutes les APSA est, entre autres, corrélée au fait d'avoir moins peur de l'échec, de mieux contrôler ses émotions et à la volonté d'aider les autres.

Exemples

Le gain d'un match est relativisé ; les conseils sont plus facilement donnés lors de l'observation des prestations d'autres groupes en danse ou en activités gymniques.

– Le respect des autres et des règles se fonde sur une analyse plus objective des enjeux vis-à-vis de soi, des autres ou de l'environnement.

Exemples

Le rôle de spectateur ou de juge est tenu dans le respect des autres ; les règles de sécurité (lutte, escalade…) sont respectées pour soi et pour les autres ; le respect des règles inclus le respect de l'environnement en course d'orientation.

Quelles incidences pour l'enseignant ?

– Faire évoluer la nature des situations proposées : les **situations complexes*** qui permettent la construction de compétences sont très appropriées.
– Favoriser l'élaboration de projet à moyen ou à long terme.
– Tenir compte de l'évolution des potentialités physiques (force, vitesse…).
– Valoriser la recherche de progrès spécifiques dans la pratique des différentes APSA.
– Favoriser l'autonomie dans les apprentissages par la participation active aux choix (règles de jeu, de fonctionnement…).

2.4 *Modélisation de l'évolution de la motricité*

Il s'agit, pour l'élève, de construire une motricité de plus en plus cordonnée et enchaînée. Trois stades successifs peuvent être identifiés. Explications à partir d'un exemple : deux actions : action A, marcher sur un plinth (en gris) puis action B, sauter en contrebas (en rose).

- **Le stade de la motricité disjointe, discontinue**

L'élève marche sur le plinth. Il s'arrête en bout de plinth, puis il saute.
Il ne veut pas être déséquilibré lorsqu'il va prendre son impulsion pour sauter.

- **Le stade de la motricité juxtaposée, successive**

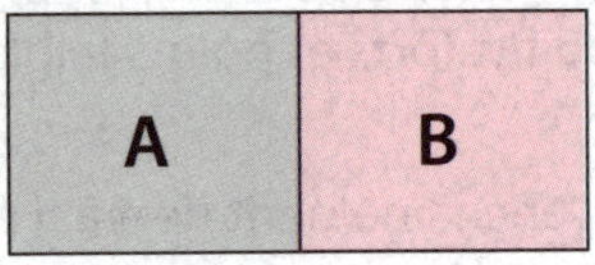

L'élève marche sur le plinth. Il saute en contrebas sans s'arrêter mais sans vouloir pour autant être déséquilibré. Le fait de ne pas s'arrêter va engendrer une conservation de vitesse qui pourra occasionner un déséquilibre plus ou moins important. L'élève va alors chercher à se rééquilibrer (très difficile en l'air) ou alors subir ce déséquilibre et se réceptionner en déséquilibre sur le tapis de réception. On pourra ainsi observer une chute ou un déséquilibre (qui peut se concrétiser par une succession de pas pour se rééquilibrer) en avant, en arrière ou latéralement.

- **Le stade de la motricité enchaînée, anticipée**

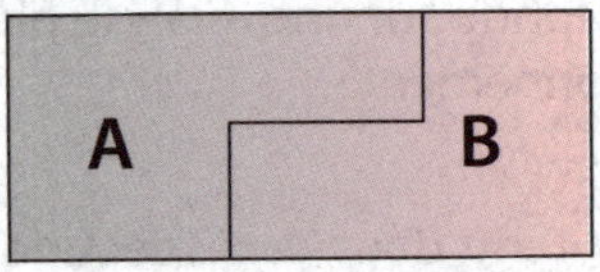

L'élève marche sur le plinth et saute en contrebas sans s'arrêter. Il anticipe le saut en prenant une impulsion sur ses deux pieds afin de maîtriser son équilibre durant l'envol.

Remarques

On retrouve cette progression à deux niveaux :
– au niveau diachronique (évolution dans le temps) : la motricité d'un élève de petite section de maternelle n'est pas aussi coordonnée et enchaînée que celle d'un élève de moyenne section de maternelle ;
– au niveau synchronique (en même temps, sur une période courte) : la motricité de l'élève évolue durant une séquence. Voir exemple ci-dessus.

Les activités physiques et artistiques à l'école maternelle et les APSA en cycles 2 et 3

• Les modalités du concours ont changé pour la session 2016 des concours externe, troisième concours et second concours interne. Dorénavant, seuls 8 groupements d'activités sont au programme de l'épreuve d'EPS :
- les activités athlétiques ;
- les activités aquatiques ;
- les activités d'orientation ;
- les jeux de lutte ;
- les jeux et sports collectifs ;
- les activités gymniques ;
- la danse ;
- les arts du cirque.

Le recteur d'académie arrête une liste de quatre groupements à partir de cette liste et la publie sur le site du rectorat. Renseignez-vous !

Les 8 chapitres qui suivent sont donc organisés à partir de ces 8 groupements. Chaque chapitre est systématiquement décliné pour la maternelle d'une part et pour les cycles 2 et 3 d'autre part.

• Les nouveaux programmes de 2015 situent l'EPS à l'école maternelle, dans le domaine « **Agir, s'exprimer, comprendre à travers l'activité physique** ». Quatre objectifs sont poursuivis à travers la pratique d'activités physiques et artistiques afin de permettre à tous les élèves de vivre quatre expériences corporelles différentes (voir p. 57).

Remarque

Des ressources sont en ligne sur le site Éduscol pour les quatre objectifs du domaine « Agir, s'exprimer, comprendre à travers l'activité physique. »

• Les nouveaux programmes de l'école élémentaire et du collège sortis en novembre 2015 ne sont pas encore complétés par des ressources ou des tableaux de progression. Vous pouvez utilement vous reporter sur ceux de janvier 2012, sans pour autant les citer comme des ressources institutionnelles.

CHAPITRE 1

Les activités athlétiques

EN MATERNELLE

1 Les attentes en fin d'école maternelle

Il s'agit pour l'élève :
– de courir, sauter, lancer de différentes façons, dans des espaces et avec des matériels variés, dans un but précis ;
– d'ajuster et d'enchaîner ses actions et ses déplacements en fonction d'obstacles à franchir ou de la trajectoire d'objets sur lesquels agir.

Ces attendus renvoient à l'objectif : « *Agir dans l'espace, dans la durée et sur les objets* ».

2 Les compétences à construire

Psycho-socio-affectif	Cognitif	Moteur
– Prendre plaisir à s'investir – Prendre plaisir à s'investir plus longuement – Oser s'engager dans l'action – Prendre des risques mesurés (courses avec franchissement d'obstacles) – S'investir dans différents rôles : chronométreur (utilisation d'un sablier), juge (à l'arrivé d'une course, à l'impulsion d'un saut…)	– Construire des repères simples dans le temps (je cours plus vite que, je cours plus longtemps…) et dans l'espace (je lance plus loin, je saute plus loin, plus haut…) – Reproduire un effet obtenu au hasard des tâtonnements – Expérimenter les propriétés des objets à lancer, découvrir des utilisations possibles – Identifier le but à atteindre	– Enchaîner des comportements moteurs pour assurer une continuité d'action (courir puis sauter ; courir puis lancer…) – Fournir des efforts dans la durée – Courir plus vite ou plus longtemps – Sauter plus loin, plus haut – Lancer plus loin, plus haut, de manière plus précise

3 Les contenus

3.1 Les contenus moteurs

Vous pouvez vous appuyer sur les verbes courir, sauter, lancer pour identifier les contenus moteurs à mettre en œuvre.

a) Courir

L'action fondamentale courir renvoie à : courir vite, courir longtemps et courir en franchissant des obstacles. L'activité courir en se transmettant un témoin (sous forme de relais athlétique) est moins signifiante à cet âge.

Il s'agit pour l'élève de :
– mobiliser son énergie en courant vite ou longtemps, avec ou sans obstacles, seul ou à plusieurs pour atteindre un repère d'espace, pour parcourir plus de distance dans un temps donné, pour parvenir à rattraper quelqu'un ou à lui échapper ;
– affiner, enchaîner des actions pour enjamber, franchir des obstacles variés.

b) Sauter

L'action fondamentale sauter renvoie à : sauter loin en un seul ou en plusieurs bonds, sauter haut et sauter en contrebas. L'activité sauter avec une perche n'est pas signifiante à ce niveau.

Il s'agit pour l'élève de :
– sauter à un ou deux pieds pour aller haut ou loin ;
– enchaîner plusieurs sauts pour aller loin ;
– lier une course et un saut puis se réceptionner.

c) Lancer

L'action fondamentale lancer renvoie à : lancer loin, lancer haut, lancer précis. Elle renvoie aussi à faire glisser ou rouler, faire rebondir, qui sont des actions que l'on ne retrouve pas directement dans la famille des activités athlétiques. Les objets à lancer sont des balles et ballons de tailles et formes différentes, des balles lestées ou encore des anneaux, des cerceaux.

Il s'agit pour l'élève de :
– donner des trajectoires multiples à des projectiles de tailles, de formes ou de poids différents afin d'atteindre un but précis (une cible, une zone, un objet…) ;
– s'organiser corporellement pour lancer équilibré à l'arrêt ;
– enchaîner ses actions pour lancer après un élan ;
– trouver le juste équilibre entre la puissance (lancer le plus loin ou le plus haut possible) et la précision.

3.2 Les contenus méthodologiques et sociaux

– Élargir et affiner des modes de déplacements : expérimenter différents trajets, puis choisir en fonction du but visé.
– Percevoir des relations entre l'espace et le temps : explorer, varier les vitesses en fonction des effets recherchés, des objectifs poursuivis.

– Considérer l'autre comme un partenaire : accepter de partager des objets, jouer avec les autres, participer à l'action de l'autre.
– S'inscrire dans un projet d'action : expérimenter, choisir puis répéter des efforts, des actions afin de stabiliser les réponses motrices efficientes.

4 Les axes de progrès

Le progrès dans les activités athlétiques se caractérise par rapport à :

Indicateurs	De…	À…
L'espace	D'un espace indifférencié et proche	À un espace qui prend en compte l'environnement, les objets
Le temps	D'un engagement moteur sans relation au temps	À un engagement moteur référé à l'objectif poursuivi : courir vite, plus longtemps, sauter plus de fois…
La relation espace-temps	D'un engagement global dans un espace pour éprouver le plaisir du mouvement	À des situations mettant en relation les espaces parcourus ou les scores obtenus pour une même durée de course
La relation aux autres	D'une co-utilisation des objets (partager les objets), de l'espace (jouer avec)	À des aides à l'action de l'autre, observation ou évaluation dans le cadre d'une organisation collective
Les rôles	De rôles du coureur, sauteur, lanceur	À des rôles supplémentaires : chronométreur, observateur, évaluateur
Les types d'activités	D'activités mettant en jeu la motricité fondamentale ; courir, sauter, lancer mais aussi faire rebondir, faire rouler un ballon, viser une cible pour la faire tomber…	À des activités en lien avec les APSA : courir plus vite, plus longtemps, sauter plus loin, plus haut, lancer plus loin
Les actions	D'actions simples : courir, sauter, lancer, franchir	À des actions enchaînées : courir puis sauter, courir puis franchir, courir puis lancer, courir et transmettre un témoin…
Les règles	De règles simples	À des règles complexes, des codes

5 La trame de variance

L'espace	– L'organisation de l'espace en dispositifs : dispositif en libre accès, ateliers, vagues – La délimitation de zones de lancer, de saut, de course : taille (des espaces de plus en plus vastes), nombre, emplacement (hauteur, profondeur) – L'utilisation de matériels divers pour aménager l'espace : lattes, cordes, briquettes…

►►►

Le temps	– Le temps pour expérimenter, tâtonner, imiter, trouver de nouvelles manières de faire – Le temps comme référence individuelle – Le temps comme référence à l'autre : partenaire (courir avec, jouer avec…) ou adversaire (courir contre, jouer contre…)
Le matériel	– La taille, la forme, le poids des objets – Les matériaux utilisés : balles dures, molles, sacs de graines… – Le matériel pour définir le temps (sablier, minuteur, chanson enregistrée) ou l'espace (zones à atteindre) – Le matériel pour aider à la réalisation : plans inclinés pour les roulades, tapis de réception…
Les consignes	– Les règles de vie ou les façons de se conduire vis-à-vis : • des autres, dans le groupe (exemple : je ne saute pas en contrebas si un autre élève est encore sur le tapis de réception) • de soi-même, se connaître, connaître son corps (exemple : je ne me fais pas mal en sautant à tel ou tel endroit) • du matériel (exemple : j'essaie de lancer telle balle à une seule main) • de l'espace (exemple : je lance dans toutes les zones délimitées devant moi) – Les règles du jeu (exemple : je respecte le signal de départ pour les courses)
Le nombre d'élèves	– Le nombre d'élèves par groupe (par atelier) – Le nombre de coureurs,
Les rôles	– Coureur, sauteur, lanceur – Starter – Chronométreur – Juge, arbitre – Collecteur de résultats
Les activités supports	– Les activités de motricité fondamentale à partir de verbes d'action (rouler, tirer, sauter, courir, lancer…) en PS/MS – Les activités plus typées activités athlétiques (courses, sauts, lancers) en MS/GS

6 Les dispositifs

6.1 Le dispositif en libre accès

Le matériel est mis à disposition des élèves qui l'utilisent comme ils le souhaitent. Il s'agit de favoriser l'entrée dans l'activité par l'exploration, la recherche, le tâtonnement…

Bien entendu, la sécurité doit être assurée (voir p. 73).

6.2 Les ateliers

– Des ateliers organisés autour d'un verbe seul d'action.
– Des ateliers organisés autour de plusieurs verbes d'action, exemple : courir, sauter, lancer.

6.3 Les parcours

a) Les parcours organisés autour d'un verbe d'action

Fig. 1 – *Sauter.*

b) Les parcours organisés autour de plusieurs verbes d'action

Exemple : un atelier de course, suivi d'un atelier de saut, puis d'un atelier de lancer.

6.4 Des jeux collectifs

Vous pouvez mettre en place des jeux collectifs qui vont amener les élèves à produire des actions en lien avec les activités athlétiques. Exemples : le relais déménageur (jeu pour courir), les objets brûlants (jeu pour courir et lancer).

7 Exemples de situations

7.1 Courir vite

a) Le relais déménageur en PS/MS/GS

Les élèves, répartis en équipes, doivent courir le plus vite possible d'un point à l'autre en transportant un objet. Les élèves courent un par un : le premier part au signal de départ, dépose son objet dans la caisse située en face à une vingtaine de mètres puis revient au point de départ. Il tape alors dans la main du second coureur qui part à son tour. Les équipes courent sur des parcours organisés en parallèle

Variantes : le nombre de coureurs par équipe, la distance à parcourir, le nombre d'objets à transporter.

b) Chat/souris en PS/MS/GS

Les élèves sont en binôme : un chat et une souris. La souris se trouve devant le chat, à 2 m de distance. Au démarrage de la souris, le chat essaie de la rattraper avant une ligne située à 10 m.

Variantes : la distance chat/souris, la position de la souris (face au chat, dos au chat, de côté) et du chat (dos à la souris, les yeux fermés et tape sur l'épaule du chat par la souris…).

c) La queue du diable en PS/MS/GS

Les élèves sont regroupés par binômes : un diable qui a un foulard accroché dans son dos à sa ceinture et un autre élève qui doit attraper, au signal de départ, cette queue du diable avant que celui-ci n'atteigne son refuge situé à une quinzaine de mètres.

Fig. 2 – *La queue du diable.*

7.2 *Courir longtemps*

a) Les déménageurs en PS/MS/GS

Les élèves doivent vider une caisse en transportant les objets dans l'autre caisse.

Fig. 3 – *Les déménageurs.*

Variantes : mettre en place deux caisses différentes pour recevoir des objets de couleur différente ; constituer deux équipes de couleur différente : chaque équipe transporte uniquement les objets de sa couleur.

b) Courir autour de ma maison en GS

Au signal, les élèves partent de leur maison (espace délimité par des plots ou un marquage au sol), courent sur un circuit circulaire de 40/50 m. Ils prennent un objet dans une caisse située à mi-parcours et le ramènent dans leur maison.

Variantes : constituer des équipes qui vont s'affronter ; varier la longueur du parcours, le nombre de caisses.

c) La course aux tickets en GS

Les élèves sont organisés par binômes : un coureur et un distributeur de tickets. Les coureurs se déplacent sur un parcours d'une centaine de mètres et ramassent les tickets tendus par les distributeurs.

Variantes : le temps de course (de 4 à 8 minutes), le nombre de tickets à obtenir (nombre défini par l'enseignant), la longueur du parcours ; l'addition des tickets des deux élèves du binôme.

7.3 Sauter

a) Sauter en contre-bas en PS/MS/GS

Sauter d'un plinth et se réceptionner équilibré sur ses deux pieds sur un tapis.

Variantes : hauteur du plinth, position de la zone de réception.

b) Sauter par-dessus des objets en PS/MS

Sauter comme on veut par-dessus les objets qui sont disséminés dans la salle de motricité.

Variantes : le nombre d'objets, la hauteur des objets, la manière de sauter (MS/GS), courir puis sauter (MS/GS).

c) Sauter dans le sable en MS/GS

Sauter le plus loin possible dans le bac à sable en prenant son impulsion en dehors du bac.

Variantes : courir puis sauter ; prendre son impulsion dans une zone précise (GS).

d) Les pinces à linge en MS/GS

Sauter pour attraper des rubans accrochés avec des pinces à linge à des fils de hauteurs différentes.

Variantes : hauteur des fils, type d'impulsion imposé (GS).

7.4 Lancer

a) Le casse-boîtes en MS/GS

Abattre le plus de boîtes possibles avec les sacs de graines.

Variantes : la distance de lancer, le nombre d'essais.

b) Les cerceaux en PS/MS/GS

Lancer des objets à travers des cerceaux positionnés verticalement à des hauteurs différentes.

Variantes : type d'objet à lancer (balles, ballons, cerceaux, anneaux, sacs de graines…), distance des cerceaux, type de lancer imposé : par en-dessous, à deux mains ou à bras cassé (GS).

c) La cible en PS/MS/GS

Lancer des objets dans une cible dessinée au mur.

Variantes : type d'objet à lancer (balles, ballons, cerceaux, anneaux, sacs de graines…), distance de la cible, taille de la cible, nombre de cibles, type de lancer imposé : par en-dessous, à deux mains ou à bras cassé (GS).

8 Le matériel

– **Pour les courses** : des plots, des coupelles plates et souples en plastique pour délimiter les zones d'évolution : départ, arrivée, couloirs de course ; des lattes, des caissettes, des haies d'initiation à hauteur variable pour les courses avec franchissement d'obstacles ; des instruments pour mesurer le temps écoulés (sablier, minuteur de cuisine) ; des objets pour donner le signal (sifflet, tambourin…).

– **Pour les sauts** : des bancs, des caissons en bois, des plinths d'où sauter ; des poteaux sur lesquels accrocher des rubans à l'aide d'épingles à linge ; des tapis de réception avec des bandes des couleurs différentes pour délimiter les zones de réception ; des plots ou des coupelles plates et souples en plastique pour délimiter les zones d'impulsion et d'élan.

– **Pour les lancers** : des plots ou des coupelles plates et souples en plastique pour délimiter les zones d'évolution : zone de lancer, cible(s) à atteindre, zone d'élan ; des objets multiples et variés à lancer : balles, balles lestées, ballons, sacs de graines, cerceaux, anneaux, vortex, javelots d'initiation en mousse… ; des objets divers à viser : caisses, boîtes, quilles…, cerceaux fixés sur poteaux ou caissettes pour délimiter les cibles.

9 La sécurité

9.1 *La sécurité passive*

– Des espaces identifiés : chaque espace est délimité par des plots.
– Des espaces sécurisés : les espaces sont écartés les uns des autres ; les espaces de lancer sont organisés de telle manière que les lancers s'effectuent dans le même sens ; les réceptions pour les sauts se font sur des tapis de réception ou dans le sable.
– Des espaces encadrés par les adultes : l'enseignant ou l'ATSEM se positionnent sur les espaces qui peuvent présenter un risque (hauteur de saut, lancers avec des distances importantes).

– Des consignes claires : utilisation du matériel, but à atteindre pour l'élève, rotations éventuelles sur les différents espaces, récupération du matériel pour les lancers…

9.2 *La sécurité active*

Les programmes de 2015 précisent que l'enseignant doit attirer « l'attention des enfants sur leur propre sécurité et celle des autres, dans des situations pédagogiques dont le niveau de risque objectif est contrôlé par l'adulte ».

La compréhension des consignes et des règles de fonctionnement par les élèves : les présenter en classe avant la séance d'EPS afin de mettre les élèves en situation préactive, les faire reformuler par les élèves en début ou en cours de séance, revenir en classe sur ce qui a été fait lors de la séance d'EPS, en classe en s'appuyant sur des supports visuels (photographies, posters, dessins) et sur les critères de réussite.

La construction de compétences lors des séances d'EPS : la construction d'un corps mieux latéralisé comme d'un corps mieux identifié et mieux situé vont participer de la construction d'une image orientée de son corps.

10 Le lien avec le socle commun

Même si le socle commun n'est évalué qu'en fin de cycle 2 ou de cycle 3, les élèves de maternelle commencent tout de même à construire des compétences transversales en lien avec les domaines du socle.

– Le domaine 1, les langages pour communiquer : il s'agit de mobiliser le langage dans toutes ses dimensions. Pour cela, l'enseignant « aide l'enfant à accorder du sens à ce qu'il fait, il l'amène à se projeter. Il prend le temps de parler de ce qui a été vécu, de présenter ce qui va être proposé, d'expliciter pourquoi on le fait. Il suscite et prend en compte l'expression des désirs de chacun en les intégrant dans un projet collectif » comme le soulignent les documents ressources pour la maternelle déposés sur Éduscol.

– Le domaine 2, les méthodes et outils pour apprendre : par exemple, la recherche de solutions nouvelles, l'expérimentation en s'engageant dans l'action.

– Le domaine 3, la formation de la personne et du citoyen : adopter un comportement responsable en respectant les autres, les consignes et les règles de fonctionnement. Par exemple, partager les espaces et les objets.

11 L'évaluation

En maternelle, il est très important de préciser les critères de réussite individuels qui vont permettre de concrétiser les réussites et de matérialiser les progrès.

Exemples de critères de réussite : lancer, sauter dans des zones de couleurs différentes en fonction de leur éloignement. Afin de rendre encore plus explicites ces critères de réussite, utiliser des zones de couleurs identiques pour les différents ateliers. La zone la plus proche sera en jaune par exemple, la zone intermédiaire en bleu et la zone la plus loin en rouge.

12 Le lien avec la santé

Il s'agit pour l'élève de maternelle, qui va grandir et « devenir grand » dans le même temps, de prendre soin de son corps et de sa santé, comme le soulignent les programmes de 2015.

Au-delà de la prise de taille, il devient en grandissant plus autonome. Il est plus en capacité d'agir seul, de réaliser quelque chose sans aide. Ces nouveaux pouvoirs personnels, ces droits nouveaux s'accompagnent cependant de l'acceptation de nouvelles contraintes qui accentuent les paradoxes ; oser et se risquer et simultanément faire attention à soi et aux autres…

La construction d'une « attitude santé » (voir chapitre « La santé à l'école : un objectif particulier » p. 79) s'appuie sur la construction de ces nouvelles compétences. L'élève devient notamment capable de :
- prendre des décisions : après avoir exploré diverses solutions, il peut, avec l'aide éventuelle de l'adulte, choisir celle qui est la plus efficace ou qui lui convient le mieux ;
- gérer son stress, gérer ses émotions : il ose s'engager dans l'action, il participe à tous les ateliers proposés… ;
- prendre conscience de lui : la construction et l'enrichissement de son schéma corporel lui permettent de réaliser des actions multiples comme sauter en contrebas, sauter par-dessus des obstacles… ;
- prendre conscience des autres : Il respecte son ordre de passage, il donne des conseils, il tient d'autres rôles sociaux (chronométreur, juge…).

EN ÉLÉMENTAIRE

Les attendus de fin de cycle et les compétences à construire à partir des activités athlétiques renvoient au champ d'apprentissage : « *Produire une performance maximale, mesurée à une échéance donnée* ».

1 Les attendus de fin de cycle

1.1 *Au cycle 2*

- Courir, sauter, lancer à des intensités et des durées variables dans des contextes adaptés.
- Savoir différencier : courir vite et courir longtemps/lancer loin et lancer précis/sauter haut et sauter loin.
- Accepter de viser une performance mesurée et de se confronter aux autres.
- Remplir quelques rôles spécifiques.

1.2 *Au cycle 3*

- Réaliser des efforts et enchaîner plusieurs actions motrices dans différentes familles pour aller plus vite, plus longtemps, plus haut, plus loin.
- Combiner une course, un saut, un lancer pour faire la meilleure performance cumulée.
- Mesurer et quantifier les performances, les enregistrer, les comparer, les classer, les traduire en représentations graphiques.
- Assumer les rôles de chronométreur et d'observateur.

2 Les compétences à construire

Remarque

Pour une description plus précise, et dans l'attente de la parution des ressources, vous pourrez utilement vous appuyer sur les tableaux de progressions de janvier 2012 parus au *B.O.* du 5 janvier 2012. Cependant, ces documents ne peuvent plus être considérés et cités comme des documents institutionnels officiels.

2.1 Au cycle 2

Psycho-socio-affectif	Cognitif	Moteur
– Respecter les règles de sécurité édictées par le professeur. – Remplir quelques rôles spécifiques. – Accepter de viser une performance mesurée et de se confronter aux autres.	– Pendant l'action, prendre des repères extérieurs à son corps pour percevoir : espace, temps, durée et effort. – Savoir différencier : courir vite et courir longtemps/lancer loin et lancer précis/sauter haut et sauter loin.	– Transformer sa motricité spontanée pour maîtriser les actions motrices ; courir, sauter, lancer. – Utiliser sa main d'adresse et son pied d'appel et construire une adresse gestuelle et corporelle bilatérale. – Mobiliser de façon optimale ses ressources pour produire des efforts à des intensités variables.

1.2 Au cycle 3

Psycho-socio-affectif	Cognitif	Moteur
– Respecter les règles des activités. – Passer par les différents rôles sociaux : chronométreur, observateur.	– Appliquer des principes simples pour améliorer la performance dans des activités athlétiques. – Pendant la pratique, prendre des repères extérieurs et des repères sur son corps pour contrôler son déplacement et son effort. – Évaluer sa performance. – Mesurer et quantifier les performances, les enregistrer, les comparer, les classer, les traduire en représentations graphiques.	– Combiner des actions simples : courir-lancer ; courir-sauter. – Mobiliser ses ressources pour réaliser la meilleure performance possible dans des activités athlétiques variées (courses, sauts, lancers). – Utiliser sa vitesse pour aller plus loin ou plus haut.

3 Les contenus

3.1 Au cycle 2

Activités athlétiques aménagées cycle 2	
Courir vite	– Courir vite sur une vingtaine à une trentaine de mètres. – Réagir à un signal de départ, visuel ou sonore. – Créer de la vitesse. – Maintenir la vitesse en ayant une trajectoire rectiligne. – Franchir la ligne d'arrivée sans ralentir. *Pour les courses de relais :* – Enchaîner une course avec une transmission de témoin.
Courir longtemps	– Courir de plus en plus longtemps sans s'arrêter et diminuer le temps de marche ; utiliser des arrêts définis en fonction de ses capacités. – Courir à allure régulière de plus en plus longtemps. – Courir en aisance respiratoire. – Gérer sa course sur une durée de 6 à 12 minutes : savoir régler son allure et l'adapter à un itinéraire donné ou à une durée. – Commencer à construire les conditions d'une récupération active (marche, allure réduite volontairement).

➤➤➤

Activités athlétiques aménagées cycle 2	
Courir en franchissant des obstacles	– Enchaîner course et franchissement d'obstacles bas. – Franchir les obstacles sans s'arrêter puis sans piétiner – Franchir les obstacles sans tomber, en étant équilibré. – Adapter la course avec franchissement d'obstacles (impulsion et franchissement) en fonction de l'obstacle.
Sauter	– Enchaîner course d'élan rectiligne et impulsion à deux pieds ou en utilisant un pied d'appel, à partir d'une zone matérialisée. – Enchaîner course d'élan et impulsion sans temps d'arrêt et sans piétinement. – Se réceptionner sur deux pieds sans chute arrière. – Différencier la trajectoire du saut : sauter loin ou sauter haut.
Lancer	– Enchaîner une prise d'élan plus ou moins réduite, à partir d'une zone matérialisée, et un lancer, à deux puis à une main, d'engins variés (légers ou lestés) sans s'arrêter. – Varier les trajectoires en longueur et en hauteur afin d'identifier la plus performante. – Varier les formes de lancers : à bras cassé pour les objets légers, en poussée pour les objets lestés, par-dessus la tête. – Lancer avec pied en avant opposé au bras du lancer. – Différencier lancer loin/lancer précis.
Contenus méthodologiques et sociaux communs à toutes les activités – Identifier sa performance à partir d'une prise d'informations : temps de course/temps de marche, longueur du saut ou du lancer… – Respecter les règles des activités mises en place. – Accepter de se confronter aux autres. – Tenir quelques rôles sociaux parmi : starter, chronométreur, juge, collecteur de résultats, observateur.	

3.2 *Au cycle 3*

Activités athlétiques cycle 3	
Course de vitesse	– Réagir vite à un signal de départ en se propulsant efficacement. – Utiliser une position de départ adaptée : pieds décalés, jambes fléchies, position en bascule avec le poids du corps au-dessus de l'appui avant. – Créer de la vitesse en restant dans le couloir de course. – Maintenir la vitesse, sur un temps (de 8 à 10 secondes) ou une distance donnés (de 30 à 40 mètres), en maintenant une trajectoire rectiligne dans un couloir jusqu'à la ligne d'arrivée. – Franchir la ligne d'arrivée en pleine vitesse. *Pour les courses en relais :* – Enchaîner une course avec une transmission de témoin dans une zone de transmission définie de 20 mètres. – Transmettre le témoin en mouvement sans se gêner et sans perdre de vitesse.
Course en durée	– Courir de plus en plus longtemps et de plus en plus régulièrement en aisance respiratoire à l'aide de repères visuels ou sonores puis sans repère, dans un temps contractualisé. – Gérer sa course sur une durée de 8 à 15 minutes. – Gérer sa course et sa récupération (récupération active) pour atteindre l'objectif fixé. – Adapter sa motricité (foulée, utilisation des bras et des jambes) et sa respiration pour être plus efficace seul ou en groupe (course en peloton). *CMS/ Se fixer un contrat de course individuel ou collectif établi à partir d'une évaluation diagnostique et le réaliser.*

Activités athlétiques cycle 3	
Course de haies	– Enchaîner course et franchissement de haies (hauteur 40 à 50 cm). – Franchir les obstacles (haies régulièrement disposées, distantes de 5 à 7 mètres) en étant équilibré et sans perdre de vitesse. – Adapter la course avec le franchissement de haies (impulsion pied d'appel et franchissement longitudinal).
Saut en longueur	– Construire une course d'élan progressivement accélérée sur 10 à 12 appuis. – Enchaîner course d'élan et impulsion sur son pied d'appel à partir d'une zone d'appel matérialisée sans ralentir et sans regarder la zone d'appel. – Bondir avec une action des bras dans le sens du saut. – Se réceptionner sans déséquilibre arrière. *Pour le triple-bond :* – Réaliser trois bonds de même amplitude en atterrissant sans déséquilibre pieds joints.
Saut en hauteur	– Construire une course d'élan progressivement accélérée sur 5 à 6 appuis. – Enchaîner course d'élan et impulsion sur son pied d'appel à partir d'une zone d'appel matérialisée. – Diversifier les prises d'élan rectiligne (saut en ciseaux ou sur le dos) et courbe (fosbury). – Améliorer la tonicité de l'impulsion en utilisant les bras.
Lancer	– Enchaîner une prise d'élan diversifiée, à partir d'une zone matérialisée, et un lancer à une main d'engins variés sans ralentir. – Diversifier les prises d'élan (course droite, pas chassés…). – Augmenter le chemin de lancement (bras allongé, en arrière de l'axe tête-tronc jambe). – Construire des trajectoires paraboliques.
Épreuves combinées	– Combiner une course, un saut, un lancer pour faire la meilleure performance cumulée.
Contenus méthodologiques et sociaux communs à toutes les activités – Mesurer et quantifier les performances, les enregistrer, les comparer, les classer, les traduire en représentations graphiques. – Respecter les règles des activités mises en place. – Tenir les rôles sociaux : starter, chronométreur, juge, collecteur de résultats, observateur.	

4 Les axes de progrès

Dans les activités athlétiques, le progrès se caractérise par rapport aux courses, aux sauts, aux lancers.

4.1 *Les courses*

Indicateurs	De...	À...
L'espace	D'un espace peu contraint : pas de zones définies	À un espace matérialisé : couloirs de course, zones de transmission, espace inter-haies
Le temps	D'une référence individuelle au temps : courir vite, courir vite en franchissant des obstacles, courir longtemps	À une référence individuelle et interindividuelle : courir plus vite, plus longtemps en battant son record, courir seul ou à plusieurs pour battre les autres
La relation aux autres	De courses pour soi	À des ~~sauts~~ contre les autres

courses

Indicateurs	De...	À...
Les rôles	Du rôle de coureur	Aux rôles supplémentaires de juge, starter, chronométreur, collecteur de résultats
Les règles	De règles simples	À des règles complexes, des codes
Le type d'activités	D'activités mettant en jeu la motricité fondamentale : courir, courir et franchir, courir à plusieurs	À des activités en lien avec les APSA : courses de vitesse, de durée, de haies, de relais
Les actions	D'actions simples : courir, franchir, transmettre	À des actions enchaînées : démarrer et courir, courir et franchir, courir et transmettre

4.2 Les sauts

Indicateurs	De...	À...
L'espace	D'un espace peu contraint : pas ou peu de zones définies	À un espace matérialisé : zone d'élan, d'appel, de réception du saut
La relation aux autres	De sauts pour soi	À des sauts contre les autres
Les rôles	Du rôle de sauteur	Aux rôles supplémentaires de juge, mesureur, collecteur de résultats
Les règles	De règles simples	À des règles complexes, des codes
Le type d'activités	D'activités mettant en jeu la motricité fondamentale : sauter loin, sauter haut, sauter plusieurs fois consécutivement	À des activités en lien avec les APSA : saut en longueur, saut en hauteur, triple bond (qui préfigure le triple saut au collège)
Les actions	D'actions simples : courir, prendre une impulsion, se réceptionner	À des actions enchaînées : courir avec une course d'élan rythmée, courir et sauter, avoir une impulsion et se réceptionner

4.3 Les lancers

Indicateurs	De...	À...
L'espace	D'un espace peu contraint : pas ou peu de zones définies	À un espace matérialisé : zone de prise d'élan, de réception de l'engin
La relation aux autres	De lancers pour soi	À des lancers contre les autres
Les rôles	Du rôle de lanceur	Aux rôles supplémentaires de juge, mesureur, collecteur de résultats
Les règles	De règles simples	À des règles complexes, des codes
Le type d'activités	D'activités mettant en jeu la motricité fondamentale : courir, lancer	À des activités en lien avec les APSA : lancer d'objet lesté (qui préfigure le lancer de poids ou de disque au collège)
Les actions	D'actions simples : courir, lancer	À des actions enchaînées : courir avec une course d'élan organisée, courir et lancer, lancer et se rééquilibrer

5 La trame de variance

L'espace	– l'espace d'évolution : plus ou moins précis et restreint – la taille des zones : la zone d'élan (sauts, lancers en translation), la zone de prise d'élan (lancers en rotation), la zone d'appel, la zone de réception
Le temps	– le temps comme référence individuelle – le temps comme référence collective : courir à plusieurs – le temps comme référence de l'opposition : courir plus vite que
Le matériel	– la taille et le poids des objets : balles lestées plus ou moins lourdes, balles plus ou moins grosses, petits ou gros engins à lancer, hauteur et largeur des obstacles… – la forme des objets : balles, ballons, engins (vortex, javelots d'initiation…) – le matériel pour chronométrer, mesurer, donner le départ
Les règles	Les droits et devoirs de chaque élève vis-à-vis : – de soi-même (exemple : je ne peux pas partir avant le signal de départ en course de vitesse) – des autres (exemple : je ne dois pas gêner les autres en pénétrant dans leur couloir de course) – du matériel (exemple : je ne peux lancer la balle à deux mains) – de l'espace (exemple : je ne peux pas sortir de telle zone : zone d'appel, de transmission de témoin)
Le nombre d'élèves	– le nombre de coureurs : courir seul ou en équipe – le nombre de juges, chronométreurs… – le nombre d'athlètes par équipe
Les rôles	– athlète : coureur, sauteur, lanceur – chronométreur – starter – juge (de départ, d'arrivée, de transmission de témoin…) – collecteur de résultats (temps, distance, nombre de tours…) – organisateur
Les activités supports	– une seule activité sur une séquence – des activités multiples sous forme d'ateliers différents par exemple – le biathlon

6 Les dispositifs

6.1 *L'organisation en vague*

Les élèves sont positionnés par vagues, situées les unes derrières les autres.

- **Pour les courses de vitesse et de haies**, les élèves courent, dans des couloirs matérialisés, par vagues successives. Prévoir des vagues de deux coureurs seulement au début avec un couloir vide entre les deux coureurs, car une des difficultés rencontrées par les débutants consiste à courir droit. Augmenter progressivement le nombre de coureurs et supprimer le couloir vide.

Exemple

Un dispositif particulier, le « **jet d'eau** » : les élèves courent au centre et reviennent en marchant sur les côtés (retour indiqué par les flèches).

Si les élèves sont débutants, laisser vide le couloir du milieu dans les deux ateliers : course de vitesse et course de haies (voir détails p. 307).

Fig. 4 – *Le « jet d'eau ».*

- **Pour les lancers,** les élèves lancent par vague, tous en même temps, dans le même sens et vers une zone de réception matérialisée en face de l'endroit où sont positionnées les vagues. Puis, ils vont tous ensemble, au signal, chercher l'objet lancé et le rapportent aux élèves de la seconde vague. S'il y a suffisamment d'objets à lancer, les élèves de la première vague lancent puis vont se positionner derrière la dernière vague sans aller récupérer l'objet lancé. Lorsque la dernière vague a lancé, tous les élèves vont récupérer leur objet. **La sécurité est ici primordiale !**

- **Position des observateurs éventuels** : sur le côté des couloirs pour les courses, mais **derrière les lanceurs pour les lancers.**

6.2 *Les ateliers*

- **Différents ateliers pour une même APSA** : par exemple, un atelier de saut avec utilisation du bac à sable pour le saut global, un atelier de travail de la course d'élan et un atelier de travail de l'impulsion.

Fig. 5 – *Divers ateliers pour une même APSA : des lancers.*

- **Différents ateliers d'APSA différentes** : par exemple, deux ateliers de saut, deux ateliers de lancer et deux ateliers de course.

6.3 *Les parcours*

Organisation d'activités successives différentes d'une même APSA ou d'APSA différentes réalisées en continuité.

Exemple

En saut : sauter verticalement puis horizontalement en faisant des multi-bonds puis effectuer un saut en longueur.

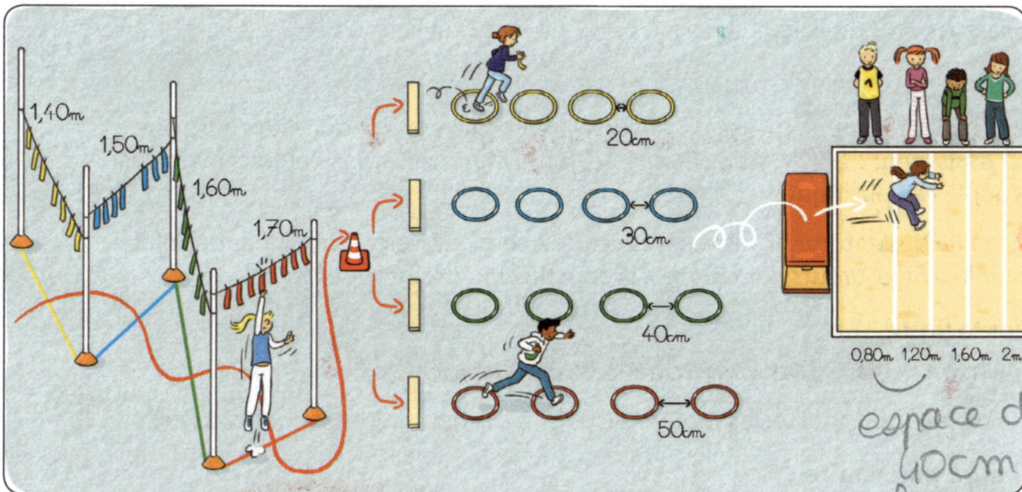

Fig. 6 – *Sauts et multi-bonds.*

espace de 40cm entre chaque bande de 0,80 m à 2m

7 Exemples de situations

7.1 Courir vite (C2)/Courses de vitesse (C3)

a) Situations pour partir vite à un signal

- **Chameaux/chamois**

Deux équipes situées de part et d'autre d'une ligne : une de chameaux et une de chamois. Les élèves sont regroupés par binôme : un chameau et un chamois. L'enseignant annonce « chameaux » ou « chamois ». Les élèves désignés doivent atteindre leur camp (une ligne située à 10 m) en courant en droite ligne sans se faire toucher par les élèves de l'autre groupe.

Variantes : la constitution des groupes (homogènes : vitesse équivalente) ; la distance entre les deux groupes, la position de départ des élèves (sur un pied, les deux pieds joints…) ; la distance entre la zone centrale et le camp ; la possibilité d'ajouter des obstacles bas (lattes, bandes caoutchoutées) dans une perspective de course avec obstacles.

- **Chat/souris**

Les élèves sont en binôme : un chat et une souris. La souris se trouve devant le chat, à 2 m de distance. Au démarrage de la souris, le chat essaie de la rattraper avant une ligne située à 10 m.

Variantes : la distance chat/souris, la position de la souris (face au chat, dos au chat, de côté) et du chat (dos à la souris, les yeux fermés et tape sur l'épaule du chat par la souris…).

b) Situations pour courir droit

- **L'entonnoir**

Courses de 20 à 30 m ; courir contre un adversaire dans un couloir qui est progressivement réduit en largeur : 2 m au début et 1 m à la fin. Matérialiser les couloirs avec des coupelles souples en plastique.

Variantes : la taille de l'entonnoir, les repères visuels (changer les coupelles par des plots hauts), le nombre de coureurs par courses, la constitution des groupes.

- **Courir sur la ligne**

Courir sur 20 m en s'aidant des lignes de délimitation des couloirs.

Variantes : la distance de course, les repères visuels (plots hauts ajoutés sur les côtés).

- **« Je suis mon partenaire »**

Courir sur 30 à 40 m en suivant un partenaire placé 2 m devant dans le même couloir.

Variantes : la constitution des binômes, la vitesse de course (de moyen à plus rapide).

c) Situations pour courir en pleine vitesse jusqu'à la ligne d'arrivée

- **Course à la rencontre**

Courses de 20 à 30 m. Les coureurs sont face à face dans des couloirs parallèles et contigus. Le premier qui franchit la ligne centrale située à équidistance des deux coureurs a gagné.

Variantes : la distance de course, la constitution des groupes, la position de départ.

- **Toucher le foulard**

Courses de 30 (cycle 2) à 40 m (cycle 3) ; les coureurs doivent toucher avant les autres un foulard tenu à la main par un camarade qui se situe 5 m derrière la ligne d'arrivée.

Variantes : la distance de course, la distance entre la ligne d'arrivée et celui qui tient le foulard, la constitution des groupes.

7.2 Courir longtemps (C2)/Courses en durée (C3)

a) Connaître les différentes allures : lente, modérée et rapide

Sur un circuit balisé tous les 20 m, expérimenter successivement quatre allures différentes : marche, course lente, course modérée et course rapide.

Les indications sonores (coups de sifflet) permettent aux élèves d'adopter l'allure recherchée : l'élève doit se trouver à un plot à chaque coup de sifflet.

Les élèves sont par deux : un coureur et un observateur collecteur de résultats qui reporte la distance parcourue pour chaque allure.

L'exercice est effectué sur des temps différents : 36 et 72 secondes.

Remarque

– Nous choisissons ces deux temps car ils permettent très facilement de connaître la vitesse horaire. Si je cours 80 m en 36 s, je sais que ma vitesse horaire est de 80 m × 100 (car une heure fait 3 600 secondes, soit 36 × 100), soit 8 000 m en 3600 s ou encore 8 km/h.

Si je cours 100 m en 36 s, ma vitesse horaire est de 10 km/h.

Si je cours 200 m en 72 s, ma vitesse horaire est également de 10 km/h.

– Courir durant 2 temps différents permet d'éprouver les résultats obtenus : courir durant 72 s permet de relativiser les ressentis éprouvés sur 36 s, notamment pour la vitesse modérée qui est la vitesse que les élèves utiliseront ensuite.

En classe, le lien est fait entre l'allure adoptée et la distance parcourue : plus je vais vite, plus je parcours de distance.

Variante : faire vivre les quatre allures sur un même circuit : 4 zones différentes sont balisées tous les 50 m (carré de 50 m de côté par exemple). L'élève court à la même allure sur un côté en respectant successivement : marche, allure lente, allure modérée puis allure rapide. Il court sur 6 minutes en C2 ou 8 minutes en C3. L'exercice est répété une fois.

b) Connaître et stabiliser son allure modérée (allure de course qui permet de courir longtemps et régulièrement sans s'arrêter et sans être essoufflé)

Plusieurs carrés concentriques sont tracés et délimités qui correspondent à des vitesses de 8, 10 et 12 km/h. Pour le cycle 3, ajouter un carré de 14 km/h.

Le petit carré (8 km/h) fait 20 m de côté, le moyen (10 km/h) fait 25 m de côté et le grand (12 km/h) fait 30 m de côté.

Temps 1 : les élèves courent durant 2 minutes sur chaque carré. Ils ont 3 minutes de récupération entre chaque course.
L'enseignant donne des indications sonores (coups de sifflet) toutes les 9 secondes. Le tour est ainsi réalisé en 36 secondes.
L'élève doit être à chaque coup de sifflet à un des coins du carré.

Temps 2 : l'élève choisit le carré où il ne s'est pas arrêté et où il se sent en aisance respiratoire.
Il refait l'exercice sur 2 fois 2 minutes avec 3 minutes de récupération.

Fig. 7 – *Courses en carrés.*

Variantes :
– cycle 3 : ajout d'un 4e carré de 35 m de côté (vitesse de 14 km/h) ;
– vérification de l'aisance respiratoire : les élèves sont par 2 (un coureur et un observateur). À la fin de la course, l'observateur fait un « bilan de santé ».

parcours jaune 20m 9s
1 tour = 36s
coup de sifflet toutes les 9s

Fiche « Bilan santé »

Nom du coureur *Nom de l'observateur*	**Date :**	**Date :**	**Date :**
Le coureur est-il très pâle ?	OUI NON ?	OUI NON ?	OUI NON ?
Le coureur est-il très essoufflé (parle-t-il très difficilement) ?	OUI NON ?	OUI NON ?	OUI NON ?
Le coureur a-t-il un point de côté ?	OUI NON ?	OUI NON ?	OUI NON ?
Le coureur s'est-il arrêté ? Si oui, nombre d'arrêts.	OUI NON Arrêts :	OUI NON Arrêts :	OUI NON Arrêts :

La fiche est exploitée en classe avant et entre chaque utilisation.
Avant : explication des items du bilan et de l'utilisation de la fiche.
Entre les séances d'EPS : mise en relation entre le bilan et les choix opérés :
– si je suis pâle et très essoufflé, c'est que j'ai couru à une vitesse trop élevée ;
– si je ne suis pas du tout essoufflé et que je ne me suis pas arrêté, je peux peut-être essayer de courir un peu plus vite : ma distance parcourue sera alors plus grande.

c) Courir plus longtemps à allure modérée sans s'arrêter

Utilisation du même dispositif (carrés concentriques).
Sur une séance :
– C2 : courir 3 fois 2 min 30 avec 3 min de récupération entre deux courses.
– C3 : courir 3 fois 3 min avec 3 min de récupération entre deux courses.

Variantes : choisir en fonction du projet :
– C2 : courir 3 fois 2 min 30 avec 3 min de récupération ; pour 6 min de projet, 3 fois 3 min pour 8 min, 3 fois 3 min 45 pour 10 min et 3 fois 4 min 30 pour 12 min.
– C3 : courir 3 fois 3 minutes avec 3 min de récupération pour 8 minutes de projet, 3 fois 4 pour 10 min, 3 fois 4 min 30 pour 12 min et 3 fois 5 min 30 pour 15 min.

d) Courir différemment : « Les trains arrivent en gare à la même heure »

Courir en groupe (en peloton) de vitesse équivalente.
Tracer des trajets différents correspondant aux différentes vitesses de course :
– C2 : 40, 50 et 60 mètres de longueur pour respectivement 8,10 et 12 km/h d'allure.
– C3 : 40, 50, 60 et 70 mètres de longueur pour respectivement 8, 10, 12 et 14 km/h d'allure.

Les trajets se rejoignent tous en un endroit précis : une zone de 20 mètres de longueur qui va matérialiser la gare. Tous les groupes doivent rester ensemble et passer en même temps à chaque passage en gare.
Temps de course :
– C2 : 3 fois 3 minutes avec 3 minutes de récupération.
– C3 : 3 fois 4 minutes avec 4 minutes de récupération.

Variantes :
- choisir le nombre de répétitions : 2 ou 3 fois ;
- changer le conducteur du train à chaque passage en gare sans s'arrêter (C3) ;
- modifier le nombre de coureurs par groupe ;
- constituer des groupes hétérogènes : l'objectif est alors de s'adapter à l'allure des autres.

7.3 *Sauter loin (C2)/Saut en longueur (C3)*

a) Prendre son élan et sauter

Prendre un élan de quelques foulées (au choix de l'élève) et sauter sans s'arrêter à partir d'une zone d'impulsion large de 1 m. Sauter à 2 pieds, puis pied gauche et pied droit. Se réceptionner (dans le sable ou sur des tapis) sur les deux pieds sans tomber. Repérer le saut le plus long et reproduire le saut en gardant la même impulsion.

Variantes :
- diminuer ou augmenter la zone d'impulsion ;
- donner un nombre fixe de foulées : entre 4 et 6 pour le C2 et 6 à 8 pour le C3 ;
- mesurer le saut effectif : de l'endroit où l'élève a pris son impulsion à l'endroit où il s'est réceptionné.

b) Prendre une impulsion efficace

Une zone commune et des maisons individuelles. Au signal, regagner sa maison le plus vite possible en suivant les indications de l'enseignant : pieds joints, sur un pied, pieds alternés.

Variantes :
- distance zone commune/maison ;
- nombre de sauts imposés. Ex : revenir dans sa maison en moins de 5 sauts.

c) Améliorer sa phase de suspension 1

Le même dispositif que pour la situation précédente en ajoutant un banc d'impulsion ou un tremplin bois ou ressort qui va permettre d'augmenter le temps de suspension.

Se réceptionner sur ses deux pieds.

d) Améliorer sa phase de suspension 2

Sauter en passant au-dessus d'un fil tendu à 30/40 centimètres du sol et à 50 centimètres de la zone d'impulsion. Se réceptionner sur les deux pieds.

e) Faire des multi-bonds

Effectuer plusieurs bonds successifs sans s'arrêter entre les bonds.

Variantes :
- faire trois bonds successifs, dont un à deux pieds ;
- faire trois bons successifs dont un à cloche-pied (utiliser successivement le même pied d'appui pour l'impulsion : GGD, DDG, DGG ou GDD).

7.4 *Lancer loin (C2)/Lancer*

a) Lancer loin : « Le gagne-terrain »

Deux élèves s'affrontent en face à face. L'un des deux lance un javelot d'initiation dans le camp adverse le plus loin possible. Son adversaire le renvoie de l'endroit où il est tombé sans avoir la possibilité de se déplacer. Le premier qui dépasse la ligne de fond du terrain adverse a gagné.

Variantes :
– à un moment donné, celui qui est le plus proche dans son camp de la ligne centrale a gagné ;
– l'adversaire peut imposer une position pour lancer (ex. : les deux pieds joints, le pied d'appui derrière…).

b) Lancer à bras cassé

Lancer l'objet (javelot d'initiation, vortex, balles ou balles lestées) le plus loin possible à bras cassé. Dispositif identique à celui de la situation d'expression de la compétence attendue. Plusieurs essais. Conserver les 4 meilleurs et additionner les points.

c) Lancer en torsion ou en rotation

Lancer l'objet (anneau lesté, cerceau) le plus loin possible en torsion (du haut du corps par rapport au bas du corps qui reste fixe au sol) ou en rotation (effectuer une demi ou une volte entière). Dispositif identique à celui de la situation d'expression de la compétence attendue. Plusieurs essais. Conserver les 4 meilleurs et additionner les points.

d) Lancer par-dessus un fil

Lancer l'objet (javelot d'initiation, vortex, balles ou ballons lestés, anneau lesté, cerceau) le plus loin possible en le faisant passer par-dessus un fil. La zone de réception est divisée en bandes latérales parallèles. La zone la plus proche rapporte 1 point, puis la seconde 2… Compter le nombre de points après 5 lancers.

8 Le matériel

Il est important de permettre aux élèves de varier les objets à lancer en taille et en poids :
– les objets à lancer à bras cassé : balles lestées, vortex, javelots d'initiation (en mousse) ;
– les objets à lancer à 2 mains : médecine-ball légers ;
– les objets à lancer en rotation ou en torsion : anneaux lestés, cerceaux.

Les aires d'élan et de réception doivent être délimitées précisément pour des questions de sécurité (voir plus loin) comme d'efficacité motrice. La valorisation des lancers dans l'axe : devant et le plus possible de manière axiale (voir situation d'expression de la compétence attendue) incite l'élève à lancer loin et avec précision. Les lancers trop décentrés qui peuvent poser des problèmes de sécurité (gestion des espaces, gestion des déplacements des élèves) peuvent ainsi être minorés.

9 La sécurité

9.1 *La sécurité passive*

Lors des activités de lancer, il est important de bien différencier les temps de lancer et les temps de récupération des objets. Le travail en vague (voir 5. Les dispositifs) est le plus efficace pour garantir le maximum de sécurité.

Les situations proposées aux élèves vont également leur permettre de mieux maîtriser les trajectoires des lancers.

Pour les lancers en rotation, il est impératif de positionner les élèves qui attendent et ceux qui observent derrière à une distance conséquente des lanceurs car les lancers latéraux imprévus sont courants en début d'activité. Ils sont souvent la conséquence d'une maîtrise aléatoire de la vitesse de rotation et/ou de l'altération des informations visuelles et kinesthésiques.

9.2 *La sécurité active*

La construction de compétences par l'élève (ex. : la maîtrise des trajectoires des lancers). La compréhension et l'application des consignes et des règles de fonctionnement, qui doivent être vérifiées par l'enseignant (ex. : « je ne dois pas aller chercher l'objet lancé avant autorisation »).

Lorsque les élèves lancent des objets légers, les trajectoires sont souvent très importantes (et parfois peu maîtrisées, voir plus haut). L'activité doit donc se dérouler en extérieur : cour de récréation si l'espace s'y prête, terrain en herbe (type terrain de football ou de rugby) et bien entendu terrain d'athlétisme dans l'idéal.

10 L'évaluation

Vous pouvez reprendre les fiches qui ont été présentées dans les situations d'expression de la compétence attendue. Il s'agit de fiches qui ont un double objectif pour l'élève et l'enseignant :
- recueillir des données ;
- permettre l'évaluation des progrès en comparant les résultats obtenus à différents moments de la séquence.

Vous pouvez également proposer **une grille de niveaux d'habileté** (ex. : course de vitesse).

Niveaux d'habileté	Réagir à un signal	Courir droit	Courir vite jusqu'à la ligne d'arrivée
Niveau 1	Départ corps droit, pieds sur la même ligne	Court dans son couloir et en sort par moment	Ralentit avant la ligne d'arrivée
Niveau 2	Départ corps droit, pieds décalés	Court tout le temps dans son couloir (largeur du couloir : 1 m 50 à 2 m)	Arrête sa course juste après la ligne d'arrivée (1 à 2 m)
Niveau 3	Départ corps en bascule avant et pieds décalés	Court tout le temps dans son couloir (largeur du couloir : 1 m)	Arrête sa course après 4 à 5 m

11 Le lien avec le socle

- **Domaine 1 : les langages pour penser et communiquer**

Développer sa motricité et construire un langage du corps :
– prendre conscience des différentes ressources à mobiliser pour agir avec son corps ;
– adapter sa motricité à des environnements variés : différentes courses, avec différents partenaires (courses en relais), différents sauts, différents lancers.

- **Domaine 2 : les méthodes et outils pour apprendre**

S'approprier seul ou à plusieurs par la pratique, les méthodes et outils pour apprendre :
– apprendre par essai-erreur en utilisant les effets de son action en comparant les différentes trajectoires possible d'un lancer pour lancer loin par exemple ;
– apprendre à planifier son action avant de la réaliser : se construire un projet de performance en course en durée (je vais courir durant tant de temps ou sur telle distance) et le réaliser.

- **Domaine 3 : la formation de la personne et du citoyen**

Partager des règles, assumer des rôles et des responsabilités pour apprendre à vivre ensemble :
– assumer des rôles sociaux : athlète, starter, chronométreur, juge, récolteur de résultats ;
– élaborer, respecter et faire respecter règles et règlements.

- **Domaine 5 : les représentations du monde et l'activité humaine**

S'approprier une culture physique sportive et artistique : découvrir la variété des activités athlétiques : les courses, les sauts les lancers, les épreuves combinées.

12 Le lien avec la santé

Les programmes soulignent que l'élève doit « apprendre à entretenir sa santé par une activité physique régulière » en lien direct avec le domaine de formation n° 4 du socle.

Il s'agit pour lui de :
– découvrir les principes d'une bonne hygiène de vie, à des fins de santé et de bien-être ;
– ne pas se mettre en danger par un engagement physique dont l'intensité excède ses qualités physiques.

En vous référant au chapitre « La santé à l'école : un objectif particulier », p. 79, vous pouvez de plus mettre en avant les capacités suivantes que l'élève va pouvoir construire à partir des activités athlétiques.

L'élève va être en capacité de :
– résoudre des problèmes : quelle est, par exemple, la meilleure trajectoire pour obtenir le meilleur envol possible de l'objet lancé ou encore la meilleure impulsion en saut ? ;
– prendre des décisions, gérer son stress : il peut faire des choix (ex. temps de course) ;
– informer, échanger : la constitution des binômes (coureur, sauteur ou lanceur et observateur) ;
– être solidaire : il peut donner des conseils sur la course d'élan, la position du corps au lancer, sur la manière de courir… ;

– avoir conscience de soi en s'appuyant sur la connaissance des résultats et la confrontation avec les attentes de l'enseignant.

Vous pouvez également vous appuyer sur la fiche « bilan santé » (p. 112) pour étayer votre propos.

CHAPITRE 2

Les activités aquatiques

En maternelle, on parle d'activités aquatiques.

En cycles 2 et 3, on parle d'activités aquatiques et de natation.

EN MATERNELLE

1 Les attendus en fin d'école maternelle

Il s'agit pour l'élève de :
- s'engager dans le milieu aquatique dans toutes ses dimensions en toute sécurité ;
- construire des appuis solides dans l'eau afin de se déplacer sur et sous l'eau en petite et moyenne profondeur ;
- maîtriser ses appréhensions en connaissant le milieu aquatique.

Remarque

Ces attendus renvoient à l'objectif : « *Adapter ses équilibres et ses déplacements à des environnements ou des contraintes variés* ».

2 Les compétences à construire

Psycho-socio-affectif	Cognitif	Moteur
– Maîtriser ses appréhensions, voire ses peurs – Oser s'engager dans le milieu aquatique dans toutes les dimensions : sur et sous l'eau – Prendre plaisir à s'investir dans les situations proposées – Prendre des risques mesurés	– Construire de nouveaux repères perceptifs dans et hors de l'eau – Expérimenter les propriétés du milieu aquatique : la poussée d'Archimède, la pesanteur… – Reproduire un effet obtenu au hasard des tâtonnements	– Modifier les repères du terrien (équilibres, repères perceptifs et kinesthésiques) – S'immerger – Construire le « corps flottant » en perdant ses appuis solides – Construire un corps qui glisse et se propulse en petite et moyenne profondeurs en construisant des appuis solides sur l'eau – Répéter les efforts

3 Les contenus

3.1 Les contenus moteurs

Vous pouvez organiser vos contenus à partir des verbes : se déplacer, entrer dans l'eau, s'immerger et s'équilibrer.

a) Se déplacer

– Se déplacer en marchant, en courant, en rampant (en touchant le fond du bassin avec ses mains) : petite profondeur (PP).
– Quitter la verticalité et se déplacer de manière de plus en plus horizontale, en utilisant les bras et les jambes avec, puis sans l'aide d'objets qui facilitent la flottaison (frites, planches…) : moyenne profondeur (MP).
– Effectuer des glissées et des coulées ventrales : PP/MP.
– Se déplacer sous l'eau (petite puis moyenne profondeur) pour aller chercher des objets immergés : PP/MP.

b) Entrer dans l'eau

– Entrer dans l'eau par les marches, l'échelle : PP.
– Entrer dans l'eau avec aide (par l'échelle, en tenant une perche…) puis sans aide en sautant : MP.
– Entrer dans l'eau en glissant sur un toboggan : MP.

c) S'immerger

– Regarder sous l'eau (avec puis sans lunettes ou masque) : PP/MP.
– Souffler dans l'eau : PP/MP.
– S'immerger totalement en apnée respiratoire puis en soufflant dans l'eau : PP/MP.

d) S'équilibrer

– Se laisser flotter à l'horizontale (sur le dos puis sur le ventre) tête émergée puis immergée : PP/MP.

– Vivre d'autres équilibres, en boule : PP/MP.
– Vivre la poussée d'Archimède en expérimentant la remontée passive : MP.
– Se rééquilibrer en passant de l'horizontalité à la verticalité et vice et versa : PP/MP.

3.2 Les contenus méthodologiques et sociaux

– Oser s'engager dans le milieu aquatique pour dépasser ses appréhensions, voire ses peurs.
– Accepter de vivre diverses situations qui modifient les repères et les équilibres habituels de terrien.
– Élargir et affiner des modes de déplacements : expérimenter différents équilibres (vertical, horizontal) et trajets, puis choisir en fonction du but visé.
– Percevoir des relations entre la manière, le procédé utilisé et le résultat obtenu.
– Considérer l'autre comme un partenaire : faciliter les déplacements et les équilibres par un travail en binôme.
– S'inscrire dans un projet d'action : expérimenter, choisir puis répéter des efforts, des actions afin de stabiliser les réponses motrices efficientes.

4 Les axes de progrès

Il s'agit pour l'élève de passer du terrien se déplaçant dans le milieu aquatique au nageur débutant en modifiant son équilibre, sa respiration, sa propulsion et ses repères informationnels.

	Terrien	Nageur débutant
Équilibration	– équilibre vertical – appuis plantaires – subit la pesanteur	– équilibre horizontal – perte des appuis plantaires – subit la poussée d'Archimède
Propulsion	– train inférieur (jambes) moteur – train supérieur (bras) équilibrateur – appuis fixes et solides – résistance de l'air négligeable	– train inférieur essentiellement équilibrateur – train supérieur essentiellement moteur – appuis fuyants et mouvants sur l'eau – résistance effective de l'eau
Respiration	– innée et réflexe – nasale – expiration passive – pas de résistance à l'expiration	– volontaire – essentiellement buccale – expiration active – résistance de l'eau à l'expiration
Prises d'information	essentiellement visuelles : regard vers l'horizontal	visuelles (regard orienté vers le fond du bassin) et kinesthésiques

D'un point de vue général :

Indicateurs	De...	À...
L'espace	D'un espace proche et peu profond (petite profondeur)	À un espace plus lointain sous et sur l'eau (moyenne profondeur)
Le temps	D'un temps de déplacement et d'immersion inexistant ou très court	À un temps de déplacement sur quelques mètres sur et sous l'eau
La relation aux autres	D'activités pour soi	À des activités avec les autres : aider conseiller, jouer avec
Les rôles	Du rôle d'élève évoluant dans le milieu aquatique	– À celui de nageur débutant – À celui d'aide, de conseiller, de partenaire de jeu

Indicateurs	De...	À...
Le type d'activités	D'activités mettant en jeu la motricité fondamentale de terrien qui se déplace dans le milieu aquatique	À des activités centrées sur : se déplacer, entrer dans l'eau, s'immerger, s'équilibrer, de manière adaptative dans le milieu aquatique
Les actions	Du terrien (voir tableau p. 120)	Au nageur débutant (voir tableau p. 120)

5 La trame de variance

L'espace	– la petite, la moyenne profondeur – la délimitation des espaces : en largeur, en longueur – l'aménagement matériel (voir matériel plus loin)
Le temps	– le temps pour expérimenter, tâtonner, imiter, trouver de nouvelles manières de faire – la durée des exercices
Le matériel	– le matériel d'aide à la flottaison : frites, planches, brassards – le matériel d'aide à l'immersion : cage, perche, toboggan – le matériel d'aide aux prises d'informations visuelles subaquatiques : masque, paire de lunettes – le matériel d'aide à la respiration aquatique : tuba – le matériel d'aide au déplacement : paire de palmes
Les consignes	Les règles de vie ou les façons de se conduire vis-à-vis : – des autres, dans le groupe (exemple : je ne saute pas dans l'eau quand un autre élève se trouve à proximité) – de soi-même : se connaître, connaître son corps (exemple : je ne choisis pas un mode d'entrée dans l'eau qui va me mettre en difficulté) – du matériel (exemple : se déplacer avec 1 ou 2 frites) – de l'espace (exemple : aller dans la PP ou la MP) Les règles du jeu
Le nombre d'élèves	Le nombre d'élèves par groupe en fonction : – du degré d'expertise des élèves (les groupes de débutants ne sachant pas nager, sont plus restreints en nombre que ceux de nageurs débutants) – de la personne adulte qui encadre : si un parent bénévole encadre en autonomie (voir 9. La sécurité), il ne peut lui être confié un groupe trop imposant
Les rôles	– terrien se déplaçant dans le milieu aquatique ou nageur débutant – aide (exemple : tenir un camarade par les mains pour l'amener à s'allonger) – conseiller (exemple : donner des conseils sur l'alignement du corps pour tendre vers un corps qui glisse) – joueur de jeu collectif
Les activités supports	– immersions à diverses profondeurs – déplacements sur et sous l'eau, sur le ventre ou sur le dos – équilibres divers : horizontaux sur le ventre et sur le dos, en boule, verticaux en MP – entrées dans l'eau diverses (sauter, plonger en MP, par le toboggan…) *Remarque : toutes ces activités peuvent être menées avec ou sans matériel* – les jeux collectifs sont également des moyens très efficaces pour privilégier une approche ludique propice aux apprentissages

6 Les dispositifs

6.1 Les aspects législatifs

Remarque

La natation et les activités aquatiques sont des activités qui présentent un certain caractère de dangerosité. Elles nécessitent donc un encadrement renforcé.

Le *B.O.* HS n° 7 du 23 septembre 1999 précise le taux d'encadrement pour ces activités (voir 9. La sécurité).

La circulaire n° 2011-090 du 7-7-2011 parue au *B.O.* n° 28 du 14 juillet 2011 concerne, de manière plus précise, la natation et les activités aquatiques.

Ces taux d'encadrement vont nécessairement influer sur la manière de mettre en place les dispositifs.

a) La classe

La classe est, *a minima*, encadrée par trois adultes en maternelle : l'enseignant et deux adultes agréés, professionnels qualifiés ou intervenants bénévoles.

Le dispositif le plus classique : la classe est encadrée par l'enseignante, un maître-nageur sauveteur (MNS) agréé et un ou plusieurs intervenants bénévoles (des parents d'élèves le plus souvent (voir 9. La sécurité). Le nombre de parents accompagnateurs dépend de plusieurs facteurs dont l'expertise de l'enseignant et des parents.

Le fonctionnement en classe entière, encadrée par les adultes, n'est pas un dispositif très courant lors des moments d'apprentissage. Il peut cependant être adopté lors de la mise en place de jeux collectifs. Cette organisation se déroule alors le plus souvent en petite profondeur.

Remarque

Plusieurs classes d'une même école peuvent être regroupées. Le taux d'encadrement doit être assuré en conséquence (voir 9. La sécurité).

b) Les groupes

Chaque groupe est encadré par un adulte durant toute la séance. Si des déplacements sont nécessaires (passage de la petite à la moyenne profondeur par exemple), l'adulte référent du groupe suit le groupe.

Les groupes peuvent être hétérogènes ou homogènes ; ils sont alors constitués lors de la première séance de la séquence.

Le nombre d'élèves par groupe n'est pas nécessairement identique. Il est d'ailleurs préférable de constituer des groupes plus faibles numériquement avec les élèves débutants.

6.2 Les aspects pédagogiques

a) Les ateliers

Les ateliers sont le plus souvent organisés autour d'un ou deux verbes d'action.

Fig. 1 – *Entrer dans l'eau par le toboggan en moyenne profondeur.*

b) Les parcours

Des parcours demandant aux élèves d'enchaîner plusieurs actions peuvent être installés pour une ou plusieurs séances.

Les parcours aménagés doivent être conçus afin d'alterner des phases aériennes et aquatiques, de permettre de multiples actions : passer dessus, dessous, se tracter, sauter, tirer, pousser, se déplacer, glisser…

c) Les jeux collectifs

Vous pouvez mettre en place des jeux collectifs, en PP ou en MP, qui vont amener les élèves à produire des actions en lien avec les activités aquatiques. Le coût émotionnel est atténué grâce à l'aspect ludique que revêt ce genre de situation.

Exemple : la chasse aux trésors (se déplacer et s'immerger).

7 Exemples de situations

7.1 Se déplacer en gardant les appuis plantaires

– Marcher, courir dans l'eau. Objectif : ressentir la résistance de l'eau.
– Jeux collectifs : chat/souris, le lion et les gazelles.

7.2 Se déplacer sans appuis plantaires

– Se déplacer le long du bord ou à la goulotte, à l'aide des mains.
– Se croiser le long de la goulotte (groupe en 2 sous-groupes qui partent chacun d'un bord du petit bain).
– Se laisser trainer par les mains, les aisselles par un partenaire.

– Se déplacer à l'aide de 2 frites en MP.
– Jeu collectif : la course à deux (un élève traine le second) d'un bord à l'autre du bassin puis changement de rôle.

7.3 Se déplacer en ayant le corps profilé

– Faire une glissée ventrale (immersion à la surface de l'eau) en poussant avec les pieds sur le bord du bassin et en se laissant glisser, corps gainé, le plus loin possible sans faire de mouvements.

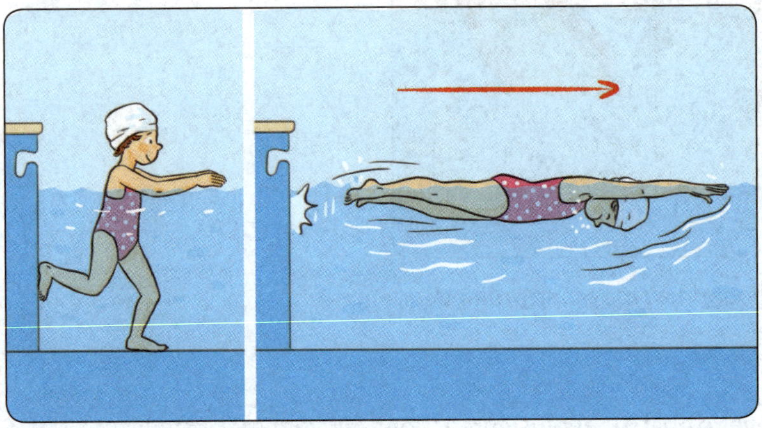

Fig. 2 – *Faire une glissée ventrale.*

– Même chose avec une coulée ventrale (vers la profondeur) ; puis avec passage dans un cerceau immergé.

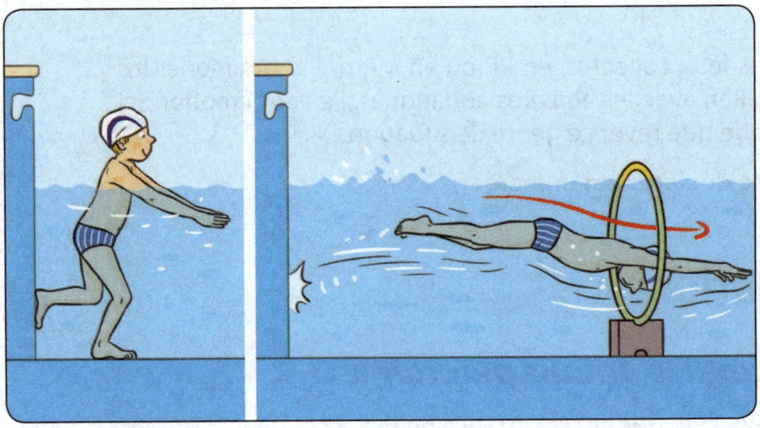

Fig. 3 – *Faire une coulée ventrale.*

– Le jeu de la fusée : se propulser sur le bord pour aller le plus loin possible, ou plus loin que ses camarades.
– Le jeu du propulseur : un élève pousse son camarade pour qu'il aille le plus loin possible sans bouger ; varier les positions de départ du « propulsé ».

– Se propulser, à partir de la position profilée de la coulée ventrale, à l'aide des bras prioritairement sur quelques mètres, en partant du bord pour rejoindre un adulte, ou une ligne d'eau ou encore une cage.

7.4 Entrer dans l'eau

– Par les marches, l'échelle.
– Le long d'une perche ou d'une cage.
– En glissant sur un toboggan (voir p. 123).
– En sautant en MP.

7.5 S'équilibrer

– Faire la planche.
– Faire l'étoile de mer dorsale, ventrale.
– Faire la boule.
– S'équilibrer sur une planche de différentes manières.

7.6 S'immerger

– Regarder sous l'eau.
– Immerger entièrement la tête sous l'eau.
– Immerger entièrement le corps sous l'eau.
– Souffler dans l'eau.
– Ouvrir la bouche dans l'eau.
– Parler sous l'eau.
– Aller chercher des objets immergés au fond de l'eau sans ou avec aide (cage, perche…).
– Jeux collectifs : la chasse aux trésors, le filet de pêcheurs.

Fig. 4 – *Le filet de pêcheurs.*

Les élèves sont répartis en pêcheurs et poissons. Les pêcheurs se tiennent par la main et forment un filet. Les poissons sont pris dans les mailles du filet. Pour se délivrer, ils doivent passer sous les bras des pêcheurs. *Variante* : passer entre les jambes.

– Vivre la remontée passive : descendre en immersion le long d'une échelle ou d'une perche ou d'une cage, lâcher l'objet solide et se laisser remonter sans faire de mouvements.

– Se déplacer en immersion pour passer sous un objet flottant ou dans un cerceau immergé…

8 Le matériel

– **Pour délimiter les espaces :**
Lignes d'eau en longueur ou en largeur ; cordes ; longues perches.

– **Pour assurer la sécurité :**
Brassards, ceintures.
Courte perche de 2 m à garder à portée de main !

– **Pour faciliter les apprentissages :**
Pour faciliter l'entrée dans l'eau : cage, toboggan, échelle, perche, tapis…
Pour améliorer la flottabilité : frites, planches.
Pour faciliter la visibilité (et le confort !) sous l'eau : paire de lunettes, masques.
Pour se déplacer plus facilement : paire de palmes.
Pour concrétiser les déplacements subaquatiques : cerceaux immergés, cage, tunnels…

– **Pour matérialiser la réussite (critères de réussite) :** par exemple, objets lestés de couleurs différentes posés à des profondeurs différentes.

9 La sécurité

Remarque

La natation et les activités aquatiques sont des activités qui présentent un certain caractère de dangerosité. Elles nécessitent donc un encadrement renforcé.

La circulaire n° 2011-090 du 7 juillet 2011 parue au *B.O.* n° 28 du 14 juillet 2011 précise les normes d'encadrement à respecter, les conditions matérielles d'accueil des élèves, la surveillance des bassins, les rôles et responsabilités des différentes personnes autorisées à intervenir durant la mise en place de séquences de natation et d'activités aquatiques : les enseignants, les professionnels qualifiés et agréés, les intervenants bénévoles agréés et non qualifiés et les accompagnateurs assurent l'encadrement de la vie collective (transport, habillage…).

9.1 Les normes d'encadrement à respecter

L'encadrement des élèves est défini par classe, sur la base suivante à l'école maternelle : l'enseignant et deux adultes agréés, professionnels qualifiés ou intervenants bénévoles.

Un encadrant supplémentaire est requis quand le groupe-classe comporte des élèves issus de plusieurs classes et que son effectif est supérieur à 30 élèves.

Dans le cas d'une classe comprenant des élèves de maternelle et d'élémentaire, les normes d'encadrement de la maternelle s'appliquent. Néanmoins, quand la classe comporte moins de 20 élèves, l'encadrement peut être assuré par l'enseignant et un adulte agréé, professionnel qualifié ou intervenant bénévole.

Pour les classes à faibles effectifs, composées de moins de 12 élèves, le regroupement de classes sur des séances communes est à privilégier en constituant un seul groupe-classe pouvant être pris en charge par les enseignants.

Lorsque cette organisation ne peut être mise en place, le taux d'encadrement pourra être fixé localement par l'inspecteur d'académie, directeur académique des services de l'Éducation nationale (IA-DASEN).

Remarque

Lorsqu'un ou des parents prennent en charge un groupe d'élèves, ils ne peuvent le faire que :
- sous la responsabilité de l'enseignant qui les leur confie ;
- pour des activités de découverte du milieu aquatique ;
- dans une profondeur permettant la reprise d'appuis.

9.2 Les conditions matérielles d'accueil des élèves

Pendant toute la durée des apprentissages, l'occupation du bassin doit être appréciée à raison d'au moins 4 m^2 de plan d'eau par élève présent dans l'eau. Il est important d'assurer aux élèves la sensation de confort thermique utile au bon déroulement des activités d'enseignement.

Qu'il y ait ou non ouverture concomitante du bassin à différents publics scolaires ou non scolaires, les espaces réservés aux élèves doivent être clairement délimités, compte tenu des exigences de sécurité des élèves et des impératifs d'enseignement. Les espaces de travail doivent être organisés sur les parties latérales des bassins et ne peuvent être réduits aux couloirs centraux.

9.3 La surveillance des bassins

La surveillance est obligatoire pendant toute la durée de la présence des classes dans le bassin et sur les plages, telle que définie par le plan d'organisation de la surveillance et des secours (POSS) prévu par l'article D. 322-16 du Code du sport. Elle est assurée par un personnel titulaire d'un des diplômes conférant le titre de maître-nageur sauveteur conformément à l'article D. 322-13 du Code du sport. Ces dispositions sont applicables à toute activité de natation impliquant des élèves (enseignement obligatoire, dispositifs spécifiques d'aide ou de soutien).

Remarque

Les surveillants de bassin sont exclusivement affectés à la surveillance et à la sécurité des activités, ainsi qu'à la vérification des conditions réglementaires d'utilisation de l'équipement et, par conséquent, ne peuvent simultanément remplir une mission d'enseignement.

Ils sont qualifiés pour assurer les missions de sauvetage et de premiers secours. Aucun élève ne doit accéder aux bassins ou aux plages en leur absence.

9.4 Les rôles et responsabilités

La mission des enseignants est d'adapter l'organisation pédagogique à la sécurité des élèves et d'assurer, par un enseignement structuré et progressif, l'accès au savoir nager tel qu'il est défini aux premiers paliers du socle commun. La présence de personnels de surveillance et d'encadrement au cours de l'enseignement de la natation ne modifie pas les conditions de mise en jeu de leur responsabilité. Les enseignants s'assurent que les intervenants respectent l'organisation générale prévue, et tout particulièrement en ce qui concerne la sécurité des élèves.

10 Le lien avec le socle commun

Même si le socle commun n'est évalué qu'en fin de cycles 2 ou 3, les élèves de maternelle commencent tout de même à construire des compétences transversales en lien avec les domaines du socle.

– Le domaine 1, les langages pour penser et communiquer : il s'agit de mobiliser le langage dans toutes ses dimensions. Pour cela, l'enseignant « aide l'enfant à accorder du sens à ce qu'il fait, il l'amène à se projeter. Il prend le temps de parler de ce qui a été vécu, de présenter ce qui va être proposé, d'expliciter pourquoi on le fait. Il suscite et prend en compte l'expression des désirs de chacun en les intégrant dans un projet collectif » comme le soulignent les documents ressources pour la maternelle déposés sur Éduscol. L'enseignant aide également l'élève à mettre des mots sur les appréhensions, les craintes, voire les peurs qu'il peut éprouver avant mais aussi en allant à la piscine. Il peut s'appuyer, pour ce faire, sur des albums de littérature jeunesse, comme « Le fabuleux voyage de Lola » aux éditions Revue EPS par exemple.

– Le domaine 2, les méthodes et outils pour apprendre : la recherche de solutions, de solutions nouvelles, l'expérimentation…

– Le domaine 3, la formation de la personne et du citoyen : adopter un comportement responsable en respectant les autres, les consignes et règles de fonctionnement de la piscine…

11 L'évaluation

En maternelle, il est très important de préciser les **critères de réussite individuels** qui vont permettre de concrétiser les réussites et de matérialiser les progrès.

Exemples de critères de réussite :
– Déjà cité ci-dessus : des objets lestés immergés à différentes profondeurs avec des couleurs différentes.
– Les barreaux de couleur différente de la cage immergée.
– Le nombre d'objets récupérés au fond du bassin et remontés à la surface en un temps donné.

Autre exemple d'évaluation : les grilles d'auto-évaluation ; voir p. 144.

12 Le lien avec la santé

Il s'agit pour l'élève de maternelle, qui va grandir et « devenir grand » dans le même temps, de prendre soin de son corps et de sa santé, comme le soulignent les programmes de 2015.

Au-delà de la prise de taille, il devient en grandissant plus autonome. Il est plus en capacité d'agir seul, de réaliser quelque chose sans aide. Ces nouveaux pouvoirs personnels, ces droits nouveaux s'accompagnent cependant de l'acceptation de nouvelles contraintes qui accentuent les paradoxes ; oser et se risquer et simultanément faire attention à soi et aux autres…

La construction d'une « attitude santé » (voir chapitre « La santé à l'école : un objectif particulier » p. 79) s'appuie sur la construction de ces nouvelles compétences. L'élève devient notamment capable de :

- gérer son stress, gérer ses émotions, dépasser ses appréhensions : il ose s'engager dans le milieu aquatique, il participe à toutes les activités proposés, même celles qui lui inspire crainte et parfois peur… ;
- prendre des décisions : après avoir exploré diverses solutions, il peut, avec l'aide éventuelle de l'adulte, choisir celle qui est la plus efficace ou qui lui convient le mieux ;
- prendre conscience de lui : la construction et l'enrichissement de son schéma corporel lui permettent de modifier ses repères et son équilibre de terrien pour se déplacer efficacement sur et sous l'eau.

EN ÉLÉMENTAIRE

Les attendus de fin de cycle et les compétences à construire à partir des activités aquatiques renvoient aux champs d'apprentissage :
– « *produire une performance maximale, mesurée à une échéance donnée* » pour les élèves de cycle 3 qui savent nager ; l'activité de référence est la natation ;
– « *adapter ses déplacements à des environnements variés* » pour les élèves débutants de cycle 2 et 3 ; l'activité de référence en cycle 3 est le savoir-nager.

1 Les attendus de fin de cycle

1.1 Au cycle 2 : « Adapter ses déplacements à des environnements variés »

– Se déplacer dans l'eau sur une quinzaine de mètres sans appui et après un temps d'immersion.
– Réaliser un parcours en adaptant ses déplacements à un environnement inhabituel. L'espace est ménagé et sécurisé.
– Respecter les règles de sécurité qui s'appliquent.

1.2 Au cycle 3 : « Adapter ses déplacements à des environnements variés »

– Réaliser, seul ou à plusieurs, un parcours dans plusieurs environnements inhabituels, en milieu naturel aménagé ou artificiel.
– Connaître et respecter les règles de sécurité qui s'appliquent à chaque environnement.
– Identifier la personne responsable à alerter ou la procédure en cas de problème.
– **Valider l'attestation scolaire du savoir-nager (ASSN), conformément à l'arrêté du 9 juillet 2015** **(voir p. 141 le descriptif de l'arrêté).**

1.3 Au cycle 3 : « Produire une performance maximale, mesurée à une échéance donnée »

– Réaliser des efforts et enchaîner plusieurs actions motrices dans différentes familles pour aller plus vite, plus longtemps, plus loin.
– Mesurer et quantifier les performances, les enregistrer, les comparer, les classer, les traduire en représentations graphiques.
– Assumer les rôles de chronométreur et d'observateur.

2 Les compétences à construire

Remarque

Pour une description plus précise, et dans l'attente de la parution des ressources, vous pourrez utilement vous appuyer sur les tableaux de progressions de janvier 2012 parus au *B.O.* du 5 janvier 2012. Cependant, ces documents ne peuvent plus être considérés et cités comme des documents institutionnels officiels.

2.1 Au cycle 2

Psycho-socio-affectif	Cognitif	Moteur
– Accepter de se déplacer dans un environnement inhabituel sans appréhension et en toute sécurité, sur et sous l'eau. – Respecter les règles essentielles de sécurité. – Remplir quelques rôles spécifiques. Exemples : chronométreur, observateur. – Aider l'autre.	– Pendant l'action, prendre des repères extérieurs à son corps pour appréhender l'élément liquide dans toutes ses dimensions : sous et sur l'eau, en petite, en moyenne et en grande profondeur. – Comprendre les forces qui s'exercent sur le corps qui se déplace dans l'élément liquide : la poussée d'Archimède, la pesanteur, la résistance de l'eau. – Reconnaître une situation à risque.	– Transformer sa motricité spontanée pour maîtriser : les entrées dans l'eau, les équilibres, les immersions, les déplacements. – Enchaîner les actions motrices : atteindre le palier 1 du savoir nager (circulaire parue au *B.O.* n° 28 du 14 juillet 2011).

2.2 Au cycle 3

Psycho-socio-affectif	Cognitif	Moteur
– Respecter les règles des activités. – Passer par les différents rôles sociaux : chronométreur, observateur. – Aider l'autre.	– Appliquer des principes simples pour améliorer la performance dans des activités athlétiques. – Pendant la pratique, prendre des repères extérieurs et des repères sur son corps pour contrôler son déplacement et son effort. – Évaluer sa performance. – Mesurer et quantifier les performances, les enregistrer, les comparer, les classer, les traduire en représentations graphiques.	– Effectuer des enchaînements d'actions : entrer dans l'eau, s'immerger, s'équilibrer, se déplacer. – Gérer son effort pour nager vite ou nager longtemps. – Atteindre le palier 2 du socle commun (circulaire parue au *B.O.* n° 28 du 14 juillet 2011) puis valider l'attestation scolaire du savoir nager (ASSN) conformément à l'arrêté du 9 juillet 2015 paru au *B.O.* n° 30 du 23 juillet 2015.

3 Les contenus

3.1 Au cycle 2

Activités aquatiques cycle 2
Contenus moteurs – Entrer dans l'eau à l'aide d'un matériel, puis sans matériel ou en sautant en moyenne ou grande profondeur. – Créer un équilibre vertical ou horizontal et le conserver sur place. – S'immerger puis remonter en se laissant flotter (remontée passive). – Se déplacer avec, puis sans aide à la flottaison, avec, puis sans reprise d'appui, sur le ventre et sur le dos, sur une certaine distance (15 mètres pour le palier 1 du socle) en moyenne profondeur. – S'immerger totalement et se déplacer brièvement sous l'eau ; exemples : ramasser plusieurs objets lestés, traverser la partie inférieure de la cage, passer à travers 2 à 3 cerceaux lestés… – Enchaîner plusieurs actions, par exemple, sauter dans l'eau, remonter passivement en boule puis se déplacer sur une dizaine de mètres en ventral avec un passage sur le dos.
Contenus méthodologiques et sociaux – Comprendre le milieu aquatique (les forces en présence) et adapter ses déplacements à ses contraintes. – Respecter les règles essentielles de sécurité de la structure (la piscine) et les règles édictées par les enseignants. – Reconnaître une situation à risque et agir en conséquence en alertant la personne en charge de la surveillance. – Identifier sa performance à partir d'une prise d'informations : temps de déplacement, temps ou profondeur d'immersion… – Tenir quelques rôles sociaux parmi : starter, chronométreur, juge, collecteur de résultats, observateur. – Se fixer un projet d'action, se confronter à sa réalisation et l'ajuster en fonction de ses possibilités.

3.2 Au cycle 3

Natation cycle 3

Contenus moteurs
– Varier les entrées dans l'eau : sauts, plongeons, bascules.
– Se déplacer sur une trentaine de mètres.
– Améliorer les déplacements : nager vite, nager longtemps en variant les modes de déplacements :
  – maintenir son équilibre dans l'axe de déplacement, modifier les équilibres en passant du dos sur le ventre et inversement,
  – coordonner respiration et propulsion,
  – utiliser plusieurs types de nage sur le ventre et sur le dos,
  – varier les allures, y compris en faisant du surplace.
– S'immerger et se déplacer sous l'eau dans toutes les dimensions : à la surface, en profondeur.
– Enchaîner des actions d'entrées dans l'eau, de déplacement, d'équilibre statique et d'immersion.
 	
Valider le savoir nager scolaire en CM et au plus tard en 6e.

Contenus méthodologiques et sociaux communs à toutes les activités – Appliquer des principes simples pour améliorer la performance ; exemples de principes : je gonfle mes joues, bouche fermée, pour empêcher l'eau de rentrer dans le nez ; plus j'écarte les bras et les jambes mieux je flotte ; si je veux glisser, je dois aligner mon corps (bras-jambes-tête-tronc) sur l'axe de déplacement… – Mesurer et quantifier les performances, les enregistrer, les comparer, les classer, les traduire en représentations graphiques. – Respecter les règles des activités mises en place par la structure et les enseignants. – Reconnaître une situation à risque et agir en conséquence en alertant la personne en charge de la surveillance. – Tenir les rôles sociaux : starter, chronométreur, juge, collecteur de résultats, observateur. – Se fixer un projet d'action, se confronter à sa réalisation et l'ajuster en fonction de ses possibilités.

4 Les axes de progrès

Il s'agit, pour l'élève, de passer du terrien au nageur en modifiant son équilibre, sa respiration, sa propulsion et ses repères informationnels.

	Terrien	Nageur
Équilibration	– Équilibre vertical – Appuis plantaires – Tête verticale – Subit la pesanteur	– Équilibre horizontal – Perte des appuis plantaires – Tête horizontale (regard perpendiculaire au déplacement) – Subit la poussée d'Archimède
Respiration	– Innée et réflexe – Nasale – Expiration passive – Pas de résistance à l'expiration	– Volontaire – Essentiellement buccale – Expiration active et longue – Résistance de l'eau à l'expiration
Propulsion	– Train inférieur (jambes) moteur – Train supérieur (bras) équilibrateur – Appuis fixes et solides – Résistance de l'air négligeable	– Train inférieur surtout équilibrateur – Train supérieur moteur – Appuis fuyants et mouvants – Résistance de l'eau effective
Prises d'informations	Essentiellement visuelles	Visuelles et surtout kinesthésiques

D'un point de vue général :

Indicateurs	De...	À...
L'espace	D'un espace proche et peu profond (petite profondeur)	À un espace lointain sous et sur l'eau (grande profondeur)
Le temps	D'un temps de déplacement et d'immersion très court à court	À un temps de déplacement et d'immersion plus long (pour faire une trentaine de mètres ou un parcours composé de plusieurs tâches successives)
La relation aux autres	D'activités pour soi (se sauver, s'adapter à un milieu qui peut être considéré comme hostile)	À des activités collectives : – jouer avec – conseiller – collecter des résultats
Les rôles	Du rôle d'élève dans le milieu aquatique	À celui de nageur, mais également de conseiller, de collecteur de résultats, de starter et de chronométreur (utilisation de l'horloge murale)
Le type d'activités	D'activités mettant en jeu la motricité fondamentale : entrer dans l'eau, se déplacer, s'équilibrer, respirer, s'immerger	À des activités en lien avec les APSA : les nages codifiées, le plongeon, le sauvetage, les jeux sportifs collectifs (water-polo, hockey subaquatique…)
Les actions	Du terrien (voir tableau ci-dessus)	Au nageur (voir tableau ci-dessus)

5 La trame de variance

L'espace	– la petite, la moyenne, la grande profondeur (voir p. 315) – la piscine en largeur, en longueur – aménagé ou non (voir plus bas, « Le matériel »)
Le temps	– la durée des déplacements – la durée des immersions – la durée des exercices
Le matériel	– le matériel d'aide à la flottaison : ceinture, brassard, frite, planche, pull-buoy, palmes – le matériel d'aide à l'immersion : toboggan, perche, cage – le matériel d'aide à la vision subaquatique : lunettes, masque – le matériel d'aide à la respiration : tuba
Le nombre d'élèves	Le nombre d'élèves par groupe en fonction : – de leurs capacités : les groupes de débutants sont moins denses que ceux de débrouillés ou de confirmés ; – de la personne qui encadre : si une personne bénévole agréée encadre un groupe en autonomie (voir 9. La sécurité), il ne peut lui être confié un groupe trop imposant.
Les rôles	– nageur (ou vers le nageur pour les débutants) – chronométreur – starter – juge (de départ, d'arrivée, de transmission de témoin…) – collecteur de résultats (temps, distance…) – organisateur
Les activités supports	Les activités aquatiques et la natation permettent la construction des quatre compétences de l'EPS : • réaliser une performance : la nation en vitesse et en durée ; • adapter ses déplacements à différents environnements : les activités aquatiques ; • coopérer ou s'opposer individuellement et collectivement : – tous les jeux traditionnels ou collectifs peuvent être organisés dans l'eau. Par exemple, un épervier permet aux débutants d'appréhender le milieu aquatique avec moins d'appréhension en s'investissant dans un jeu, – les jeux sportifs collectifs : water-polo, hockey subaquatique ; • concevoir et réaliser des actions à visées expressive, artistique, esthétique : – la natation synchronisée, – le plongeon artistique. Remarque : de nouvelles activités se mettent en place dans les piscines aujourd'hui, sans être encore au programme d'EPS : l'aquagym, l'aquabiking (bicyclette dans l'eau)…

6 Les dispositifs

6.1 *Les aspects législatifs*

La natation et les activités aquatiques sont des activités qui présentent un certain caractère de dangerosité. Elles nécessitent donc un encadrement renforcé.

Le *B.O.* HS N° 7 du 23 septembre 1999 précise le taux d'encadrement pour ces activités (voir 9. La sécurité).

La circulaire n° 2011-090 du 7-7-2011 parue au *B.O.* n° 28 du 14 juillet 2011 concerne, de manière plus précise, la natation et les activités aquatiques.

Ces taux d'encadrement vont nécessairement influer sur la manière de mettre en place les dispositifs.

- **La classe**

La classe est, *a minima*, encadrée par 2 ou 3 adultes :
– en maternelle : l'enseignant et deux adultes agréés, professionnels qualifiés ou intervenants bénévoles ;
– à l'école élémentaire : l'enseignant et un adulte agréé, professionnel qualifié ou intervenant bénévole.

Le dispositif le plus classique, à l'école élémentaire : la classe est encadrée par l'enseignant et un maître nageur sauveteur (MNS) agréé. Des intervenants bénévoles (des parents d'élèves le plus souvent) peuvent, à la demande de l'enseignant, compléter le dispositif (voir 9. La sécurité).

Le fonctionnement en classe entière, encadrée par les adultes, n'est pas un dispositif très courant lors des moments d'apprentissage. Il peut cependant être adopté lors de la mise en place de jeux collectifs. Cette organisation se déroule alors le plus souvent en petite profondeur.

Remarque

Plusieurs classes d'une même école peuvent être regroupées. Le taux d'encadrement doit être assuré en conséquence (voir 9. La sécurité).

- **Les groupes**

Chaque groupe est encadré par un adulte durant toute la séance. Si des déplacements sont nécessaires (passage de la petite à la moyenne profondeur par exemple), l'adulte référent du groupe suit le groupe.

Les groupes sont le plus souvent homogènes et constitués lors de la première séance de la séquence.

Le nombre d'élèves par groupe n'est pas nécessairement identique. Il est d'ailleurs préférable de constituer des groupes plus faibles numériquement avec les élèves débutants.

6.2 Les aspects pédagogiques

a) Les parcours

Des parcours demandant aux élèves d'enchaîner plusieurs actions peuvent être installés pour une ou plusieurs séances.

L'intérêt est double :
– ils permettent de préparer les élèves à effectuer des enchaînements d'actions comme pour l'évaluation (voir plus loin 7. Exemples de situations) ;
– les élèves et les adultes savent, à l'avance, comment seront organisés les bassins : la mise en place du matériel (parfois assez lourde) est anticipée ; les actions demandées sont connues et peuvent être répétées.

Fig. 5 – *Les parcours aquatiques.*

Trois parcours avec une même thématique (entrer dans l'eau, s'immerger et se déplacer) sont ici installés en parallèle. La difficulté est croissante du parcours 1 au parcours 3.

Elle porte sur :
- la profondeur d'immersion (de 0,80 m à 1 m) ;
- la distance de déplacement sous l'eau et à la surface ;
- la possibilité ou non d'utiliser du matériel (planche ou frite) pour s'aider dans le déplacement.

Un autre parcours, différent mais avec la même thématique, est installé au-delà de la ligne d'eau.

b) Les ateliers

Plusieurs ateliers peuvent être organisés dans les bassins.

Fig. 6 – *Les ateliers aquatiques.*

Une même thématique est ici travaillée : l'immersion. Un atelier est organisé autour de l'utilisation d'une cage immergée et de perches positionnées verticalement ; un autre autour de l'utilisation de l'échelle, d'une perche positionnée verticalement et de passages dans des cerceaux positionnés horizontalement.

Deux possibilités d'organisation :
- l'adulte référent du groupe suit son groupe sur les différents ateliers ;
- l'adulte est référent d'un atelier : il reste sur son atelier et encadre les différents groupes successivement.

7 Exemples de situations

7.1 Situations pour entrer dans l'eau

Remarque

Les situations sont proposées chronologiquement du débutant à l'élève de cycle 3 qui obtient le palier 2.

a) Cycle 2

– Entrer dans l'eau en petite profondeur par les marches.
– Entrer dans l'eau en petite et moyenne profondeur par l'échelle.
– Entrer dans l'eau en moyenne profondeur par le toboggan, dans différentes positions : assis, allongé sur le dos, sur le ventre, les pieds en avant, la tête en avant.
– Entrer dans l'eau en moyenne profondeur en s'aidant d'une perche tenue verticalement.
– Entrer dans l'eau en moyenne profondeur en sautant.
– Faire une bascule avant et arrière.

b) Cycle 3

– Entrer dans l'eau en moyenne et grande profondeur en plongeant.

Progression pour plonger :
– s'asseoir sur un tapis installé sur le bord du bassin ;
– s'agenouiller sur un tapis sur le bord ;
– même exercice accroupi ;
– se relever progressivement ;
– plonger en poussant sur les pieds pour plonger loin (départ de course par exemple) ou pour plonger profondément (pour aller chercher un objet au fond de l'eau par exemple).

Fig. 7 – *Plonger dans l'eau.*

Consignes : ne pas relever la tête, menton collé à la poitrine, les bras en position de flèche (les oreilles entre les bras).

Matériel pour plonger loin : plonger et ressortir derrière la ligne d'eau ; pour plonger profondément : plonger à travers un cerceau ou un tapis évidé.

Remarque

Il est important de travailler la chute arrière (bascule arrière de préférence) le plus rapidement possible, car cet exercice est demandé pour le **test nécessaire avant la pratique des sports nautiques précisé dans la circulaire n° 2000-075 du 31-05-2000.**

Ce test consiste, en piscine, à se déplacer dans l'eau, sans présenter de signe de panique, sur un parcours de 20 mètres, habillé de vêtements propres (tee-shirt et, si possible, pantalon léger, un pyjama par exemple) et muni d'une brassière de sécurité conforme à la réglementation en vigueur, avec passage sous une ligne d'eau, posée et non tendue.

7.2 Situations pour s'immerger et se déplacer sous l'eau

Remarque

Les situations sont proposées chronologiquement du débutant à l'élève de cycle 3 qui obtient le palier 2.

a) Cycle 2

– Mettre la tête sous l'eau au moment de la douche.
– S'éclabousser.
– Mettre le visage dans l'eau.
– Souffler dans l'eau (faire des bulles).
– Ouvrir les yeux sous l'eau.
– Ouvrir la bouche sous l'eau (dire son prénom par exemple).
– Passer sous un obstacle (ligne d'eau, frite, tapis…).
– Ramasser un objet en petite profondeur.
– Passer dans un objet (cerceau, cage).
– Passer dans plusieurs objets (deux puis trois cerceaux).
– Aller au fond de l'eau (avec ou sans aide) et se laisser remonter sans faire de mouvements : la remontée passive.
– Ramasser plusieurs objets en moyenne puis grande profondeur.

b) Cycle 3

– Passer dans plusieurs objets décalés (trois cerceaux décalés) en moyenne puis grande profondeur.
– Effectuer un plongeon canard.

Variantes : la manière d'entrée dans l'eau (par les pieds, la tête, le dos), la profondeur, le nombre d'objets (à ramasser, à franchir), exercice individuel ou collectif (les jeux collectifs sont de très bons moyens pour abaisser les contraintes psychologiques qui sont très prégnantes pour ce genre d'activités).

7.3 Situations pour s'équilibrer sans se déplacer

a) Cycle 2

Remarque

Les situations sont proposées chronologiquement du débutant à l'élève de cycle 3 qui obtient le palier 2.

– Quitter les appuis plantaires en petite profondeur avec aide : se faire tirer par un camarade.
– S'équilibrer à l'aide de matériel (planche, frite, tapis) en petite puis en moyenne profondeur.
– Faire l'étoile de mer sur le dos, sur le ventre en petite puis en moyenne profondeur.
– S'équilibrer en se mettant en boule.
– S'équilibrer verticalement en moyenne profondeur.

b) Cycle 3

– S'équilibrer verticalement en grande profondeur.
– Passer d'un équilibre dorsal à un équilibre ventral.

7.4 Situations pour se déplacer

Remarque

Les situations sont proposées chronologiquement du débutant à l'élève de cycle 3 qui obtient le palier 2.

a) Cycle 2

– Marcher et courir dans l'eau en petite profondeur.
– Se déplacer le long du mur (à la goulotte) en petite et moyenne profondeur.
– Se déplacer avec aide (brassard, frite) sur une courte distance en petite puis moyenne profondeur ; augmenter progressivement la distance.
– S'allonger sur le ventre en ayant la tête dans l'eau, à partir du bord ou en utilisant du matériel (frite, planche) en petite et moyenne profondeur.
– Se déplacer en moyenne profondeur avec aide sur une distance comprise entre 15 et 25 m.
– Faire une glissée ventrale et dorsale, corps en position de « flèche » : en position horizontale, les bras tendus devant, les oreilles entre les bras, le menton collé à la poitrine, pousser sur le mur en glissant le plus loin possible à la surface de l'eau, sans faire de mouvements. Respecter l'ordre pour réaliser la glissée. Placer la tête dans l'eau, ensuite les bras puis pousser sur le mur.
– Faire une coulée ventrale et dorsale : comme la glissée mais en profondeur.
– Se déplacer sans aide sur une courte distance en moyenne profondeur sur 5/7 m en utilisant les bras et les jambes.
– Se déplacer sur 15 m en moyenne profondeur sans aide ni reprise d'appuis.

b) Cycle 3

– Se déplacer en moyenne et grande profondeur en utilisant une ou plusieurs techniques de nage (début de l'apprentissage) : la brasse, le dos crawlé ou le crawl.
– Se déplacer sur une trentaine de mètres.

8 Le matériel

Le matériel sert à plusieurs choses.
• *Délimiter des espaces* : lignes d'eau, cordes, longues perches (5 m)
– assurer la sécurité : brassards, ceintures pour les débutants en grande et moyenne profondeur ; perches courtes (2 ou 3 m) : **une perche doit toujours être à portée de main !**
• *Diminuer les contraintes et focaliser l'apprentissage de manière ciblée,* par exemple :
– favoriser l'entrée dans l'eau : utilisation d'un toboggan ;
– favoriser la flottaison : utilisation de frite(s), d'une planche ;
– favoriser la visibilité (et le confort !) : utilisation de lunettes, d'un masque ;
– favoriser le travail des bras : utilisation d'un pull-buoy (petit flotteur qui se positionne entre les cuisses et qui focalise l'apprentissage sur le travail du train supérieur).
• *Apporter une aide pour réaliser certaines actions* :
– descendre au fond de l'eau : à l'aide d'une perche, d'une cage ;
– se déplacer plus rapidement : les palmes ;
– se déplacer en suivant un trajet : passer à travers des cerceaux, des tubes…
• *Matérialiser la réussite* :
– remonter des objets lestés de telle couleur pour attester d'une descente à telle profondeur ;
– passer sous un tapis d'une certaine largeur pour attester d'une immersion d'une certaine durée et d'un certain déplacement ;
• *Aborder les activités de manière ludique : toboggan, plongeoir…*

9 La sécurité

La natation et les activités aquatiques sont des activités qui présentent un certain caractère de dangerosité. Elles nécessitent donc un encadrement renforcé.

La circulaire n° 2011-090 du 7 juillet 2011 parue au *B.O.* n° 28 du 14 juillet 2011 précise les normes d'encadrement à respecter, les conditions matérielles d'accueil des élèves, la surveillance des bassins, les rôles et responsabilités des différentes personnes autorisées à intervenir durant la mise en place de séquences de natation et d'activités aquatiques : les enseignants, les professionnels qualifiés et agréés, les intervenants bénévoles agréés et non qualifiés et les accompagnateurs assurant l'encadrement de la vie collective (transport, habillage…).

9.1 Les normes d'encadrement à respecter

L'encadrement des élèves est défini à l'école élémentaire par classe sur la base suivante : l'enseignant et un adulte agréé, professionnel qualifié ou intervenant bénévole.

Un encadrant supplémentaire est requis quand le groupe-classe comporte des élèves issus de plusieurs classes et que son effectif est supérieur à 30 élèves.
Dans le cas d'une classe comprenant des élèves de maternelle et d'élémentaire, les normes d'encadrement de la maternelle s'appliquent : l'enseignant et deux adultes agréés, professionnels qualifiés ou intervenants bénévoles. Néanmoins, quand la classe comporte moins de 20 élèves, l'encadrement peut être assuré par l'enseignant et un adulte agréé, professionnel qualifié ou intervenant bénévole.

Pour les classes à faibles effectifs, composées de moins de 12 élèves, le regroupement de classes sur des séances communes est à privilégier en constituant un seul groupe-classe pouvant être pris en charge par les enseignants.

Lorsque cette organisation ne peut être mise en place, le taux d'encadrement pourra être fixé localement par l'inspecteur d'académie, directeur académique des services de l'Éducation nationale (IA-DASEN).

9.2 Les conditions matérielles d'accueil des élèves

Pendant toute la durée des apprentissages, l'occupation du bassin doit être appréciée à raison d'au moins 4 m^2 de plan d'eau par élève présent dans l'eau. Il est important d'assurer aux élèves la sensation de confort thermique utile au bon déroulement des activités d'enseignement.

Qu'il y ait ou non ouverture concomitante du bassin à différents publics scolaires ou non scolaires, les espaces réservés aux élèves doivent être clairement délimités, compte tenu des exigences de sécurité des élèves et des impératifs d'enseignement. Les espaces de travail doivent être organisés sur les parties latérales des bassins et ne peuvent être réduits aux couloirs centraux.

9.3 La surveillance des bassins

La surveillance est obligatoire pendant toute la durée de la présence des classes dans le bassin et sur les plages, telle que définie par le plan d'organisation de la surveillance et des secours (POSS) prévu par l'article D. 322-16 du Code du sport. Elle est assurée par un personnel titulaire d'un des diplômes conférant le titre de maître nageur sauveteur conformément à l'article D. 322-13 du Code du sport. Ces dispositions sont applicables à toute activité de natation impliquant des élèves (enseignement obligatoire, dispositifs spécifiques d'aide ou de soutien).

Les surveillants de bassin sont exclusivement affectés à la surveillance et à la sécurité des activités, ainsi qu'à la vérification des conditions réglementaires d'utilisation de l'équipement et, par conséquent, ne peuvent simultanément remplir une mission d'enseignement.

Ils sont qualifiés pour assurer les missions de sauvetage et de premiers secours. Aucun élève ne doit accéder aux bassins ou aux plages en leur absence.

9.4 *Les rôles et responsabilités*

La mission des enseignants est d'adapter l'organisation pédagogique à la sécurité des élèves et d'assurer, par un enseignement structuré et progressif, l'accès au savoir nager tel qu'il est défini aux premiers paliers du socle commun. La présence de personnels de surveillance et d'encadrement au cours de l'enseignement de la natation ne modifie pas les conditions de mise en jeu de leur responsabilité. Les enseignants s'assurent que les intervenants respectent l'organisation générale prévue, et tout particulièrement en ce qui concerne la sécurité des élèves.

9.5 *L'attestation scolaire du savoir nager (ASSN)*

L'arrêté du 9 juillet 2015 paru au *B.O.* n° 30 du 23 juillet 2015 précise que « le savoir-nager correspond à une maîtrise du milieu aquatique. Il reconnaît la compétence à nager en sécurité, dans un établissement de bains ou un espace surveillé (piscine, parc aquatique, plan d'eau calme à pente douce). Il ne doit pas être confondu avec les activités de la natation fixées par les programmes d'enseignement ».

Le savoir-nager scolaire est définit comme suit. Parcours à réaliser en continuité, sans reprise d'appuis au bord du bassin et sans lunettes :
– à partir du bord de la piscine, entrer dans l'eau en chute arrière ;
– se déplacer sur une distance de 3,5 mètres en direction d'un obstacle ;
– franchir en immersion complète l'obstacle sur une distance de 1,5 mètre ;
– se déplacer sur le ventre sur une distance de 15 mètres ;
– au cours de ce déplacement, au signal sonore, réaliser un surplace vertical pendant 15 secondes puis reprendre le déplacement pour terminer la distance des 15 mètres ;
– faire demi-tour sans reprise d'appuis et passer d'une position ventrale à une position dorsale ;
– se déplacer sur le dos sur une distance de 15 mètres ;
– au cours de ce déplacement, au signal sonore réaliser un surplace en position horizontale dorsale pendant 15 secondes, puis reprendre le déplacement pour terminer la distance des 15 mètres ;
– se retourner sur le ventre pour franchir à nouveau l'obstacle en immersion complète ;
– se déplacer sur le ventre pour revenir au point de départ.

Connaissances et attitudes :
– savoir identifier la personne responsable de la surveillance à alerter en cas de problème ;

– connaître les règles de base liées à l'hygiène et la sécurité dans un établissement de bains ou un espace surveillé ;
– savoir identifier les environnements et les circonstances pour lesquels la maîtrise du savoir-nager est adaptée.

10 Le lien avec le socle

10.1 Les paliers du socle

La circulaire parue au *B.O.* n° 28 du 14 juillet 2011 précise les attentes en termes d'évaluation du savoir-nager. Trois paliers sont distingués. Les deux premiers concernent l'école primaire et sont corrélés aux paliers du socle commun de connaissances et de compétences.

Palier 1	
Connaissances et capacités à évaluer en fin de cycle 2	**Indications pour l'évaluation. L'évaluation s'effectue en deux parties séparées par un temps de récupération.**
Se déplacer sur une quinzaine de mètres.	Se déplacer sur une quinzaine de mètres sans aide à la flottaison et sans reprise d'appuis.
S'immerger, se déplacer sous l'eau, se laisser flotter.	Effectuer un enchaînement d'actions sans reprise d'appuis, en moyenne profondeur, amenant à s'immerger en sautant dans l'eau, à se déplacer brièvement sous l'eau (par exemple pour passer sous un obstacle flottant), puis à se laisser flotter un instant avant de regagner le bord.
Palier 2	
Connaissances et capacités à évaluer en fin de cycle 3	**Indications pour l'évaluation. L'évaluation s'effectue en deux parties séparées par un temps de récupération.**
Se déplacer sur une trentaine de mètres.	Se déplacer sur une trentaine de mètres sans aide à la flottaison et sans reprise d'appuis. Par exemple, se déplacer sur 25 mètres, effectuer un virage, une coulée et une reprise de nage pour gagner le bord.
Plonger, s'immerger, se déplacer.	Enchaîner, sans reprise d'appuis, un saut ou un plongeon en grande profondeur, un déplacement orienté en immersion (par exemple pour passer dans un cerceau immergé) et un sur-place de 5 à 10 secondes avant de regagner le bord.

Il est important de noter que les deux temps de l'évaluation sont séparés par un temps de récupération.

Cependant, l'arrêté du 9 juillet 2015 paru au *B.O.* n° 30 du 23 juillet 2015 redéfinit le savoir nager scolaire comme suit.

Parcours à réaliser en continuité, sans reprise d'appuis au bord du bassin et sans lunettes :
– à partir du bord de la piscine, entrer dans l'eau en chute arrière ;
– se déplacer sur une distance de 3,5 mètres en direction d'un obstacle ;
– franchir en immersion complète l'obstacle sur une distance de 1,5 mètre ;
– se déplacer sur le ventre sur une distance de 15 mètres ;
– au cours de ce déplacement, au signal sonore, réaliser un surplace vertical pendant 15 secondes puis reprendre le déplacement pour terminer la distance des 15 mètres ;

– faire demi-tour sans reprise d'appuis et passer d'une position ventrale à une position dorsale ;
– se déplacer sur le dos sur une distance de 15 mètres ;
– au cours de ce déplacement, au signal sonore réaliser un surplace en position horizontale dorsale pendant 15 secondes, puis reprendre le déplacement pour terminer la distance des 15 mètres ;
– se retourner sur le ventre pour franchir à nouveau l'obstacle en immersion complète ;
– se déplacer sur le ventre pour revenir au point de départ.

Connaissances et attitudes :
– savoir identifier la personne responsable de la surveillance à alerter en cas de problème ;
– connaître les règles de base liées à l'hygiène et la sécurité dans un établissement de bains ou un espace surveillé ;
– savoir identifier les environnements et les circonstances pour lesquels la maîtrise du savoir-nager est adaptée.

Remarque

En l'attente d'une nouvelle circulaire natation, la Direction générale de l'enseignement scolaire (DGESCO) a précisé que ce nouveau savoir-nager scolaire correspond pour l'instant au palier 3 du savoir-nager exigible en collège et que les paliers 1 et 2 restaient identiques.

10.2 *Le lien avec les domaines de formation du socle*

- **Domaine 1 : les langages pour penser et communiquer**

Développer sa motricité et construire un langage du corps :
– prendre conscience des différentes ressources à mobiliser pour agir avec son corps ;
– adapter sa motricité à un environnement particulier : l'élément liquide.

- **Domaine 2 : les méthodes et outils pour apprendre**

S'approprier seul ou à plusieurs par la pratique, les méthodes et outils pour apprendre :
– apprendre par essai-erreur en utilisant les effets de son action en comparant les différentes manières de glisser lors d'une coulée ventrale par exemple ;
– apprendre à planifier son action avant de la réaliser : se construire un projet lors de la passation des paliers du socle.

- **Domaine 3 : la formation de la personne et du citoyen**

Partager des règles, assumer des rôles et des responsabilités pour apprendre à vivre ensemble :
– assumer des rôles sociaux : nageur, starter, chronométreur, juge, récolteur de résultats ;
– élaborer, respecter et faire respecter règles et règlements.

- **Domaine 5 : les représentations du monde et l'activité humaine**

S'approprier une culture physique sportive et artistique : découvrir la variété des activités aquatiques : les différentes nages, le water-polo, le hockey subaquatique, le plongeon, la natation synchronisée.

11 L'évaluation

L'utilisation, aux cycles 1 et 2, de représentations graphiques rendant compte des acquis des élèves permet à l'élève de s'auto-évaluer. Il peut également se projeter par rapport aux apprentissages futurs.

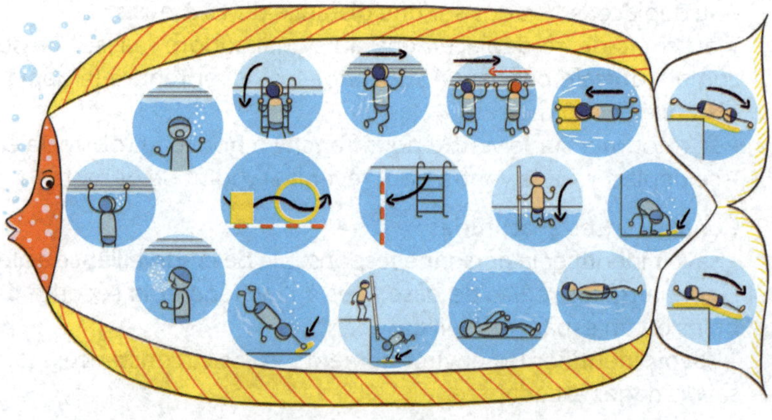

Fig. 8 – *Exemple de représentation en forme de poisson.*

Il est également possible d'utiliser, sur le même principe, différentes représentations qui symboliseront les progrès d'un cycle à l'autre ou d'un niveau à l'autre.

Exemples

Je suis une étoile de mer en cycle 1.
Je suis une pieuvre en cycle 2.
Je suis un poisson en cycle 3.

12 Le lien avec la santé

Les programmes soulignent que l'élève doit « apprendre à entretenir sa santé par une activité physique régulière » en lien direct avec le domaine de formation n° 4 du socle.

Il s'agit pour lui de :
– découvrir les principes d'une bonne hygiène de vie, à des fins de santé et de bien-être ;
– ne pas se mettre en danger par un engagement physique dont l'intensité excède ses qualités physiques.

En vous référant au chapitre « La santé à l'école : un objectif particulier », p. 79, vous pouvez de plus mettre en avant les capacités suivantes que l'élève va pouvoir construire à partir des activités athlétiques. L'élève va être en capacité de :
– résoudre des problèmes : comment m'organiser pour entrer dans l'eau la tête la première sans faire de « plat » par exemple ;
– prendre des décisions, gérer son stress : connaître et expérimenter les principes physiques mis en jeu dans l'élément liquide : vivre la poussée d'Archimède lors d'une remontée passive, par exemple : lorsqu'il se trouve au fond de l'eau, il remonte automatiquement, même s'il ne fait pas de mouvements. Autre exemple : la perte des appuis plantaires n'entraîne pas inévitablement une aspiration vers le fond ;
– informer, échanger : la constitution des binômes : nageur et observateur… ;
– être solidaire : il peut donner des conseils sur la position du corps au plongeon, en utilisant une nage… ;
– avoir conscience de soi en s'appuyant la connaissance des résultats et la confrontation avec les attentes de l'enseignant.

CHAPITRE 3

Les activités d'orientation

EN MATERNELLE

1 Les attendus en fin d'école maternelle

Il s'agit pour l'élève de :
– se déplacer, de manière anticipée et avec aisance, dans des environnements variés, naturels ou aménagés, connus, semi-connus ou inconnus ;
– se représenter, de manière simple, sur un plan les itinéraires prévus ou réalisés ;
– respecter l'environnement.

2 Les compétences à construire

Psycho-socio-affectif	Cognitif	Moteur
– Oser s'engager seul dans un milieu connu dans l'école ou proche de l'école (square, parc) – Proposer un parcours – Respecter l'environnement – Respecter les règles de fonctionnement	– Représenter un déplacement en utilisant les symboles adéquats – Décrire un déplacement – Mémoriser un parcours	– Se repérer et se déplacer sur des parcours élaborés par l'enseignant en prenant en compte des repères simples

3 Les contenus

3.1 Les contenus moteurs

Il s'agit de mettre l'élève en situation de se déplacer en sécurité en suivant un itinéraire ou en se rendant aux endroits identifiés par l'enseignant ou d'autres élèves.

Pour cela, l'élève devra prendre des informations sur l'environnement en se déplaçant.

Il devra également gérer ses efforts, si le déplacement est un peu long, afin de ne pas être essoufflé trop vite.

3.2 Les contenus méthodologiques et sociaux

– Se représenter un déplacement en mettant en relation l'espace réel et sa représentation (photographie, symbole, plan simplifié).
– Décrire un déplacement avant ou après sa réalisation en utilisant un vocabulaire précis et en respectant la chronologie des actions.
– Respecter les règles de fonctionnement et de sécurité individuelles et collectives (si déplacement en groupe).
– Oser agir.
– Réguler son effort.

4 Les axes de progrès

Le progrès en activités d'orientation se caractérise par rapport à :

Indicateurs	De...	À...
L'espace	D'un milieu connu et familier (la classe, l'école)	À un milieu connu ou semi-connu et plus éloigné (le square proche de l'école, le bois proche de l'école)
L'itinéraire	– D'un déplacement au hasard – D'un déplacement en suivant un balisage très présent (bandes de chantier, photographies…) – D'un déplacement en groupe	– À un déplacement choisi et orienté – À un déplacement suivant un balisage moins présent nécessitant la recherche d'indices divers : éléments remarquables, végétation… – À un déplacement seul ou à deux
La représentation de l'itinéraire	D'une représentation par un dessin	À une représentation plus codifiée, qui utilise certains symboles
La description de l'itinéraire	D'une description parcellaire et anecdotique (description de certains moments seulement)	À une description chronologique de l'itinéraire

5 La trame de variance

Matériel	– Objets à trouver, à déposer – Matériel pour baliser un itinéraire – Support pour représenter un itinéraire : dessin, carte, photographie
Dispositif	Tous ensemble (reconnaissance d'un lieu) Déplacement seul ou à 2 : – en circuit balisé ou non – en A/R seul ou en relais – en étoile *(voir dessin dispositif p. 148)* – en papillon *(voir dessin dispositif p. 148)*
Espace	– La classe, l'école – Le square ou le parc voisin
Temps	– Temps identique imposé – Le plus vite possible
Contraintes	– Emplacement : objets plus ou moins faciles à trouver – Le choix (ou pas) du parcours à suivre (en fonction du niveau) – L'utilisation d'un support pour s'orienter ou non – L'utilisation d'un vocabulaire verbal et graphique commun
Rôles	– Orienteur – Vérificateur (de la feuille de route par exemple) – Concepteur en proposant un itinéraire – « Décriveur »
Formes de groupement	– La classe – Seul – À 2

6 Les dispositifs

6.1 *Le parcours en étoile*

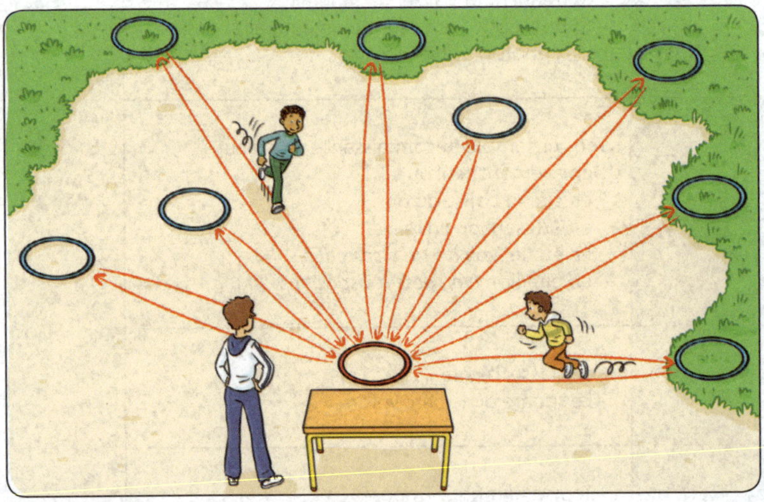

Fig. 1 – *Le dispositif en forme d'étoile.*

Les élèves partent seul ou à deux du même point de départ et doivent trouver un objet ou une balise à l'endroit indiqué, avec l'aide d'une carte, d'un dessin ou d'une photographie. Ils se déplacent en allers-retours.

Le fait de faire revenir les élèves après la découverte d'une balise permet à l'enseignant de réguler, si nécessaire, le flux d'élèves.

L'utilisation d'une feuille de route lui permet également de vérifier si l'objet trouvé est bien le bon (voir un exemple de feuille de route p. 151).

6.2 *Le dispositif en aile de papillon*

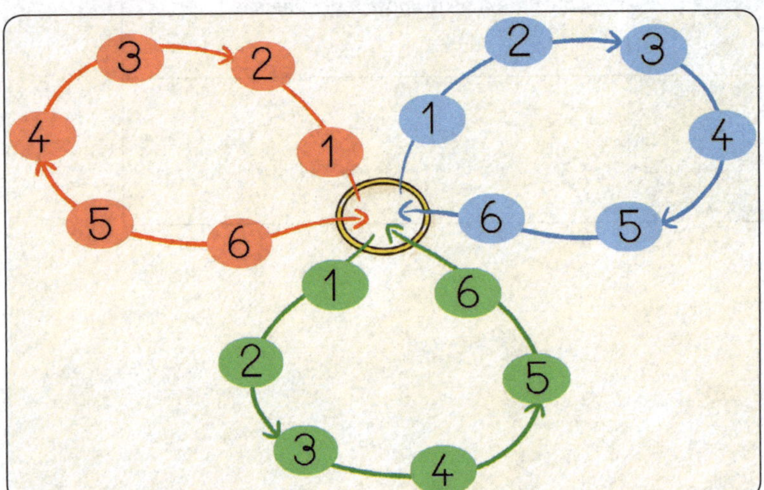

Fig. 2 – *Le dispositif en forme d'aile de papillon.*

Le dispositif en aile de papillon permet à l'enseignant de **différencier** :
– en mettant en place des parcours de difficultés différentes ;
– en organisant des parcours avec des thématiques différentes : par exemple, un parcours paysage (endroits remarquables à repérer : arbre particulier, souche, rocher…), un parcours botanique (arbres et fleurs différents à retrouver…) et un parcours topographique (fossé, rupture de pente…).

Le nombre d'objets à trouver est variable : de 2 à 4 en maternelle.

7 Exemples de situations

– « **Je pose, tu retrouves** » : un élève pose un objet à un endroit et revient expliquer à son camarade où il pourra le retrouver et le ramener. Inverser les rôles au second passage.

– « **Ma liste de courses** » : l'élève suit un circuit balisé et repère tous les objets qui sont sur sa feuille de route. Il colle une gommette pour chaque objet.

– « **La chasse aux trésors** » : l'élève retrouve, à l'aide d'une feuille de route, un certain nombre d'objets (pas plus de 4 à suivre) représentés par des photographies ou des dessins. Quand il est au bon endroit, il prend une gommette qui s'y trouve et la colle sur sa feuille de route.

8 Le matériel

8.1 Le support pour s'orienter

Le support pour s'orienter est très divers : des photographies pour indiquer où se situent les objets à trouver, un plan de la classe ou de la cour de l'école construit avec l'élève puis de plus en plus symbolique avec utilisation d'un code commun pour représenter les objets (banc, poubelle, arbre…), les bâtiments, les allées…

8.2 Les objets à trouver

Les objets à trouver peuvent être également de nature très diverse : de petits objets, des cartes représentant des objets, des animaux…, des morceaux d'un puzzle à reconstruire…

8.3 La signalétique

Afin d'aider l'élève à s'orienter, un balisage peut être mis en place avec de la bande de chantier par exemple. Il est également possible d'indiquer les directions par des flèches.

8.4 La feuille de route, le carton de contrôle

Voir exemples p. 151.

9 La sécurité

9.1 La sécurité passive

– Pour une sortie à l'extérieur de l'école, une reconnaissance des espaces prévue pour l'activité au préalable est indispensable : repérer les endroits qui peuvent être potentiellement dangereux (sortie du square ou du parc, point d'eau...) ; solliciter la participation de parents pour vous aider à sécuriser et surveiller les lieux. S'il s'agit d'un bois ou d'une forêt, répartir les élèves par groupes (un adulte responsable par groupe). Prévoir : une trousse de secours, un téléphone portable et un signal connu des élèves pour indiquer la fin d'une activité.

– Se renseigner sur la météo avant une sortie en dehors de l'école.

9.2 La sécurité active

– La compréhension et le respect des consignes de fonctionnement : se déplacer dans les zones d'évolution définies par l'enseignant, rester en groupe lors des situations à plusieurs, tout au long de l'activité, en se respectant, limiter son empreinte sur le milieu. Ne pas hésiter à demander à l'élève de reformuler (dire avec ses mots) afin de vérifier le niveau de compréhension des consignes.

– La construction de compétences qui permettent à l'élève d'évoluer avec aisance et en sécurité (physique et affective) sur des itinéraires de moins en moins connus.

10 Le lien avec le socle commun

Même si le socle commun n'est évalué qu'en fin de cycles 2 ou 3, les élèves de maternelle commencent tout de même à construire des compétences transversales en lien avec les domaines du socle.

– Le domaine 1, les langages pour penser et communiquer : il s'agit de mobiliser le langage dans toutes ses dimensions. Pour cela, l'enseignant « aide l'enfant à accorder du sens à ce qu'il fait, il l'amène à se projeter. Il prend le temps de parler de ce qui a été vécu, de présenter ce qui va être proposé, d'expliciter pourquoi on le fait. Il peut s'appuyer, pour ce faire, sur des schémas, des maquettes, des dessins, des photographies pour matérialiser les itinéraires et les espaces d'évolution. Ce sera également le lieu d'échanges avec l'élève sur ses appréhensions, voire ses peurs éventuelles : « j'ai peur de me perdre dans le parc si je suis tout seul... ».

– Le domaine 2, les méthodes et outils pour apprendre : la recherche de solutions pour trouver les objets, des solutions nouvelles pour trouver différents itinéraires, l'expérimentation...

– Le domaine 3, la formation de la personne et du citoyen : adopter un comportement respectable en respectant les autres, les consignes et les règles de fonctionnement (je ne sors pas du square, du parc...), le respect de l'environnement.

11 L'évaluation

Exemples de feuilles de route qui peuvent servir.

- **Feuille de route pour une évaluation formatrice**

Exemple

Un certain nombre d'endroits remarquables à retrouver (photographies, dessins ou symboles) sont représentés sur la feuille de route. En suivant un itinéraire balisé, l'élève repère ces endroits et récupère près de chacun d'eux une preuve de la bonne identification de ceux-ci : par exemple, une gommette avec le même symbole qu'il va coller sur la feuille de route. Il sait donc s'il est, ou non, au bon endroit et peut continuer ou, au contraire, se recaler pour chercher ailleurs.

Fiche jaune			
postes	représenté	définition	gommettes
1		sapin	
2		rocher	
3		croisement	
4		barrière	

Fig. 3 – *Un exemple de feuille de route pour une évaluation formatrice.*

- **Feuille de route pour une évaluation sommative**

Exemple

Reconstituer un puzzle. La reconstitution du champignon indique à l'élève qu'il a réussi.

Fig. 4 – *Un exemple de feuille de route pour une évaluation sommative.*

12 Le lien avec la santé

Il s'agit pour l'élève de maternelle, qui va grandir et « devenir grand » dans le même temps, de prendre soin de son corps et de sa santé, comme le soulignent les programmes de 2015.

Au-delà de la prise de taille, il devient en grandissant plus autonome. Il est plus en capacité d'agir seul, de réaliser quelque chose sans aide. Ces nouveaux pouvoirs personnels, ces droits nouveaux s'accompagnent cependant de l'acceptation de nouvelles contraintes qui accentuent les paradoxes ; oser et se risquer et simultanément faire attention à soi et aux autres…

La construction d'une « attitude santé » (voir chapitre « La santé à l'école : un objectif particulier » p. 79) s'appuie sur la construction de ces nouvelles compétences. L'élève devient notamment capable de :

– prendre des décisions, après avoir exploré diverses solutions, il peut, avec l'aide éventuelle de l'adulte, choisir seul ou avec ses partenaires (déplacements en groupe) le meilleur itinéraire pour atteindre le but recherché ;

– gérer son stress, gérer ses émotions : il ose s'engager seul ou à plusieurs dans des espaces de plus en plus lointains, de moins en moins connus ;

– prendre conscience de lui : la construction et l'enrichissement de son schéma corporel lui permet de construire, en action, un espace de plus en plus orienté ;

– prendre conscience des autres : il respecte les règles de fonctionnement (les limites à ne pas franchir, le retour au point de départ au signal…), l'environnement ; il tient d'autres rôles sociaux : vérificateur des cartons de contrôle d'un camarade par exemple.

EN ÉLÉMENTAIRE

Les attendus de fin de cycle et les compétences à construire à partir des activités d'orientation renvoient au champ d'apprentissage : « *Adapter ses déplacements à des environnements variés* ».

1 Les attendus de fin de cycle

1.1 Au cycle 2

– Réaliser un parcours en adaptant ses déplacements à un environnement inhabituel. L'espace est aménagé et sécurisé.

– Respecter les règles de sécurité qui s'appliquent.

1.2 Au cycle 3

– Réaliser, seul ou à plusieurs, un parcours dans plusieurs environnements inhabituels, en milieu naturel aménagé ou artificiel.

– Connaître et respecter les règles de sécurité qui s'appliquent à chaque environnement.

– Identifier la personne responsable à alerter ou la procédure en cas de problème.

2 Les compétences à construire

Remarque

Pour une description plus précise, et dans l'attente de la parution des ressources, vous pourrez utilement vous appuyer sur les tableaux de progressions de janvier 2012 parus au *B.O.* du 5 janvier 2012. Cependant, ces documents ne peuvent plus être considérés et cités comme des documents institutionnels officiels.

2.1 Au cycle 2

Psycho-socio-affectif	Cognitif	Moteur
– S'engager sans appréhension pour se déplacer dans différents environnements. – Respecter les règles essentielles de sécurité et les règles de fonctionnement. – Respecter l'environnement (les plantations, les zones interdites…). – Aider l'autre lors des déplacements en groupe.	– Reconnaître une situation à risque et agir en conséquence : – empêcher un camarade d'enfreindre les règles de sécurité et / ou de fonctionnement ; – connaître et alerter les adultes responsables de la sécurité. – Faire des choix et les expliciter.	– Transformer sa motricité spontanée pour maîtriser les actions motrices. – Lire le milieu et adapter ses déplacements à ses contraintes.

2.2 Au cycle 3

Psycho-socio-affectif	Cognitif	Moteur
– Respecter les règles des activités. – Aider l'autre. – Tenir différents rôles sociaux : orienteur, vérificateur de carton de contrôle.	– Gérer son effort pour pouvoir revenir au point de départ. – Faire des choix d'itinéraires et les expliciter.	– Conduire un déplacement seul ou en groupe sans appréhension et en toute sécurité. – Adapter son déplacement aux différents milieux, en tenant compte de la végétation et du relief. – Tenir compte des contraintes climatique et de ses évolutions.

3 Les contenus

3.1 Au cycle 2

Parcours d'orientation cycle 2
Contenus moteurs – Se déplacer en respectant un parcours : suivre un parcours et se repérer sur ce parcours. – Se déplacer en sécurité en milieu connu ou semi-connu : orienter son plan, se repérer par rapport à des indices fixes. – Se déplacer dans des espaces de plus en plus vastes en gérant ses efforts : alterner course lente et marche. – Se déplacer en choisissant un itinéraire et en respectant les indications données. – Se déplacer en utilisant des outils (parcours codé) ou des repères (points remarquables, signalisations, photographies, plan).
Contenus méthodologiques et sociaux – Utiliser un plan avec des codes de plus en plus symboliques. – Lire une légende qui reproduit ces codes. – Se déplacer en groupe : rester en groupe, s'aider pour réussir en groupe. – Faire des choix en fonction de ses capacités, de celles du groupe et les expliciter. – Respecter les règles de sécurité et de fonctionnement ; exemples : ne pas courir lorsque le sol est glissant, rester en groupe, respecter les consignes de sécurité en cas d'accident : alerter l'adulte responsable de la sécurité, indiquer l'emplacement où se trouve le camarade blessé… – Tenir le rôle de vérificateur en contrôlant la feuille de route et/ou le carton de contrôle.

3.2 Au cycle 3

Il est précisé dans les programmes que : « *Les activités d'orientation peuvent être programmées, quel que soit le lieu d'implantation de l'établissement* ».

Parcours d'orientation cycle 3
Contenus moteurs – Se déplacer en sécurité en milieu semi-connu : orienter sa carte, se repérer par rapport à des indices fixes. – Se déplacer en gérant ses efforts : favoriser des déplacements réguliers qui tiennent compte du relief, de la distance à parcourir et des capacités de l'orienteur. – Se déplacer en respectant un parcours jalonné de balises à poinçonner : suivre un parcours et se repérer sur ce parcours. – Se déplacer en choisissant un itinéraire et en respectant les indications : choisir un trajet (le parcours du point de départ à l'objet recherché) et des trajectoires (les choix de déplacements durant ce parcours, les raccourcis). – Se déplacer et se positionner en utilisant des outils (plan, carte, boussole) ou des repères (points remarquables, équipements, type de voirie…).

►►►

Parcours d'orientation cycle 3
Contenus méthodologiques et sociaux communs à toutes les activités – Rechercher et sélectionner les éléments essentiels à un déplacement efficace. – Orienter sa carte à l'aide de la boussole et des indications de la carte (lignes indiquant le nord). – Coder précisément un parcours dans un lieu peu connu en s'aidant de la carte. – Respecter les règles des activités : respecter les zones d'évolution (zones interdites, lignes d'arrêt…), respecter l'environnement (plantations, mobilier urbain…), respecte le timing de chaque situation : revenir à l'heure même si toutes les balise ne sont pas trouver… – Respecter les règles de sécurité : rester en groupe en terrain semi-connu ou inconnu, respecter les procédures de sécurité en cas d'accident. – Aider l'autre.

4 Les axes de progrès

Le progrès dans les activités d'orientation se caractérise par rapport à :

Indicateurs	De..	À...
L'espace	D'un milieu connu : l'école, le parc ou le square près de l'école	À un milieu semi-connu : le parc ou le square éloigné de l'école, le bois à proximité
La relation aux autres (déplacements en groupe)	De déplacements passifs (en suivant les autres)	À la participation active à la construction d'un itinéraire
Les rôles	Du rôle d'orienteur	À celui d'orienteur, de concepteur de plan, de carte, d'itinéraire, de vérificateur (du temps, de l'exactitude des balises…)
Les outils	De l'utilisation d'outils simples (photographie, dessin…)	À l'utilisation d'outils complexes (plan, carte, carton de contrôle)
Le type d'activités	De déplacements jalonnés	À des déplacements construits en utilisant des repères et des outils (signalisation, bâtiments, plan, carte, boussole)
Les déplacements	– De déplacements aléatoires – De la marche ou de la course rapide suivie d'une marche subie	– À des déplacements construits et choisis en fonctions des contraintes : relief, temps, nombre de balises à trouver… – À une alternance marche-course, voire à une course régulière et adaptée au relief et aux capacités
Les prises d'informations	– De déplacements en main courante : en suivant les grands axes (chemins, sentier…) – De repères visuels	– À des déplacements s'écartant des mains courantes et/ou en coupant entre deux mains courantes pour prendre un raccourci – À une relation carte-terrain : liens entre le réel et les symboles de la carte ou du plan
La construction d'outils	D'un codage de parcours avec des dessins, des images…	À l'élaboration, avec aide, d'un plan ou d'une carte

5 La trame de variance

L'espace	– l'espace d'évolution : connu, semi-connu ou inconnu (en groupe, avec la présence d'un adulte uniquement)
Le temps	– durée déterminée : un maximum d'objets, de balises à trouver en un temps donné Exemple : la course au score (voir p. 158) – durée indéterminée : un nombre d'objets, de balises à trouver Exemple : la course aux balises (voir p. 158)
Le matériel	– le dessin, le symbole, la photographie – le plan, la carte – les balises : photographies, dessins, balises aux normes « course d'orientation »…
Les règles	– règles simples : temps non imposé (limite : le temps de la séance), découverte libre des objets à trouver (nombre et ordre non imposés) – règles plus complexes : temps défini, nombre d'objets à trouver défini, ordre des objets à trouver défini… – sécurité : sécurité physique (murs, clôtures infranchissables), sécurité à construire en respectant les règles de fonctionnement (zone à ne pas dépasser, zone à ne pas franchir, temps à respecter, mode de déplacement à respecter…)
Le nombre d'élèves	– la classe (découverte) – seul (milieu connu ou semi-connu) – en groupe (milieu semi-connu) – en groupe avec présence d'un adulte (milieu inconnu)
Les rôles	– orienteur – contrôleur (du carton de contrôle) – chronométreur – « cartographe » – aide

6 Les dispositifs

6.1 *Les lieux de pratique*

Dans une école : cour de récréation, couloirs de l'école (dans la limite de la gêne occasionnée pour les autres classes !), cour de récréation de l'école maternelle attenante (dans le cas d'une école primaire comprenant classes maternelles et élémentaires).

À proximité de l'école : squares, parcs, terrains de sports : faire la demande à la mairie au préalable.

Plus éloigné : bois et forêt (faire la demande au propriétaire des espaces utilisés).

6.2 *Les dispositifs possibles*

La recherche ou la pause libre d'objets.

Le circuit balisé : balisage avec des bandes de chantier (type « rubalise »), points de couleur…

Remarque

Tous les dispositifs peuvent être mis en place dans les différents lieux de pratique.

Le dispositif en étoile (voir schéma p. 148) : les élèves vont rechercher un objet, une balise et reviennent au point de départ. Ce dispositif permet une **régulation** rapide et régulière. Il permet également la **différenciation** : certains objets, certaines balises peuvent être plus difficiles à trouver que d'autres. Enfin, si la situation l'envisage, il permet à l'élève de **choisir** entre différents parcours, différentes difficultés, différents thèmes…

Le dispositif en aile de papillon (voir schéma p. 148) : il possède les mêmes caractéristiques que le dispositif en étoile avec seulement plus d'objets, de balises à trouver. Il est possible de faire, par exemple :
– des parcours avec des difficultés différentes : emplacement des balises, longueur des trajets ;
– des parcours avec une notion différente à aborder : un parcours relief pour découvrir les courbes de niveau ; un parcours pour vivre différents trajets et différentes trajectoires : main courante, raccourcis … ;
– des parcours avec des thèmes différents : parcours « Mémo », parcours avec des balises « vraie/fausse/manquante » (voir 7. Exemples de situations)…

Un dispositif particulier, support des situations « Course au temps », « Course au score » et « Course aux balises » : toutes les balises disposées sur l'espace d'évolution sont à trouver dans l'ordre que l'on veut avec des contraintes :
– de temps : la « **course au temps** » : retrouver toutes les balises ou le plus de balises possibles en un temps donné ; chaque balise a la même valeur ; un système de pénalités doit être mis en place afin de ne pas favoriser la performance (aller le plus vite possible au risque de poinçonner n'importe quelle balise) au détriment de la maîtrise (trouver les bonnes balises) ;
– de temps et de valeurs de balises : la « **course au score** » ; les balises les plus difficiles (distance et/ou emplacement) valent plus de points que les balises les plus proches ou les plus faciles à trouver (sur des trajets type main courante) ;
– d'exhaustivité : la « **course aux balises** » ; durant la séance, trouver toutes les balises ; la version avec la contrainte de temps se rapproche de la course au temps.

6.3 *Les groupements*

En phase de découverte, il peut être utile de découvrir un nouvel espace avec toute la classe afin d'identifier la zone d'évolution avec ses limites à ne pas franchir et les zones interdites (plantations, bâtiments…).

Le déplacement seul doit être favorisé le plus possible en milieu connu et semi-connu. En milieu semi-naturel (forêt domaniale, parc), il est possible de laisser les élèves se déplacer seuls à condition :
– de poster des adultes aux endroits potentiellement dangereux : les sorties possibles vers les grands axes bordant l'espace d'évolution (chemins, routes forestières…), les endroits accidentogènes (abrupts, rochers…) ;
– de fonctionner dans un premier temps en dispositif en étoile avec des déplacements courts favorisant la régulation rapide.

Le déplacement en groupe, avec présence obligatoire d'un adulte, doit être mis en place en **milieu inconnu naturel (bois, forêt)**. L'enseignant renseigne l'adulte sur ce qu'il doit faire (assurer la sécurité du groupe dont il est en charge) et quelles sont ses prérogatives. Les groupes sont constitués de 3/4 élèves et chaque élève possède sa carte afin d'éviter les déplacements à la queue-leu-leu sans réelle prise de décision individuelle dans la construction du trajet et des trajectoires.

7 Exemples de situations

7.1 Situation « Vraie/Fausse/Manquante »

Disposer des balises avec, pour chacune d'elles, trois possibilités :
– la balise est **vraie** : la balise qui est posée à l'endroit indiqué sur la carte est la bonne (bonne définition et bon emplacement). **L'orienteur poinçonne son carton** ;
– la balise est **fausse** : la balise qui est placée à l'endroit indiqué sur la carte est fausse : soit elle ne correspond pas à la définition (ex. : la balise est déposée sur un talus plutôt que sur un fossé), soit elle n'est pas au bon endroit (ex. : erreur de localisation de la part de l'orienteur). **L'orienteur ne poinçonne pas la ou les fausses balises** ;
– la balise est **manquante** : la balise qui est placée à l'endroit indiqué sur la carte n'est pas là. **L'orienteur indique alors, à l'aide d'un crayon à papier, un M sur son carton.**

Variantes :
– le jeu du « vrai/faux » : ne positionner que des balises vraies ou fausses ;
– augmenter ou diminuer la difficulté pour trouver les balises ;
– situation effectuée seul ou en groupe (2 ou 3 élèves).

7.2 Situation « Parcours mémo »

Au déclenchement du chronomètre, l'élève reçoit sa carte et l'étudie autant de temps qu'il le souhaite afin de la mémoriser. Il effectue ensuite son parcours sans carte.

Variantes :
– le nombre de balises ;
– l'emplacement plus ou moins facile des balises ;
– la longueur du trajet ;
– la possibilité de reprendre la carte à des points intermédiaires ;
– une situation sans parcours avec seulement un nombre de balises à trouver.

7.3 Situation « La course aux scores »

Un certain nombre de points est attribué à chaque balise en fonction de son emplacement (distance à parcourir, difficulté à la trouver). En un temps donné, l'élève doit réaliser le score le plus élevé. L'élève choisit ses trajets pour y parvenir.

Exemple : disposer des balises valant 10, 20 et 50 points.

Variantes :
– imposer un certain nombre de points à réaliser. Par exemple, réaliser au moins 120 points ;
– imposer des types de balises à trouver. Par exemple : sur 5 balises à trouver, une balise valant 50 points et une valant 20 points, les autres au choix ;
– fonctionner par groupes de 2 ou 3 sous forme de relais (chacun son tour).

7.4 Situation « La course aux balises »

Trouver toutes les balises sur une séance. L'élève choisit ses trajets pour y parvenir.

Variantes :
– ne pas annoncer le nombre de balises à trouver ;
– trouver toutes les balises le plus rapidement possible ;
– fonctionner par groupes de 2 ou 3 sous forme de relais (chacun son tour).

7.5 Situation « La course d'orientation »

Situation la plus proche des courses d'orientation de club.
À l'aide d'une carte et d'une définition de postes, effectuer un parcours le plus rapidement possible en poinçonnant les bonnes balises.

Variantes :
– donner plus ou moins d'indications sur le bon emplacement des balises (ex. : indiquer le numéro de la balise ou le symbole du poinçon sur le carton de contrôle). Possibilité de ne donner des indications que pour une balise sur deux.

8 Le matériel

- **Le support pour s'orienter**

– Le plan avec légende : représentation à l'échelle (ou non en début de cycle 2), plan réalisé ou non par l'élève.
– La carte : carte à l'échelle de 1/500 à 1/2 500 avec légende.

- **Le carton de contrôle avec ou sans définition de poste**

Le carton contient les indications suivantes : nom de l'élève (nom du vérificateur éventuellement), nombre d'objets ou de balises à trouver (ordre éventuel spécifié), définition de poste éventuellement, emplacement pour noter, poinçonner, coller (si utilisation de vignettes autocollantes).

- **La signalétique**

– Pour jalonner un parcours : utilisation de bandes de chantier (« rubalise »), brins de laine, points de couleur…
– Pour indiquer l'emplacement à trouver : plaquettes plastifiées, cônes…

- **Les balises de course d'orientation**

La balise s'accroche, à hauteur d'élève, sur un support solide (sinon il peut se casser et la balise peut tomber à terre, devenant parfois invisible). Elle doit être visible. Il ne s'agit pas d'une course au trésor.

Vérifier que la pince est bien accrochée à la partie en toile plastifiée.

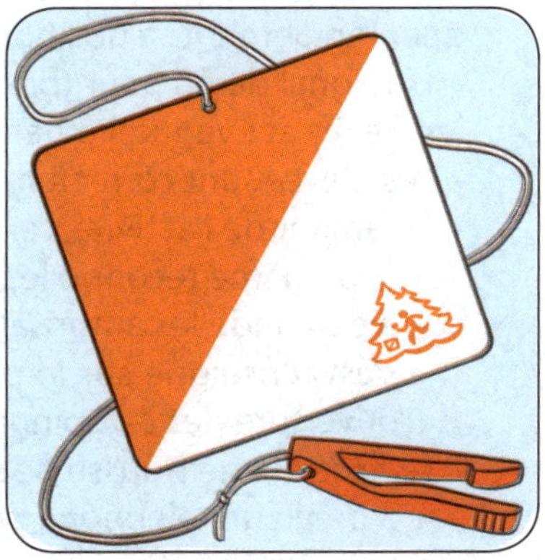

Fig. 7 – *Une balise de course d'orientation.*

9 La sécurité

9.1 La sécurité active

Les déplacements dans des milieux naturels nécessitent de contrôler sa course ou sa marche en tenant compte :
– des aspérités du terrain : racines, cailloux… ;
– de la déclivité du terrain : il faut ralentir lorsque le dénivelé commence à être important ;
– de la météorologie : par temps humide, il faut ralentir ou marcher car les risques de chute sont multipliés.

La construction des règles de sécurité en action afin de gérer sa sécurité :
– les élèves doivent connaître, repérer et respecter les zones d'évolution et les zones interdites ;
– les élèves doivent reconnaître et repérer les endroits caractéristiques de la carte : les points d'arrêts et les lignes d'arrêt qui sont mentionnés dans la légende (ex. : une intersection de chemins, un talus, un fossé…) ;
– les élèves doivent intégrer physiquement l'échelle de la carte. Les cartes de C.O. utilisables à l'école primaire vont de 1/500 à 1/2 500. Il faut faire vivre aux élèves des situations de reconnaissance de distance.

Remarque

S'il pleut, il est préférable d'annuler la séance prévue.

9.2 *La sécurité passive*

– Les informations et recommandations données et répétées aux élèves avant chaque séance sont obligatoires.
– Les zones d'évolution sont balisées : repères de couleur identifiables (bande de chantier, panneau d'interdiction sur des feuilles cartonnées…).
– La présence d'adultes postés à des endroits stratégiques (sorties de zone d'évolution vers des routes, des zones d'habitation…), dans des milieux naturels inconnus ou semi-connus, est indispensable.
– Le déplacement d'élèves, par groupes de trois, accompagnés par un adulte qui n'intervient pas dans la recherche de balises, est indispensable en milieu naturel inconnu.
– En milieu naturel inconnu, chaque groupe est muni d'un sifflet afin de pouvoir indiquer rapidement sa position en cas de besoin.
– Un signal de fin pour tous les groupes est prévu et reconnu par tous les participants : les élèves et éventuellement les adultes (ex. : une corne de brume).
– Les élèves sont correctement chaussés.
– En amont de l'activité, l'enseignant :
  – a lui-même reconnu le terrain ;
  – a demandé les autorisations nécessaires ;
  – s'est renseigné sur la présence ou non d'ouverture au public (ex. : cas des dates d'ouverture des campings) ;
  – a prévu une trousse de secours ;
  – a prévu un téléphone portable.

10 Le lien avec le socle

• **Domaine 1 : les langages pour penser et communiquer**

Développer sa motricité et construire un langage du corps :
– adapter sa motricité à un environnement particulier : des espaces de plus en plus vastes et de moins en moins connus.

• **Domaine 2 : les méthodes et outils pour apprendre**

S'approprier seul ou à plusieurs par la pratique, les méthodes et outils pour apprendre :
– apprendre à planifier son action avant de la réaliser : se construire un itinéraire avant de se déplacer et l'ajuster durant le déplacement.

• **Domaine 3 : la formation de la personne et du citoyen**

Partager des règles, assumer des rôles et des responsabilités pour apprendre à vivre ensemble :

– assumer des rôles sociaux : orienteur, vérificateur de feuille de route et/ou de carton de contrôle, récolteur de résultats (temps, points).

- **Domaine 5 : les représentations du monde et l'activité humaine**

S'approprier une culture physique sportive et artistique :
– découvrir la variété des espaces d'évolution en utilisant des outils adaptés : plans, cartes de course d'orientation.

11 L'évaluation

11.1 *Grille de niveaux d'habilité*

Une grille de niveaux d'habileté peut servir de grille d'évaluation tout au long de la séquence.

Niveau d'habilité	Les trajets	Les déplacements	Les rôles
Niveau 1	Déplacements sur des trajets balisés	Marche	Orienteur
Niveau 2	Déplacements sur des « mains courantes » : chemins, sentiers	Alternance marche-course	Orienteur et juge (chronométreur, vérificateur de cartons ...)
Niveau 3	Déplacements sur des « mains courantes » : avec, sur des distances courtes, utilisations de raccourcis	Course de type course de durée (course lente et régulière) en priorité	Orienteur, juge et créateur de plan ou de carte

11.2 *Carton de contrôle*

Exemple de carton de contrôle

Nom :		Points :		
Balise 1	Balise 2	Balise 3	Balise 4	Balise 5
Intersection de chemin	Arbre particulier piquant	Intersection de fossés	Coude de chemin	Trou d'eau
. . . . . .	. . . .	. . .	. . . .	. . . .

Remarque

• Chaque pince de balise de course d'orientation permet de laisser une empreinte particulière lorsque l'on poinçonne le carton grâce à des petites pointes qui vont trouer la feuille. Il y a au maximum neuf pointes pour un poinçon. En fonction du nombre de pointes et de leur disposition, il est donc possible d'obtenir une multitude de poinçons différents qui permettront à celui qui va vérifier le carton de savoir si l'élève est effectivement passé au bon endroit (voir p. 158).

• En confectionnant des parcours différents, il est possible de faire partir tout ou partie des élèves en même temps puisque chaque parcours sera différent.

• Les définitions de poste peuvent être enrichies (on donne la définition sous ses deux formes : écrite et symbolique) ou remplacées par des symboles. Ces symboles sont en fait ceux qui sont utilisés pour les cartes d'orientation (voir légende des cartes officielles de course d'orientation p. 158).

Pour l'exemple de notre carton de contrôle, la carte que les élèves utilisent pour s'orienter est la suivante :

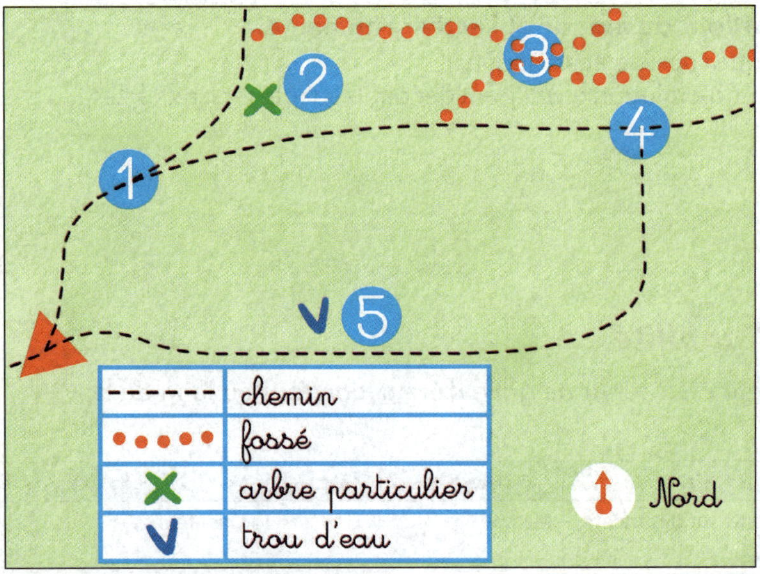

Fig. 5 – *Carte d'orientation.*

– Le triangle indique le point de départ de la course d'orientation ; c'est ici également le point d'arrivée qui aurait pu, dans le cadre d'une symbolisation officielle « course d'orientation », être matérialisé par un double cercle concentrique autour du triangle.
– Chaque balise numérotée est représentée par un cercle avec un numéro différent ; les balises peuvent, ou non, porter les mêmes numéros afin d'aider les élèves à se repérer : si sur la balise 1 est noté le numéro 1, alors ils savent qu'ils sont au bon endroit.

– L'intersection de chemin sera représentée par une intersection de deux ou plusieurs lignes constituées de pointillés noirs épais.
– Le coude de chemin est représenté par un angle droit.
– Le fossé est représenté par une succession de points de couleur orangée.
– L'arbre particulier (piquant : un houx, par exemple) est représenté par une croix verte.
– Le trou d'eau est représenté par un V de couleur bleue.

Pour notre exemple, plusieurs stratégies sont possibles qui traduiront un niveau d'habileté (voir plus haut p.161).

Au niveau 1, l'élève a besoin d'un balisage tout le long du circuit pour pouvoir se déplacer en sécurité.

Au niveau 2, l'élève suit le chemin jusqu'à l'intersection puis prend le chemin de gauche jusqu'à apercevoir un arbre particulier. Il revient sur le chemin et continue jusqu'à rencontrer un fossé qui part sur la droite. Il peut également revenir sur ses pas jusqu'à la balise 1 puis tourner à gauche. Il continue alors jusqu'à l'intersection chemin-fossé. Il tourne à gauche en longeant le fossé jusqu'à rencontrer la balise 3 à l'intersection de fossés.

Remarque

Différenciation : pour certains élèves, il peut être intéressant d'identifier cette intersection en ajoutant une balise à trouver à cet endroit ou en indiquant ce point d'arrêt par un balisage particulier.

L'élève suit alors le fossé jusqu'à l'intersection de fossés puis prend à droite pour rejoindre le chemin. Il prend à gauche sur le chemin puis le suit jusqu'à rencontrer le trou d'eau. Il revient ensuite au point de départ.

Remarque

Il n'est pas nécessaire d'avoir une boussole pour orienter sa carte. Il suffit de l'orienter en fonction de ce que l'on voit. Par exemple, arrivé à la balise 1, l'élève oriente sa carte en la positionnant en fonction des deux directions prises par les deux chemins. Il sait alors quel est le chemin qui part le plus à gauche.

Au niveau 3, l'élève opère de la même façon jusqu'à la balise 2 puis coupe afin de rejoindre l'intersection de fossés. Il gagne ainsi en temps, mais il risque également de se décaler vers la gauche ou vers la droite et de ne pas trouver cette intersection de fossés.

Attention !

Cette opération n'est rendue possible que si la carte est à une échelle suffisamment précise (de 1/500 à 1/2500) pour que la réalité du terrain soit effectivement tangible et repérable directement sur la carte. Au-delà, les virages, les coudes… ne sont plus indiqués sur la carte.

Le travail qui intègre les directions est également intéressant. Avec notre carte, nous aurions pu donner comme définition de poste pour la balise 2 : « Arbre particulier piquant se situant près du chemin partant le plus au nord après l'intersection de chemins ». L'élève utilise alors le symbole N indiqué en bas à droite de sa carte pour se repérer.

Toutes les cartes officielles d'orientation indiquent le nord par des lignes parallèles et verticales bleues. Avec une boussole, l'orientation de la carte se fait en superposant l'aiguille de la boussole et une ligne bleue de la carte.

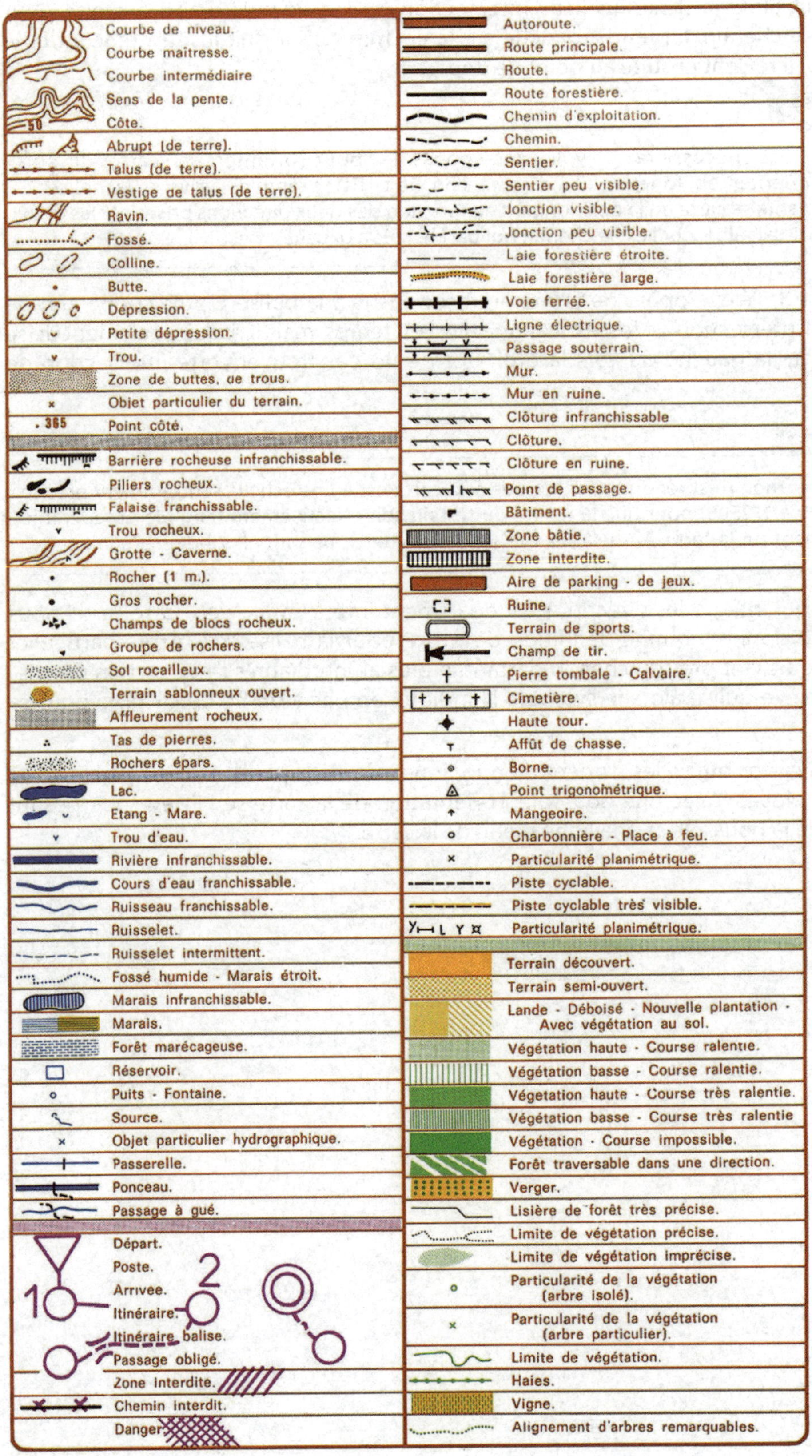

Fig. 6 – *Légende normalisée pour les courses d'orientation officielles.*

12 Le lien avec la santé

Les programmes soulignent que l'élève doit « apprendre à entretenir sa santé par une activité physique régulière » en lien direct avec le domaine de formation n° 4 du socle.

Il s'agit pour lui de :
– découvrir les principes d'une bonne hygiène de vie, à des fins de santé et de bien-être ;
– ne pas se mettre en danger par un engagement physique dont l'intensité excède ses qualités physiques.

En vous référant au chapitre « La santé à l'école : un objectif particulier », p. 79, vous pouvez de plus mettre en avant les capacités suivantes que l'élève va pouvoir construire à partir des activités d'orientation.

L'élève va être en capacité de :
– résoudre des problèmes : comment se déplacer en sécurité ? Comment se déplacer le plus vite possible ? Comment se repérer ? ;
– prendre des décisions, gérer son stress, gérer ses émotions : accepter de s'aventurer dans un espace pas ou peu connu ;
– informer, échanger, savoir prendre des décisions, être responsable, prendre des risques calculés : se déplacer en groupe en participant activement à la construction d'itinéraires et à la recherche de balises ;
– avoir conscience de soi : savoir se situer dans le milieu d'évolution, reconnaître son état de fatigue, de stress… ;
– avoir de l'empathie, être solidaire, être habile dans les relations interpersonnelles : accepter d'être dans n'importe quel groupe, échanger avec tous les élèves…

CHAPITRE 4

Les activités gymniques

EN MATERNELLE

1 Les attendus en fin de l'école maternelle

Il s'agit pour l'élève de :
– réaliser avec aisance des déplacements équilibrés divers en utilisant un répertoire d'actions motrices fondamentales (se renverser, rouler, se suspendre, ramper...) le plus large possible sur des engins différents (plinth, poutre...) ;
– accepter et respecter les contraintes variées ;
– construire des repères simples dans l'espace.

Ces attendus renvoient à l'objectif : « *Adapter ses équilibres et ses déplacements à des environnements ou contraintes variés* ».

2 Les compétences à construire

Psycho-socio-affectif	Cognitif	Moteur
– Oser s'engager dans l'action – Prendre des risques mesurés – Être persévérant – Se montrer aux autres, montrer ses « exploits » – S'investir et s'approprier différents rôles sociaux : le rôle d'aide et de parade	– Construire des repères simples dans l'espace et le temps – Construire des relations de causalité entre les procédés utilisés et les résultats obtenus – Comprendre (et respecter) les consignes et les règles de fonctionnement	– Construire et utiliser un répertoire le plus large possible d'actions motrices fondamentales équilibrées, coordonnées et de plus en plus enchaînées qui remettent en cause les équilibres habituels – Développer des repères visuels et kinesthésiques (la sensation de mouvement des parties du corps)

3 Les contenus

3.1 Les contenus moteurs

Afin d'aider l'élève à construire **sa motricité fondamentale**, vous pouvez proposer des contenus se caractérisant par des verbes d'action :
– ramper, sauter, rouler, glisser, comme précisé dans les programmes ;
– se suspendre, se balancer, se renverser, comme le suggère le sujet zéro n° 1 ;
– se déplacer à quatre pattes, s'enrouler, tourner, franchir, voler.

Les contenus moteurs vont porter sur la combinaison de la **performance** et de la **maîtrise** :
– la performance renvoie à la volonté de vouloir faire plus : plus loin, plus haut, plus vite… (ex. : je me déplace sur une poutre de plus en plus haute) ;
– la maîtrise renvoie à la volonté de faire mieux au même niveau de performance (ex. : sur une poutre à même hauteur, je me déplace en étant de plus en plus équilibré).

Permettre à l'élève d'évoluer dans ses réponses motrices, c'est l'inciter à progresser dans les deux dimensions.

Les contenus moteurs vont également se centrer sur la mise en place d'une motricité de plus en plus coordonnée et enchaînée (voir modélisation p. 90).

3.2 Les contenus méthodologiques et sociaux

– La compréhension et le respect des consignes pour fonctionner en sécurité, avec d'autres, sur des dispositifs spécifiques : parcours, atelier, structure.
– Le repérage des indicateurs de réussite.
– La capacité de s'investir dans tous les dispositifs.
– La capacité à tenir différents rôles : juge de sa prestation et/ou de celle des autres, aide et/ou pareur.

4 Les axes de progrès

Le progrès en activités gymniques se caractérise par rapport à :

Indicateurs	De...	À...
L'espace	D'un espace proche du sol	À un espace de plus en plus aérien
La coordination	D'actions séparées	À des actions juxtaposées puis enchaînées
L'équilibration	De l'équilibre du terrien avec : – des appuis terrestres – des prises d'information visuelles	À un équilibre de plus en plus renversé : – des appuis manuels ou en quadrupédie – des prises d'informations visuelles et kinesthésiques
La tonicité, la vélocité	D'actions peu toniques et sans grande vitesse	À des actions réalisées avec tonicité (gainage notamment) et vélocité
La prise de risque	D'une prise de risque limitée par la volonté de rester équilibré	À une prise de risque plus importante ou le déséquilibre est maîtrisé, voire recherché
La codification des actions	D'actions libres, personnelles	À des actions codifiées : une roulade avant, une roulade arrière…
L'utilisation des agrès	D'une utilisation restreinte de certains agrès	À une utilisation de tous les agrès mis à disposition

5 La trame de variance

La **trame de variance*** regroupe l'ensemble des éléments sur lesquels l'enseignant peut s'appuyer pour faire évoluer une situation ou une séance.

Matériel	Structure aménagée, tapis, blocs en mousse, agrès, bancs, chaises, caissettes, cerceaux, plinths, mini-tampoline, tremplin bois ou à ressorts
Dispositifs	Accès libre, parcours, ateliers, dispositif mixte
Espace	– Hauteur – Distance de réception – Distance de course d'appel

►►►

Contraintes	– Choix laissé ou pas à l'élève – Avec ou sans matériel facilitateur (exemple : plan incliné pour aider à rouler) – Relations aux autres (élèves, adultes) : possibilité d'aide et/ou de parade
Rôles	– Évaluateur – Aide, pareur
Formes de groupement	Groupes hétérogènes (ceux de la classe pour les autres activités par exemple), homogènes (ou de niveau), de besoins

6 Les dispositifs

Les élèves évoluent dans des espaces aménagés avec du gros matériel type gymnique (bancs, poutres, gros tapis, plans inclinés, blocs en mousse, barres…), sous forme de **parcours et/ou d'ateliers.**

En petite section de maternelle, il est possible de mettre en place un dispositif qui permet à l'élève d'avoir un accès libre au matériel mis à disposition afin de favoriser l'entrée dans l'activité.

6.1 Tableau comparatif des différents dispositifs

Remarque

Les évolutions proposées se réfèrent aux points négatifs qu'il s'agit de transformer pour rendre le dispositif plus efficient.

Dispositif	Points positifs	Points négatifs →	Évolution	Niveau recommandé
Accès libre *Espace en coins, en îlots* *	– Facilite l'entrée dans l'activité – Permet la répétition et donc l'automatisation – Favorise la créativité – Favorise l'émulation	– N'incite pas au progrès – N'incite pas à varier l'activité – Ne permet pas d'envisager toutes les réponses des élèves (dont les plus dangereuses)	– Sollicitation pour améliorer les réponses motrices – Sollicitation (après plusieurs séances) pour utiliser plus de matériel ou différemment – Sécurité passive : protection des lieux, place de l'enseignant et de l'ATSEM – Règles de comportement, bon usage du matériel	PS

Dispositif	Points positifs	Points négatifs	Évolution	Niveau recommandé
Parcours *Parcours linéaires ou circulaires en boucle ouverte ou fermée* *	– Favorise l'utilisation de tout le matériel – Canalise les déplacements – Permet de proposer des situations évolutives à des endroits précis	– Amène à des situations de blocage si le degré de difficulté n'est pas adéquat – Génère de l'attente importante à certains endroits si exercice(s) plus difficile(s) ou plus long(s) – Entraîne des difficultés de mémorisation pour l'ensemble du parcours et donc des difficultés de passation de consignes – Ne facilite pas les apprentissages (peu de répétitions et nombreux apprentissages successifs)	– Prévoir, lors de la préparation de la séance, les comportements attendus et les comportements prévisibles – Organiser plusieurs entrées possibles en même temps, mettre en place des itinéraires de « délestage » – Introduire progressivement les nouveautés et faire un mélange entre les exercices imposés et les libres ; utilisation possible de symboles pour le repérage – Mettre en place des mini-parcours *(voir dessins pages suivantes)*	**PS** en fin de séquence **MS et GS**
Ateliers *En étoile* **	– Permet la différenciation par atelier – Permet l'évolution vers un début d'enchaînement de plusieurs actions (notion d'enchaînement dans les activités gymniques) – Permet la mémorisation des consignes – Favorise la tenue de rôles multiples par l'élève : observateur, aide/pareur	– Ne canalise pas les déplacements sur un atelier – Ne canalise pas les déplacements d'un atelier à l'autre – Peut entraîner des disparités entre : l'intérêt, le degré de difficulté, le nombre de passages par atelier – L'aspect comportemental (les attitudes) prend une place très (trop ?) importante	– Prévoir et organiser les temps d'attente : bancs, sens de rotation sur les ateliers – Prévoir et organiser les déplacements : sens de rotation, déplacement ordonné en petits groupes – Mettre en place des ateliers sans danger prévisible et déjà connus (but recherché : la répétition pour la stabilisation et/ou l'évaluation) et encadrer l'atelier où le risque est le plus grand ou s'il s'agit d'un nouvel atelier (si présence de l'ATSEM, position près d'un atelier où risque important également) – Définir en équipe pédagogique les règles de fonctionnement	**MS et GS**

* Terminologie utilisée dans le document ressource *Ressources maternelle*, « Agir, s'exprimer, comprendre à travers l'activité physique, Objectif 2 : Adapter ses équilibres et ses déplacements à des environnements et des contraintes variées », publié sur Éduscol.

** L'espace aménagé en étoile s'agence à partir d'un espace central (« la maison des enfants »), d'où partent un certain nombre d'ateliers ou de mini-parcours, à thème ou non (voir dessin p. 172).

La mise en place d'un dispositif mixte est tout à fait envisageable.

Exemple de dispositif mixte

- Un atelier pour apprendre, pour évaluer : présence de l'enseignant.
- Un mini-parcours pour conforter les apprentissages : présence de l'ATSEM.
- Un atelier ou un mini-parcours en accès libre pour répéter et stabiliser.

6.2 Exemples de dispositifs

a) Parcours divers

Fig. 1 – *Les parcours divers.*

Les élèves doivent se déplacer debout (symbole : « pied »), en quadrupédie (symbole : « pieds-mains »), en partant du fanion vert (D pour départ) puis arriver au fanion rouge (A pour arrivée).

On retrouve les verbes d'action : s'équilibrer, franchir, se suspendre, sauter.

b) Parcours autour d'un verbe d'action : grimper

Fig. 2 – *Un exemple de dispositif à partir du verbe « grimper ».*

Vous reconnaissez, de gauche à droite :
- des espaliers, des chaises et une poutre inclinée ;
- 3 hauteurs de plinths (les caisses) et une échelle ;
- une structure artificielle d'escalade (SAE) : « le rocher ».

c) Ateliers en forme d'étoile

Fig. 3 – *Les ateliers en forme d'étoile.*

Sur le schéma, il y a 3 ateliers :
- sauter en contrebas d'une table ;
- se déplacer en équilibre sur des plinths de hauteurs différentes ;
- se déplacer en équilibre sur une poutre.

7 Exemple de situations

Voici un exemple de situations pour apprendre aux élèves à tourner et à voler.

Fig. 4 – *Des situations d'apprentissage pour les activités gymniques.*

8 Le matériel

– Plinths : caisses en bois avec trous (voir **Fig. 1 et 2** p. 171-172) avec possibilité d'y accrocher une poutre, une barre, un plan incliné pour grimper ou descendre.
– Agrès seuls : poutre basse, mini-barres : fixes, parallèles ou asymétriques, mini-tampoline, tremplin en bois.
– Tapis divers : plats (diverses épaisseurs), inclinés (pour roulades).
– Cylindres.
– Caissettes, cerceaux, bancs, chaises.

9 La sécurité

9.1 *La sécurité passive*

– Des espaces sécurisés : tapis, distance des agrès par rapport aux murs, distance entre les différents agrès.
– Un nombre d'ateliers pas trop important.
– Un ou deux ateliers comportant un léger risque, encadrés par l'enseignant et l'ATSEM. Un seul si l'enseignant est seul.
– Un positionnement stratégique pour voir toute la classe : ne pas tourner le dos à une partie de la classe.
– Une tenue adaptée : cheveux longs attachés, tee-shirt rentré dans le pantalon de jogging.

9.2 La sécurité active

Les programmes de 2015 précisent que l'enseignant doit attirer « l'attention des enfants sur leur propre sécurité et celle des autres, dans des situations pédagogiques dont le niveau de risque objectif est contrôlé par l'adulte ».

– Des consignes de fonctionnement : un élève par agrès pour effectuer l'exercice, sortir rapidement de l'atelier après l'exercice (risque de chute d'un autre élève). **Ne pas hésiter à demander à l'élève de reformuler (dire avec ses mots) afin de vérifier le niveau de compréhension des consignes.**

– La construction de compétences qui permettent à l'élève d'évoluer avec aisance et en sécurité (physique et affective) sur des agrès, des parcours et des ateliers divers.

10 Le lien avec le socle commun

Même si le socle commun n'est évalué qu'en fin de cycles 2 ou 3, les élèves de maternelle commencent tout de même à construire des compétences transversales en lien avec les domaines du socle.

– Le domaine 1, les langages pour penser et communiquer : il s'agit de mobiliser le langage dans toutes ses dimensions. Pour cela, l'enseignant « aide l'enfant à accorder du sens à ce qu'il fait, il l'amène à se projeter. Il prend le temps de parler de ce qui a été vécu, de présenter ce qui va être proposé, d'expliciter pourquoi on le fait. Il suscite et prend en compte l'expression des désirs de chacun en les intégrant dans un projet collectif » comme le soulignent les documents ressources pour la maternelle déposés sur Éduscol. Il peut s'appuyer, pour ce faire, sur des schémas, des maquettes, des figurines, des dessins, des photographies prises durant les séances de motricité pour revenir sur ce qui a été réalisé, sur ce qui aurait pu être réalisé comme sur ce qui sera fait la séance suivante. Ce sera également le lieu d'échanges avec l'élève sur ses appréhensions, voire ses peurs éventuelles : « j'ai peur de sauter de trop haut, je ne veux pas avoir la tête en bas… ».

– Le domaine 2, les méthodes et outils pour apprendre : la recherche de solutions, de solutions nouvelles, l'expérimentation, par exemple : je cherche quelle est la distance de saut adéquat pour pouvoir me réceptionner équilibré sur mes deux pieds, sans me déséquilibrer ou sans tomber…

– Le domaine 3, la formation de la personne et du citoyen : adopter un comportement responsable en respectant les autres, les consignes et les règles de fonctionnement, par exemple : j'attends mon tour sur l'atelier, je ne saute pas du plinth si un camarade se trouve encore sur le tapis de réception…

11 L'évaluation

Grille de niveaux d'habileté pour le sujet zéro n° 1 (voir p. 32).

	Se suspendre	Se renverser	Se balancer
	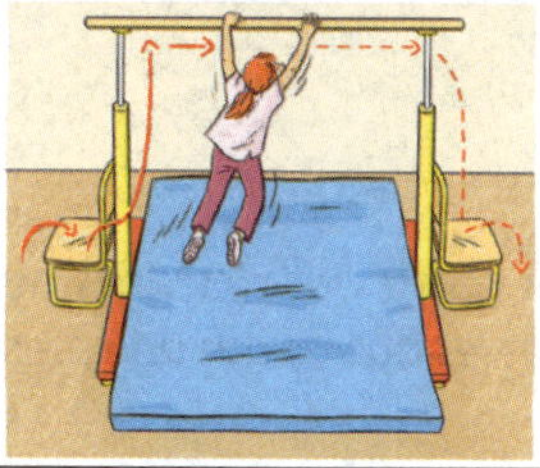	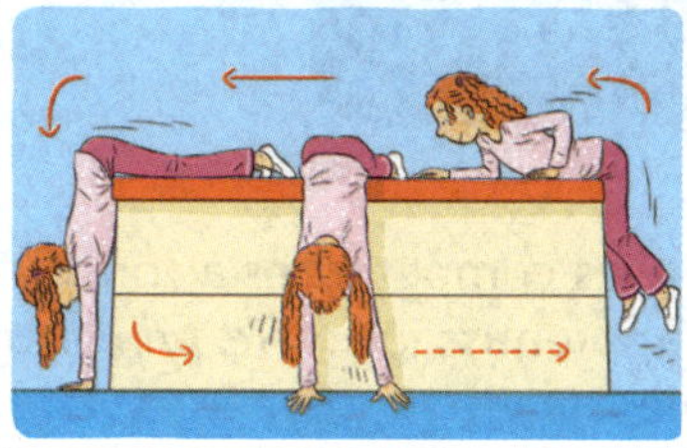	
Niveau 1	Monter à la barre et se suspendre puis lâcher la barre	Se renverser à partir d'un plinth bas	Se balancer à partir d'une échelle basse ou d'une barre basse de barres asymétriques
Niveau 2	Monter à la barre, se suspendre, se déplacer et sortir de l'autre côté	Se renverser à partir d'un plinth haut	Se balancer à partir d'une barre haute de barres asymétriques
Niveau 3	Monter à la barre, se suspendre et se déplacer en faisant un demi-tour longitudinal avant de sortir de l'autre côté	Se renverser à partir d'un plinth haut et se déplacer d'un bout à l'autre du plinth	Se balancer à partir d'une barre haute de barres asymétriques, se stabiliser avant de se réceptionner équilibré

12 Le lien avec la santé

Il s'agit pour l'élève de maternelle, qui va grandir et « devenir grand » dans le même temps, de prendre soin de son corps et de sa santé, comme le soulignent les programmes de 2015.

Au-delà de la prise de taille, il devient en grandissant plus autonome. Il est plus en capacité d'agir seul, de réaliser quelque chose sans aide. Ces nouveaux pouvoirs personnels, ces droits nouveaux s'accompagnent cependant de l'acceptation de nouvelles contraintes qui accentuent les paradoxes ; oser et se risquer et simultanément faire attention à soi et aux autres…

La construction d'une « attitude santé » (voir chapitre « La santé à l'école : un objectif particulier » p. 79) s'appuie sur la construction de ces nouvelles compétences. L'élève devient notamment capable de :
– gérer son stress, gérer ses émotions, dépasser ses appréhensions : il ose s'engager dans l'action, il participe à toutes les activités proposés, même celles qui lui inspire crainte et parfois peur ; il ose prendre des risques mesurés avec puis sans aide… ;
– prendre des décisions : après avoir exploré diverses solutions, il peut, avec l'aide éventuelle de l'adulte, choisir celle qui est la plus efficace ou qui lui convient le mieux ;
– prendre conscience de lui : la construction et l'enrichissement de son schéma corporel lui permettent de modifier ses repères et ses équilibres dans toutes les situations (tête en bas, en appui sur les mains, en hauteur…), de se repérer dans l'espace ;
– prendre conscience des autres, avoir de l'empathie pour eux, en les aidant à faire une roulade par exemple, ou encore en donnant des conseils.

EN ÉLÉMENTAIRE

Les attendus de fin de cycle et les compétences à construire à partir des activités gymniques renvoient au champ d'apprentissage : « *S'exprimer devant les autres par une prestation artistique et/ou acrobatique* ».

1 Les attendus de fin de cycle

1.1 Au cycle 2

– Mobiliser le pouvoir expressif du corps, en reproduisant une séquence simple d'actions apprise ou en présentant une action inventée.

– Mémoriser des figures, des éléments et des enchaînements pour réaliser des actions individuelles et collectives.

1.2 Au cycle 3

– Réaliser en petits groupes 2 séquences : une à visée acrobatique destinée à être jugée, une autre à visée artistique destinée à être appréciée et à émouvoir.

– Savoir filmer une prestation pour la revoir et la faire évoluer.

– Respecter les prestations des autres et accepter de se produire devant les autres.

2 Les compétences à construire

Remarque

Pour une description plus précise, et dans l'attente de la parution des ressources, vous pourrez utilement vous appuyer sur les tableaux de progressions de janvier 2012 parus au *B.O.* du 5 janvier 2012. Cependant, ces documents ne peuvent plus être considérés et cités comme des documents institutionnels officiels.

2.1 Au cycle 2

Psycho-socio-affectif	Cognitif	Moteur
– S'exposer aux autres : s'engager avec facilité dans des situations d'expression personnelle sans crainte de se montrer. – S'engager en sécurité dans des situations acrobatiques en construisant de nouveaux pouvoirs moteurs. – Tenir différents rôles sociaux : gymnaste, spectateur, juge.	– Mémoriser des figures, des éléments et des enchaînements pour réaliser des actions individuelles. – Choisir les éléments de l'enchaînement en fonction de ses capacités.	– Réaliser des actions de plus en plus tournées et renversées, de plus en plus aériennes, de plus en plus manuelles, de plus en plus coordonnées. – Réaliser les différentes actions de manière de plus en plus coordonnée et enchaînée.

2.2 Au cycle 3

Psycho-socio-affectif	Cognitif	Moteur
– S'engager dans des actions artistiques ou acrobatiques destinées à être présentées aux autres en maîtrisant les risques et ses émotions. – Tenir différents rôles sociaux : gymnaste, spectateur, juge.	– Construire et mémoriser un enchaînement. – Choisir les éléments de l'enchaînement en fonction de ses capacités.	– Réaliser des actions de plus en plus tournées et renversées, de plus en plus aériennes, de plus en plus manuelles, de plus en plus coordonnées. – Enrichir son répertoire d'actions afin de communiquer une intention ou une émotion. – Réaliser les différentes actions de manière de plus en plus coordonnée et enchaînée.

3 Les contenus

3.1 Au cycle 2

Activités gymniques cycle 2
Contenus moteurs Les contenus décrits ci-dessus sont mis en jeu à travers les activités gymniques autour de familles d'exercices. Il s'agit pour l'élève de : – se déplacer en équilibre sur un banc, sur une poutre, sur un plinth ; – voler : sauter d'un plinth (éléments en bois ou en mousse de hauteur et de longueur variables), d'une poutre ; – rebondir sur un mini-tampoline circulaire et horizontal, prendre une impulsion afin d'avoir une phase d'envol puis une réception sur un tapis ; – tourner : tourner sur soi-même par rapport à un axe longitudinal : saut, demi-tour…, tourner par rapport à un axe transversal : rotation autour du centre de gravité (roulades, saut périlleux) ou autour d'une barre ; – se renverser, se déplacer : utiliser le train supérieur comme train locomoteur : se renverser et tenir ou se déplacer sur les mains quelques instants. Ces éléments sont de plus en plus en maîtrisés (équilibration pendant l'exercice et à la réception) et de plus en plus enchaînés (voir modélisation de la motricité p. 90). L'esthétisation de l'enchaînement s'appuie sur la maîtrise des éléments le composant mais également sur la virtuosité, sur le caractère « acrobatique » de ceux-ci.
Contenus méthodologiques et sociaux – Choisir les éléments de l'enchaînement en fonction de ses possibilités, en tenant compte du risque encouru et pour viser la meilleure performance possible. – Mémoriser les différents éléments de l'enchaînement. – Apprécier la prestation des camarades en tant que spectateur. – Donner un avis sur la prestation de ses camarades en utilisant un outil d'évaluation (grille de niveaux d'habileté par exemple) en tant que juge. – Respecter les règles de sécurité et de fonctionnement de l'activité ; exemple : je n'utilise pas le mini-trampoline tant qu'il y a un autre élève sur le tapis de réception.

3.2 Au cycle 3

Il est précisé dans les programmes que : « Les activités artistiques et acrobatiques peuvent être organisées sur chacune des trois années du cycle, en exploitant les ressources et les manifestations sportives locales ».

Activités gymniques cycle 3
Contenus moteurs Les contenus décrits ci-dessus sont mis en jeu à travers les activités gymniques autour de trois familles d'exercices. Il s'agit pour l'élève de : – voler : bondir en prenant appui sur les mains, sauter d'un plinth (éléments en bois ou en mousse de hauteur et de longueur variables), d'une poutre, rebondir sur un mini-tampoline : prendre une impulsion, après un court élan, afin d'avoir une phase d'envol équilibrée puis une réception équilibrée sur un tapis de réception ; – tourner : tourner sur soi-même par rapport à un axe longitudinal (saut), tourner par rapport à un axe transversal : rotation autour du centre de gravité (roulades, saut périlleux) ou autour d'une barre, tourner par rapport à un axe médian (roue) ; – se renverser, se déplacer : utiliser le train supérieur comme train locomoteur : se renverser et tenir en ATR quelques secondes, se déplacer sur les mains quelques instants. Ces éléments sont de plus en plus en maîtrisés (équilibration pendant l'exercice et à la réception) et de plus en plus enchaînés (voir modélisation de la motricité p. 90). L'esthétisation de l'enchaînement s'appuie sur la maîtrise des éléments le composant mais également sur la virtuosité, sur le caractère « acrobatique » de ceux-ci.
Contenus méthodologiques et sociaux communs à toutes les activités – Choisir les éléments de l'enchaînement en fonction de ses possibilités, en tenant compte du risque encouru et pour viser la meilleure performance possible. – Construire un enchaînement de plus en plus enchaîné et coordonné. – Respecter les règles de sécurité et de fonctionnement de l'activité. – Évaluer à l'aide d'outil(s) d'évaluation la performance d'un camarade. – Respecter la prestation d'un camarade en tant que spectateur. – Savoir filmer une prestation pour la revoir et la faire évoluer.

4 Les axes de progrès

Le progrès dans les activités gymniques.

Indicateurs	De...	À...
L'espace	D'un espace proche du sol	À un espace de plus en plus aérien
Les agrès	De mouvements sur quelques agrès	À l'utilisation de tous les agrès
La coordination	D'actions juxtaposées	À des actions enchaînées
L'équilibration	De l'équilibre du terrien avec : – des appuis terrestres ; – des prises d'information visuelles.	À un équilibre de plus en plus renversé : – des appuis manuels ou en quadrupédie ; – des prises d'informations visuelles et kinesthésiques.
La tonicité, la vélocité, l'amplitude	D'actions peu toniques, sans grande vitesse et avec peu d'amplitude	À des actions réalisées avec tonicité (gainage notamment), vélocité et amplitude
La prise de risque	D'une prise de risque limitée par la volonté de rester équilibré	À une prise de risque plus importante ou le déséquilibre est maîtrisé, voire recherché
La codification des actions	D'actions libres, personnelles	À des actions codifiées : une roulade avant, une roulade arrière…

5 La trame de variance

Le matériel	tapis, blocs en mousse, agrès, bancs, chaises, caissettes, cerceaux, plinths, mini-tampoline, tremplin bois ou ressort
Les dispositifs	ateliers organisés autour d'agrès différents, parcours sur un ou plusieurs agrès
L'espace	– hauteur – distance de réception – distance de course d'appel
Les contraintes	– nombre d'éléments pour composer l'enchaînement – choix possible ou non de parcours, d'ateliers sur lesquels évoluer – utilisation ou non de matériel facilitateur (ex. : plan incliné pour aider à rouler) – relations aux autres (élèves, adultes) : possibilité d'aide et/ou de parade
Les rôles	– gymnaste – juge – aide, pareur – spectateur
Le support sonore	– présence ou non de support sonore – utilisation ou non du support sonore pour orienter l'action
Les formes de groupements	groupes hétérogènes, homogènes (ou de niveau), de besoin

6 Les dispositifs

L'activité des élèves s'organise autour d'**agrès** plus ou moins coordonnés entre eux :
– le sol ;
– les barres fixes parallèles ou asymétriques ;
– le saut de cheval ;
– les anneaux ;
– la poutre.

Ces agrès sont typés garçons ou filles lors des compétitions sportives en club, mais ils ne le sont pas à l'école. Les garçons peuvent faire de la poutre et les filles des barres parallèles !

L'espace est délimité en un **certain nombre d'ateliers organisés autour d'un agrès** : un atelier poutre, un atelier saut de cheval…

Des **parcours** peuvent être mis en place à partir de plusieurs agrès. Par exemple, en cycle 2, afin d'effectuer un enchaînement de trois éléments, il est possible d'enchaîner :
– un élan réduit pour prendre son impulsion sur un mini-tampoline ou un tremplin ressort afin de se réceptionner sur un plinth sur les genoux ou sur les pieds ;
– puis d'effectuer un saut en partant debout du plinth et de se réceptionner en équilibre sur un tapis de réception ;
– pour finir par une roulade avant sur le même tapis de réception (un chemin de tapis).

Un même atelier peut intégrer plusieurs niveaux de difficulté qui nécessitent du matériel différent. Par exemple, l'élève peut rouler en avant en partant d'un plan incliné ou en roulant directement sur le praticable.

L'élève peut, ou non, avoir le choix d'utiliser tel ou tel matériel.

6.1 *L'aide et la parade*

Un même exercice peut être effectué, par ordre décroissant de difficulté :
- seul ;
- avec parade ;
- avec aide.

L'**aide** consiste à agir manuellement sur le corps de l'élève afin de faciliter les mouvements à réaliser (ex. : lors d'une roulade avant sur un plan incliné, guider la rotation afin d'aider l'élève à ne pas tomber du plan incliné).

La **parade** est assurée par l'enseignant ou un autre élève. Par sa présence, le pareur permet au gymnaste de se retrouver dans une situation plus confortable psychologiquement.

La parade se transforme en aide s'il y a une action effective pour favoriser le mouvement. Exemples de parade se transformant en aide : lors d'un exercice sur une poutre, une parade est assurée par deux élèves, un de chaque côté de la poutre, qui suivent le gymnaste en levant les bras sans le toucher. La parade se transforme en aide si l'élève est déséquilibré latéralement et qu'il saisit la main d'un des deux pareurs afin de ne pas tomber de l'agrès.

6.2 *Lors de la présentation des enchaînements*

Les espaces doivent être délimités pour préciser :
- l'espace d'évolution pour réaliser les enchaînements ;
- l'espace réservé aux spectateurs ;
- l'espace réservé aux juges.

6.3 *Le rôle du support musical*

Pour les activités gymniques, le support musical peut ou pas être un inducteur.

S'il en est un, le gymnaste peut caler le début et la fin de l'enchaînement sur la musique. Il peut, à un niveau supérieur, jouer avec le support musical.

6.4 *Les groupements*

Les élèves sont regroupés par ateliers, pour un nombre défini de séances. Il ne faut surtout pas changer les groupes à chaque séance !

Les groupements sont organisés sur une base hétérogène, homogène ou en fonction des besoins.

• **Les groupes hétérogènes** favorisent l'entraide et la coopération. Il faut prévoir, pour une même situation, des niveaux d'habileté différents afin de permettre à chaque élève de réussir et d'évoluer à son niveau.

Exemple

Saut en contrebas d'un plinth :
– niveau 1 : sauter en contrebas ;
– niveau 2 : sauter et se réceptionner sur les pieds sans tomber sur les tapis de réception ;
– niveau 3 : sauter et se réceptionner dans une zone précise.

L'identification de ces différents niveaux permet à l'élève de s'inscrire dans une problématique de progrès.

• **Les groupes homogènes** permettent de mettre en place des exercices de difficulté équivalente à partir de situations similaires.

Exemple

Faire un demi-tour longitudinal sur un agrès :
– pour un groupe : le demi-tour s'effectuera sur une poutre haute ;
– pour un autre groupe : sur un plinth à même hauteur ;
– pour un troisième groupe : sur une poutre basse ;
– pour un quatrième groupe : sur un banc.

• **Les groupes de besoin** sont organisés en fonction des difficultés rencontrées.

Exemple

Effectuer un tour autour d'une barre :
– pour un groupe : le tour s'effectuera autour de la barre basse des barres asymétriques en partant les deux pieds au sol ;
– pour un autre groupe : le tour s'effectuera autour de la barre basse des barres asymétriques en partant d'un appui manuel (l'élève n'a plus d'appuis pédestres au sol).

6.5 *La co-observation*

La co-observation peut être mise en place au sein des groupes. Une rotation des rôles est alors organisée pour permettre à chacun d'être observé mais également d'être observateur.

Exemple de grille de co-observation :

Nom du gymnaste : **Nom de l'observateur :**		
Action	Prendre une impulsion sur un tremplin ressort après une course d'élan réduite de quelques pas	Cocher
1er niveau	Impulsion sur le tremplin ressort et réception sur le plinth à genoux	
2e niveau	Impulsion sur le tremplin ressort deux pieds et réception sur le plinth à genoux	
3e niveau	Impulsion sur le tremplin ressort deux pieds et réception sur le plinth sur les pieds	

Cette grille peut être utilisée de manières différentes :
– comme évaluation sommative : elle définit en fin de séquence le niveau de l'élève ;
– comme évaluation formatrice (pour l'élève) : l'observateur utilise la fiche plusieurs fois durant la séquence. Lorsque l'élève observé a atteint un niveau, il essaie d'atteindre le niveau suivant.

Remarque

La grille de co-observation peut également servir à l'enseignant lors d'évaluations formatives.

Il est important de définir à partir de combien de réussites on estime que l'élève a effectivement réussi l'exercice : il s'agit en fait de faire la distinction entre la réussite stabilisée (par exemple après cinq réussites observées) et la réussite fortuite (l'élève a réussi une seule fois mais n'est pas encore en capacité de reproduire cette réussite).

7 Exemples de situations

7.1 *Situation : rouler en avant*

Pour rouler, l'élève doit :
– **produire de la vitesse** en ayant une impulsion jambes ;
– **conserver cette vitesse** en se mettant et en restant groupé, sans poser la tête, durant la roulade avant.

La pose des mains permet d'amortir la chute en avant. Elle permet également, en début d'apprentissage, de se relever pour se redresser.

Exemple

Rouler en avant en s'aidant d'un plan incliné en forme de prisme droit à base trapézoïdale : l'élève part de la partie horizontale du prisme, accroupi ou à genoux, puis roule en posant les mains sur la partie inclinée. Réception sur les fesses.

Variantes :
– aide possible pour maintenir le corps dans l'axe de rotation comme pour maintenir le corps en boule, menton poitrine ;
– rouler et se relever pour arriver sur les pieds ;
– rouler et se relever sans les mains.

Exemple

Rouler en avant en s'aidant d'un plan incliné en forme de prisme droit à base triangulaire : l'élève part du sol en posant les mains sur la partie inclinée du prisme, il produit une impulsion jambes afin de pouvoir tourner en avant, corps groupé. Réception sur les fesses.

Variantes :
– partir d'un banc placé derrière le prisme (aide à l'impulsion) ;
– rouler et se relever pour arriver sur les pieds ;
– rouler et se relever sans les mains.

Exemple

Rouler en avant sans laisser tomber une feuille maintenue entre le menton et la poitrine : le fait de devoir tenir la feuille oblige l'élève à rester en boule.

Variantes :
- même exercice au sol ;
- rouler et se relever pour arriver sur les pieds ;
- rouler et se relever sans les mains.

Remarque

Sécurité : pour tous les exercices, positionner des tapis sur les côtés du prisme afin d'amortir les éventuelles chutes dues à une roulade ne s'effectuant pas dans l'axe de rotation.

7.2 Situation : rouler en arrière

Pour rouler en arrière, l'élève doit :
- **produire de la vitesse** en se déséquilibrant vers le bas et l'arrière ;
- **conserver cette vitesse** en se mettant et en restant groupé.

La pose des mains permet d'amortir le déséquilibre arrière. Sur un plan incliné, le retour à la position debout se fait aisément. La difficulté peut provenir d'un déficit de contrôle de la vitesse qui engendre parfois un déséquilibre en arrière suivi d'une chute sur les fesses.

Exemple

Rouler en arrière en s'aidant d'un plan incliné en forme de prisme droit à base trapézoïdale : l'élève part en s'asseyant sur la partie horizontale du prisme, puis roule en posant les mains proche de la tête sur la partie inclinée (image, faire des « oreilles de lapin »). Réception à genoux.

Variante :
- aide possible pour maintenir le corps dans l'axe de rotation comme pour maintenir le corps en boule ;
- réception debout ;
- si le prisme est à base triangulaire, partir debout puis venir s'asseoir en tournant en arrière.

Remarque

- La roulade arrière se fait uniquement avec l'aide d'un plan incliné afin d'éviter les traumatismes au niveau cervical.
- Comme pour la roulade avant, des tapis doivent être positionnés sur les côtés du plan incliné afin d'amortir les éventuelles chutes dues à des rotations ne s'effectuant pas dans l'axe de rotation.

7.3 Se déplacer en équilibre sur une poutre

Mini-enchaînement

Entrée en bout de barre en utilisant un banc, déplacement en marchant jusqu'au milieu de la poutre, équilibre sur un pied, déplacement jusqu'à l'autre extrémité de la poutre, saut en contrebas et réception équilibrée sur le tapis de réception.

Variantes :
- aide et/ou parade de chaque côté ; possibilité de positionner la poutre près d'un mur afin de permettre à l'élève de s'aider en se repoussant sur celui-ci ;
- remplacer l'équilibre sur un pied par deux demi-tours successifs sur un pied ;
- ajouter un demi-tour ou un tour complet durant le saut en contrebas.

7.4 Se renverser en appuis manuels

Le placement dos

Partir de la position « à quatre pattes », dos à un espalier et pieds sur celui-ci. Gravir progressivement les barreaux de l'espalier afin de placer progressivement le dos à la verticale en appui tendu renversé.

Variante :
Par deux, un élève aide un camarade à placer le dos à la verticale en le tenant par les pieds ; changer les rôles.

Les pieds au mur

Se renverser jusqu'à la verticale inversée pour venir mettre les pieds au mur en position ATR : Appui Tendu Renversé (voir dessin ci-contre).

Variante :
– aide pour ralentir l'arrivée au mur ;
– aide pour aider à monter à l'ATR ;
– en position ATR, se reculer du mur.

La sortie ATR à partir du « cochon-pendu »

Se positionner en « cochon-pendu » (voir schéma ci-dessous) à la barre basse des barres asymétriques puis poser les mains au sol afin d'effectuer un ATR pour sortir de l'agrès.

Fig. 5 – *Appui tendu renversé contre un mur.*

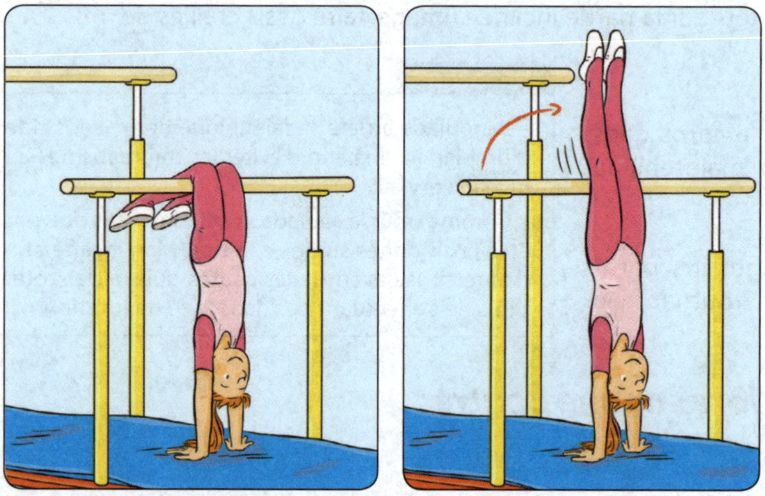

Fig. 6 – *Le « cochon-pendu ».*

Variantes :
– aide pour se positionner en « cochon-pendu » ;
– partir de la position suspension manuelle à la barre haute des barres asymétriques. Venir positionner les deux jambes par-dessus la barre basse au niveau des genoux. Lâcher une main de la barre haute pour attraper la barre basse. Lâcher l'autre main pour attraper la barre basse puis lâcher les deux mains de la barre basse afin de venir en position « cochon-pendu » ;
– même exercice en lâchant les deux mains en même temps.

7.5 *Se propulser pour voler*

Exemple

Rebondir sur un mini-trampoline puis voler pour venir se réceptionner sur un tapis de réception.

Variantes :
– augmenter le temps de suspension en passant au-dessus d'un fil tendu ;
– améliorer la réception équilibrée en se réceptionnant dans une zone précise ;
– effectuer une action durant l'envol : claquer dans les mains, regarder un camarade qui indique un nombre avec ses doigts… ;
– effectuer un demi-tour, un tour complet, durant l'envol.

8 Le matériel

Les différents agrès sont utilisables par tous les élèves.

Liste des agrès :
– le sol (praticable formé de tapis) ;
– les barres : barre fixe, barres parallèles et barres asymétriques ;
– le saut de cheval ;
– les anneaux.

Les conditions d'utilisation à respecter :
– les barres : régler la hauteur et l'écartement des barres en fonction du niveau et du gabarit des élèves ;
– la barre fixe : régler la hauteur de telle manière que tout élève puisse se balancer sans toucher les pieds au sol ;
– la poutre : régler la hauteur en fonction du niveau des élèves ;
– le saut par franchissement de plinth ou de mouton à partir d'une impulsion sur un tremplin : régler la hauteur en fonction du tremplin utilisé et des capacités des élèves ; les tremplins utilisables : le mini-tampoline est plus aisé d'utilisation (rebond plus efficace qui permet un envol plus important) que le tremplin ressort qui est lui-même plus facile d'utilisation que le tremplin en bois à lame.

Les autres matériels :
– les espaliers (échelles en bois fixées au mur) ;
– les bancs ;
– les plinths : caissons en bois ou en mousse de hauteur et de longueur variables qui peuvent s'empiler les uns sur les autres pour les plinths en bois. Il est possible de fixer divers objets sur les plinths en bois : barre fixe, échelle en bois ou de corde, poutre, banc afin de créer un agrès (barre fixe ou poutre), voire un mini-parcours ;
– les plans inclinés en mousse, les rouleaux en mousse (pour faciliter les roulades) ;
– les tapis : de taille, d'épaisseur et de densité différentes. Plusieurs tapis soudés entre eux forment un chemin de tapis qui permet de réaliser des enchaînements au sol. Certains petits tapis (2 m × 1 m) peuvent se solidariser entre eux à l'aide de bandes adhésives. Il est ainsi possible de créer un praticable carré ou rectangulaire afin de réaliser des enchaînements au sol.

9 La sécurité

9.1 *La sécurité passive*

Elle concerne :
– le dispositif matériel : les tapis sont en nombre suffisant, les agrès ne sont pas proches des murs ou des endroits de stockage, les agrès ne sont pas proches les uns des autres ;

le matériel est vérifié avant chaque séance ;
– le dispositif humain : l'enseignant se trouve à l'atelier qui présente le plus de risques ; les élèves peuvent être pareur ou aide ;
– les consignes de sécurité et les règles de fonctionnement doivent être rappelées au début de chaque séance.

9.2 La sécurité active

Elle concerne :
– les compétences de l'EPS construites par les élèves dans les activités gymniques en tant que gymnastes comme en tant qu'aides ou pareurs ;
– les compétences transversales qui permettent d'identifier les risques : identifier et apprécier les effets de l'activité.

Elle renvoie de manière plus générale aux compétences 6 (*Avoir un comportement responsable*) et 7 (*S'appuyer sur des méthodes de travail pour être autonome ; avoir une bonne maîtrise de son corps*) du socle commun de connaissances et de compétences.

10 Le lien avec le socle

- **Domaine 1 : les langages pour penser et communiquer**

Développer sa motricité et construire un langage du corps :
– adapter sa motricité à un environnement particulier en évoluant sur des agrès variés, devant des spectateurs et des juges (cycle 2) ;
– s'exprimer par son corps et accepter de se montrer à des spectateurs et des juges (cycle 2) ;
– acquérir des techniques spécifiques pour améliorer son efficacité (cycle 3).

- **Domaine 2 : les méthodes et outils pour apprendre**

S'approprier seul ou à plusieurs par la pratique, les méthodes et outils pour apprendre :
– apprendre à planifier son action avant de la réaliser : construire un enchaînement en fonction de ses capacités, du risque encouru et afin de viser la meilleure performance possible (cycle 2) ;
– répéter un geste pour le stabiliser et le rendre plus efficace (cycle 3) ;
– utiliser des outils numériques pour observer, évaluer et modifier ses actions (cycle 3).

- **Domaine 3 : la formation de la personne et du citoyen**

Partager des règles, assumer des rôles et des responsabilités pour apprendre à vivre ensemble :
– assumer des rôles sociaux : gymnaste, créateur d'enchaînement, spectateur, juge (cycles 2 et 3) ;
– assurer sa sécurité et celle d'autrui sur des agrès variés (cycle 3).

- **Domaine 5 : les représentations du monde et l'activité humaine**

S'approprier une culture physique sportive et artistique :
– découvrir la variété des agrès : sol, poutre, cheval, plinth, mini-trampoline, barres (cycle 2) ;
– exprimer des intentions et des émotions par son corps dans un projet artistique acrobatique individuel (cycle 2) ;
– savoir situer des performances à l'échelle de la performance humaine (cycle 3).

11 L'évaluation

Une grille de niveaux d'habileté peut servir d'évaluation sommative en cycle 3.

Niveau d'habilité	Enchaînement des actions	Qualité de l'enchaînement	Construction de l'enchaînement
Niveau 1	Actions séparées, disjointes	Début ou fin identifiés	Construction avec aide de l'adulte
Niveau 2	Actions contiguës, juxtaposées	– Début et fin identifiés – Actions présentées dans un ordre différent de celui annoncé	Construction avec aide ponctuelle de l'adulte
Niveau 3	Actions enchaînées	– Début et fin identifiés – Respect des actions annoncées	Construction en autonomie en respectant les consignes

12 Le lien avec la santé

Les programmes soulignent que l'élève doit « *apprendre à entretenir sa santé par une activité physique régulière* » en lien direct avec le domaine de formation n° 4 du socle.

Il s'agit pour lui de :
– découvrir les principes d'une bonne hygiène de vie, à des fins de santé et de bien-être ;
– ne pas se mettre en danger par un engagement physique dont l'intensité excède ses qualités physiques.

En vous référant au chapitre « La santé à l'école : un objectif particulier », p. 79, vous pouvez de plus mettre en avant les capacités suivantes que l'élève va pouvoir construire à partir des activités d'orientation.

L'élève va être en capacité de :
– résoudre des problèmes : comment diversifier son répertoire moteur, à partir de verbes d'action multiples (rouler, voler, se renverser…) sur des agrès divers (sol, poutre, barres…) ? Comment choisir les actions à réaliser en fonction de ses capacités (ni trop faciles ni trop difficiles) ? ;
– prendre des décisions, gérer son stress, gérer ses émotions : accepter de prendre des risques calculés avec puis sans aide, avec puis sans parade ;
– informer, échanger, savoir prendre des décisions, être responsable : construire l'enchaînement au plus près de ses capacités, juger de manière impartiale et objective (en utilisant les outils proposés) ;
– avoir conscience de soi : savoir se situer dans l'espace, maîtriser son corps dans toutes les situations (en l'air, tête en bas, en hauteur…), se concentrer lors de la présentation de l'enchaînement devant d'autres ;
– avoir de l'empathie, être solidaire, être habile dans les relations interpersonnelles : donner des conseils pour aider un camarade à choisir les actions qui vont composer l'enchaînement, être un spectateur respectueux et bienveillant, être un co-observateur objectif.

CHAPITRE 5

La danse

La danse recouvre deux aspects :
– la danse créative qui renvoie à la production et la création d'enchaînements dansés d'une part ;
– les rondes et jeux dansés ou chantés qui renvoient à des reproductions de formes d'autre part.

Ce chapitre traite de ces deux versants.

LA DANSE CRÉATIVE EN MATERNELLE

1 Les attendus en fin d'école maternelle

– Construire et conserver une séquence d'actions et de déplacements, en relation avec d'autres partenaires, avec ou sans support musical.
– Endosser les différentes postures : danseur, spectateur, observateur.

Ces attendus renvoient à l'objectif : *« Communiquer avec les autres au travers d'actions à visée expressive ou artistique »*.

2 Les compétences à construire

Psycho-socio-affectif	Cognitif	Moteur
– Oser s'engager dans l'action, dans la relation aux autres danseurs – Prendre plaisir à s'engager corporellement et à se montrer aux autres – S'investir et s'approprier différents rôles sociaux : danseur, spectateur, observateur – Participer, en grande section de maternelle, à l'élaboration individuelle ou collective d'un enchaînement dansé	– Explorer les différents possibles de l'action motrice et du mouvement, avec ou sans objet, avec ou sans support musical – Percevoir ses possibilités corporelles dans l'espace et le temps – Expérimenter et éprouver différentes réponses corporelles et les structurer dans la qualité à partir de variables (les qualités du mouvement : l'espace, le temps, l'énergie, le corps et la relation aux autres) – Construire son regard de spectateur – Comprendre (et respecter) les consignes et les règles de fonctionnement en tant que danseur et spectateur	– Construire l'espace de déplacement en utilisant le répertoire le plus large possible d'actions motrices fondamentales équilibrées, coordonnées et de plus en plus enchaînées qui remettent en cause les équilibres habituels, en lien ou non avec des objets – Découvrir et rechercher à utiliser des objets inducteurs en s'appuyant sur les différentes qualités du mouvement (voir ci-contre) – Développer des repères visuels et kinesthésiques (la sensation de mouvement des parties du corps)

3 Les contenus

3.1 Les contenus moteurs

– Le développement des perceptions et coordinations d'actions motrices fondamentales, à partir d'inducteurs variés : des objets, des photographies, des histoires…

– La mise en œuvre des différents possibles corporels, des différentes qualités du mouvement : les différents modes de déplacement (se déplacer, en marchant, en sautillant, en courant…), la mobilisation de différentes parties du corps (un bras, une jambe, la tête…), les contrastes de temps (courir, s'immobiliser, marcher à pas feutrés…), les contrastes des mouvements continus et des mouvements saccadés, les différents niveaux de l'espace corporel (glisser, rouler, ramper sur le sol, se déplacer accroupi, à 4 pattes, se déplacer sur la pointe des pieds…).

– L'enchaînement de plusieurs déplacements et mouvements dans l'espace. Exemple : marcher, s'arrêter, danser avec le haut du corps, glisser au sol, se relever…

– L'action sur les objets ou sur les autres avec le corps.

– La coordination de plusieurs mouvements ; exemple : balancer les bras, tracer des vagues dans l'espace avec les bras, faire des cercles avec les épaules.

– La variation de l'amplitude du mouvement ; exemple : danser grand, le corps étiré ; danser petit, le corps resserré.

– La dissociation segmentaire en enchaînant plusieurs mouvements avec des parties du corps différentes ; exemple : la tête passe la parole au coude qui passe le relais à l'épaule puis au genou, au bassin…

– La combinaison de plusieurs mouvements avec différentes parties du corps (exemple : jambe et bras et tête…) et l'enchaînement de différentes actions (exemple : sauter, chuter, rouler, se relever…)

3.2 Les contenus méthodologiques et sociaux

– Le plaisir de danser avec les autres, de danser comme les autres, de danser en imitant un camarade, de danser en répétant un mouvement.

– La relation à l'autre danseur, en agissant sur lui, en manipulant différentes parties de son corps (le sculpteur), en dansant comme lui (en miroir…).

– L'observation de la danse des autres pour exprimer un ressenti, une émotion, pour décrire un mouvement ou un enchaînement d'actions et de mouvements.

– En grande section, la composition, seul, à 2 ou à plusieurs, d'un enchaînement dansé à partir de l'exploration puis de la structuration et enfin de la composition.

– La posture de spectateur de la danse des autres.

4 Les axes de progrès

Indicateurs	De…	À…
L'espace	D'une utilisation restreinte de l'espace	À l'utilisation de l'espace dans toutes ses dimensions et directions
Les déplacements, les tracés, les niveaux	De l'exploration de différents déplacements dans l'espace, de différents tracés, souvent au même niveau (haut prioritairement)	À la structuration des différentes trajectoires dans l'espace, à des niveaux différents (haut/bas/moyen)
La relation aux autres	– D'une relation exclusive à quelques danseurs – D'une centration sur soi	– À une relation avec n'importe quel danseur – À une relation par le regard
Le corps, en lien avec les inducteurs	De la découverte de l'action motrice globale, de différents modes d'actions possibles pour agir sur des objets de tailles et de formes différentes	À l'expérimentation des différentes qualités de mouvements induites par les objets manipulés ou imaginés (danser comme la plume, descendre au sol comme la pierre…), par les éléments (air, terre, eau, feu) ou par d'autres supports inducteurs
L'énergie	De l'expérimentation, par la répétition des contrastes, du mouvement saccadé, du mouvement continu	– À la reproduction et composition d'un mouvement en jouant sur la variable énergie (mouvement continu, fluide, mouvement saccadé) – À la recherche de différentes amplitudes du mouvement
L'enchaînement dansé	– D'une succession de mouvements juxtaposés, de gestes répétitifs ou uniformes – D'une représentation du réel – D'une intention confuse	– À un enchaînement de mouvements variés et inhabituels – À une interprétation du réel – À une lisibilité du projet, de l'intention

5 La trame de variance

Le corps	– tout ou partie du corps – dissociations segmentaires – les équilibres, les déséquilibres – les sauts – les rotations – les déplacements : marchés, courus…
L'espace	– la taille et la forme des espaces – le nombre d'espaces – les directions – les tracés : droites, courbes… – les niveaux : haut, moyen, bas
Le temps	– la durée : court, long, plus long – la vitesse : très lent, lent, rapide – le séquençage : arrêts, reprises, immobilité
La relation aux autres	– l'évitement – le contact bref, soutenu – l'agrégation à deux, à plusieurs – ensemble, contre, en miroir, à l'unisson…
L'énergie	– le relâchement : léger, fluide… – la tension : lourd, saccadé… – les contrastes, la continuité
Les inducteurs (moyens, contraintes permettant de déclencher la réflexion puis la création)	– les objets : ballons de baudruche, foulards… – les verbes d'action : courir, ramper… – les images : lourd comme une pierre, léger comme une feuille… – les actions usuelles : se lever, se laver, se brosser les cheveux… – les gestes du quotidien : les gestes sportifs, les gestes liés à des métiers…. – les histoires, les évocations (visites de musées…) – les supports musicaux – les photographies – les supports sonores
Le nombre de danseurs	– seul (peu ou pas utilisé) – le groupe – la demi-classe – la classe entière (spectacle scolaire par exemple)
Les postures	– danseur – spectateur – chorégraphe (en MS et surtout en GS)
Le partenariat	– avec ou sans partenariat – le type de partenaires : danseur(s), mime(s)

6 Les dispositifs

6.1 L'organisation de l'espace scénique

a) Un espace

L'espace est structuré ou pas. Exemples : indications des entrées et des sorties de l'espace ; sous-espaces avec passages obligés (imposés temporellement ou pas) pour amener les élèves à occuper tout l'espace.

b) Plusieurs espaces

– Des espaces différents. Exemple : chaque espace peut illustrer une qualité du mouvement.
– Des espaces identiques occupés par de petits groupes d'élèves (2 à 5 élèves) qui illustrent la même qualité du mouvement.

c) Des espaces pour regarder et apprécier

– Un espace pour les spectateurs : indispensable lors des présentations afin d'amener les danseurs à s'orienter par rapport à cet espace.
– Un espace pour les observateurs éventuellement (pour la GS essentiellement) lors des phases d'aide à l'apprentissage.

6.2 La présentation

a) La constitution du public

Le nombre : le public est constitué en fonction des objectifs poursuivis. Exemple : si des élèves sont en difficulté face à un public trop nombreux, il est possible de demander aux danseurs de se produire face à peu de spectateurs ; ils se donnent ainsi « à voir » aux autres sans pour autant être bloqués psychologiquement par le trop grand nombre ; ces groupes retreints peuvent aussi être constitués de camarades complaisants.

La qualité du public : les élèves de son groupe, d'autres élèves de la classe, ceux d'une autre classe de l'école, ceux d'une autre école, les parents, un public plus général, lors de rencontres de danse par exemple.

b) Les temps de présentation

Un temps de présentation, même bref et au sein de chaque groupe ou entre groupes spatialement proches, doit être systématiquement organisé à chaque séance, afin d'habituer les élèves à se « donner à voir aux autres ». Ce temps se positionne plutôt en fin de séance.

Un temps plus structuré de présentation est prévu plusieurs fois durant la séquence, dans les conditions les plus proches de la présentation finale, si une présentation est prévue en fin ou après la séquence.

6.3 L'univers sonore

Le support musical peut être un inducteur qui va permettre à l'élève de construire sa danse, en calant par exemple ses mouvements sur lui ou, au contraire, en étant en opposition à lui afin de créer un contraste.

Si le support sonore permet de colorer le mouvement de l'élève, le silence peut également être une expérience créatrice qui favorisera l'écoute de l'autre.

6.4 Le partenariat avec un ou plusieurs artiste(s)

Plusieurs étapes sont à respecter.
– Étape 1 : conception du projet, prise de contact par l'enseignant avec les partenaires et appropriation du contexte global du projet par les enfants.
– Étape 2 : entrée dans les matériaux de la danse, éventuellement, dans la thématique.
– Étape 3 : accueil d'un ou de plusieurs artiste(s) par la classe et travail de collaboration entre le ou les artistes et l'enseignant.
– Étape 4 : composition, écriture, mémorisation.
– Étape 5 : présentation devant des spectateurs.

Remarque

La démarche est identique avec des artistes circassiens.

7 Exemples de situations

7.1 Situations pour aborder l'espace

a) La promenade

Les élèves se déplacent dans tout l'espace scénique au sol, de manière inhabituelle : en rampant, à 4 pattes, sur le dos…

Variantes : les verbes d'action sont plus ou moins imposés ; des espaces (des maisons par exemple) doivent obligatoirement être visités durant le déplacement.

b) Les feuilles mortes

Le vent fait voler les feuilles mortes (les élèves) dans tout le parc (l'espace scénique).

Variantes : le vent souffle dans telle direction, les élèves doivent donc se déplacer en suivant la direction du vent.

7.2 Situations pour aborder le temps

a) Les feuilles mortes (variante sur la vitesse : lent/vite/très vite)

Le jardinier (un ou plusieurs élèves) met les feuilles en tas pour les ramasser ; le vent est doux, puis fort, et enfin violent (une tempête).

Variantes : un élève donne les indications d'intensité du vent ; le vent souffle puis s'arrête, les élèves se figent puis repartent… (travail sur le séquençage).

b) Le ruban

Les élèves utilisent un ruban en suivant les indications de vitesse : vite/lent.

Variantes : passer du contraste vite/lent à trois vitesses : très vite/vite/lent ; donner en plus un verbe d'action (tourner, traîner…) ; utiliser deux rubans.

Fig. 1 – *Le ruban.*

7.3 Situations pour aborder la relation aux autres

a) Le foulard

Les élèves sont par deux : un élève est enroulé dans un foulard ; le second l'utilise pour faire bouger le premier.

Variantes : le foulard ne doit pas être lâché ou au contraire l'être par moment puis réutilisé ; la position du foulard est imposée : au bassin, aux épaules…

Fig. 2 – *Le foulard.*

b) Le sculpteur

Les élèves sont par deux (un sculpteur et une statue) et se déplacent librement : au signal, les élèves s'arrêtent et le sculpteur « façonne » la statue la plus proche de lui en lui donnant une forme particulière. Changement de rôle après deux minutes.

Variantes : les groupes de deux doivent rester ensemble durant toute la situation ; au contraire, les couples sculpteur/statue doivent être systématiquement différents à chaque arrêt.

7.4 Situations pour aborder le corps

a) Les gestes du quotidien

Chaque élève se déplace en mimant certains gestes caractéristiques du quotidien (se brosser les dents, se laver, se brosser les cheveux…).

Variantes : les gestes sont imposés ; les élèves sont par deux : un élève propose un geste et le second doit le reproduire.

b) Les métiers

Chaque élève choisit un métier et mime certains gestes caractéristiques lors de ses déplacements.

Variantes : utilisation de signaux sonores pour indiquer les moments de mime.

7.5 Situation pour aborder l'énergie : le robot

Les élèves-robots se déplacent en suivant les indications de l'enseignant.

Variantes : utiliser continu/fluide/saccadé ; utiliser des verbes d'action : exploser, frotter, fondre, caresser…

7.6 Situation pour mémoriser l'enchaînement dansé

Je danse comme avant. Les élèves sont en binôme. Un élève danse et montre son enchaînement à son camarade qui lui indique s'il ressemble à ce qu'il a vu à la présentation précédente.

Variante : l'élève reproduit tout ou partie de l'enchaînement.

8 Le matériel

Le matériel utilisable pour la danse :
– le matériel utilisé comme inducteurs : ballons de baudruche, rubans, foulards, photographies… ;
– les accessoires servant aux éventuels déguisements : masques, chapeaux… ;
– le matériel avec lequel composer : banc, chaise, paravent… ;

– le matériel audio : prévoir une puissance suffisante pour une utilisation dans une salle plus ou moins grande et plus ou moins insonorisée ;
– les instruments de musique en remplacement du matériel audio : tambourin, maracas…

9 La sécurité

9.1 La sécurité passive

Les espaces aménagés doivent être suffisamment éloignés les uns des autres, des murs et des espaces de rangement d'autres matériels, pour éviter toute collision imprévue (mauvaise maîtrise des courses ou déplacements particuliers : sur le dos, à quatre pattes…).

Le nombre d'élèves et le nombre de groupes d'élèves doivent être déterminés en fonction de la taille de la salle et du type de situations pédagogiques proposées aux élèves.

La composition du public : le nombre et la qualité des spectateurs doivent être définis en fonction de la capacité des élèves à se produire face à un public.

9.2 La sécurité active

La sécurité affective doit être assurée pour chaque représentation : les élèves doivent pouvoir évoluer sans crainte du regard de l'autre. Adopter la posture de spectateur se construit afin que le regard soit aguerri et bienveillant. La posture d'observateur se construit également afin que les retours soient structurés, constructifs et également bienveillants.

La compréhension et le respect des consignes et règles de fonctionnement doivent être obtenus et vérifiés. L'enseignant peut demander aux élèves de reformuler (dire avec ses mots) afin de vérifier le niveau de compréhension.

Fig. 3 – *La sécurité active.*

10 Le lien avec le socle commun

Même si le socle commun n'est évalué qu'en fin de cycles 2 ou 3, les élèves de maternelle commencent tout de même à construire des compétences transversales en lien avec les domaines du socle.

– Le domaine 1, les langages pour penser et communiquer : il s'agit de mobiliser le langage dans toutes ses dimensions. Pour cela, l'enseignant « aide l'enfant à accorder du sens à ce qu'il fait, il l'amène à se projeter. Il prend le temps de parler de ce qui a été vécu, de présenter ce qui va être proposé, d'expliciter pourquoi on le fait. Il suscite et prend en compte l'expression des désirs de chacun en les intégrant dans un projet collectif » comme le soulignent les documents ressources pour la maternelle déposés sur Éduscol. Au-delà de la posture de danseur, l'alternance des postures d'acteur et de spectateur constitue également des moments propices pour entrer en relation au travers de la portée émotionnelle du mouvement. Ce sera également le lieu d'échanges avec l'élève sur ses appréhensions, voire ses peurs éventuelles : « j'ai peur de danser devant les autres » par exemple.

– Le domaine 2, les méthodes et outils pour apprendre : l'engagement dans l'action, la recherche de solutions, de solutions nouvelles, l'expérimentation sont autant d'éléments qui vont favoriser la construction de cette compétence. Exemple : je cherche le plus possible de mouvements qui répondent à la contrainte posée à partir d'une ou plusieurs qualités du mouvement.

– Le domaine 3, la formation de la personne et du citoyen : adopter un comportement responsable en respectant les autres, les consignes et règles de fonctionnement : je respecte la présentation des autres élèves en tant que spectateur, en étant attentif et silencieux ; je m'efforce de faire des commentaires argumentés, positifs et bienveillants lorsque je suis observateur.

11 L'évaluation

Une grille de niveaux d'habileté peut être utilisée par l'enseignant tout au long de la séquence de danse.

Exemple de grille pour évaluer un enchaînement structuré à partir de deux qualités du mouvement.

Niveaux d'habileté	**Qualités du mouvement**	
	L'espace	**L'énergie**
Niveau 1	Exploration de différents déplacements dans l'espace, de différents tracés : ligne droite, ligne courbe	Énergie monotone : un seul type d'énergie durant tout l'enchaînement
Niveau 2	Association de modes de déplacements particuliers en relation avec des règles d'espaces ou des tracés	Énergie fondée sur un contraste : continu/ saccadé

►►►

Niveaux d'habileté	Qualités du mouvement	
	L'espace	L'énergie
Niveau 3	Structuration des différentes trajectoires dans l'espace scénique. Enchaînement et anticipation de tracés différents : lignes courbes, lignes angulaires, spirales	Énergie utilisée en fonction de l'effet recherché : continu/saccadé/fluide

12 Le lien avec la santé

Il s'agit pour l'élève de maternelle, qui va grandir et « devenir grand » dans le même temps, de prendre soin de son corps et de sa santé, comme le soulignent les programmes de 2015.

Au-delà de la prise de taille, il devient en grandissant plus autonome. Il est plus en capacité d'agir seul, de réaliser quelque chose sans aide. Ces nouveaux pouvoirs personnels, ces droits nouveaux s'accompagnent cependant de l'acceptation de nouvelles contraintes qui accentuent les paradoxes ; oser et se risquer et simultanément faire attention à soi et aux autres…

La construction d'une « attitude santé » (voir chapitre « La santé à l'école : un objectif particulier » p. 79) s'appuie sur la construction de ces nouvelles compétences. L'élève devient notamment capable de :
– gérer son stress, gérer ses émotions, dépasser ses appréhensions : il ose s'engager dans l'action seul ou à plusieurs, devant un public ou pas ;
– prendre des décisions : après avoir exploré diverses solutions, il peut, avec l'aide éventuelle de l'adulte, choisir celle qui est la plus efficace ou qui lui convient le mieux ;
– prendre conscience de lui : la construction et l'enrichissement de son schéma corporel lui permettent de modifier ses repères et ses équilibres dans toutes les situations (tête en bas, en appui sur les mains, en hauteur…), de se repérer dans l'espace, de se repérer face à un public ;
– prendre conscience des autres, avoir de l'empathie pour eux, en étant à l'écoute des autres durant les temps de danse, un spectateur attentif et bienveillant ou encore en étant un observateur capable de donner des conseils argumentés.

LES RONDES, LES JEUX DANSÉS ET CHANTÉS EN MATERNELLE

1 Les attendus de fin d'école maternelle

Il s'agit pour l'élève de : danser sur des rondes ou des jeux dansés proposés par l'enseignant en coordonnant ses gestes et ses déplacements avec ceux des autres et accepter les différents rôles.

La compétence attendue renvoie à l'objectif : « *Communiquer avec les autres au travers d'actions à visée expressive ou artistique* ».

2 Les compétences à construire

Psycho-socio-affectif	Cognitif	Moteur
– Danser avec d'autres – Danser devant d'autres – Accepter de tenir les différents rôles de la ronde ou du jeu dansé – Accepter et respecter les pas de la ronde ou du jeu dansé – Accepter et respecter les règles de fonctionnement : tourner dans tel sens, se déplacer à deux ou à plusieurs, accepter de suivre un meneur…	– Comprendre l'ordre des différentes actions – Mémoriser les différents pas – Comprendre les règles de fonctionnement – Identifier les partenaires – Imiter, reproduire – Reconnaître des rythmes simples – Repérer des temps forts de la pulsation : l'accentuation – Repérer des durées et des vitesses	– Se situer dans l'espace : en avant, en arrière, latéralement… – Se situer par rapport aux autres : avancer vers quelqu'un, reculer par rapport à quelqu'un… – Se situer dans le temps : suivre une pulsation, un rythme – Utiliser des actions simples, seul ou à plusieurs : avancer, reculer, tourner sur soi, passer sous… – Se déplacer en fonction des partenaires – Chanter en dansant

3 Les contenus

3.1 La classification des rondes et jeux dansés

Référence : équipe départementale EPS du Calvados.

Danses à consignes		Rondes simples		Files, farandoles, cortèges, tresses, ponts	Danses à figures		
À énumération corporelle	Jeux d'imitation	Danses simples à choisir	Danses simples pour agir ensemble		En ligne	En couple	En cercle
Jean petit qui danse Savez-vous planter les choux ? La danse du Limousin La toumba J'ai un pied qui remue	Tous les légumes Sur le plancher Un éléphant ça trompe	Mon petit lapin Gugus Bonjour Guillaume Le fermier dans son pré La bonne galette Et quand serons-nous sages ? Nous n'irons plus au bois	Dansons la capucine Les pigeons sont blancs J'ai des pommes à vendre	Enfilons les aiguilles de bois La p'tite hirondelle À la tresse Quand on fait les crêpes chez nous La trompeuse Passez pompons Les carillons	La fille du coupeur de paille En passant les Pyrénées J'ai vu le loup, le renard et la belette	Enroulez le fil	Bonjour ma cousine J'aime la galette Mademoiselle, voulez-vous ?

Le tableau présente des rondes et des jeux dansés par complexification croissante. Les danses à consignes et les jeux dansés correspondent mieux à la petite section (PS) de maternelle ; pour autant, il est tout à fait possible de programmer ces activités en moyenne (MS) et grande section (GS) de maternelle. Les files, farandoles… et les danses à figures sont, par contre, à réserver aux MS et GS.

3.2 *Les contenus moteurs*

D'une part, l'élève de l'école maternelle s'investit dans les rondes ou les jeux dansés en utilisant des actions motrices simples : se déplacer en avant, en arrière, latéralement, seul ou à plusieurs, en se tenant ou non par la main. Il se déplace en marchant (pas marchés simples), en sautillant, en courant, à pas chassés, croisés, en se tenant la main, en se croisant les mains…

Il se déplace seul ou en groupe, ce qui nécessite de sa part de se coordonner avec les autres danseurs.

Il mobilise toutes les parties de son corps en fonction des sollicitations.

Il est amené à coordonner et enchaîner des actions simples : se déplacer et tourner, se déplacer et s'accroupir, se déplacer et frapper des mains ou des pieds…

D'autre part, l'élève est amené à se déplacer en respectant un environnement sonore : chant ou musique.

3.3 *Les contenus méthodologiques et sociaux*

Les contenus vont porter sur le fait de pouvoir :
– s'engager lucidement dans les rondes et les jeux dansés en acceptant de danser devant et avec les autres élèves de la classe ;

– s'investir lors des rondes et jeux dansés en participant activement aux mouvements ;
– identifier les activités à mener dans les différentes rondes et jeux dansés : imiter, reproduire, inventer, mémoriser ;
– respecter les règles de fonctionnement (vie collective) et les autres.

4 Les axes de progrès

Le progrès en rondes et jeux dansés se caractérise par rapport à :

Indicateurs	De...	À...
L'espace	D'un espace limité et non orienté	À un espace élargi et orienté
Les trajectoires	De trajectoires rectilignes	À des trajectoires en cercle, en farandoles…
Les partenaires	De danser pour soi	À danser en fonction des autres
Les rôles	D'un seul rôle	À plusieurs rôles dans différentes rondes et jeux dansés
Les règles	De règles simples	À des règles complexes, des codes
Le type de ronde ou jeu dansé *(voir classification p. 226)*	De rondes pour soi	À des rondes et jeux dansés à figures
Les actions	D'actions simples et peu nombreuses : avancer puis reculer…	À des actions plus complexes et plus nombreuses : avancer en tapant dans les mains, puis tourner en tapant dans les mains…

5 La trame de variance

Espace	– Sur place – Espace délimité en ronde : déplacements unidirectionnels ou multidirectionnels – Toute la salle : en file, en tunnel, en farandole
Trajectoires	– Rectilignes en aller simple puis en A/R – En cercle – Aléatoires (farandoles, files)
Temps	– Rondes et jeux dansés très courts – Rondes et jeux dansés sans limite de temps précise
Matériel	– Chant ou musique – Instrument : tambourin, maracas…
Règles	– Les règles de déplacement : un déplacement simple, un déplacement avec changement de sens, une alternance déplacement puis mouvement sur place, un déplacement plus complexe (en sautillant, à pas chassés, à pas croisés…) – Les règles de fonctionnement : le rôle à tenir, le respect des autres (rester ensemble, ne pas gêner l'évolution des autres danseurs…)
Nombre de danseurs	– Une ronde – Plusieurs petites rondes – Plusieurs files, farandoles…
Rôles	– Danseur – Rôle singulier : Gugus, Guillaume… – Meneur – Mimeur – Celui qui choisit, qui est choisi

6 Les dispositifs

– En dispersion dans tout la salle : les élèves se positionnent où ils veulent.
– En ronde en se tenant la main ou non.
– En ligne.
– En cortège : déplacements deux après deux, à la queue leu leu.
– En farandole : en se tenant la main en pas marchés, sautillés, chassés ou courus.
– En file, en se tenant par les épaules, le bassin…
– En tresse : en se tenant par les deux mains, inversées ou non.
– En pont : passage sous un pont formé par les bras tendus de deux élèves qui se tiennent par les mains.

7 Exemples de situations

Présentation de quelques rondes et jeux dansés par genre.

7.1 *Jeu d'imitation : Tous les légumes*

Texte dit ou chanté : pour les PS

1. Tous les légumes
2. Au clair de lune
3. Avaient envie de s'amuser-"zé"
4. Ils s'amusaient-"zé"
5. Comme ils pouvaient-"vé"
6. Et les passants les regardaient

Un potiron
Tournait en rond
Un salsifis se faisait tout petit
Un artichaut sautait très haut
Et le chou-fleur se dandinait avec ardeur

Ronde en se prenant la main ; déplacements en pas marchés ou sautés.

Pas marchés, sauter pieds joints sur place sur la dernière syllabe. Sur « regardaient » : arrêt de la ronde, face au centre, mains en visière, on regarde tout autour. Sur « un potiron » : faire un tour sur soi-même en mimant un gros ventre avec les bras. Sur « un salsifis » : descendre tout doucement accroupi. Sur « sauter très haut » : sauter en l'air bras levés. Sur « le chou-fleur » : mains sur les hanches, remuer les fesses.

Variantes :
Pour les plus grands :
– 1 et 2 : 2 pas en avant + saut pieds joints ;
– 3 : 4 pas en avant + saut pieds joints ;
– 4 et 5 : 2 pas en avant + saut pieds joints ;
– 6 : 4 pas lents en arrière.

7.2 *Danse à énumération corporelle : Jean petit qui danse*

Texte dit ou chanté : pour tous les niveaux

Jean petit qui danse
Jean petit qui danse
Avec le doigt, il danse
Avec le doigt, il danse
Avec le doigt, doigt, doigt,
Ainsi danse Jean petit
Jean petit qui danse
Jean petit qui danse
Avec la main, il danse
Avec la main, il danse
Avec la main, main, main
Avec le doigt, doigt, doigt,
Ainsi danse Jean petit

Ajouter une partie du corps à chaque fois (pied, tête, etc.).

En ronde, les enfants avancent vers le centre, puis reculent. À chaque couplet, les enfants s'arrêtent pour exécuter les gestes demandés. À « ainsi danse Jean petit », les enfants frappent dans leurs mains.

Variantes :
– Pour les petits, ronde simple sans aller vers le centre.
– À « ainsi danse Jean petit », les enfants tournent sur eux-mêmes.

7.3 Ronde à choisir : Gugus

Texte dit ou chanté : MS et GS

Refrain
C'est Gugus avec son violon
Qui fait danser les filles (bis)
C'est Gugus avec son violon
Qui fait danser les filles et les garçons

1. Mon Papa ne veut pas
Que je danse, que je danse
Mon Papa ne veut pas
Que je danse la Polka

2. Il dira c'qu'il voudra,
Moi je danse (bis)
Il dira c'qu'il voudra,
Moi, je danse la Polka

En cercle, avec un enfant au milieu.

Pour le refrain : la ronde tourne en marchant. Gugus, au milieu, fait de même en imitant le violoniste.

Premier couplet : la ronde s'arrête, chacun, face au centre. Gugus s'arrête devant un enfant de son choix. Tous les enfants et Gugus marquent la pulsation de la chanson par un geste de dénégation avec le doigt devant le visage.

Second couplet : Gugus danse avec son partenaire en se donnant les deux mains, au milieu de la ronde.

L'enfant choisi reste au milieu pour la reprise.

Variantes :
Pour les grands :
– changer de sens au milieu du refrain ;
– couplet 1 : sur « que je danse… », effectuer un tour sur soi.

7.4 Jeu dansé en farandole : La p'tite hirondelle

Texte dit ou chanté : pour les MS et les GS

Qu'est-ce qu'elle nous a fait
La p'tite hirondelle ?,
Elle nous a volé trois p'tits sacs de blé,
Nous la rattraperons
La p'tite hirondelle,
Et nous lui donnerons trois p'tits coups de bâton.
Passe, passe, passera la dernière la dernière
Passe, passe, passera la dernière restera
1, 2, 3

Danse en file ou farandole avec pont. Déplacements en pas marchés ou pas sautillés.

Les enfants se déplacent en file ou en farandole en passant sous l'arche formée par les bras de deux enfants.

Sur « 1, 2, 3 », l'arche se referme sur l'enfant qui passe : il se retrouve emprisonné. L'enfant choisit entre deux couleurs qu'on lui propose secrètement. En fonction de la couleur choisie, il va se placer derrière l'un des deux enfants qui forment l'arche. Terminer le jeu en comptant les enfants des deux camps.

Variante :
Elle peut porter :
– sur le choix (fruits, fleurs, prénoms…) ;
– sur la fin du jeu : les deux joueurs du pont se tiennent solidement les poignets, les autres joueurs en file s'accrochent par la taille. Au signal du meneur, tous tirent vers l'arrière. Le camp gagnant est celui qui a réussi à entraîner l'autre.

7.5 Danse à figures en lignes : J'ai vu le loup, le renard et la belette

Texte dit ou chanté : pour les GS

A. J'ai vu le loup, le renard et la belette
B. J'ai vu le loup et le renard danser
A et B 2 fois

C. J'les ai vu taper du pied,
D. J'ai vu le loup, le renard et la belette
E. J'les ai vu taper du pied,
F. J'ai vu le loup le renard danser

Les enfants sont en deux lignes face à face et se tiennent les deux mains. Ils se déplacent en pas marchés ou sautillés.
Sur A : avancer.
Sur B : reculer.

Sur C : taper du pied.
Sur D : crocheter le bras droit.
Sur E : taper du pied.
Sur F : crocheter le bras gauche.

Variante : plus facile (MS).
En ronde, sur A, B : tourner en ronde. Sur C : avancer vers le centre. Sur D : reculer. Sur E : avancer et sur F : reculer.

8 Le matériel

– Très peu de matériel pour ce genre d'activités.
– Matériel sonore : tambourin, maracas…
– Manipulation de petit matériel : rubans…

9 La sécurité

9.1 La sécurité passive

Les espaces aménagés doivent être suffisamment éloignés les uns des autres, des murs et des espaces de rangement d'autres matériels, pour éviter toute collision imprévue (mauvaise maîtrise des courses ou déplacements particuliers : sur le dos, à 4 pattes…).

Le nombre d'élèves et le nombre de groupes d'élèves doivent être déterminés en fonction de la taille de la salle et du type de situations pédagogiques proposées aux élèves.

Les files et les farandoles ne doivent pas être trop longues ; ne jamais faire une seule file ou une seule farandole avec tous les élèves de la classe ; les files et surtout les farandoles ne doivent pas se déplacer trop vite.

La composition du public : le nombre et la qualité des spectateurs doivent être définis en fonction de la capacité des élèves à se produire face à un public.

9.2 La sécurité active

La sécurité affective doit être assurée pour chaque représentation : les élèves doivent pouvoir évoluer sans crainte du regard de l'autre. Adopter la posture de spectateur se construit afin que le regard soit aguerri et bienveillant. La posture d'observateur se construit également afin que les retours soient structurés, constructifs et également bienveillants.

La compréhension et le respect des consignes et règles de fonctionnement doivent être obtenus et vérifiés. L'enseignant peut demander aux élèves de reformuler (dire avec ses mots) afin de vérifier le niveau de compréhension.

10 Le lien avec le socle commun

Même si le socle commun n'est évalué qu'en fin de cycles 2 ou 3, les élèves de maternelles commencent tout de même à construire des compétences transversales en lien avec les domaines du socle.

– Le domaine 1, les langages pour communiquer : il s'agit de mobiliser le langage dans toutes ses dimensions. Pour cela, l'enseignant « aide l'enfant à accorder du sens à ce qu'il fait, il l'amène à se projeter. Il prend le temps de parler de ce qui a été vécu, de présenter ce qui va être proposé, d'expliciter pourquoi on le fait. Il suscite et prend en compte l'expression des désirs de chacun en les intégrant dans un projet collectif » comme le soulignent les documents ressources pour la maternelle déposés sur Éduscol. Au-delà de la posture de danseur, l'alternance des postures d'acteur et de spectateur sont également des moments propices pour entrer en relation au travers de la portée émotionnelle du mouvement. Ce sera également le lieu d'échanges avec l'élève sur ses appréhensions, ses éventuelles difficultés rencontrées : « Je n'arrive pas à suivre tel ou tel pas, je ne veux pas danser avec untel, unetelle… ».

– Le domaine 2, les méthodes et outils pour apprendre : l'engagement dans l'action, la persévérance, sont autant d'éléments qui vont favoriser la construction de cette compétence. Exemple : « Je dois répéter de nombreuses fois pour parvenir à mémoriser l'ensemble de la danse ; je dois connaître le texte de la comptine afin d'associer les déplacements aux paroles ».

– Le domaine 3, la formation de la personne et du citoyen : adopter un comportement responsable en respectant les autres, les consignes et règles de fonctionnement : « Je respecte la présentation des autres élèves en tant que spectateur, en étant attentif et silencieux ; je m'efforce de faire des commentaires argumentés, positifs et bienveillants lorsque je suis observateur ».

11 L'évaluation

11.1 Co-évaluation ou co-observation à partir du jeu des erreurs

Diviser la classe en deux groupes : un de danseurs et un d'évaluateurs.

L'enseignant s'assure au préalable que chaque groupe connaît la ronde ou le jeu dansé. Ensuite, les élèves sont répartis en binômes : un danseur et un observateur. L'observateur relève les erreurs commises par le danseur.

Pour les PS et MS, l'observation sera plus globale et pourra également servir de moment de langage.

Pour les MS et surtout les GS, il est possible d'utiliser un outil d'observation ou d'évaluation. Il s'agira de cocher les moments (les différents pas par exemple) qui posent problème.

11.2 Exemple d'outil à partir de « J'ai vu le loup, le renard et la belette » (GS)

L'outil est présenté au préalable en classe afin d'être totalement compris par les élèves. Ils s'entraînent à le manipuler en classe dans un premier temps, en évaluant des démonstrations de la ronde effectuées par l'enseignant ou quelques élèves volontaires.

Les élèves connaissent les paroles du texte et sont en capacité d'associer une lettre (A, B…) à une partie du texte.

Une symbolique est adoptée en classe : choix des élèves avec l'aide de l'enseignant.

La consigne donnée à l'oral en classe : « Coche le déplacement qui n'est pas respecté dans la colonne du tableau où il y a une X ».

Quand j'entends :	Je dois :	X
A. J'ai vu le loup, le renard et la belette	Avancer →	
B. J'ai vu le loup et le renard danser	Reculer ←	
A. J'ai vu le loup, le renard et la belette	Avancer →	
B. J'ai vu le loup et le renard danser	Reculer ←	
C. J'les ai vu taper du pied	Taper du pied 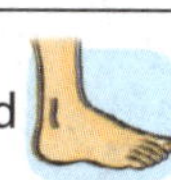	
D. J'ai vu le loup, le renard et la belette	Crocheter le bras droit	
E. J'les ai vu taper du pied	Taper du pied 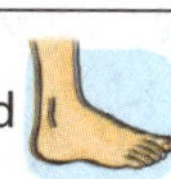	
F. J'ai vu le loup, le renard et la belette	Crocheter le bras gauche	

12 Le lien avec la santé

Il s'agit pour l'élève de maternelle, qui va grandir et « devenir grand » dans le même temps, de prendre soin de son corps et de sa santé, comme le soulignent les programmes de 2015.

Au-delà de la prise de taille, il devient en grandissant plus autonome. Il est plus en capacité d'agir seul, de réaliser quelque chose sans aide. Ces nouveaux pouvoirs personnels, ces droits nouveaux s'accompagnent cependant de l'acceptation de nouvelles contraintes qui accentuent les paradoxes ; oser et se risquer et simultanément faire attention à soi et aux autres…

La construction d'une « attitude santé » (voir chapitre « La santé à l'école : un objectif particulier » p. 79) s'appuie sur la construction de ces nouvelles compétences. L'élève devient notamment capable de :

– gérer son stress, gérer ses émotions, dépasser ses appréhensions : il ose s'engager dans l'action seul ou à plusieurs, devant un public ou pas ;

– prendre conscience de lui : la construction et l'enrichissement de son schéma corporel lui permettent de modifier ses repères et ses équilibres dans toutes les situations, de se repérer dans l'espace, de se repérer face à un public ; exemple : je me déplace en pas chassés, ou en pas sautés ; j'avance et je recule par rapport aux autres… ;

– prendre conscience des autres, avoir de l'empathie pour eux, en étant à l'écoute des autres durant les temps de danse, un spectateur attentif et bienveillant ou encore en étant un observateur capable de donner des conseils argumentés.

EN ÉLÉMENTAIRE

Les attendus de fin de cycle et les compétences à construire à partir de la danse de création renvoient au champ d'apprentissage : « *S'exprimer devant les autres par une prestation artistique et/ou acrobatique* ».

1 Les attendus de fin de cycle

1.1 Au cycle 2

– Mobiliser le pouvoir expressif du corps, en reproduisant une séquence simple d'actions apprise ou en présentant une action inventée.

– S'adapter au rythme, mémoriser des pas, des figures, des éléments et des enchaînements pour réaliser des actions individuelles et collectives.

1.2 Au cycle 3

– Réaliser en petits groupes deux séquences : une à visée acrobatique destinée à être jugée, une autre à visée artistique destinée à être appréciée et à émouvoir.

– Savoir filmer une prestation pour la revoir et la faire évoluer.

– Respecter les prestations des autres et accepter de se produire devant les autres.

2 Les compétences à construire

Remarque

Pour une description plus précise, et dans l'attente de la parution des ressources, vous pourrez utilement vous appuyer sur les tableaux de progressions de janvier 2012 parus au *B.O.* du 5 janvier 2012. Cependant, ces documents ne peuvent plus être considérés et cités comme des documents institutionnels officiels.

2.1 Au cycle 2

Psycho-socio-affectif	Cognitif	Moteur
– Prendre en compte les déplacements et les intentions des autres danseurs. – Accepter de se produire devant les autres. – Respecter les prestations des autres en tant que spectateur. – Tenir différents rôles sociaux : danseur, chorégraphe (pour partie), spectateur.	– Mémoriser une phrase dansée. – Intercaler des parties de phrase dansée inventées et des parties reproduites.	– Mobiliser le pouvoir expressif du corps, en reproduisant une phrase dansée. – Enrichir son répertoire d'actions afin de communiquer une intention ou une émotion à partir des fondamentaux de la danse créative. – Réaliser des actions individuelles et collectives. – Réaliser les différentes actions de manière de plus en plus coordonnée et enchaînée.

2.2 Au cycle 3

Psycho-socio-affectif	Cognitif	Moteur
– Respecter les prestations des autres en tant que spectateur. – Accepter de se produire devant les autres. – Tenir différents rôles sociaux : danseur, chorégraphe, spectateur et porter un avis sur la danse des autres.	– Gérer son effort pour pouvoir revenir au point de départ. – Faire des choix d'itinéraires et les expliciter.	– Conduire un déplacement seul ou en groupe sans appréhension et en toute sécurité. – Adapter son déplacement aux différents milieux, en tenant compte de la végétation et du relief. – Tenir compte des contraintes climatiques et de ses évolutions.

3 Les contenus

3.1 Au cycle 2

Danse créative cycle 2
Contenus moteurs L'élève va enrichir sa motricité habituelle en s'appuyant sur les fondamentaux de la danse : – **Le corps** : la prise de conscience des différentes parties de son corps et de leur mise en relation ; la mobilisation de certaines parties de son corps en fonction de l'intention par : l'amplitude du mouvement, les équilibres/les déséquilibres, les rotations… – **L'énergie** : la prise de conscience par contraste de la tension et du relâchement du corps, des notions lourd/léger, fluide/saccadé… – **L'espace** : les directions (devant, derrière…), les tracés (lignes courbes, droites, dans la diagonale de la salle…), les niveaux (haut, moyen, bas). – **Le temps** : le temps interne à l'élève : le rythme de son corps, de sa respiration… et le temps externe à l'élève : l'ajustement de son mouvement à une durée, le jeu des contrastes vite/lent, accéléré/décéléré, les pauses… – **Les relations aux autres** : danser seul, à deux, à plusieurs ; les contacts (corporels ou par le regard). Il s'agira également de diversifier sa danse afin de la rendre plus lisible et d'apporter plus d'émotion aux spectateurs.
Contenus méthodologiques et sociaux – Connaître et utiliser les fondamentaux de la danse afin de pouvoir mener une activité partielle de chorégraphe. – Mémoriser une phrase dansée et la reproduire. – Prendre en compte l'environnement : les autres danseurs, les spectateurs, les différents espaces (scénique, des spectateurs), s'orienter vers les spectateurs. – Apprécier et respecter la prestation des camarades en tant que spectateur et éventuellement en formulant un point de vue sur la danse des autres. – Oser se présenter devant les autres.

3.2 Au cycle 3

Danse créative cycle 3
Contenus moteurs L'élève va enrichir sa motricité habituelle en s'appuyant sur les fondamentaux de la danse : – **Le corps** : la prise de conscience des différentes parties de son corps et de leur mise en relation ; la mobilisation de certaines parties de son corps en fonction de l'intention par : l'amplitude du mouvement, les équilibres/les déséquilibres, les rotations, les changements d'axe… – **L'énergie** : la prise de conscience par contraste de la tension et du relâchement du corps, des notions lourd/léger, fluide/saccadé… – **L'espace** : les directions (devant, derrière…), les tracés (lignes courbes, droites, dans la diagonale de la salle…), les niveaux (haut, moyen, bas), l'orientation par rapport aux spectateurs. – **Le temps** : le temps interne à l'élève : le rythme de son corps, de sa respiration… et le temps externe à l'élève : l'ajustement de son mouvement à une durée, le jeu des contrastes vite/lent, accéléré/décéléré, les pauses… – **Les relations aux autres** : danser seul, à deux, à plusieurs : faire avec, faire contre ; les contacts (corporels ou par le regard). Il s'agira : – d'enrichir le répertoire d'actions disponibles et de les combiner ; – de prendre en compte de manière plus prégnante la présence des autres danseurs en développant des relations dynamiques avec eux.
Contenus méthodologiques et sociaux communs à toutes les activités – Enrichir la production en jouant sur des modes de composition utilisant des procédés chorégraphiques (décalé, unisson, cascade, superposition…). – Apprécier et respecter la prestation des camarades en tant que spectateur et éventuellement en formulant un point de vue sur la danse des autres. – Accepter de se produire devant les autres et d'entendre leurs points de vue. – Justifier son point de vue.

4 Les axes de progrès

Le progrès en danse.

Indicateurs	De…	À…
L'espace	D'une utilisation restreinte de l'espace	À l'utilisation de l'espace dans toutes ses dimensions et directions
Les déplacements, les tracés, les niveaux	De déplacements prioritairement organisés vers l'avant, de tracés essentiellement rectilignes et au même niveau (haut prioritairement)	À des déplacements et des tracés organisés en fonction de l'intention, à des niveaux variés (haut, moyen, bas)
La relation aux autres	– D'une relation exclusive à quelques danseurs – D'une centration sur soi	– À une relation avec n'importe quel danseur – À une relation par le regard
Le corps	D'une motricité habituelle et stéréotypée	À une motricité variée et inhabituelle
L'énergie	D'une énergie monocorde	À une utilisation des contrastes fondée sur la tension et le relâchement
La phrase dansée	– D'une succession de mouvements discontinus, de gestes répétitifs ou uniformes – D'une représentation du réel	– À un enchaînement de mouvements variés et inhabituels – À une Interprétation du réel
La communication	D'une communication confuse	À une lisibilité du projet, de l'intention

5 La trame de variance

Le corps	– tout ou partie du corps – dissociations segmentaires – les équilibres, les déséquilibres – les sauts – les rotations – les déplacements : marchés, courus…
L'espace	– la taille et la forme des espaces – le nombre d'espaces – les directions – les tracés : droites, courbes… – les niveaux : haut, moyen, bas
Le temps	– la durée : court, long, plus long – la vitesse : très lent, lent, rapide – le séquençage : arrêts, reprises, immobilité – l'accélération : accéléré, décéléré
La relation aux autres	– l'évitement – le contact bref, soutenu – l'agrégation à deux, à plusieurs – ensemble, contre, en miroir, à l'unisson…
L'énergie	– le relâchement : léger, fluide… – la tension : lourd, saccadé… – les contrastes, la continuité
Les inducteurs (moyens, contraintes permettant de déclencher la réflexion puis la création)	– les objets : ballons de baudruche, foulards… – les verbes d'action : courir, ramper… – les images : lourd comme une pierre, léger comme une feuille… – les actions usuelles : se lever, se laver, se brosser les cheveux… – les gestes du quotidien : les gestes sportifs, les gestes liés à des métiers…. – les histoires, les évocations (visites de musées…) – les supports musicaux – les photographies – les supports sonores
Le nombre de danseurs	– seul (peu ou pas utilisé) – le groupe – la demi-classe – la classe entière (spectacle scolaire par exemple)
Les rôles	– danseur – chorégraphe – spectateur – juge

6 Les dispositifs

6.1 *Lors des situations d'apprentissage*

L'espace est délimité et peut être divisé afin d'aborder différents thèmes, en référence aux fondamentaux de la danse.

Exemples

– Pour aborder l'énergie sous la forme d'un contraste lourd/léger, il est possible de séparer l'espace en deux afin d'identifier l'espace où l'élève évoluera en étant lourd et l'espace où il sera léger.
– L'espace peut être séparé en plusieurs zones où l'élève devra danser sans entrer en contact dans un espace, puis entrer en contact avec un autre danseur dans un autre espace…
– L'espace peut également être orienté afin d'agencer les différents mouvements de la phrase dansée.

6.2 *Lors des représentations*

Les espaces doivent être délimités pour préciser :
– l'espace scénique ;
– l'espace réservé aux spectateurs ;
– éventuellement, l'espace réservé aux juges.

6.3 *Le rôle du support musical*

En danse créative, le support musical peut ou pas être un inducteur.

S'il en est un, le danseur peut caler ses mouvements sur lui ou, au contraire, être en opposition à lui afin de créer un contraste.

6.4 *Les groupements*

Il n'est pas conseillé de demander à un élève de danser seul devant toute la classe ou même devant un groupe d'élèves car les contraintes émotionnelles sont trop prégnantes.

Il est préférable de le faire évoluer au sein d'un groupe (1/2 ou 1/3 de classe par exemple).

6.5 *La co-observation*

L'organisation de la classe en groupes permet de mettre en place, à certains moments de l'apprentissage, des temps de co-observation :
– la demi-classe observe l'autre demi-classe ;
– ou encore la demi-classe se divise en deux groupes et chaque demi-groupe observe, à son tour, l'autre demi-groupe.

Exemple de grille de co-observation :

Nom du danseur : Nom de l'observateur :		
Mouvement	**Composante**	**Cocher**
1er	Espace : passer d'un espace à l'autre	
2e	Relation aux autres : entrer en contact avec un autre danseur	
3e	Énergie : être lourd, être léger	

Exemple de phrase dansée à partir de la grille : se déplacer plusieurs fois d'un bord de l'espace à l'autre en étant alternativement léger comme une feuille puis lourd comme une pierre et en entrant en contact avec un ou plusieurs autres danseurs.

6.6 *La création/la reproduction*

Afin de favoriser une entrée en danse, il est parfois plus facile de demander aux élèves d'alterner des mouvements créés (à partir d'inducteurs reliés ou non à une composante de la danse) avec des mouvements apportés par l'enseignant et reproduits par les élèves. L'enseignant s'appuie, pour ce ou ces mouvements, sur une ou deux composantes qu'il souhaite aborder avec ses élèves durant la séquence. Par exemple, il peut leur proposer un passage au sol, en partant d'une position verticale debout, bras le long du corps, en s'enroulant progressivement, puis un retour à la position verticale plus rapide avec utilisation des bras pour remonter. Ce type de mouvement peut avoir plusieurs avantages : recentrer l'élève sur lui-même, faire baisser le coût attentionnel en focalisant uniquement sur la reproduction et non plus sur la création, faire baisser le coût émotionnel en libérant l'élève de la responsabilité de la création, créer des effets visuels.

7 Exemples de situations

7.1 *« Le jeu des variables »*

À partir d'une série de verbes d'action (marcher, courir, sauter, ramper…) et une série de contrastes (vite/lent, grand/petit, lourd/léger, ligne droite/ligne courbe…), l'élève construit une phrase dansée à partir de deux verbes et de deux contrastes choisis. Il se déplace en partant d'un point du pourtour de l'espace pour rejoindre le point opposé.

Variantes :
– diminuer ou augmenter le nombre de variables à respecter ;
– une des deux variables est imposée par l'enseignant ou par un élève.

7.2 *« Le thème imposé »*

Proposer un thème (ex. : promener son chien en laisse) et imposer des contraintes (ex. : se promener avec son chien puis le donner à un autre promeneur lors d'une rencontre ou encore se promener avec un chien qui se laisse guider dans un premier temps puis qui tire sur sa laisse de plus en plus fort).

Variantes :

- le thème est choisi parmi un certain nombre de thèmes ;
- les contraintes sont choisies par l'élève parmi une liste imposée.

7.3 « Le miroir »

Les élèves se déplacent comme ils veulent. Au signal, ils se placent face à un autre élève. L'un des deux propose une gestuelle et l'autre doit l'imiter.

Variantes :

- imposer les duos ;
- imposer les mouvements ;
- imposer le niveau.

7.4 « La promenade »

Les élèves se déplacent dans tout l'espace d'évolution et sont obligés de passer par un certain nombre d'endroits : derrière un cône, entre deux cônes, sous une latte posée entre deux plots…

Variantes :

- imposer un ordre ;
- imposer une manière de se déplacer ;
- imposer une ou plusieurs relations avec d'autres.

7.5 « La statue »

Les élèves se déplacent dans tout l'espace d'évolution et sont obligés de prendre une pose imposée par l'enseignant : aller au sol et se recroqueviller, être en appui sur un autre élève et s'immobiliser, rouler et s'immobiliser en boule…

Variantes :

- imposer ou laisser le choix du mode de déplacement ;
- imposer ou laisser le choix de la direction ;
- imposer ou laisser le choix du niveau ;
- imposer ou laisser le choix du partenaire.

7.6 « Le ballon de baudruche »

Les élèves sont regroupés deux par deux et doivent se déplacer à deux sans faire tomber le ballon.

Variantes :

- imposer ou laisser le choix du mode de déplacement ;
- imposer ou laisser le choix du tracé ;
- imposer ou laisser le choix du niveau ;
- imposer ou laisser le choix de la gestuelle, du positionnement…

7.7 « Le contraste »

Un contraste est proposé aux élèves (ex. : je suis lourd comme une pierre/je suis léger comme une plume). L'espace d'évolution est divisé en deux. À chaque fois que l'élève change de demi-espace, il doit changer de gestuelle en s'appuyant sur l'une des deux composantes du contraste.

Variantes :
– raconter une histoire pour renforcer l'intentionnalité. Par exemple : la pierre tombe très vite et roule très très loin, la plume vole doucement puis le vent se lève et elle vole très loin avant de tomber au sol… ;
– imposer ou laisser le choix du tracé, du niveau… ;
– imposer ou laisser le choix de la relation aux autres ;
– imposer ou laisser le choix du niveau.

8 Le matériel

Le matériel se borne :
– aux inducteurs : ballons de baudruche, photographies… ;
– aux accessoires servant aux éventuels déguisements ;
– au matériel avec lequel composer : banc, chaise, paravent… ;
– prévoir un matériel audio de qualité : puissance suffisante pour une utilisation dans une salle plus ou moins grande et plus ou moins insonorisée.

9 La sécurité

9.1 *La sécurité passive*

Il faut s'assurer que chaque danseur a suffisamment d'espace pour évoluer sans rentrer en contact involontairement avec les autres danseurs.

La sécurité est cependant essentiellement une sécurité psychologique et affective. Il s'agit de ne pas mettre les élèves en insécurité lors des représentations ou lors des phases de co-observation. Il est donc important de travailler avec les élèves sur leurs capacités :
– à être des spectateurs attentifs et respectueux des prestations de leurs camarades ;
– à être des observateurs et/ou des juges soucieux de porter des jugements emprunts d'empathie, de bienveillance et de solidarité ;
– à donner des conseils objectifs qui vont dans le sens de la volonté d'aider les autres à progresser et surtout pas dans celui de la critique négative.

L'activité porte en elle-même la nécessité de se donner à voir à un public afin de communiquer des émotions. La constitution et l'éducation du public sont donc très importantes.

La constitution du public : selon les individus, mais également en fonction du moment de la séquence, le public pourra ainsi être progressivement constitué d'un groupe de camarades, d'une demi-classe ou d'une autre classe de l'école. La représentation pourra également s'envisager dans le cadre d'un spectacle donné à l'occasion de la fête de l'école ou lors d'une rencontre inter-écoles.

9.2 *La sécurité active*

La sécurité affective doit être assurée pour chaque représentation : les élèves doivent pouvoir évoluer sans crainte du regard de l'autre. Adopter la posture d'observateur se construit afin que le regard soit aguerri et bienveillant.

L'éducation du public : le public est avant tout là pour apprécier la prestation des danseurs. Il doit donc être respectueux et regarder en silence et sans bouger la totalité de la représentation. S'il le souhaite, il peut applaudir à la fin. Dans cette éventualité, il est fortement conseillé de demander aux élèves d'applaudir toutes les représentations afin de ne froisser personne.

Les élèves en activités d'observation s'appuieront sur des critères et des indicateurs objectifs : l'occupation de l'espace, la variété des déplacements, l'existence ou non de relations avec les autres… Il ne s'agit, en aucune façon, de porter un jugement global sans fondement objectif. Exemple de retour sous forme de questionnement à éviter : la prestation vous a-t-elle plu ? Était-ce beau à voir ?...

Voir grille de co-observation p. 214.

La compréhension et le respect des consignes et règles de fonctionnement doivent être obtenus et vérifiés.

10 Le lien avec le socle

- **Domaine 1 : les langages pour penser et communiquer**

Développer sa motricité et construire un langage du corps :
– prendre conscience des différentes ressources à mobiliser pour agir avec son corps de manière efficiente (cycles 2 et 3) ;
– s'exprimer par son corps et accepter de se montrer à autrui (cycle 2).

- **Domaine 2 : les méthodes et outils pour apprendre**

S'approprier seul ou à plusieurs par la pratique, les méthodes et outils pour apprendre :
– apprendre à planifier son action avant de la réaliser : se construire un itinéraire avant de se déplacer et l'ajuster durant le déplacement (cycle 2) ;
– apprendre par l'action, l'observation, l'analyse de son activité et de celle des autres (cycle 3) ;
– utiliser des outils numériques pour observer, évaluer et modifier ses actions (cycle 3).

- **Domaine 3 : la formation de la personne et du citoyen**

Partager des règles, assumer des rôles et des responsabilités pour apprendre à vivre ensemble : assumer des rôles sociaux : danseur, spectateur, chorégraphe et donner son point de vue sur la danse des autres (cycles 2 et 3).

- **Domaine 5 : les représentations du monde et l'activité humaine**

S'approprier une culture physique sportive et artistique :
– découvrir la variété des danses (cycle 2) ;
– exprimer des intentions et des émotions par son corps dans un projet artistique individuel ou collectif (cycles 2 et 3).

11 L'évaluation

Une grille de niveaux d'habileté peut servir de grille d'évaluation tout au long de la séquence.

Niveau d'habilité	Le corps	Les prises d'informations	Les relations aux autres	L'espace
Niveau 1	Utilisation de certaines parties du corps : les bras et les jambes	Centration sur soi	Danse seul	Espace restreint, tracés répétitifs, niveau unique
Niveau 2	Utilisation du corps en entier	Centration sur soi et sur les autres	Contact avec les autres par les mains	Tout l'espace, tracés et niveaux multiples
Niveau 3	Utilisation du corps en entier et dissociations segmentaires	Centration sur soi, sur les autres et le public	Contact avec les autres par différentes parties du corps	Utilisation de l'espace en fonction du projet, de l'intention

12 Le lien avec la santé

Les programmes soulignent que l'élève doit « apprendre à entretenir sa santé par une activité physique régulière » en lien direct avec le domaine de formation n° 4 du socle.

Il s'agit pour lui de :
– découvrir les principes d'une bonne hygiène de vie, à des fins de santé et de bien-être ;
– ne pas se mettre en danger par un engagement physique dont l'intensité excède ses qualités physiques.

En vous référant au chapitre « La santé à l'école : un objectif particulier », p. 79, vous pouvez de plus mettre en avant les capacités suivantes que l'élève va pouvoir construire à partir des activités d'orientation.

L'élève va être en capacité de :
– résoudre des problèmes : comment diversifier son répertoire moteur ? Comment entrer en relation avec les autres ? ;
– prendre des décisions, gérer son stress, gérer ses émotions : accepter de prendre des risques en se donnant à voir, en se dévoilant face à un public, entrer en contact physique et émotionnel (le regard) avec d'autre danseurs, donner son avis lors de la construction de la chorégraphie ;
– informer, échanger, savoir prendre des décisions, être responsable : participer à l'élaboration de la chorégraphie collective, assumer les choix du groupe, communiquer avec le public ;
– avoir conscience de soi : savoir se situer dans un espace avec d'autres, devant d'autres, se concentrer et se centrer sur sa danse ;
– avoir de l'empathie, être solidaire, être habile dans les relations interpersonnelles : donner des conseils pour aider un camarade, être un spectateur respectueux et bienveillant.

CHAPITRE 6

Les arts du cirque

Les arts du cirque se composent de quatre familles : les acrobaties, les équilibres, la jonglerie et la clownerie.

Nous y ajoutons l'acrosport qui s'intègre parfaitement à ces différentes familles circassiennes.

EN MATERNELLE

1 Les attendus de fin d'école maternelle

Il s'agit pour l'élève de :
– construire un numéro de cirque à partir d'actions et de déplacements, avec ou sans objets ou matériels, en relation avec d'autres partenaires, avec ou sans support musical.
– endosser les différentes postures : artiste de cirque, aide ou parade, spectateur, observateur.

Ces attendus renvoient à l'objectif : *« Communiquer avec les autres au travers d'actions à visée expressive ou artistique »*.

2 Les compétences à construire

Psycho-socio-affectif	Cognitif	Moteur
– Oser s'engager dans l'action, dans la relation aux autres artistes de cirque – Oser prendre des risques mesurés tout en préservant son intégrité physique – Prendre plaisir à s'engager corporellement et à se montrer aux autres, notamment en donnant à voir ses « exploits » – S'investir et s'approprier différents rôles sociaux : artiste de cirque, aide/parade, spectateur, observateur – Participer, en grande section de maternelle, à l'élaboration individuelle ou collective d'un numéro de cirque à partir des grandes familles circassiennes et l'acrosport	– Explorer les différents possibles de l'action motrice et du mouvement, avec ou sans objet, avec ou sans support musical, avec ou sans partenaire et sur différents appareils – Percevoir ses possibilités corporelles dans l'espace et le temps – Expérimenter et éprouver différentes réponses corporelles en lien avec les différentes familles circassiennes – Construire son regard de spectateur – Comprendre (et respecter) les consignes et les règles de fonctionnement en tant qu'artiste de cirque et spectateur	– Construire l'espace de déplacement en utilisant le répertoire le plus large possible d'actions motrices fondamentales équilibrées, coordonnées et de plus en plus enchaînées qui remettent en cause les équilibres habituels, en lien ou non avec des objets et des appareils de type circassien – Découvrir et rechercher à utiliser les appareils et les objets afin de rechercher l'exploit et l'émotion – Développer des repères visuels et kinesthésiques (la sensation de mouvement des parties du corps)

3 Les contenus

3.1 Les contenus moteurs

– Le développement des capacités physiques : tonicité, force, souplesse, équilibre…

– Le développement des perceptions et coordinations d'actions motrices, à partir de l'utilisation d'objets (assiettes japonaises, foulards, anneaux…) et d'appareils spécifiques (boule, fil, trapèze, échasses…).

– La mise en œuvre des différents possibles corporels à partir des différentes familles circassiennes : les acrobaties (sur la boule, le fil, l'acrosport : les pyramides statiques et dynamiques…), les équilibres (sur les échasses, le pédalier à 4 roues…), la jonglerie (avec des ballons de baudruche, des foulards, des rubans…), la clownerie.

– L'action avec le corps sur les objets, sur les appareils ou sur les autres.

– La motricité fine, la dissociation segmentaire : jongler avec deux mains successivement, avec un bâton du diable…

– Le développement de l'attention visuelle.

3.2 Les contenus méthodologiques et sociaux

– Le plaisir de montrer son numéro aux autres ; le plaisir de montrer ses exploits aux autres.

– La relation à l'autre lors des numéros de cirque.

– L'observation du numéro des autres pour exprimer un ressenti, une émotion, pour décrire un mouvement ou un enchaînement d'actions et de mouvements.

– La composition, seul, à 2 ou à plusieurs, d'un numéro à partir de l'exploration puis de la structuration et enfin de la composition.

– La posture d'aide ou de parade.

– La posture de spectateur.

4 Les axes de progrès

Indicateurs	De...	À...
L'espace	D'une utilisation restreinte de l'espace proche et dans l'axe	À l'utilisation de l'espace dans de nombreuses dimensions et directions : avant/arrière ; haut/bas, latéralement
Le temps	D'une discontinuité de mouvements, avec de nombreux arrêts	À des mouvements plus continus, avec des arrêts volontaires
Les actions motrices	De l'exploration de différents déplacements dans l'espace De la juxtaposition d'actions	À la diversification d'actions À l'enchaînement d'actions simples
L'enchaînement d'actions	D'une succession de mouvements juxtaposés, de gestes répétitifs ou uniformes, très souvent sur les appuis pédestres et proches de l'axe vertical	À un enchaînement de mouvements variés et plus inhabituels, avec des appuis parfois manuels et écartés de l'axe vertical (vers l'axe horizontal, voire vers la verticale inversée avec aide)
La relation aux autres	D'actions individuelles et/ou peu risquées	À des échanges, des contacts avec les autres ; à des actions plus risquées, des « exploits » à montrer, seul ou à plusieurs
Le jeu d'acteur	D'une présence occasionnelle, avec le regard vers les spectateurs parfois absent	À une présence continue, avec le regard devant soi
La relation aux appareils, aux objets	De la découverte des différents appareils et des différents modes d'actions possibles pour agir sur des objets de tailles et de formes différentes	À l'expérimentation des différents appareils, à plusieurs niveaux (bas, moyen) et à la manipulation des différents objets en utilisant prioritairement la meilleur main, parfois les deux (l'une puis l'autre successivement)
La composition du numéro	– D'une succession de gestes répétitifs et pas encore maîtrisés – De pas ou peu d'utilisation de costumes	– À une construction plus intentionnelle, plus maîtrisée avec un début et une fin – À l'utilisation de costumes et parfois de décors qui aident au propos
La relation au monde sonore	D'une utilisation très occasionnelle du monde sonore	À une utilisation du monde sonore en le suivant

5 La trame de variance

Le corps	– tout ou partie du corps – les dissociations segmentaires – les équilibres, les déséquilibres – les déplacements avec ou sans objets, sur des appareils ou pas…
L'espace	– la taille et la forme des espaces – le nombre d'espaces – les directions – les niveaux : hauts, moyen, bas
Le temps	– la durée du numéro – le rythme : continuité/discontinuité – la vitesse d'exécution : pour s'établir à l'équilibre, pour réaliser les jonglages…
Le matériel	Utilisation ou non : – des appareils – des engins – d'objets pour jongler – d'objets pour se déguiser – d'objets pour la mise en scène – d'objets pour protéger, sécuriser
La relation aux autres	– les rôles de porteur, de voltigeur – les rôles d'aide, de parade – les rôles de spectateur, d'observateur
Les inducteurs (moyens, contraintes permettant de déclencher la réflexion puis la création)	– les objets : ballons de baudruche, foulards… – les verbes d'action : – acrobaties : se balancer, se suspendre, porter, voltiger… – équilibres : s'équilibrer, se déplacer en roulant… – jonglerie : lancer, attraper, faire tourner… – clownerie : actions motrices destinées à faire rire, émouvoir, surprendre, étonner… – les images pour l'expression, la communication : une chute imaginaire, un sentiment exagéré (la joie, la tristesse…) – les supports musicaux – les supports sonores
Le nombre d'artistes en représentation	– seul (peu ou pas utilisé) – le groupe – la demi-classe – la classe entière (spectacle scolaire par exemple)
Les postures	– artiste – spectateur – observateur – aide, parade – scénariste (en MS et surtout en GS)
Le partenariat	– avec ou sans partenariat – le type de partenaires : compagnie de cirque, avec ou sans chapiteau

6 Les dispositifs

6.1 *L'organisation de l'espace*

a) L'espace scénique : la piste de cirque

Un espace, lors des représentations.

Plusieurs espaces (plusieurs ateliers) de travail :
– des espaces différents. Exemple : travail d'une famille circassienne sur chaque espace ;
– des espaces identiques occupés par de petits groupes d'élèves (2 à 5 élèves), en fonction du matériel disponible, pour travailler la même famille circassienne.

b) Des espaces pour regarder et apprécier

Un espace pour les spectateurs : indispensable lors des présentations afin d'amener les artistes à s'orienter par rapport à cet espace.

Un espace pour les observateurs éventuellement (pour la GS essentiellement) lors des phases d'aide à l'apprentissage.

6.2 *La présentation des numéros de cirque*

Remarque

Dans un cirque classique, les spectateurs sont tout autour des artistes. À l'école, dans un premier temps, ce type d'organisation spatiale n'est pas nécessairement utilisé. Par contre, si une compagnie de cirque vient en résidence dans une école avec un vrai chapiteau de cirque, le travail et les représentations se feront essentiellement sous chapiteau.

a) La constitution du public

Le nombre : le public est constitué en fonction des objectifs poursuivis. Exemple : si des élèves sont en difficulté face à un public trop nombreux, il est possible de demander aux artistes de se produire face à peu de spectateurs ; ils se donnent ainsi « à voir » aux autres sans pour autant être bloqués psychologiquement par le trop grand nombre ; ces groupes retreints peuvent aussi être constitués de camarades complaisants.

La qualité du public : les élèves de son groupe, d'autres élèves de la classe, ceux d'une autre classe de l'école, ceux d'une autre école, les parents, un public plus général, lors de la représentation finale sous le chapiteau.

b) Les temps de présentation

Un temps de présentation, même bref et au sein de chaque groupe ou entre groupes géographiquement proches, doit systématiquement être organisé à chaque séance, afin d'habituer les élèves à se « donner à voir aux autres » Ce temps se positionne plutôt en fin de séance.

Un temps plus structuré de présentation plusieurs fois durant la séquence, dans les conditions les plus proches de la présentation finale, si une présentation est prévue en fin ou après la séquence.

6.3 L'univers sonore

Le support musical peut être un inducteur qui va permettre à l'élève de construire sa motricité en étant en phase ou non avec lui.

6.4 Le partenariat avec une compagnie de cirque

Plusieurs étapes sont à respecter.
– Étape 1 : conception du projet, prise de contact par l'enseignant avec les partenaires et appropriation du contexte global du projet par les enfants.
– Étape 2 : travail autour des différentes familles circassiennes.
– Étape 3 : accueil d'un artiste ou d'une compagnie de cirque par la classe et travail de collaboration entre l'artiste ou la compagnie de cirque et l'enseignant.
– Étape 4 : composition, écriture, mémorisation.
– Étape 5 : présentation devant des spectateurs.

Remarque

La démarche est identique avec des danseurs.

7 Exemples de situations

7.1 Situations de jonglerie

– Utilisations d'objets variés : foulards, anneaux, cerceaux plats, balles lestées…

– Jongler avec un seul objet à une main puis en passant d'une main à l'autre.

Variantes : jongler avec deux objets, jongler avec un partenaire, jongler sur un appareil (exemple : jongler en étant debout sur la boule).

Fig. 1 – *Le jonglage.*

7.2 Situations sur appareils

Situations d'équilibration sur la boule : la boule.

Fig.2 – *La boule.*

7.3 Situation avec utilisation d'engin : engins à roues (vélos) ou à roulette (patins, pédalier à 4 roues), échasses

Situation de déplacement avec échasses : les déplacements sur les échasses.

Fig. 3 – *Les échasses.*

7.4 Situation d'acrosport

a) Les pyramides statiques

Une pyramide statique doit être tenue immobile durant 2 à 3 secondes.

Trouver une **pyramide statique** à partir d'une position imposée de porteur (à 4 pattes ou allongé sur le dos, ou agenouillé) ; rotation des rôles de porteur et de voltigeur.

Exemple de pyramide :

Fig. 4 – *Pyramide statique à deux à partir d'un porteur à quatre pattes.*

Fig. 5 – *Pyramide statique à trois à partir de deux porteurs à quatre pattes.*

Variantes : le nombre d'élèves pour la pyramide, la présence ou non d'aide(s), de pareur(s), le nombre de pyramides à trouver, le temps pour les trouver.

b) les pyramides dynamiques

À partir d'une pyramide statique, se déplacer sans « casser » la pyramide.

8 Le matériel

Le matériel utilisable pour les arts du cirque :
- les appareils : fils, boules, poutres, bancs, trapèzes, cordes à grimper ;
- les engins : vélos, engins à roulette (patins, pédalier à 4 roues), échasses ;
- les objets pour jongler : rubans, balles et ballons, anneaux, cerceaux plats, bâtons du diable… ;
- les objets pour se déguiser : chapeaux, nez rouge… ;
- les objets pour la mise en scène : chaises, tables, tapis, paravents… ;
- les objets pour protéger, sécuriser : tapis de taille, de forme et d'épaisseur différentes.

9 La sécurité

9.1 *La sécurité passive*

Les espaces aménagés doivent être suffisamment éloignés les uns des autres, des murs et des espaces de rangement d'autres matériels, pour éviter toute collision imprévue (mauvaise maîtrise des réceptions après des sauts ou des déplacements sur engins à roulette…).

Le nombre d'élèves et le nombre de groupes d'élèves doivent être déterminés en fonction de la taille de la salle et du type de situations pédagogiques proposées aux élèves.

La composition du public : le nombre et la qualité des spectateurs doivent être définis en fonction de la capacité des élèves à se produire face à un public.

L'aide et/ou la parade.

La présence de l'ATSEM et de(s) artiste(s) de cirque si partenariat.

9.2 *La sécurité active*

La sécurité affective doit être assurée pour chaque représentation : les élèves doivent pouvoir évoluer sans crainte du regard de l'autre. Adopter la posture de spectateur se construit afin que le regard soit aguerri et bienveillant. La posture d'observateur se construit également afin que les retours soient structurés, constructifs et également bienveillants.

La compréhension et le respect des consignes et règles de fonctionnement (notamment les règles d'or pour le montage de pyramides en acrosport : je monte « comme un chat », c'est-à-dire doucement et sans à-coup, sur le dos du porteur, je ne monte pas au milieu du dos mais sur les ceintures pelviennes et/ou scapulaire, je redescends également « comme un chat », sans sauter) doivent être obtenus et vérifiés. L'enseignant peut demander aux élèves de reformuler (dire avec ses mots afin de vérifier le niveau de compréhension).

10 Le lien avec le socle commun

Même si le socle commun n'est évalué qu'en fin de cycles 2 ou 3, les élèves de maternelle commencent tout de même à construire des compétences transversales en lien avec les domaines du socle.

– Le domaine 1, les langages pour penser et communiquer : il s'agit de mobiliser le langage dans toutes ses dimensions. Pour cela, l'enseignant « aide l'enfant à accorder du sens à ce qu'il fait, il l'amène à se projeter. Il prend le temps de parler de ce qui a été vécu, de présenter ce qui va être proposé, d'expliciter pourquoi on le fait. Il suscite et prend en compte l'expression des désirs de chacun en les intégrant dans un projet collectif » comme le soulignent les documents ressources pour la maternelle déposés sur Éduscol. Au-delà de la posture d'artiste et d'acrobate, l'alternance des postures d'acteur et de spectateur ou d'observateur sont également des moments propices pour entrer en relation au travers de la portée émotionnelle et imaginaire du numéro. Ce sera également le lieu d'échanges avec l'élève sur ses appréhensions, voire ses peurs éventuelles : « J'ai peur de me produire devant les autres » par exemple.

– Le domaine 2, les méthodes et outils pour apprendre : l'engagement dans l'action, la recherche de solutions individuelles ou collectives (pyramides en acrosport), de solutions nouvelles, l'expérimentation sont autant d'éléments qui vont favoriser la construction de cette compétence. Exemple : je cherche avec mes partenaires les pyramides qui vont convenir à tous les membres du groupe.

– Le domaine 3, la formation de la personne et du citoyen : adopter un comportement responsable en respectant les autres, les consignes et règles de fonctionnement : je respecte la présentation des autres élèves en tant que spectateur, en étant attentif et silencieux ; je m'efforce de faire des commentaires argumentés, positifs et bienveillants lorsque je suis observateur ; je connais et je respecte les règles d'or lorsque je suis voltigeur en acrosport et que je monte sur le dos d'un partenaire.

11 L'évaluation

Une grille de niveaux d'habileté peut être utilisée tout au long de la séquence d'arts du cirque par l'enseignant.

Exemple de grille pour évaluer un enchaînement structuré à partir de plusieurs ateliers :

Niveaux d'habileté	L'utilisation des appareils et des objets		
	La boule	**Les échasses**	**Le pédalier à 4 roues**
Niveau 1	Monte sur la boule avec aide.	Utilise les échasses sans se déplacer.	Se déplace avec aide.
Niveau 2	Monte debout sur la boule bloquée (boule positionnée dans un pneu) sans aide.	Se déplace avec les échasses en ligne droite, sans obstacles.	Se déplace en ligne droite en avant sans aide de manière discontinue, avec de nombreux arrêts pour se rééquilibrer (motricité juxtaposée).
Niveau 3	Monte debout sur la boule stabilisée (tenue par deux élèves) sans aide.	Se déplace avec les échasses dans toutes les directions, en franchissant ou en contournant des obstacles bas (lattes, cônes…).	Se déplace en avant et en arrière, sans aide de manière continue, fluide (motricité enchaînée).

12 Le lien avec la santé

Il s'agit pour l'élève de maternelle, qui va grandir et « devenir grand » dans le même temps, de prendre soin de son corps et de sa santé, comme le soulignent les programmes de 2015.

Au-delà de la prise de taille, il devient en grandissant plus autonome. Il est plus en capacité d'agir seul, de réaliser quelque chose sans aide. Ces nouveaux pouvoirs personnels, ces droits nouveaux s'accompagnent cependant de l'acceptation de nouvelles contraintes qui accentuent les paradoxes ; oser et se risquer et simultanément faire attention à soi et aux autres...

La construction d'une « attitude santé » (voir chapitre « La santé à l'école : un objectif particulier » p. 79) s'appuie sur la construction de ces nouvelles compétences. L'élève devient notamment capable de :
– gérer son stress, gérer ses émotions, dépasser ses appréhensions : il ose s'engager dans l'action seul ou à plusieurs, devant un public ou pas, sur tout ou partie des appareils et avec de nombreux objets ;
– prendre des décisions : après avoir exploré diverses solutions, il peut, avec l'aide éventuelle de l'adulte, choisir celle qui est la plus efficace ou qui lui convient le mieux, pour lui comme pour son groupe ;
– prendre conscience de lui : la construction et l'enrichissement de son schéma corporel lui permettent de modifier ses repères et ses équilibres dans toutes les situations (tête en bas, en appui sur les mains, en hauteur, en déséquilibre...), de se repérer dans l'espace, de se repérer face à un public ;
– prendre conscience des autres, avoir de l'empathie pour eux, en étant à l'écoute des autres durant leur numéro, un spectateur attentif et bienveillant ou encore en étant un observateur capable de donner des conseils argumentés.

EN ÉLÉMENTAIRE

Les attendus de fin de cycle et les compétences à construire à partir des arts du cirque renvoient au champ d'apprentissage : « *S'exprimer devant les autres par une prestation artistique et/ou acrobatique* ».

1 Les attendus de fin de cycle

1.1 Au cycle 2

– Mobiliser le pouvoir expressif du corps, en reproduisant une séquence simple d'actions apprise ou en présentant une action inventée.

– Mémoriser des figures, des éléments et des enchaînements pour réaliser des actions individuelles et collectives.

1.2 Au cycle 3

– Réaliser en petits groupes deux séquences : une à visée acrobatique destinée à être jugée, une autre à visée artistique destinée à être appréciée et à émouvoir.

– Savoir filmer une prestation pour la revoir et la faire évoluer.

– Respecter les prestations des autres et accepter de se produire devant les autres.

2 Les compétences à construire

Remarque

Pour une description plus précise, et dans l'attente de la parution des ressources, vous pourrez utilement vous appuyer sur les tableaux de progressions de janvier 2012 parus au *B.O.* du 5 janvier 2012. Cependant, ces documents ne peuvent plus être considérés et cités comme des documents institutionnels officiels.

2.1 Au cycle 2

Psycho-socio-affectif	Cognitif	Moteur
– S'exposer aux autres : s'engager avec facilité dans des situations d'expression personnelle sans crainte de se montrer. – S'engager en sécurité dans des situations acrobatiques en construisant de nouveaux pouvoirs moteurs. – Tenir différents rôles sociaux : artiste de cirque, spectateur, juge.	– Mémoriser des figures, des éléments et des enchaînements pour réaliser des actions individuelles. – Choisir les éléments de l'enchaînement en fonction de ses capacités.	– Réaliser des actions de plus en plus tournées et renversées, de plus en plus aériennes, de plus en plus manuelles, de plus en plus coordonnées (acrobatie, équilibres, jonglerie). – Réaliser des actions de plus en plus drôles (clownerie). – Réaliser les différentes actions de manière de plus en plus coordonnée et enchaînée.

2.2 Au cycle 3

Psycho-socio-affectif	Cognitif	Moteur
– S'engager dans des actions artistiques ou acrobatiques destinées à être présentées aux autres en maîtrisant les risques et ses émotions. – Tenir différents rôles sociaux : artiste de cirque, spectateur, juge.	– Construire et mémoriser un enchaînement. – Choisir les éléments de l'enchaînement en fonction de ses capacités.	– Réaliser des actions de plus en plus tournées et renversées, de plus en plus aériennes, de plus en plus manuelles, de plus en plus coordonnées (acrobatie, équilibres, jonglerie). – Réaliser des actions de plus en plus drôles (clownerie). – Enrichir son répertoire d'actions afin de communiquer une intention ou une émotion. – Réaliser les différentes actions de manière de plus en plus coordonnée et enchaînée.

3 Les contenus

3.1 Au cycle 2

Arts du cirque cycle 2

Contenus moteurs

Les contenus décrits ci-dessus sont mis en jeu à travers les arts du cirque autour de familles circassiennes : la jonglerie, les équilibres, les acrobaties et la clownerie et à partir de l'acrosport.

Il s'agit pour l'élève :
- de jongler seul ou à deux, en diversifiant les lancers et les objets utilisés : un puis deux objets, en utilisant une puis les deux mains, parmi les foulards, anneaux, balles, cerceaux plats… ;
- d'effectuer des équilibres, avec ou sans aide, sur divers engins en se mettant progressivement debout (sur la boule par exemple) : boule, poutre, fil, engins roulants (pédaliers à quatre puis deux roues ; échasses) ;
- d'effectuer des acrobaties : réaliser avec puis sans aide et parade des figures simples d'acrosport à deux ou à trois, avec un voltigeur en équilibre ;
- d'être expressif et drôle lors de numéros de clownerie à partir de gestes et de situations du quotidien ;
- d'inclure des exercices d'activités gymniques dans les numéros (voir chapitre activités gymniques) en utilisant divers engins gymniques (exemple : mini-trampoline, barres…) et exercices (tourner, rouler, sauter, se renverser…).

Les éléments sont de plus en plus en maîtrisés (équilibration pendant l'exercice et à la réception) et de plus en plus enchaînés (voir modélisation de la motricité p. 90). L'esthétisation du numéro s'appuie sur la maîtrise des éléments le composant mais également sur la virtuosité, sur le caractère « acrobatique » de ceux-ci.

>>>

Arts du cirque cycle 2
Contenus méthodologiques et sociaux – Choisir les éléments du numéro en fonction de ses possibilités, en tenant compte du risque encouru et pour viser la meilleure performance possible. – Mémoriser les différents éléments du numéro. – Apprécier la prestation des camarades en tant que spectateur. – Donner un avis sur la prestation de ses camarades en utilisant un outil d'évaluation (grille de niveaux d'habileté par exemple) en tant qu'observateur (pour aider) ou juge (pour apprécier et évaluer). – Tenir les différents rôles (porteur, porteur intermédiaire, voltigeur) en acrosport. – Aider les autres en tenant les rôles d'aide et de pareur. – Respecter les règles de sécurité et de fonctionnement de l'activité ; exemple : je respecte les règles d'or du montage et du démontage des pyramides en acrosport.

3.2 Au cycle 3

Il est précisé dans les programmes que : « Les activités artistiques et acrobatiques peuvent être organisées sur chacune des trois années du cycle, en exploitant les ressources et les manifestations sportives locales ».

Arts du cirque cycle 3
Contenus moteurs Les contenus décrits ci-dessus sont mis en jeu à travers les arts du cirque autour de familles circassiennes : la jonglerie, les équilibres, les acrobaties et la clownerie et à partir de l'acrosport. Il s'agit pour l'élève : – de jongler seul ou à deux, en diversifiant les lancers et les objets utilisés : un puis deux, voire trois objets, en utilisant une puis les deux mains, parmi les foulards, anneaux, balles, cerceaux plats, chapeaux… ; – d'effectuer des équilibres, avec ou sans aide, sur divers engins fixes plus ou moins souples : (boule, poutre, fil, slackline) ou sur des engins roulants (pédaliers à quatre puis deux roues ; échasses) ; – de réaliser des acrobaties : réaliser avec puis sans aide et parade des figures d'acrosport à deux ou à trois en limitant le nombre et le type d'appuis des porteurs et avec un voltigeur en équilibre ; par exemple : passer progressivement d'appui sur les pieds et/ou les genoux à des appuis sur les mains ; – d'utiliser en clownerie des actions de plus en plus symboliques et variées en partant de la motricité, de gestes du quotidien pour les transformer et les rendre plus lisibles pour les spectateurs ; – d'inclure des exercices d'activités gymniques dans les numéros (voir chapitre activités gymniques) en utilisant divers engins gymniques (exemple : mini-trampoline, barres…) et exercices (tourner, rouler, sauter, se renverser…) de plus en plus anticipés et enchaînés, de plus en plus aériens et renversés (exemple : tenir en ATR quelques secondes, se déplacer sur les mains quelques instants). Ces éléments sont de plus en plus en maîtrisés (équilibration pendant l'exercice et à la réception) et de plus en plus enchaînés (voir modélisation de la motricité p. 90). L'esthétisation de l'enchaînement s'appuie sur la maîtrise des éléments le composant mais également sur la virtuosité, sur le caractère « acrobatique » de ceux-ci.
Contenus méthodologiques et sociaux communs à toutes les activités – Choisir les éléments du numéro en fonction de ses possibilités, en tenant compte du risque encouru et pour viser la meilleure performance possible. – Construire un numéro de plus en plus enchaîné et coordonné. – Respecter les règles de sécurité et de fonctionnement de l'activité. – Aider les autres en tenant les rôles d'aide et de pareur. – Tenir les différents rôles (porteur, porteur intermédiaire, voltigeur) en acrosport. – Donner un avis sur la prestation de ses camarades en utilisant un outil d'évaluation (grille de niveaux d'habileté par exemple) en tant qu'observateur (pour aider) ou juge (pour apprécier et évaluer). – Respecter la prestation d'un camarade en tant que spectateur. – Savoir filmer une prestation pour la revoir et la faire évoluer.

4 Les axes de progrès

Indicateurs	De...	À...
L'espace	D'une utilisation restreinte de l'espace proche et dans un ou deux axes	À l'utilisation de l'espace dans de nombreuses dimensions, directions et trajectoires : avant/arrière, latéralement ; haut/bas/intermédiaire ; droite, courbe
Les actions motrices	D'actions simples et diversifiées	À des actions plus complexes et plus risquées
L'enchaînement d'actions	D'une discontinuité ou d'une juxtaposition de mouvements (actions motrices et manipulations)	À un enchaînement de mouvements variés et plus inhabituels, avec des appuis parfois manuels et écartés de l'axe vertical (vers l'axe horizontal, voire vers la verticale inversée avec aide)
La relation aux autres	D'actions individuelles et/ou peu risquées	À des échanges, des contacts avec les autres ; à des actions plus risquées, des « exploits » à montrer, seul ou à plusieurs
Le jeu d'artiste	D'une présence avec le regard devant et parfois vers les spectateurs	À une présence continue, avec le regard vers les spectateurs
La relation aux appareils, aux objets	De la découverte puis l'expérimentation des différents appareils et des différents modes d'actions possibles pour agir sur des objets de tailles et de formes différentes	À l'expérimentation des différents appareils, à plusieurs niveaux (bas, moyen) et à la manipulation des différents objets en utilisant prioritairement la meilleur main, parfois les deux (l'une puis l'autre successivement)
La composition du numéro	– D'une construction conventionnelle (début, éléments, fin) – De pas ou peu d'utilisation de costumes, d'accessoires	– À une construction plus intentionnelle, plus maîtrisée avec un début et/ou une fin surprenante – À l'utilisation de costumes, d'accessoires et parfois de décors qui aident à la lisibilité du propos
La relation au monde sonore	D'une utilisation du monde sonore « monocorde » (sans variation de rythme, d'intensité)	À une utilisation parfois basée sur des ruptures, des nuances plus variées

5 La trame de variance

Le corps	– tout ou partie du corps – les dissociations segmentaires – les équilibres, les déséquilibres – les déplacements avec ou sans objets, sur des appareils ou pas…
L'espace	– la taille et la forme des espaces – le nombre d'espaces – les directions – les niveaux : haut, moyen, bas pour les voltigeurs en acrosport

➤➤➤

Le temps	– la durée du numéro – le rythme : continuité/discontinuité – la vitesse d'exécution : pour s'établir à l'équilibre, pour réaliser les jonglages…
Le matériel	Utilisation ou non : – des appareils (hauteur, longueur) – des engins – d'objets pour jongler – d'objets pour se déguiser – d'objets pour la mise en scène – d'objets pour protéger, sécuriser
La relation aux autres	– les rôles de porteur, de voltigeur – les rôles d'aide, de parade – les rôles de spectateur, d'observateur – le rôle de créateur (création collective de numéros)
Les inducteurs (moyens, contraintes permettant de déclencher la réflexion puis la création)	– les objets : balles, foulards, chapeaux, quilles… – les verbes d'action : . acrobaties, acrosport : se balancer, se suspendre, porter, voltiger… . équilibres : s'équilibrer, se déplacer en avant, en arrière, sur des appareils qui roulent… . jonglerie : lancer, attraper, faire tourner… . clownerie : actions motrices destinées à faire rire, émouvoir, surprendre, étonner… – les images pour l'expression, la communication : une chute imaginaire, un sentiment exagéré (la joie, la tristesse…), un état accentué (la maladresse …) – les supports musicaux – les supports sonores
Le nombre d'artistes en représentation	– seul (peu ou pas utilisé) – le groupe – la demi-classe – la classe entière (spectacle scolaire par exemple)
Les postures	– artiste – spectateur – observateur – aide, pareur – créateur
Le partenariat	– avec ou sans partenariat – le type de partenaires : compagnie de cirque, avec ou sans chapiteau

6 Les dispositifs

6.1 *L'organisation de l'espace*

a) L'espace scénique : la piste de cirque

Un espace, lors des représentations.

Plusieurs espaces (plusieurs ateliers) lors des temps de travail :
– des espaces différents. Exemple : travail d'une famille circassienne sur chaque espace ;
– des espaces identiques occupés par de petits groupes d'élèves (2 à 5 élèves) ou par l'ensemble de la classe, en fonction de l'objectif poursuivi ou du matériel disponible.

Exemple : toute la classe fait du jonglage.

b) Des espaces pour regarder et apprécier

Un espace pour les spectateurs : indispensable lors des présentations afin d'amener les artistes à s'orienter par rapport à cet espace.

Un espace pour les observateurs lors des phases d'aide à l'apprentissage. Exemples d'organisation :
– la demi-classe observe l'autre demi-classe ;
– ou encore la demi-classe se divise en deux groupes et chaque demi-groupe observe, à son tour, l'autre demi-groupe.

6.2 *La présentation des numéros de cirque*

Remarque

Dans un cirque classique, les spectateurs sont tout autour des artistes. A l'école, dans un premier temps, ce type d'organisation spatiale n'est pas nécessairement utilisé. Par contre, si une compagnie de cirque vient en résidence dans une école avec un vrai chapiteau de cirque, le travail et les représentations se feront essentiellement sous chapiteau, dans cette configuration spatiale ; il est alors indispensable d'habituer les élèves (au minimum une représentation générale) à évoluer dans ce contexte particulier.

a) La constitution du public

Le nombre : le public est constitué en fonction des objectifs poursuivis. Exemple : si des élèves sont en difficulté face à un public trop nombreux, il est possible de proposer aux artistes de se produire, dans un premier temps, face à peu de spectateurs ; ils se donnent ainsi « à voir » aux autres sans pour autant être bloqués psychologiquement par le trop grand nombre. Ces groupes retreints peuvent aussi être constitués de camarades complaisants.

La qualité du public : les élèves de son groupe, d'autres élèves de la classe, ceux d'une autre classe de l'école, ceux d'une autre école, les parents, un public plus général, lors de la représentation finale sous chapiteau.

b) Les temps de présentation

Un temps plus structuré de présentation plusieurs fois durant la séquence, dans les conditions les plus proches de la présentation finale, si une présentation est prévue en fin ou après la séquence.

Un temps de présentation, même bref et au sein de chaque groupe ou entre groupes géographiquement proches, doit systématiquement être organisé à chaque séance, afin d'habituer les élèves à se « donner à voir aux autres » Ce temps se positionne plutôt en fin de séance.

6.3 L'univers sonore

Le support musical peut être un inducteur qui va permettre à l'élève de construire sa motricité.

6.4 Le partenariat avec une compagnie de cirque

Plusieurs étapes sont à respecter.
– Étape 1 : conception du projet, prise de contact par l'enseignant avec les partenaires et appropriation du contexte global du projet par les élèves.
– Étape 2 : travail autour des différentes familles circassiennes et de l'acrosport.
– Étape 3 : accueil d'un artiste ou d'une compagnie de cirque par la classe et travail de collaboration entre l'artiste ou la compagnie de cirque et l'enseignant.
– Étape 4 : composition, écriture, mémorisation.
– Étape 5 : présentation devant des spectateurs.

Remarque

Les étapes 2 et 3 peuvent être inversées. Travailler en amont de la rencontre avec le ou les artistes permet de gagner du temps sur les acquisitions de base. Par contre, la relation partenariale n'est pas encore véritablement engagée.

6.5 La création/la reproduction

Les programmes distinguent la réalisation au cycle 2 de la composition au cycle 3. Si, dans les deux cas, il s'agit bien de créer un numéro de cirque, le degré de création n'est pas identique et tient compte de l'âge et des capacités des élèves.

Au cycle 2, l'élève est amené à créer un numéro à partir d'éléments apportés par l'enseignant et/ou l'artiste. Il s'agit plus, à ce niveau, de faire un choix comme le soulignent les programmes.

Au cycle 3, par contre, la création prend un caractère collectif qui va permettre aux élèves de créer véritablement un ou plusieurs numéros à partir de la constitution progressive, tout au long de la séquence et avec l'aide de l'enseignant et/ou de l'artiste, d'un répertoire d'actions motrices dans les différentes familles circassiennes.

7 Exemples de situations

7.1 Situations de jonglerie

Utilisations d'objets variés : foulards, anneaux, cerceaux plats, balles lestées, chapeaux, assiette, diabolo…

Fig. 6 – *Situations de jonglerie.*

Variantes : jongler avec deux puis trois objets (foulards, anneaux et balles) ; jongler avec un partenaire (voir dessin page suivante), jongler sur un appareil (exemple : jongler en étant debout sur la boule).

Fig. 7 – *Jonglage à deux.*

7.2 Situations sur appareils

– Appareils : la poutre, la boule, le fil, le rolla-bolla, la slackline.

– La slackline est une sangle souple tendue entre deux supports rigides (deux murs, un mur et un poteau, deux poteaux, deux arbres en extérieur…) à l'aide un tendeur.

– S'équilibrer sur la slackline installée à 40 cm du sol en se mettant debout puis se déplacer en avant le plus loin possible sur la slackline. Présence de deux pareurs qui peuvent se transformer en aide (tendre les bras afin de positionner les mains à hauteur de celles de l'élève sur la slackline).

Fig. 8 – *La slackline.*

Variantes : la hauteur, la longueur de la slackline, la distance à parcourir : le plus loin possible puis d'un bout à l'autre, la possibilité d'avoir une ou deux aides (une de chaque côté), un ou deux pareurs (de chaque côté).

7.3 Situations avec utilisation d'engins mobiles

Engins à roues (vélos) ou à roulette (patins, pédalier à 4 roues), échasses.

Le pédalier à 4 roues. Faire un déplacement en ligne droite d'un point à l'autre de la salle puis refaire le trajet en évitant des obstacles (cônes).

Fig. 9 – *Pédalier à quatre roues.*

Variantes : pédalier à 2 roues, avec ou sans aide(s) ou pareur(s).

7.4 Situations d'acrosport

– Trouver une pyramide statique à partir d'une position imposée de porteur (à 4 pattes, allongé sur le dos, ou agenouillé) ; rotation des rôles de porteur et de voltigeur.

Exemple de pyramide possible :

Fig. 10 – *Pyramide statique à deux à partir d'un porteur allongé sur le dos.*

– Faire évoluer une pyramide statique vers une pyramide dynamique (c'est-à-dire en mouvement).

Fig. 11 – *Pyramide dynamique à trois à partir d'un porteur à 4 pattes.*

Variantes : le nombre d'élèves pour la pyramide, la présence ou non d'aide(s), de pareur(s), le nombre de pyramides à trouver, le temps pour les trouver.

7.5 Situations de clownerie

« L'objet trop lourd » : un objet est posé au sol. L'élève essaie de le soulever mais n'y arrive pas car il est trop lourd.

Utiliser les verbes d'action : soulever, tirer, pousser, tomber (sur les fesses par exemple).

Trouver une fin originale et décalée. Exemple : faire venir un superhéros qui réussira sans problème ou faire intervenir un autre élève (plus petit, plus fluet…) qui réussira sans problème et qui repartira avec l'objet sous le bras.

8 Le matériel

Le matériel utilisable pour les arts du cirque :
– les appareils : fils, slacklines, boules, rolla-bollas, poutres, bancs, trapèzes, cordes à grimper ;
– les engins : vélos, engins à roulette (patins, pédalier à 2 ou 4 roues), échasses ;
– les objets pour jongler : rubans, balles et ballons, anneaux, cerceaux plats, bâtons du diable, diabolos, chapeaux… ;
– les objets pour se déguiser : chapeaux, costumes, nez rouges… ;
– les objets pour la mise en scène : chaises, tables, tapis, paravents… ;
– les objets pour protéger, sécuriser : tapis de taille, de forme et d'épaisseur différentes.

9 La sécurité

9.1 *La sécurité passive*

Les espaces aménagés doivent être suffisamment éloignés les uns des autres, des murs et des espaces de rangement d'autres matériels, pour éviter toute collision imprévue (mauvaise maîtrise des réceptions après des sauts ou des déplacements sur engins à roulette…).

Le nombre d'élèves et le nombre de groupes d'élèves doivent être déterminés en fonction de la taille de la salle et du type de situations pédagogiques proposées aux élèves.

La composition du public : le nombre et la qualité des spectateurs doit être défini en fonction de la capacité des élèves à se produire face à un public.

L'aide et/ou la parade.

9.2 *La sécurité active*

La sécurité affective doit être assurée pour chaque représentation : les élèves doivent pouvoir évoluer sans crainte du regard de l'autre. Adopter la posture de spectateur se construit afin que le regard soit aguerri et bienveillant. La posture d'observateur se construit également afin que les retours soient structurés, constructifs et également bienveillants.

La compréhension et le respect des consignes et règles de fonctionnement (notamment les règles d'or en acrosport) doivent être obtenus et vérifiés. L'enseignant les rappelle en début de chaque séance. Il peut demander aux élèves de reformuler (dire avec ses mots) afin de vérifier le niveau de compréhension.

10 L'évaluation

Une grille de co-observation en cycle 2 peut être utilisée par les élèves durant la séquence.

Deux organisations possibles :
– la classe divisée en deux : un groupe en représentation et un groupe en observation, puis rotation des postures ;
– la classe divisée en plusieurs groupes : les groupes les plus proches spatialement sont regroupés par binômes de groupes : un groupe est en représentation et un groupe observe, puis rotation des postures.

Nom de l'artiste : **Nom de l'observateur :** **Date :**		
Numéro : équilibre sur la slackline		**Cocher**
Niveau 1	Monte sur la slackline avec aide	
Niveau 2	Monte sur la slackline seul	
Niveau 3	Se déplace seul vers l'avant sur la slackline	

11 Le lien avec le socle

- **Domaine 1 : les langages pour penser et communiquer**

Développer sa motricité et construire un langage du corps :
– adapter sa motricité à un environnement particulier en évoluant sur des agrès et engins variés, devant des spectateurs et des juges (cycle 2) ;
– s'exprimer par son corps et accepter de se montrer à des spectateurs et des juges (cycle 2) ;
– acquérir des techniques spécifiques aux différentes familles circassiennes pour améliorer son efficacité (cycle 3).

- **Domaine 2 : les méthodes et outils pour apprendre**

S'approprier seul ou à plusieurs par la pratique, les méthodes et outils pour apprendre :
– apprendre à planifier son action avant de la réaliser : construire un numéro en fonction de ses capacités, du risque encouru et afin de viser la meilleure performance possible (cycle 2) ;
– répéter un geste pour le stabiliser et le rendre plus efficace (cycle 3) ;
– utiliser des outils numériques pour observer, évaluer et modifier ses actions (cycle 3).

- **Domaine 3 : la formation de la personne et du citoyen**

Partager des règles, assumer des rôles et des responsabilités pour apprendre à vivre ensemble :
– assumer des rôles sociaux : artiste de cirque, créateur de numéro, spectateur, juge (cycles 2 et 3) ;
– assurer sa sécurité et celle d'autrui sur des agrès et des engins variés (cycle 3).

- **Domaine 5 : les représentations du monde et l'activité humaine**

S'approprier une culture physique sportive et artistique :
– découvrir la variété des agrès et des engins : poutre, boule, fil, engins roulants (cycle 2) ;
– exprimer des intentions et des émotions par son corps dans un projet artistique acrobatique individuel (cycle 2) ;
– savoir situer des performances à l'échelle de la performance humaine (cycle 3).

12 Le lien avec la santé

Les programmes soulignent que l'élève doit « apprendre à entretenir sa santé par une activité physique régulière » en lien direct avec le domaine de formation n° 4 du socle.

Il s'agit pour lui de :
- découvrir les principes d'une bonne hygiène de vie, à des fins de santé et de bien-être ;
- ne pas se mettre en danger par un engagement physique dont l'intensité excède ses qualités physiques.

En vous référant au chapitre « La santé à l'école : un objectif particulier », p. 79, vous pouvez de plus mettre en avant les capacités suivantes que l'élève va pouvoir construire à partir des activités d'orientation.

L'élève va être en capacité de :
- résoudre des problèmes : comment diversifier son répertoire moteur, à partir des différentes familles circassiennes et l'acrosport ? Comment choisir les actions à réaliser en fonction de ses capacités (ni trop faciles ni trop difficiles) ? ;
- prendre des décisions, gérer son stress, gérer ses émotions : accepter de prendre des risques calculés avec puis sans aide, avec puis sans parade ;
- informer, échanger, savoir prendre des décisions, être responsable : construire, à plusieurs, le numéro au plus près de ses capacités et de celles des autres membres du groupe, juger de manière impartiale et objective (en utilisant les outils proposés) ;
- avoir conscience de soi : savoir se situer dans l'espace, maîtriser son corps dans toutes les situations d'équilibre et de déséquilibre (en l'air, tête en bas, en hauteur…), se concentrer lors de la présentation du numéro devant d'autres ;
- avoir de l'empathie, être solidaire, être habile dans les relations interpersonnelles : donner des conseils pour aider un camarade à choisir les actions qui vont composer le numéro, être un spectateur respectueux et bienveillant, être un co-observateur objectif.

CHAPITRE 7

Les jeux et sports collectifs

En maternelle, on parle de jeux traditionnels et de jeux collectifs. Les programmes de 2015 utilisent également le terme de « jeux moteurs » vécus en collectif pour les plus petits.

En cycle 2, on parle de jeux traditionnels simples, de jeux collectifs avec ou sans ballon et de jeux pré-sportifs.

En cycle 3, on parle de jeux traditionnels plus complexes, de jeux collectifs avec ou sans ballon et de jeux pré-sportifs collectifs.

EN MATERNELLE

1 Les attendus de fin d'école maternelle

Il s'agit pour l'élève de : *« Coopérer, exercer des rôles différents complémentaires, s'opposer, élaborer des stratégies pour viser un but ou un effet commun, dans le cadre d'une règle ».*

Ces attendus renvoient à l'objectif : *« Collaborer, coopérer, s'opposer ».*

2 Les compétences à construire

Psycho-socio-affectif	Cognitif	Moteur
– Jouer avec d'autres – Jouer contre d'autres – Accepter de tenir les différents rôles du jeu : sorcier, loup… – Accepter et respecter les règles du jeu – Accepter et respecter les règles de fonctionnement : changer de rôle, jouer dans telle équipe… – S'investir et s'approprier différents rôles sociaux : arbitre, observateur, responsable de la marque ou de la durée du jeu	– Construire des repères de causalité simples sur soi et sur les autres : exemple : quand je suis proche de mon partenaire, celui-ci peut me lancer la balle plus facilement – Reproduire un effet obtenu au hasard des tâtonnements. – Explorer des actions en relation avec des intentions de coopération ou d'opposition spécifiques – Élaborer des stratégies individuelles ou collectives pour s'opposer au projet du ou des adversaires – repérer des zones différentes à tenir selon les rôles ; exemple : hors et dans la bergerie	– Produire des actions simples : courir, attraper, lancer, esquiver… – Juxtaposer puis enchaîner des actions simples : courir puis lancer tirer, courir et attraper… – Fournir des efforts prolongés durant tout un jeu – Prendre soin de l'intégrité et de la sécurité des autres – S'engager dans des jeux en fusion*, puis avec des droits et des devoirs différents* et opposés – Construire la notion d'espace orienté vers une cible à atteindre, progressivement interpénétré

* voir classification des jeux p. 245.

3 Les contenus

3.1 Les contenus moteurs

Vous pouvez tout d'abord vous appuyer sur les actions simples de la motricité fondamentale : lancer/attraper, courir/s'arrêter, attraper/esquiver… Ensuite, l'élève doit s'inscrire dans une logique de motricité plus enchaînée (voir modélisation p. 90). Il développe alors des capacités physiques :
- la coordination : courir et éviter, courir et regarder, courir et sauter… ;
- l'adresse : tirer vers ou dans la cible, passer, attraper ;
- la vitesse : pour échapper à un danger, pour dribbler… ;
- l'endurance : pour jouer plus longtemps et plus efficacement.

Ces actions motrices s'inscrivent dans la volonté d'échapper à un danger, d'atteindre une cible, de délivrer un camarade…

La construction en action de l'espace, avec ses contraintes (zones définies ou pas, cible(s) à atteindre), dans lequel évoluer est fondamental :
- un espace non orienté tout d'abord avec seulement des limites de terrain ;
- un espace orienté par une cible à atteindre ensuite (la bergerie, la maison, le refuge…) ou à éviter (la rivière aux crocodiles…).

La notion d'espace-libre est incontournable pour construire l'espace.

3.2 Les contenus méthodologiques et sociaux

– La construction progressive de la notion d'action collective, de rôles : passer d'actions individuelles à des actions collectives avec un puis plusieurs partenaires.

– La construction de rôles : accepter de tenir tous les rôles : attaquant, défenseur, rôle singulier (loup, renard, épervier…), les rôles sociaux (arbitre, observateur, responsable de la marque ou de la durée du jeu).

– La construction progressive de la notion de règles : de règles simples à plusieurs règles plus complexes, comprises et respectées.

– La construction progressive de la notion de gain : de la connaissance du but et du résultat de son action, puis des actions des autres à la mise en relation procédé/résultat.

Et ce, dans le respect des règles et de la sécurité des autres.

4 La classification des jeux

4.1 *Le choix du jeu support à l'enseignement est primordial*

Ce choix dépend de multiples facteurs :
– **l'âge des élèves** : se référer au tableau de classement des jeux p. 246 ;
– **le degré de pratique des élèves dans l'activité** : un élève de moyenne section qui a déjà joué au jeu des déménageurs par exemple, pourra jouer à ce même jeu avec des variantes qui complexifieront le jeu. On peut lui proposer le jeu des déménageurs avec une rivière aux crocodiles ou avec un épervier ;
– **l'objectif du jeu** : un jeu peut être proposé pour permettre aux élèves d'apprendre et de se construire des compétences. Il peut également servir de situation pour s'échauffer ou mobiliser l'attention. Par exemple, le jeu des sorciers est un support d'enseignement en cycle 1 et peut être utilisé comme situation d'échauffement en fin de cycle 1, pour les élèves qui le connaissent déjà, et aux cycles 2 et 3.

4.2 *Les taxonomies*

Vous trouverez de nombreuses taxonomies (classements) de jeux dans les ouvrages didactiques et pédagogiques.

Quelques exemples :
– les jeux de course : « Les sorciers », « Minuit dans la bergerie »… ;
– les jeux de prise de territoire : « La rivière aux crocodiles », « La cage aux écureuils », « L'épervier »… ;
– les jeux de renvoi de ballons : « Les balles brûlantes », « Le gagne terrain »…

D'autres taxonomies font la distinction entre les jeux à espaces interpénétrés comme « La balle au capitaine » et les jeux à espaces séparés comme « La balle aux prisonniers ». Ces classements se fondent le plus souvent sur la logique des jeux.

Nous préférons aborder cette question d'une autre façon et fonder notre classement sur **la complexité des jeux**.

L'ouvrage *Les jeux sportifs collectifs à l'école élémentaire* édité par le CRDP de Grenoble classe ainsi les jeux en trois catégories.

– **Les jeux où le groupe est en fusion** : les joueurs réagissent ensemble à un danger extérieur symbolisé par un personnage : le loup, le sorcier… Nous ajouterons pour cette catégorie les jeux où les élèves ne doivent faire qu'une seule chose. Exemple : « Les déménageurs ». Ces jeux sont tout à fait adaptés aux élèves de maternelle et aux élèves de cycle 2 pour les jeux les plus compliqués.

– **Les jeux où deux équipes s'opposent avec des droits et des devoirs différents** : gendarmes/voleurs, lapins/chasseurs… Ces jeux sont adaptés aux élèves de cycle 2 et de début de cycle 3.

– **Les jeux où deux équipes s'opposent avec les mêmes droits et les mêmes devoirs** : « La balle au capitaine », tous les jeux sportifs collectifs (handball, basket-ball…). Ces jeux sont parfaitement adaptés au cycle 3.

Chaque catégorie se divise en deux ensembles :
– les jeux sans ballon ;
– les jeux avec ballon.

Remarque

Dans le tableau, les mots en italique correspondent aux jeux qui renvoient également aux activités de lutte.

Type de jeux	Niveau de complexité	Exemples de jeux	
		Sans ballon	Avec ballon
Jeux où le groupe est en fusion	**Une seule tâche, un seul rôle** à assumer **Tous contre un** : le danger est bien identifié	– Les sorciers – L'épervier – Minuit dans la bergerie – Chat perché – La rivière aux crocodiles – *Sortir l'ours de la tanière* – *Arrêter les fourmis* – *La queue du diable*	– Vider et remplir la caisse – Les balles brûlantes – Balle assise – Les déménageurs
Jeux où deux équipes s'opposent avec des droits et des devoirs différents	**L'élève tient le même rôle** durant tout le jeu **Deux équipes**	– Le drapeau simple – Gendarmes et voleurs – Douaniers et contrebandiers	– Balle au chasseur – Esquive ballon – Lapins-couloirs – Ballon piquet – Béret
Jeux où deux équipes s'opposent avec les mêmes droits et les mêmes devoirs	**Réversibilité des rôles** : la possession de la balle ou de l'engin détermine le rôle à tenir : attaquant ou défenseur **Deux équipes**	Poules, renards, vipères	– Ballon château – Balle au capitaine – Ballon prisonnier Tous les jeux pré-sportifs collectifs de type : handball, basket-ball, football, rugby, volley-ball…

En maternelle, nous aborderons les jeux où le groupe est en fusion et certains jeux, pas très compliqués, où deux équipes s'affrontent avec des droits et des devoirs différents.

Nous engloberons dans cette catégorie les jeux qui s'apparentent aux activités de lutte et qui se jouent collectivement. La structure même de ces jeux est en effet identique. Quand les élèves de cycle 1 jouent à « Arrêter les fourmis » ou à « Sortir l'ours de la tanière », la logique d'opposition est la même : il s'agit bien d'éviter le ou les chasseurs de fourmis ou encore de sortir à plusieurs un ours d'un endroit précis : sa tanière.

Au-delà de la similarité structurelle, notre choix est essentiellement guidé par la volonté d'aider les élèves à accepter le contact corporel avec les autres élèves. En n'imposant pas un adversaire précis et en permettant à chaque élève de s'investir comme il le souhaite, ce contact corporel sera vécu plus positivement. Vous remarquerez que cette approche correspond tout à fait aux remarques faites à la rubrique « Quelles incidences pour l'enseignant ? » p. 86.

D'ailleurs, certains ouvrages, comme *100 heures d'EPS* édité par le CRDP du Languedoc-Roussillon, classent indifféremment ces mêmes jeux dans les jeux de combat et les activités de lutte.

5 Les axes de progrès

Le progrès en jeux traditionnels et collectifs se caractérise par rapport à :

Indicateurs	De...	À...
L'espace	D'un espace limité et non orienté	À un espace élargi, en largeur et en profondeur, et orienté intentionnellement
Les partenaires, les adversaires	De jouer seul	À jouer en fonction des autres
Les rôles	D'un seul rôle (chat, épervier…)	À des changements de rôles
Les règles	De règles simples	À des règles complexes, des codes
Le type de jeu	De jeux en fusion	À des jeux avec réversibilité des rôles
Les actions	D'actions simples : courir, esquiver…	À une alternative d'actions en fonction du contexte : courir ou dribbler, passer ou tirer…

6 La trame de variance

Espace	– Les dimensions du terrain – Le nombre et la forme des cibles – Des zones refuges ou non. Exemple : le jeu du drapeau simple ; possibilité d'aménager des zones permettant à l'attaquant qui a pris le drapeau de se réfugier à des endroits précis s'il pense ne pas pouvoir atteindre son camp sans se faire toucher et perdre le point
Temps	– Une durée fixe par jeu ou manche de jeu. Exemple : partie en 3 minutes – Une durée qui est fonction : du temps pour vider une caisse, d'un nombre de ballons à jouer, d'un nombre de points à gagner…
Matériel	– La nature des objets : ballons, freesbees… – La taille des objets : petits ou gros ballons… – La forme des objets : ballons ronds, ovales… – Le nombre d'objets

➤➤➤

Règles	Les droits et devoirs de chaque joueur vis-à-vis : – de soi-même : exemple : je ne peux pas rester dans mon camp quand l'épervier ou l'enseignant dit « Éperviers, sortez » – des autres : exemple : je ne peux pas les attraper mais seulement les toucher… – du matériel : exemple : je ne peux pas jouer au pied ou je dois jouer à la main – de l'espace : je ne peux pas entrer dans telle zone (la cabane des moutons par exemple)
Nombre de joueurs	– Tous contre un (l'enseignant ou un élève) – Deux équipes équilibrées en nombre – Deux équipes déséquilibrées : tous contre 2 ou 3 ; léger surnombre en attaque ou en défense (4 contre 6 ou 7 par exemple)
Rôles	– Les rôles d'attaquant et de défenseur – Les rôles particuliers : cavalier, sorcier…

7 Les dispositifs

7.1 *Un seul jeu*

Si l'espace est suffisant, un seul jeu peut être mis en place afin de permettre aux élèves de construire les règles en actions. L'enseignant peut jouer seul le rôle particulier (le sorcier, l'épervier…) contre les élèves. Il peut également jouer avec un élève contre le reste de la classe : dispositif particulièrement adapté quand un élève refuse d'assumer seul le rôle particulier.

Si l'espace n'est pas suffisant, plusieurs groupes doivent être constitués et une rotation organisée.

7.2 *Deux jeux en parallèle*

Deux jeux identiques peuvent être mis en place : l'un est encadré par l'enseignant et l'autre par l'ATSEM à qui les consignes de fonctionnement ont été clairement données.

7.3 *Un jeu et des ateliers*

Un jeu peut être mis en place sur une partie de la salle pendant qu'un ou plusieurs ateliers sont organisés en parallèle. Par exemple, pour le jeu « Abattre les quilles » où il s'agit d'abattre toutes les quilles avant l'équipe adverse, un atelier de précision de tir, à des distances différentes, peut être mis en place afin d'améliorer l'adresse des tireurs.

8 Exemples de situations

Présentation de quelques jeux connus avec propositions de variantes.

Remarque

Si vous faites évoluer le jeu, c'est parce que vous voulez voir apparaître ou modifier certains comportements, ou parce que vous voulez voir évoluer le rapport de force entre les équipes.

8.1 Les sorciers

1 sorcier contre *n* joueurs sur un terrain délimité (exemple : 10 × 10 m pour un jeu de 1 sorcier contre 4 ou 5 joueurs). Le jeu s'arrête quand le sorcier a touché tous les joueurs.

Variantes (avec objectif et incidences pour chacune d'elles) :

Délimiter une prison où iront les joueurs touchés. Leurs coéquipiers pourront les délivrer en frappant dans leur main ***Variable : règles***	
Objectif	Rééquilibrer les chances entre le sorcier et les joueurs
Incidences	– Le jeu dure plus longtemps – Le sorcier peut se décourager, se fatiguer ⇒ changer de sorcier
Délimiter des zones refuges sur le terrain où les joueurs pourront temporairement se réfugier ***Variable : règles***	
Objectif	Éviter à certains joueurs d'être touchés trop rapidement
Incidences	– Certains joueurs jouent plus de temps dans les refuges qu'en dehors ⇒ donner un signal pour les obliger à sortir – Plusieurs joueurs veulent aller dans le même refuge ⇒ ajouter la règle : un joueur par refuge
L'enseignant joue le rôle de sorcier avec un élève ***Variable : nombre de joueurs***	
Objectif	Dédramatiser l'enjeu et permettre à tous les élèves de tenir le rôle de sorcier
Incidences	Les chances des joueurs diminuent ⇒ jouer en étant statique ou jouer en marchant
Augmenter le nombre de sorciers ***Variable : nombre de joueurs***	
Objectif	Augmenter l'incertitude chez les joueurs
Incidences	Diminution des chances pour les joueurs ⇒ augmenter leur nombre. Exemple : 2 sorciers contre 6 joueurs ; 3 sorciers contre 7 joueurs

8.2 L'épervier

Fig. 1 – *L'épervier.*

Les moutons doivent, au signal « Épervier, sortez », essayer de traverser le champ (demi terrain de handball, soit 20 x 20 m) sans se faire toucher par l'épervier. Les joueurs touchés deviennent éperviers à leur tour.

Variantes (avec objectif et incidences pour chacune d'elles) :

Les joueurs devenus éperviers ne peuvent pas bouger ou doivent faire une chaîne **Variable : règles**	
Objectif	Rééquilibrer le rapport de force en faveur des moutons
Incidences	– Les déplacements en chaîne peuvent être difficiles et dangereux (problème de coordination) ⇒ faire plusieurs petites chaînes – Le jeu est vite terminé car les chaînes sont trop larges ⇒ augmenter la largeur du terrain
Le nombre d'éperviers est augmenté **Variable : nombre de joueurs**	
Objectif	Rééquilibrer le rapport de force en faveur de l'épervier en difficulté (peu efficace et vite essoufflé ou découragé)
Incidences	Le nombre d'éperviers ne change pas le rapport de force ou, à l'opposé, le modifie radicalement (partie terminée très rapidement) ⇒ éviter de choisir des éperviers avec le même profil d'efficacité
Les moutons doivent se déplacer avec un ballon (dribble au pied ou à la main), l'épervier élimine le joueur en prenant ou en faisant sortir le ballon de l'aire de jeu **Variable : règles**	
Objectif	Jouer différemment, modifier la motricité
Incidences	Les joueurs se déplacent en ne regardant que le ballon et perdent le ballon trop facilement ⇒ délimiter des refuges temporaires ⇒ le joueur qui perd son ballon peut retourner en chercher un autre dans son camp (jusqu'à épuisement de la réserve de ballons)
Les ballons sont différents : taille, poids, forme **Variable : matériel**	
Objectif	Permettre à tous les élèves de jouer
Incidences	Certains joueurs n'arrivent toujours pas à dribbler ⇒ leur permettre de se déplacer avec le ballon dans les mains (façon rugby) : l'épervier doit alors seulement les toucher

8.3 La rivière au crocodile

Il s'agit en fait du jeu de l'épervier avec une contrainte supplémentaire : l'épervier, devenu crocodile, ne peut pas sortir d'une zone délimitée (par exemple, une bande de 3 m de large tracée sur la largeur du terrain) pour toucher les gazelles.

9 Le matériel

– Il est important de **délimiter les espaces** avec du matériel visible (plots, bandelettes en caoutchouc...) ou d'utiliser les lignes déjà tracées si la séance se déroule en gymnase. Le matériel utilisé ne doit pas générer de risques : ne pas utiliser, par exemple, de cerceaux pour délimiter des espaces car le risque de marcher dessus et de glisser est grand.

– Il est également important de **faciliter le repérage visuel** des différentes équipes en utilisant des chasubles de couleurs différentes.

– **Le matériel (ballons, objets,...) doit être adapté** à l'âge et aux capacités des élèves : par exemple, pas de ballons trop gros ou trop gonflés qui risqueraient de blesser les élèves.

10 La sécurité

10.1 La sécurité passive

Les équipements doivent être vérifiés avant chaque séance et plus spécifiquement les équipements mobiles comme les buts de handball ou les paniers de basket-ball.

Le matériel (ballons, objets) doit être vérifié avant la séance.

Des espaces identifiés : donner et faire identifier les limites du ou des terrains.

Des espaces sécurisés : les espaces sont écartés les uns des autres (minimum 1 m 50 à 2 m) ; ils sont loin des murs ou des endroits de stockage d'autres matériels (Il faut noter que les salles de motricité en maternelle sont parfois utilisées pour d'autres activités (salle de garderie, de jeux...) et qu'un grand nombre de matériels (tables, chaises...) reste ainsi à demeure dans ces salles. Les espaces d'évolution doivent être suffisamment grands pour permettre aux élèves de se déplacer en sécurité ; si ce n'est pas le cas, constituer un plus grand nombre d'équipes et organiser des rotations ; le sol ne dois pas être glissant en extérieur (pluie, boue, neige) comme en intérieur (présence possible d'eau à cause d 'infiltrations par le toit par exemple).

Un temps de jeu pas trop long si certains rôles demandent un engagement moteur important (exemple ; le rôle d'épervier) et un changement de rôles régulier.

Le rappel des consignes et des règles de fonctionnement.

10.2 La sécurité active

Les programmes de 2015 précisent que l'enseignant doit attirer « l'attention des enfants sur leur propre sécurité et celle des autres, dans des situations pédagogiques dont le niveau de risque objectif est contrôlé par l'adulte ».

La compréhension des consignes et des règles de fonctionnement (notamment les règles du jeu) par les élèves : les présenter en classe avant la séance d'EPS afin de mettre les élèves en situation pré-active, les faire reformuler par les élèves en début ou en cours de séance, revenir sur ce qui a été fait lors de la séance d'EPS, en classe en s'appuyant éventuellement sur des supports visuels (photographies, posters, dessins) et sur les critères de réussite.

La construction de compétences lors des séances d'EPS : la construction d'un corps mieux latéralisé comme d'un corps mieux identifié et mieux situé vont participer de la construction d'une image orientée de son corps dans des espaces de plus en plus complexes : espaces orientés avec des zones et éventuellement des objets ou matériels à prendre en compte.

11 Le lien avec le socle commun

Même si le socle commun n'est évalué qu'en fin de cycles 2 ou 3, les élèves de maternelle commencent tout de même à construire des compétences transversales en lien avec les domaines du socle.

– Le domaine 1, les langages pour penser et communiquer : il s'agit de mobiliser le langage dans toutes ses dimensions. Pour cela, l'enseignant « aide l'enfant à accorder du sens à ce qu'il fait, il l'amène à se projeter. Il prend le temps de parler de ce qui a été vécu, de présenter ce qui va être proposé, d'expliciter pourquoi on le fait. Il suscite et prend en compte l'expression des désirs de chacun en les intégrant dans un projet collectif » comme le soulignent les documents ressources pour la maternelle déposés sur Éduscol.

– Le domaine 2, les méthodes et outils pour apprendre : l'engagement dans l'action individuelle ou collective ; la recherche de solutions en mettant en relation la manière de faire et le résultat obtenu ; la recherche de solutions nouvelles ; l'expérimentation.

– Le domaine 3, la formation de la personne et du citoyen : adopter un comportement responsable en respectant les autres, les consignes et règles de fonctionnement. Exemple : comprendre et respecter les droits et devoirs de chacun en fonction du rôle à tenir.

12 L'évaluation

12.1 Grille de niveaux d'habileté à partir du jeu de l'épervier

	Jouer tous les rôles	Connaître et respecter les règles	Le comportement moteur (courir) et : – éviter (mouton) – attraper (épervier).
Niveau 1	Joue seulement un rôle : épervier ou mouton	– Connaît les règles : l'espace, la marque, le début et la fin d'un point, les droits et devoirs de l'épervier et du mouton – Les respecte presque toutes	Joue de la même manière durant tout le jeu, quelles que soient les conséquences *Ex. : Comme épervier, choisit un mouton et essaie à tout prix de l'attraper, même s'il est plus rapide que lui*
Niveau 2	Joue tous les rôles avec l'aide de l'enseignant, si nécessaire	– Connaît les règles – Les respecte toutes après un rappel à l'ordre parfois nécessaire	Joue prioritairement de la même manière et adopte certains comportements différents en situation très favorable *Ex. : Court en droite ligne le plus souvent mais feinte pour changer de direction quand l'épervier est bien moins rapide que lui*
Niveau 3	Joue tous les rôles	Connaît et respecte les règles	Joue en fonction des comportements des autres

12.2 Grille de niveaux d'habileté à partir du jeu « Sortir l'ours de la tanière »

	Jouer tous les rôles	Connaître et respecter les règles	Le comportement moteur : le contact corporel
Niveau 1	Joue seulement un rôle : chasseur ou ours	– Connaît les règles : l'espace, la marque, le début et la fin d'un point, les droits et devoirs de l'ours et des chasseurs – Les respecte presque toutes	Entre en contact avec l'adversaire par la prise manuelle exclusivement
Niveau 2	Joue tous les rôles avec l'aide de l'enseignant, si nécessaire	– Connaît les règles – Les respecte toutes après un rappel à l'ordre parfois nécessaire	Se rapproche de son adversaire, quand il l'a choisi en utilisant les mains mais aussi les bras et les jambes
Niveau 3	Joue tous les rôles	Connaît et respecte les règles	Se rapproche de son adversaire, quel que soit l'adversaire

13 Le lien avec la santé

Il s'agit pour l'élève de maternelle, qui va grandir et « devenir grand » dans le même temps, de prendre soin de son corps et de sa santé, comme le soulignent les programmes de 2015.

Au-delà de la prise de taille, il devient en grandissant plus autonome. Il est plus en capacité d'agir seul, de réaliser quelque chose sans aide. Ces nouveaux pouvoirs personnels, ces droits nouveaux s'accompagnent cependant de l'acceptation de nouvelles contraintes qui accentuent les paradoxes ; oser et se risquer et simultanément faire attention à soi et aux autres…

La construction d'une « attitude santé » (voir chapitre « La santé à l'école : un objectif particulier » p. 79) s'appuie sur la construction de ces nouvelles compétences. L'élève devient notamment capable de :

– prendre des décisions après avoir exploré diverses solutions, il peut, avec l'aide éventuelle de l'adulte, choisir seul ou avec ses partenaires la meilleure stratégie pour obtenir le gain du jeu ;

– gérer son stress, gérer ses émotions : il ose s'engager seul ou à plusieurs dans des jeux différents, en tenant notamment tous les rôles : attaquant, défenseur, rôles singuliers (loup, épervier…) ;

– prendre conscience de lui : la construction et l'enrichissement de son schéma corporel lui permettent de produire des actions motrices de plus en plus pertinentes, dans des environnements (les jeux) de plus en plus complexes ;

– prendre conscience des autres : il respecte les règles de fonctionnement et les règles du jeu ; il tient des rôles sociaux : arbitre, observateur, responsable de la marque ou de la durée du jeu.

EN ÉLÉMENTAIRE

Les attendus de fin de cycle et les compétences à construire à partir des jeux et sports collectifs renvoient au champ d'apprentissage : « *Conduire et maîtriser un affrontement collectif ou interindividuel* ».

1 Les attendus de fin de cycle

1.1 Au cycle 2

– S'engager dans un affrontement individuel ou collectif en respectant les règles du jeu.

– Contrôler son engagement moteur et affectif pour réussir des actions simples.

– Connaître le but du jeu.

– Reconnaître ses partenaires et ses adversaires.

1.2 Au cycle 3

– S'organiser tactiquement pour gagner le match en identifiant les situations favorables de marque.

– Maintenir un engagement moteur efficace sur tout le temps de jeu prévu.

– Respecter les partenaires, les adversaires et l'arbitre.

– Assurer différents rôles sociaux (joueur, arbitre, observateur) inhérents à l'activité et à l'organisation de la classe.

– Accepter le résultat de la rencontre et être capable de le commenter.

2 Les compétences à construire

Remarque

Pour une description plus précise, et dans l'attente de la parution des ressources, vous pourrez utilement vous appuyer sur les tableaux de progressions de janvier 2012 parus au *B.O.* du 5 janvier 2012. Cependant, ces documents ne peuvent plus être considérés et cités comme des documents institutionnels officiels.

2.1 Au cycle 2

Psycho-socio-affectif	Cognitif	Moteur
– Accepter l'opposition et la coopération. – Respecter les règles essentielles de jeu et de sécurité. – Tenir différents rôles sociaux : joueur, arbitre.	– Comprendre le but du jeu et orienter ses actions vers la cible. – Se reconnaître comme attaquant ou défenseur. – S'informer, prendre des repères pour agir seul ou avec les autres. – Développer des stratégies comme attaquant ou comme défenseur. – Dans les situations de réversibilité, comprendre qu'il faut attaquer tout en se défendant.	– Rechercher le gain du jeu, de la rencontre. – S'adapter aux actions d'un adversaire. – Coordonner des actions motrices simples : lancer/attraper, courir/attraper…

2.2 Au cycle 3

Psycho-socio-affectif	Cognitif	Moteur
– Accepter de tenir différents rôles sociaux : joueur (attaquant ou défenseur), arbitre et observateur. – Respecter les règles en sécurité pour soi et pour les autres.	– Coopérer pour attaquer et défendre. – S'informer pour agir. – Se reconnaître attaquant /défenseur.	– Rechercher le gain de l'affrontement par des choix tactiques simples. – Coordonner des actions motrices simples puis plus complexes. – Adapter son jeu et ses actions aux adversaires et à ses partenaires.

3 Les contenus

3.1 Au cycle 2

Jeux traditionnels, jeux collectifs, jeux pré-sportifs cycle 2
Contenus moteurs Les contenus décrits ci-dessus sont mis en jeu à travers des jeux traditionnels simples (gagne-terrain, béret, balle au capitaine, etc.), des jeux collectifs avec ou sans ballon (à effectifs réduits) et des jeux pré-sportifs. Il s'agit pour l'élève : – d'enchaîner et coordonner plusieurs actions simples afin de contrôler de mieux en mieux une motricité spécifique induite par les règles : courir et éviter, courir et atteindre, courir et lancer, courir et attraper… ; – d'orienter ses actions en fonction de la cible et des partenaires ou des adversaires ; – de tenir, sur des phases de jeux distinctes, le rôle d'attaquant ou de défenseur ; – vers la fin du cycle, dans des jeux avec réversibilité (exemple : balle au capitaine), de tenir le rôle d'attaquant ou de défenseur en fonction de l'évolution du rapport de force : si mon équipe a la balle, je suis attaquant ; si mon équipe n'a pas la balle, je suis en défense ; – de s'engager corporellement dans la mise en œuvre des stratégies élaborées collectivement.
Contenus méthodologiques et sociaux – Participer à l'élaboration collective de stratégies offensives ou défensives. – S'engager avec lucidité dans les différents jeux : reconnaître et s'orienter vers la cible à atteindre, reconnaître les partenaires, les adversaires, compter les points pour connaître le score et son évolution… – Prendre des informations sur l'évolution du rapport de force (la possession de la balle, le score…), sur l'espace de jeu, sur la position des adversaires et partenaires. – Tenir différents rôles sociaux : joueur, arbitre à plusieurs en étant responsable de l'application d'une seule règle (sortie de balle ou faute sur l'adversaire ou marque). – Respecter les règles du jeu et les règles de fonctionnement. – Jouer en sécurité pour soi et pour les autres.

3.2 Au cycle 3

Jeux traditionnels, jeux collectifs, jeux pré-sportifs cycle 3
Contenus moteurs Les contenus décrits ci-dessus sont mis en jeu à travers les jeux traditionnels plus complexes (thèque, béret, balle au capitaine, poules– vipères– renards, etc.), les jeux collectifs avec ou sans ballon et les jeux pré-sportifs collectifs (type handball, basket-ball, football, rugby, volley-ball...). Il s'agit pour l'élève : – de maîtriser de mieux en mieux une motricité spécifique individuelle afin de la mettre au service du projet collectif : – en attaque : conserver la balle ou l'objet pour se déplacer vers la zone de marque afin d'atteindre la cible et de marquer ; – en défense : gêner ou ralentir la progression du ballon ou de l'objet vers sa propre cible en se positionnant entre le porteur du ballon et sa cible ou en allant vers lui pour l'empêcher de tirer ou de passer, reprendre le ballon à l'adversaire pour attaquer ou contre-attaquer, – d'orienter ses actions en fonction de l'alternative : action individuelle/action collective, en fonction des circonstances (ex. : je pars en dribble et je tire plutôt que de passer à un partenaire moins bien placé) ; – d'assurer, sur des phases de jeux réversibles le rôle d'attaquant ou de défenseur en fonction de l'évolution du rapport de force (ex. : je suis en attaque lorsque mon équipe est en possession de la balle et inversement, je suis en défense lorsqu'elle ne l'a plus) ; – de s'engager corporellement dans la mise en œuvre des stratégies élaborées collectivement. Ces éléments sont de plus en plus en coordonnés et de plus en plus enchaînés (voir modélisation de la motricité p. 90). Les situations de jeux proposent systématiquement une réversibilité des rôles attaquant ou défenseur en fonction du rapport de force.
Contenus méthodologiques et sociaux communs à toutes les activités – Participer à l'élaboration collective de stratégies offensives ou défensives. – S'informer sur l'espace de jeu, l'évolution du rapport de force, la position des adversaires et partenaires... pour agir lucidement. – Assurer le rôle d'arbitre seul ou à plusieurs. – Recueillir les scores d'un match, d'une série de match (ex. : sous forme de mini-championnat). – Jouer le rôle d'observateur afin d'aider, de « coacher » son équipe. – Respecter les règles du jeu et les règles de fonctionnement afin de jouer en sécurité pour soi et pour les autres.

4 Les axes de progrès

Le progrès dans les jeux collectifs et les jeux sportifs collectifs.

Indicateurs	De...	À...
L'espace	D'une utilisation restreinte de l'espace	À l'utilisation de l'espace total autorisé par les règles
La relation aux autres	Du jeu pour soi	À la coopération avec ses partenaires
Les rôles	Du rôle d'attaquant ou de défenseur (les deux rôles sont tenus successivement lors de phases de jeu distinctes : je suis gendarme ou voleur sur un premier jeu puis je change de rôle lors du second jeu)	À la **réversibilité des rôles** en fonction de l'évolution du rapport de force : c'est la possession ou non du ballon ou de l'objet qui définit le statut d'attaquant ou de défenseur
Les règles	De règles simples	À des règles complexes, des codes en lien avec les activités sociales de référence : les sports collectifs
Le type d'activités	De jeux traditionnels ou de jeux collectifs	À des APSA avec réversibilité des rôles

►►►

Indicateurs	De...	À...
Les intentions tactiques	D'intentions tactiques simples en attaque ou en défense	À des intentions tactiques qui tiennent compte des forces et faiblesses de l'équipe comme de celles de l'équipe adverse
Les prises d'informations	De la centration prioritaire sur le ballon ou l'objet	À la prise en compte d'éléments plus nombreux : le terrain (lignes), la position du ou des adversaires, la cible (le but, le panier, l'embut…)
Les déplacements, les trajets	De déplacements prioritairement organisés vers l'avant (vers la cible adverse)	À des déplacements organisés en fonction du projet tactique collectif et/ou des réactions de l'équipe adverse
Les trajectoires de balle	De trajectoires paraboliques (en cloche) et dans les mains du partenaire futur réceptionneur de balle	À des trajectoires plus tendues dans la course du partenaire

5 La trame de variance

L'espace	– l'espace d'évolution : les lignes de sortie, les zones autorisées ou non – la taille et la forme des espaces – le nombre
Le temps	– durée déterminée : matchs au temps – durée indéterminée : matchs aux points
Le matériel	– les ballons ou objets : taille, forme, revêtement, gonflage… – la cible : hauteur (du panier, du filet), taille (tout le but, une partie du but), nombre (« match multi-cibles »), emplacement (buts latéraux en largeur, en longueur…) – le matériel pour frapper dans la balle : crosse de hockey, batte de base-ball…
Les règles	les droits et devoirs de chaque joueur en opposition (réversibilité des rôles) ou en confrontation (droits et devoirs différents)
Le nombre de joueurs	– opposition en égalité numérique – opposition en surnombre numérique d'attaque ou de défense
Les rôles	– attaquant – défenseur – gardien (lorsqu'il y a un but) – observateur, « coach » – arbitre, seul ou à plusieurs – collecteur de résultat
Les activités supports	– les APSA : handball, basket-ball, football, rugby, volley-ball, football gaélique, ultimate… – les jeux collectifs (pour les situations d'apprentissage) : poule, renard, vipère ; la balle au capitaine…
Le degré d'opposition	– la coopération avec le même statut (ex. : battre son record de passes en volley-ball) – la coopération avec des statuts différents : la situation d'entraîneur/entraîné – la confrontation ou opposition avec rôles différents en égalité numérique : je suis attaquant ou défenseur – la confrontation (ou opposition avec rôles différents) en surnombre numérique d'attaque ou de défense : 4 contre 2, 5 contre 3… – l'opposition avec réversibilité des rôles en égalité ou en surnombre numérique d'attaque ou de défense

6 Les dispositifs

6.1 *La taille des terrains*

Elle dépend du nombre de joueurs et de l'âge des élèves.

a) Pour les situations d'expression de la compétence attendue

APSA	Nombre de joueurs	Taille du terrain/des cibles (en m)
Handball	4 contre 4 sans gardien ou 3 contre 3 plus gardien	20 × 20 (1/2 terrain de HB en largeur) Sans gardien : cible = tapis de 2 mètres de large sur 1 mètre de hauteur Avec gardien : but de handball
Basket-ball	3 contre 3	15 × 10 hauteur des paniers : 2 m
Volley-ball	2 contre 2	6 × 3 hauteur du filet : 1 m 70
Football	4 contre 4 plus gardien	30 × 20 buts de 4 m de large et 2 m de hauteur
Rugby	5 contre 5	30 × 20

b) Dans un gymnase avec des terrains déjà tracés

- **Les tracés officiels**

Les terrains de handball sont tracés en jaune, ceux de basket-ball en rouge et ceux de volley-ball en bleu.

- **Les activités pratiquées**

Dans un gymnase, on peut également pratiquer, entre autres, du foot en salle, de l'ultimate, de la thèque, du baseball, du hockey et tous les jeux collectifs.

c) Sur un terrain en herbe

Pour le football, le rugby, la thèque et le base-ball, délimiter les terrains avec des plots mous : identifier les quatre coins et disposer des plots régulièrement pour indiquer les lignes de sortie.

Utiliser les petits buts pour le football ou en créer (poteaux et élastique).

d) À l'école (salle ou cour de récréation)

Procéder de manière identique.

Remarque

Ne pas faire de rugby dans la cour de l'école.

6.2 *Les groupements*

- Les matchs se déroulent sur des terrains en parallèle à raison de trois équipes par terrain : deux équipes jouent et une équipe est en charge de l'arbitrage et du score.

Exemple

Pour une classe de 24 élèves qui jouent au hand-ball, constituer deux groupes de 12 élèves et dans chaque groupe, constituer 3 équipes de 4 élèves.
Par terrain, deux équipes jouent l'une contre l'autre et la 3e équipe s'occupe de l'arbitrage et du score.
Un exemple d'arbitrage à 4 : un élève regarde les fautes de zone pour une zone et les sorties de ce côté du terrain ; un autre élève regarde les fautes de zone de l'autre zone et les sorties de cet autre côté du terrain. Les deux élèves se positionnent en diagonale, à l'opposé. Un 3e élève arbitre au centre du terrain et regarde les fautes de marcher et les agressions. Le 4e joueur inscrit le score.

- **Un dispositif particulier : la formule tournoi**

Reprenons l'exemple ci-dessus. Deux poules de 3 équipes sont constituées. Chaque équipe rencontre les deux autres équipes de leur poule sous forme de mini-championnat. Chaque victoire rapporte trois points, chaque match à égalité 2 points et chaque match perdu 1 point.

Un classement est établi par poule. S'il y a des équipes ex æquo, l'équipe qui a marqué le plus de buts est déclarée la meilleure. S'il y a encore des ex æquo, l'équipe qui a « encaissé » le moins de buts est retenue. Si les équipes sont encore ex æquo, un concours de tirs au but est alors mis en place.

Les rencontres inter-poules sont alors organisées : les vainqueurs des deux poules se rencontrent pour la 1ère et la 2e places ; les deux seconds pour les 3e et 4e places et les deux troisièmes pour les 5e et 6e places.

Autre formule : les vainqueurs de chaque poule et le meilleur 2e forment une nouvelle poule. Les trois autres équipes (la moins bonne des 2e et les deux 3e) forment l'autre poule. Un mini-championnat est à nouveau organisé sous la même formule.

- **Équipes homogènes/hétérogènes**

La constitution des équipes se fait sur une base hétérogène en leur sein. Par contre, elles sont homogènes entre elles afin de préserver l'égalité des chances face au résultat des matchs.

Les équipes doivent être stables durant la séquence afin de permettre aux élèves de se construire des automatismes et de développer des intentions tactiques offensives et/ou défensives.

- **Groupes de niveau/groupes de besoin**

Lors des situations d'apprentissage, il peut être intéressant de constituer des groupes de niveau ou des groupes de besoin.

– Les groupes de niveau permettent à chacun d'apprendre à son niveau et à son rythme. Il ne faut pas, pour autant, s'appuyer uniquement sur cette modalité de groupement.

– Les groupes de besoin sont organisés à partir de besoins repérés. Certains élèves peuvent, par exemple, éprouver quelques difficultés au tir, à la passe… Des ateliers ou des situations d'apprentissage différentes sont alors mis en place.

> **Remarque**
>
> La situation d'expression de la compétence attendue est mise en place avec des équipes hétérogènes.

7 Exemples de situations

7.1 *Situations de cycle 2*

a) « La passe à dix »

Voir descriptif et schéma p. 34.

Variantes :

– le nombre de passes : 5, 7… ;

– le type de passes : sans rebond, avec rebond, sans redoublement de passe (passe à celui qui vient de vous donner le ballon).

b) « Le taureau »

Passe à dix avec un adversaire appelé le taureau. Celui-ci doit intercepter ou toucher le ballon afin de devenir attaquant. Celui qui a perdu le ballon devient le taureau.

Variantes :
– le nombre de taureaux ;
– le temps pour intercepter ou toucher le ballon.

c) « Le chronomètre »

Deux équipes s'affrontent en se passant le ballon le plus vite possible.

Les équipiers se placent en cercle ou en ligne. Les joueurs ne se déplacent pas.

L'équipe qui, la première, a fait le tour avec le ballon ou l'a amené en bout de ligne, gagne un point. Partie en 5 points gagnants.

Si le ballon tombe à terre, il faut recommencer au départ.

Variantes :
– jouer au temps : le plus de tours en un temps donné ;
– « **le ballon chronomètre** » : pendant qu'une équipe en cercle se transmet le ballon le plus vite possible, chaque joueur de l'autre équipe doit successivement se déplacer en dribble autour de l'équipe en cercle.

d) Situations pour faire progresser le ballon

Faire progresser le ballon vers l'avant :

- **« La rivière aux crocodiles »**

Les élèves doivent franchir une zone où se trouve un adversaire (le crocodile) sans perdre le ballon pour atteindre la cible et tirer.

Variantes :
– le nombre de crocodiles ;
– la taille de la zone ;
– le type de passe : à une main, à deux mains… ;
– l'obligation ou non de faire une passe dans la zone des crocodiles.

- **« Le jeu des zones »**

Deux équipes s'affrontent sur un terrain de 20 × 15 m. Les attaquants doivent se déplacer en se faisant des passes en arrière uniquement le plus loin possible vers l'avant en contrôlant le ballon afin de marquer le plus de points possibles. S'ils déposent le ballon dans l'embut, ils marquent 10 points. Les défenseurs doivent intercepter ou faire sortir le ballon.

Dès qu'un ballon sort du terrain, est intercepté ou déposé dans l'embut, la tentative est terminée. Les points retenus sont ceux de la zone où a eu lieu l'interception ou la sortie.

Trois tentatives successives puis changement des rôles attaquants-défenseurs.

L'équipe qui gagne est celle qui a marqué le plus de points additionnés lors des trois tentatives.

Fig. 1 – *Le jeu des zones.*

- **« Le poursuivant »**

Deux élèves avec un ballon doivent se faire des passes sans le faire tomber au sol en se dirigeant vers une cible à atteindre (panier, but…). Un troisième joueur, placé derrière eux essaie de les rattraper pour les empêcher de tirer.

Variantes :
– la distance poursuivants-attaquants ;
– le temps pour atteindre la zone de marque.

e) « Le mini-championnat »

Choisir un jeu parmi ceux du groupement intermédiaire du tableau p. 246.
Les équipes sont regroupées par trois afin de disputer un mini-championnat. Pour cela, chaque équipe rencontre les deux autres.
L'équipe qui ne joue pas prend en charge l'arbitrage et recueille le score.
À l'issue des trois matchs du groupe (A contre B, A contre C et B contre C), les élèves établissent le classement sur la base suivante :
– un match gagné rapporte 3 points ;
– un match à égalité rapporte 2 points ;
– un match perdu rapporte un point.

L'arbitrage : l'équipe arbitre à plusieurs : les tâches des élèves sont réparties en fonction des règles du jeu support.

Variante :
Organiser un championnat entre toutes les équipes de la classe.

Feuille de score

Nom des équipes : A : …………………………………………… B : …………………………………………… C : ……………………………………………	Score	Points	
Match 1 A contre B		A	B
Match 2 A contre C		A	C
Match 3 B contre C		B	C
CLASSEMENT 1er 2e 3e			

7.2 Situations de cycle 3

a) Faire progresser le ballon en écartant le jeu en largeur :

- **« La balle au capitaine avec joueurs relais sur le côté » p. 35**
- **« Les portes d'entrée »**

Le joueur de l'équipe attaquante qui a le ballon doit franchir une des portes, ballon en main, pour pouvoir avancer vers le but ou l'embut adverse. Les portes sont positionnées au milieu du terrain, près des lignes de sortie en touche.

La tentative s'arrête s'il y a point ou si le ballon est intercepté ou sorti du terrain.

5 tentatives pour l'équipe attaquante puis changement de rôles.

L'équipe qui marque le plus de points gagne le match.

Variantes :
– celui qui franchit une des portes n'est pas forcément le porteur du ballon ;
– spécifier le nombre de joueurs qui doivent franchir une des portes ;
– positionner les portes plus près du but ou de l'embut ;
– match avec réversibilité : si les défenseurs interceptent le ballon, ils peuvent également essayer de marquer. Arrêt du jeu après la première tentative de marque de la part des défenseurs. Nouvelle tentative pour l'équipe adverse.

b) Écarter le jeu face à la cible/Renverser le jeu :

- **« Les 4 paniers »**

Deux équipes de 3 joueurs s'affrontent sur un terrain de 15 × 15 m.

Chaque équipe peut aller marquer dans un des deux paniers situés du même côté.

Fig. 2 – *Les 4 paniers.*

Variantes :
– jouer à 3 × 2 sans réversibilité ; 5 attaques successives puis changement de rôles ;
– mettre 3 paniers dont un au centre plus élevé valant plus de points : 1 point pour les paniers latéraux et 2 points pour le panier central.

c) Le mini-championnat avec match BINGO/BANCO/JACKPOT en cycle 3

Le mini-championnat s'organise de la même manière que la situation e) décrite p. 262.
Les matchs de l'APSA support peuvent se gagner de deux manières différentes :
– la 1ère manière consiste à gagner en ayant plus de points que l'adversaire : le BINGO ;
– la 2e manière consiste à gagner d'une certaine façon : le BANCO. Par exemple, l'équipe qui a le plus de marqueurs différents remporte le BANCO.
Cette 2e manière renvoie à la façon dont l'enseignant veut faire jouer ses élèves. Ce choix doit bien entendu tenir compte des élèves : leur niveau et leur façon privilégiée de jouer. Dans l'exemple donné, l'enseignant veut, d'une part, inciter tous les élèves à tenter leur chance pour marquer, et d'autre part, inciter les élèves à faire des passes à des élèves qui ne sont pas forcément reconnus comme étant capables de marquer.
Si une équipe remporte le BINGO et le BANCO, elle emporte le JACKPOT et gagne ainsi le match.

d) Situations pour améliorer certains aspects techniques

Améliorer la passe :

- **« Le relais volley-ball »**

Faire un maximum de passes par équipe sans faire tomber le ballon à terre. Les équipes sont composées de 4 joueurs. L'équipe se divise en 2 groupes de 2 joueurs qui se positionnent face à face à 3 mètres de distance. Lorsqu'un élève a fait une passe, il se déplace sur le côté et recule derrière son partenaire situé du même côté que lui. Le décompte redémarre à zéro à chaque fois que le ballon tombe à terre.

Variantes :
– constituer des équipes de 6 joueurs/3 de chaque côté ;
– « **Le passe et va** » : après la passe, le joueur va se placer derrière les joueurs situés en face.

- **« Le relais handball, basket-ball, football »**

Les équipes sont constituées de 6 joueurs. Elles se divisent en deux groupes de 3 joueurs qui se positionnent face à face, à 10 m de distance. Les joueurs se déplacent en dribble vers leurs partenaires situés face à eux et à 5 m, ils doivent faire une passe dans les pieds (football) ou dans les mains (handball, basket-ball) avant de venir se positionner derrière leurs partenaires.

Variantes :
– diminuer ou augmenter la distance de passe ;
– recevoir la passe en mouvement ;
– se déplacer en dribble en effectuant un slalom (contourner des plots, faire passer la balle sous des lattes posées sur des plots).

Améliorer la précision du tir (cycles 2 et 3) :

- **« Viser les quilles »**

Deux équipes s'affrontent. Une équipe se divise en deux, de chaque côté d'un espace où sont situées des quilles à abattre. L'équipe qui abat toutes les quilles en premier a gagné.

Variantes :
- augmenter ou diminuer la distance ;
- augmenter ou diminuer le nombre d'objets à abattre ;
- imposer une manière pour tirer : de face, pieds décalés…

- **« Le ballon chasseur »**

Deux équipes en nombre égal : les lapins et les chasseurs. Les chasseurs tentent de toucher les lapins avec un ballon en mousse. Chaque lapin touché devient chasseur.

Variantes :
- match au temps : en 3 min, toucher le plus grand nombre de lapins, chaque touche vaut un point ;
- les lapins dribblent et les chasseurs visent les ballons.

- **« Le lapin couloir »**

Les lapins se déplacent dans un couloir en dribblant ou en transportant des objets (sous la forme des déménageurs). Les chasseurs doivent les toucher pour les éliminer.

Améliorer le dribble :

- **« L'épervier dribbleur »**

Sur le modèle de l'épervier, les moutons se déplacent en dribblant. L'épervier les élimine en touchant le ballon.

Variantes :
- toucher le ballon ;
- le nombre d'éperviers.

- **« Le dribbleur élimination »**

Dans un espace réduit (5 × 5 m), 5 joueurs, avec un ballon pour chacun, se déplacent en dribble uniquement. Chaque joueur essaie de faire sortir le ballon des autres dribbleurs tout en conservant le sien.

Variantes :
- imposer le mode de dribble (main droite, main gauche…) ;
- ajouter un sorcier sans ballon qui tente également d'éliminer les dribbleurs.

- **« Le relais en dribble »**

Deux équipes s'affrontent sous forme de relais. Les élèves se déplacent le plus rapidement possible uniquement en dribblant.

Variantes :
- relais en aller-retour ;
- relais avec slalom ;
- relais avec dribbles imposés (main droite, main gauche, en arrière…).

8 Le matériel

- **Les terrains**

Voir 5. Les dispositifs.

- **Les ballons**

– Le choix de la taille, du poids et du revêtement des ballons est très important.

Taille des ballons :
Handball : taille 0.
Basket-ball : taille 5.
Football : taille 3 (C2) ou 4 (C3).
Rugby : taille 3.
Volley-ball : taille 5 mais plus légers (type beach-volley).

– Des chasubles pour identifier les équipes et l'arbitre s'il est sur le terrain.

– Un chronomètre et une feuille de marque.

9 La sécurité

9.1 La sécurité passive

Les rappels des consignes de fonctionnement et des règles du jeu sont faits en début de séance.

La vérification du matériel (poteaux fixés au sol) est très importante.

Les terrains ne doivent pas être :
– proches des murs de la salle : risque, lorsque l'élève court vite, de ne pas pouvoir s'arrêter ;
– proches de tout matériel stocké dans le gymnase ;
– proches entre eux : si plusieurs jeux sont mis en place en parallèle, il faut prévoir un espace entre eux.

Lorsqu'il n'y a pas la possibilité d'utiliser de lignes déjà tracées, la délimitation des terrains se fait avec des bandes caoutchoutées et des coupelles en plastique ou de petits cônes souples. Ne pas utiliser de lattes en bois ou des cônes rigides.

La pratique de jeux collectifs ne peut pas se faire en extérieur dans une cour de récréation goudronnée s'il pleut.

Sur les terrains en herbe, l'utilisation de chaussures à crampons est interdite en scolaire.

9.2 La sécurité active

La qualité de la passe (en force et en précision), la précision des déplacements, une prise d'information élargie sont autant de facteurs de limitation des risques.

La compréhension et le respect des règles en action sont indispensables pour prévenir tous risques de débordements, notamment pour les jeux sportifs collectifs avec contact de type rugby.

10 Le lien avec le socle

- **Domaine 1 : les langages pour penser et communiquer**

Développer sa motricité et construire un langage du corps :
– adapter sa motricité à un environnement particulier : cible, adversaires, partenaires, matériel (cycle 2) ;
– accepter de jouer à tous les postes et rôles spécifiques (gardien de but, capitaine…) (cycles 2 et 3) ;
– acquérir des techniques spécifiques aux différents jeux et sports collectifs pour améliorer son efficacité individuelle et collective (cycle 3).

- **Domaine 2 : les méthodes et outils pour apprendre**

S'approprier seul ou à plusieurs par la pratique, les méthodes et outils pour apprendre :
– apprendre par essai-erreur en utilisant les effets de son action (cycle 2) ;
– répéter un geste (tir, passe…) pour le stabiliser et le rendre plus efficace (cycle 3) ;
– utiliser des outils numériques pour observer, évaluer et modifier ses actions (cycle 3).

- **Domaine 3 : la formation de la personne et du citoyen**

Partager des règles, assumer des rôles et des responsabilités pour apprendre à vivre ensemble :
– assumer des rôles sociaux : attaquant, défenseur, arbitre, coach, récolteur de données (score), organisateur (cycles 2 et 3) ;
– assurer sa sécurité et celle d'autrui lors des différents jeux et sports collectifs (cycles 2 et 3).

- **Domaine 5 : les représentations du monde et l'activité humaine**

S'approprier une culture physique sportive et artistique :
– découvrir la variété des jeux et sports collectifs (cycle 2) ;
– comprendre et respecter l'environnement des pratiques physiques et sportives (cycle 3) ;
– savoir situer des performances à l'échelle de la performance humaine (cycle 3).

11 L'évaluation

Une grille de niveaux d'habileté peut servir de grille d'évaluation tout au long de la séquence.

Niveau d'habilité	Les rôles	Les prises d'informations	Les choix
Niveau 1	Un seul rôle : attaquant ou défenseur	Centration sur le ballon, sur l'objet uniquement	Choix individuels exclusivement
Niveau 2	Un rôle prioritaire et un rôle secondaire	Prise en compte du ballon ou de l'objet et du partenaire proche	Choix individuels ou collectifs en priorité
Niveau 3	Réversibilité des rôles en fonction de l'évolution du rapport de force	Prise en compte du ballon ou de l'objet, du partenaire et de l'adversaire proche	Choix individuels ou collectifs en fonction du contexte

12 Le lien avec la santé

Les programmes soulignent que l'élève doit « apprendre à entretenir sa santé par une activité physique régulière » en lien direct avec le domaine de formation n° 4 du socle.

Il s'agit pour lui de :
– découvrir les principes d'une bonne hygiène de vie, à des fins de santé et de bien-être ;
– ne pas se mettre en danger par un engagement physique dont l'intensité excède ses qualités physiques.

En vous référant au chapitre « La santé à l'école : un objectif particulier », p. 79, vous pouvez de plus mettre en avant les capacités suivantes que l'élève va pouvoir construire à partir des activités d'orientation.

L'élève va être en capacité de :
– résoudre des problèmes : comment nous organiser à plusieurs pour conserver le ballon ? Comment nous organiser pour le faire progresser ? pour marquer ?… ;
– prendre des décisions, gérer son stress, gérer ses émotions : accepter de prendre des risques (sortir de son camp, tirer, se rapprocher des adversaires…), tenter de gagner avec le risque de perdre, choisir entre jouer seul et jouer avec les partenaires en fonction du contexte… ;
– informer, échanger, savoir prendre des décisions, être responsable : arbitrer, donner le score... ;
– avoir conscience de soi : savoir se situer dans le terrain, par rapport aux adversaires, aux partenaires, à la cible, savoir si on peut tirer au but… ;
– avoir de l'empathie, être solidaire, être habile dans les relations interpersonnelles : accepter de jouer avec tout le monde et accepter de respecter les règles de la situation (ex. : accepter de faire une passe à tous ses partenaires, quel que soit leur niveau).

CHAPITRE 8

Les jeux de lutte

Ce chapitre renvoie :
– aux jeux d'opposition corps à corps en maternelle (programmes de 2015) ;
– aux jeux de lutte en cycle 2 ;
– aux jeux de combats de préhension en cycle 3.

EN MATERNELLE

1 Les attendus en fin d'école maternelle

Il s'agit pour l'élève de :
– explorer des actions en relation avec des intentions de coopération ou d'opposition spécifiques en osant entrer au contact du corps de l'autre (partenaire ou adversaire) ;
– apprendre à respecter son corps et celui de l'autre ;
– construire une motricité de plus en plus enchaînée afin de mettre en place des stratégies visant le gain de l'opposition ;
– s'approprier des rôles sociaux variés : arbitre, observateur, responsable de la marque ou de la durée du jeu.

Ces attendus renvoient à l'objectif : « *Collaborer, coopérer, s'opposer* ».

2 Les compétences à construire

Psycho-socio-affectif	Cognitif	Moteur
– Prendre plaisir à s'investir – Oser s'engager dans l'action en entrant au contact du corps de l'autre – Prendre des risques mesurés : attaquer tout en pensant à défendre ; défendre tout en essayant parfois d'attaquer – Respecter le partenaire ou l'adversaire – S'investir et s'approprier différents rôles sociaux : arbitre, observateur, responsable de la marque ou de la durée du jeu	– Construire des repères de causalité simples sur soi et sur l'autre : exemple : quand je bouge mon adversaire (pousser, tirer ou tourner), je peux plus facilement le déséquilibrer – Reproduire un effet obtenu au hasard des tâtonnements. – Explorer des actions en relation avec des intentions de coopération ou d'opposition spécifiques – Élaborer des stratégies individuelles ou collectives pour s'opposer au projet du ou des adversaires	– Produire des actions simples : saisir, soulever, pousser, tirer, immobiliser… – Juxtaposer puis enchaîner des actions simples : tirer puis faire tomber, pousser puis faire tomber, tourner puis immobiliser… – Fournir des efforts prolongés durant tout un jeu, tout un combat – Prendre soin de l'intégrité et de la sécurité des autres

3 Les contenus

3.1 Les contenus moteurs

Vous pouvez tout d'abord vous appuyer sur les actions simples de la motricité fondamentale : saisir, pousser, tirer, faire tourner, soulever, aplatir, retourner, mettre à terre, immobiliser…

Ensuite, l'élève doit s'inscrire dans une logique de motricité plus enchaînée (voir modélisation p. 90). Exemples : tirer tout en faisant tourner, retourner tout en poussant en avant…

3.2 Les contenus méthodologiques et sociaux

Les actions simples juxtaposées ou enchaînées s'inscrivent dans une double contrainte :
- la construction progressive de la notion d'opposition individuelle ;
- la construction progressive de la notion de gain.

Et ce, dans le respect des règles et de la sécurité des autres.

Gagner suppose alors de :
- s'engager dans l'action, dans un corps à corps avec un partenaire ou un adversaire en assurant sa sécurité et en respectant son intégrité physique ;
- prendre des décisions stratégiques (offensives ou défensives) à partir de l'identification des effets de ses actions sur le corps de l'autre pour obtenir le gain du combat ;
- comprendre et respecter les règles (notamment les règles d'or : je ne fais pas mal, je ne me fais pas mal, je n'accepte pas qu'on me fasse mal) ;
- accepter et tenir plusieurs rôles : attaquant, défenseur, arbitre, observateur, responsable de la marque ou de la durée du jeu.

4 Les axes de progrès

Le progrès dans les activités athlétiques se caractérise par rapport à :

Indicateurs	De...	À...
L'espace	D'un espace indifférencié et proche	À un espace qui prend en compte l'environnement, les autres
Le temps	D'un engagement moteur sans relation au temps	À un engagement moteur référé à l'objectif poursuivi : s'échapper, attraper, retourner, renverser, immobiliser…
La relation aux autres	D'un corps à corps médié par un objet (une pince à linge, un foulard…)	À des combats en un contre un
Les rôles moteurs	De la tenue d'un seul rôle (pas de réversibilité)	À une réversibilité des rôles attaquant/défenseur
Les rôles sociaux	De la tenue d'un seul rôle social (arbitre ou observateur ou responsable de la marque ou de la durée du jeu)	À la tenue de plusieurs rôles sociaux
Les types d'activités	D'activités de coopération à plusieurs (« tous contre la maîtresse »)	À des activités d'opposition collective (arrêter les fourmis) puis individuelle (la tortue)
Les actions	D'actions simples et juxtaposées : saisir, pousser, tirer, faire tourner, soulever, aplatir, retourner, mettre à terre, immobiliser…	À des actions enchaînées : tirer en tournant, pousser en crochetant…
Les règles	De règles simples	À des règles complexes, des codes

5 La trame de variance

L'espace	L'organisation de l'espace : un seul espace pour un grand jeu, plusieurs espaces pour plusieurs jeux, plusieurs espaces pour des combats en un contre un
Le temps	– Le temps pour expérimenter, tâtonner, imiter, trouver de nouvelles manières de faire – Le temps pour répéter et stabiliser – La durée des combats
Le matériel	– La taille des tapis (2 x 1 m le plus souvent) – Le tatami – Les objets utilisés comme médiateurs pour faciliter le corps à corps : les épingles à linge, les foulards (la queue du diable)
Les consignes	– Les règles de vie ou les façons de se conduire vis à vis : – des autres, dans le groupe : la règle d'or « je ne fais pas mal » – de soi : les règles d'or « je ne me fais pas mal » et « je n'accepte pas qu'on me fasse mal » – Les règles de fonctionnement – Les règles du jeu
Le nombre d'élèves	– Le nombre d'élèves par groupe (par atelier) – Le nombre de combattants et d'élèves tenant des rôles sociaux

►►►

Les rôles	– Attaquant/ défenseur – Arbitre – Observateur – Responsable de la marque – Responsable de la durée du jeu
Les activités supports	– Les jeux collectifs d'opposition ou de coopération sans puis avec réversibilité – Les jeux d'opposition individuelle
Le degré d'opposition	– La coopération tous contre un (un adulte puis en enfant) : « le loup et les moutons », « l'épervier » – La coopération collective en équipes avec le même nombre de joueurs : « les déménageurs de statues » – L'opposition collective « arrêter les fourmis », « sortir les ours de leur tanière » – L'opposition individuelle avec des droits et des devoirs différents : « la tortue » – L'opposition individuelle avec les mêmes droits et les mêmes devoirs : combat en un contre un

6 Les dispositifs

6.1 Les jeux collectifs de coopération ou d'opposition

– Un seul grand jeu (si l'espace le permet !).
– Plusieurs jeux en parallèle. La délimitation des espaces est indispensable, surtout sur le tatami.

6.2 Les combats en un contre un

– Sur un tatami. Délimiter les espaces avec des bandes caoutchoutées ou en les traçant à la craie (si c'est autorisé !).
– Sur des petits tapis de 2 × 1 m. Regrouper les tapis par deux au minimum, par trois au mieux en les installant de la manière suivante : deux en longueur en parallèle et un perpendiculaire au deux autre pour une surface de combat rectangulaire de 3 × 2 m. L'utilisation de tapis avec des bandes adhésives est recommandée afin d'obtenir une surface de combat indéformable.

7 Exemples de situations

7.1 Jeu collectif de coopération

- **Les déménageurs de statue (en PS et MS)**

Diviser la classe en groupes de quatre, cinq. Un des élèves joue le rôle de la statue. Les autres élèves doivent la déplacer sans la casser (sans lui faire mal donc) de la maison 1 à la maison 2. Changer les rôles.

Fig. 1 – *Les déménageurs de statues.*

Variantes : imposer une position à la statue ; déplacer la statue le plus rapidement possible ou plus rapidement que les autres groupes.

7.2 Jeux collectifs d'opposition

• L'épervier (en PS/MS/GS)

Au signal « Épervier, sortez », les moutons doivent sortir de leur refuge et atteindre, à quatre pattes, le refuge situé en face sans se faire toucher par l'épervier, qui se déplace lui-même à quatre pattes. Les joueurs touchés deviennent éperviers.

Variantes : l'épervier doit toucher les moutons sur telle ou telle partie du corps ; les moutons touchés s'immobilisent et peuvent être délivrés par des moutons non touchés si ces derniers passent entre leurs jambes.

• Sortir les ours de la tanière (en PS/MS/GS)

Deux équipes : une de chasseurs et une d'ours. Les chasseurs doivent sortir les ours qui hibernent de leur tanière. L'ours est endormi et en boule ; il ne peut pas se défendre. Les chasseurs peuvent se mettre à plusieurs pour sortir un ours.

Fig. 2 – *Sortir l'ours de sa tanière.*

Variantes : les ours peuvent se défendre ; pas plus d'un chasseur par ours.

- **Arrêter les fourmis (en MS et GS)**

Un groupe de fourmis et un groupe de chasseurs. Déplacements à quatre pattes. Les chasseurs doivent arrêter les fourmis en les immobilisant. Les fourmis doivent traverser le tatami ou les tapis et atteindre leur fourmilière.

Variantes : un chasseur par fourmi ; pour éliminer la fourmi, il faut l'immobiliser sur le dos.

7.3 *Jeux interindividuels d'opposition*

- **Le jeu des épingles à linge (en MS et GS)**

Par deux, un des élèves (le défenseur) accroche une dizaine d'épingles à linge sur ses vêtements. L'autre élève (l'attaquant) doit en attraper le plus possible en trente secondes. Déplacement à quatre pattes.

Variantes : l'attaquant accroche les épingles sur les vêtements du défenseur en fonction du résultat des oppositions précédentes ; varier le nombre d'épingles, le temps du jeu ; le défenseur est dans une zone précise et ne peut en sortir ; le défenseur peut se défendre en repoussant l'attaquant.

- **Retourner la tortue (en MS et GS)**

Un élève se positionne en tant que défenseur à quatre pattes : la tortue. Il ne peut ni bouger ni se défendre. L'autre élève, l'attaquant, doit le retourner sur le dos. Changement de rôle après trois essais.

8 Le matériel

- **La tenue**

Les tenues spécifiques de combat, comme les kimonos, ne sont pas obligatoires. Par contre, les élèves doivent porter des vêtements résistants.

- **Les espaces de combats**

L'idéal est de pouvoir disposer d'un tatami dans un dojo. Sinon, utiliser des tapis de réception de 2 x 1 m et les disposer par 2 ou 3 en fonction du nombre de tapis dont on dispose et du nombre d'élèves. Privilégier des tapis avec bandes adhésives qui solidarisent les espaces de combat, augmentant de fait la sécurité. Sur un tatami, utiliser des bandes caoutchoutées (formes et tailles diverses) ou, à défaut, des coupelles en plastique souple fines. Quand c'est autorisé, délimiter les espaces à la craie et demander aux élèves de retracer quand nécessaire.

- **La détermination du temps**

Utiliser des sabliers construits en classe, ou encore des minuteurs de cuisine. Il est également possible de faire écouter une musique ou une comptine.

9 La sécurité

9.1 La sécurité passive

– Des espaces identifiés : voir ci-dessus.
– Des espaces sécurisés : les espaces sont écartés les uns des autres (minimum 1 m 50 à 2 m) ; ils sont loin des murs ou des endroits de stockage d'autres matériels.
– Un temps de combat interindividuel bref : maximum 30 secondes.
– Le rappel des consignes et des règles de fonctionnement : notamment, combats debout et projections interdites.

9.2 La sécurité active

Les programmes de 2015 précisent que l'enseignant doit attirer « l'attention des enfants sur leur propre sécurité et celle des autres, dans des situations pédagogiques dont le niveau de risque objectif est contrôlé par l'adulte ».

– La compréhension des consignes et des règles de fonctionnement (notamment les règles du jeu) par les élèves : les présenter en classe avant la séance d'EPS afin de mettre les élèves en situation pré-active, les faire reformuler par les élèves en début ou en cours de séance, revenir sur ce qui a été fait lors de la séance d'EPS, en classe en s'appuyant sur des supports visuels (photographies, posters, dessins) et sur les critères de réussite.

– La compréhension et le respect des règles d'or : ne pas faire mal, ne pas se faire mal et ne pas se laisser faire mal.

– La construction de compétences lors des séances d'EPS : la construction d'un corps mieux latéralisé comme d'un corps mieux identifié et mieux situé vont participer de la construction d'une image orientée de son corps.

10 Le lien avec le socle commun

Même si le socle commun n'est évalué qu'en fin de cycles 2 ou 3, les élèves de maternelle commencent tout de même à construire des compétences transversales en lien avec les domaines du socle.

– Le domaine 1, les langages pour penser et communiquer : il s'agit de mobiliser le langage dans toutes ses dimensions. Pour cela, l'enseignant « aide l'enfant à accorder du sens à ce qu'il fait, il l'amène à se projeter. Il prend le temps de parler de ce qui a été vécu, de présenter ce qui va être proposé, d'expliciter pourquoi on le fait. Il suscite et prend en compte l'expression des désirs de chacun en les intégrant dans un projet collectif » comme le soulignent les documents ressources pour la maternelle déposés sur Éduscol.

– Le domaine 2, les méthodes et outils pour apprendre : l'engagement dans le corps à corps ; la recherche de solutions en mettant en relation la manière de faire et le résultat obtenu ; la recherche de solutions nouvelles ; l'expérimentation.

– Le domaine 3, la formation de la personne et du citoyen : adopter un comportement responsable en respectant les autres, les consignes et règles de fonctionnement. Exemple : comprendre et respecter les règles d'or.

11 L'évaluation

Exemple de grille de niveaux d'habileté p. 337.

12 Le lien avec la santé

Il s'agit pour l'élève de maternelle, qui va grandir et « devenir grand » dans le même temps, de prendre soin de son corps et de sa santé, comme le soulignent les programmes de 2015.

Au-delà de la prise de taille, il devient en grandissant plus autonome. Il est plus en capacité d'agir seul, de réaliser quelque chose sans aide. Ces nouveaux pouvoirs personnels, ces droits nouveaux s'accompagnent cependant de l'acceptation de nouvelles contraintes qui accentuent les paradoxes ; oser et se risquer et simultanément faire attention à soi et aux autres…

La construction d'une « attitude santé » (voir chapitre « La santé à l'école : un objectif particulier » p. 79) s'appuie sur la construction de ces nouvelles compétences. L'élève devient notamment capable de :
– prendre des décisions, élaborer des stratégies collectives ou individuelles : après avoir exploré diverses solutions, il peut, avec l'aide éventuelle de l'adulte, choisir celle qui est la plus efficace ou qui lui convient le mieux ;
– gérer son stress, gérer ses émotions : il ose s'engager dans un corps à corps, il accepte de combattre contre n'importe quel adversaire… ;
– prendre conscience de lui : la construction et l'enrichissement de son schéma corporel lui permettent de réaliser des actions multiples en attaque comme en défense ; il respecte les règles d'or « ne pas se faire mal » et « ne pas se laisser faire mal »… ;
– prendre conscience des autres : il respecte la règle d'or « ne pas faire mal » ; il tient d'autres rôles sociaux : arbitre, observateur, responsable de la marque, responsable de la durée du jeu.

EN ÉLÉMENTAIRE

Les attendus de fin de cycle et les compétences à construire à partir des jeux de lutte renvoient au champ d'apprentissage : « *Conduire et maîtriser un affrontement collectif ou interindividuel* ».

1 Les attendus de fin de cycle

1.1 Au cycle 2

– S'engager dans un affrontement individuel ou collectif (jeux de lutte collectifs de type « Arrêter les fourmis ») en respectant les règles du jeu et les règles d'or (ne pas faire mal, ne pas se faire mal, ne pas se laisser faire mal).

– Contrôler son engagement moteur et affectif pour réussir des actions simples.

– Connaître le but du jeu et ses règles et les respecter.

– Reconnaître son ou ses partenaires et éventuellement ses adversaires.

– Respecter l'adversaire et l'arbitre.

1.2 Au cycle 3

– S'organiser tactiquement pour gagner le combat en identifiant les situations favorables de marque : saisies et actions efficaces, déséquilibre de l'adversaire…

– Maintenir un engagement moteur efficace sur tout le temps de jeu prévu.

– Respecter l'adversaire et l'arbitre.

– Assurer différents rôles sociaux (lutteur, arbitre, observateur, coach) inhérents à l'activité et à l'organisation de la classe.

– Accepter le résultat de la rencontre et être capable de le commenter.

2 Les compétences à construire

Remarque

Pour une description plus précise, et dans l'attente de la parution des ressources, vous pourrez utilement vous appuyer sur les tableaux de progressions de janvier 2012 parus au *B.O.* du 5 janvier 2012. Cependant, ces documents ne peuvent plus être considérés et cités comme des documents institutionnels officiels.

2.1 Au cycle 2

Psycho-socio-affectif	Cognitif	Moteur
– Accepter l'opposition et la coopération. – Respecter les règles essentielles de jeu et de sécurité, et notamment les règles d'or : ne pas faire mal, ne pas se faire mal, ne pas se laisser faire mal. – Tenir différents rôles sociaux : lutteur, arbitre.	– Comprendre le but du jeu. – Se reconnaître comme attaquant ou défenseur. – S'informer, prendre des repères pour agir. – Développer des stratégies comme attaquant ou comme défenseur. – Dans les situations de réversibilité, comprendre qu'il faut attaquer tout en se défendant.	– Rechercher le gain du jeu, du combat. – S'adapter aux actions d'un adversaire. – Varier les actions pour déséquilibrer, retourner, immobiliser, maintenir un adversaire au sol. – Coordonner des actions motrices simples : tirer/tourner, pousser/bloquer…

2.2 Au cycle 3

Psycho-socio-affectif	Cognitif	Moteur
– Accepter de tenir différents rôles sociaux : lutteur, arbitre, observateur, coach, organisateur, récolteur de résultats (marque, fautes…). – Respecter les règles en sécurité pour soi et pour les autres, et notamment les règles d'or.	– S'informer pour agir. – Se reconnaître attaquant / défenseur. – Connaître les règles pour arbitrer : arrêter le combat quand la règle n'est pas respectée ou à la sortie de l'espace de combat ; déclarer qui est vainqueur du combat.	– Rechercher le gain de l'affrontement par des choix tactiques simples. – Coordonner des actions motrices simples puis plus complexes. – Adapter ses actions à celles de son adversaire.

3 Les contenus

3.1 Au cycle 2

Jeux de lutte au cycle 2
Contenus moteurs Les contenus décrits ci-dessus sont mis en jeu à travers des jeux de lutte. Il s'agit pour l'élève : – d'enchaîner et coordonner plusieurs actions simples afin de contrôler de mieux en mieux une motricité spécifique induite par les jeux de lutte : tirer, pousser, tourner, enlever un ou plusieurs appuis, bloquer, immobiliser… ; – d'orienter ses actions en fonction de la cible à atteindre (sortir l'adversaire de l'espace de combat, atteindre tel espace pour se sauver…) ; – de tenir, sur des phases de jeux distinctes, le rôle d'attaquant ou de défenseur ; – vers la fin du cycle, dans des jeux avec réversibilité (exemple : lors de combats en un contre un, sortir l'adversaire de l'espace de combat), de tenir le rôle d'attaquant ou de défenseur en fonction de l'évolution du rapport de force.
Contenus méthodologiques et sociaux – Élaborer des stratégies offensives ou défensives en fonction de l'adversaire. – S'engager avec lucidité dans les différents jeux : connaître les règles, les respecter… – Prendre des informations sur l'évolution du score, sur l'espace de combat, sur la position du ou des adversaires. – Tenir différents rôles sociaux : lutteur, arbitre à plusieurs en étant responsable de l'application d'une seule règle (point de marque, non-respect des règles d'or, sortie de l'espace de combat…). – Respecter les règles du jeu et les règles de fonctionnement. – Jouer en sécurité pour soi et pour les autres.

3.2 Au cycle 3

Jeux de combat (de préhension) au cycle 3
Contenus moteurs Les contenus décrits ci-dessus sont mis en jeu à travers les jeux de combat de préhension (type luttes diverses, judo). Il s'agit pour l'élève : – de maîtriser de mieux en mieux une motricité spécifique individuelle : combat au sol, à genou, attaquant ou défenseur ; – d'assurer, sur des phases de jeux réversibles le rôle d'attaquant ou de défenseur en fonction de l'évolution du rapport de force (ex. : je suis en attaque lorsque mon adversaire est déséquilibré ou en phase d'immobilisation, je suis en défense lorsque je suis déséquilibré ou en train d'être immobilisé ou d'être sorti de l'espace de combat) ; – de s'engager corporellement dans la mise en œuvre des stratégies élaborées. Ces éléments sont de plus en plus en coordonnés et de plus en plus enchaînés (voir modélisation de la motricité p. 90). Les situations de jeux proposent systématiquement une réversibilité des rôles attaquant ou défenseur en fonction du rapport de force.
Contenus méthodologiques et sociaux communs à toutes les activités – Élaborer des stratégies offensives ou défensives en fonction de l'adversaire (tous les adversaires sont différents). – S'informer sur l'espace de combat, l'évolution du rapport de force, la position de l'adversaire pour agir lucidement. – Assurer le rôle d'arbitre seul ou à plusieurs (co-arbitrer) : faire respecter les règles, gérer la durée du combat, être vigilant au niveau de la sécurité (faire respecter les règles d'or). – Recueillir les scores d'un combat, d'une série de combats (ex. : sous forme de mini-championnat). – Jouer le rôle d'observateur afin d'aider, de « coacher » un autre élève de son groupe. – Respecter les règles du jeu et les règles de fonctionnement afin de jouer en sécurité pour soi et pour les autres.

4 Les axes de progrès

Dans les jeux de lutte, le progrès se caractérise par rapport à :

Indicateurs	De...	À...
L'espace (entre les deux combattants)	De l'espace lointain, matérialisé par l'écartement de bras et la prise manuelle	À l'espace intime
La relation aux autres	Du refus de combat, de la passivité ou de l'agressivité	À la maîtrise des gestes et des émotions
Les rôles	D'un rôle privilégié (attaquant ou défenseur)	– À la réversibilité des rôles en fonction de l'évolution du rapport de force – À la capacité de tenir le rôle d'arbitre
Les règles	De règles simples	À des règles complexes, des codes
Le type d'activités	De jeux de lutte (voir chapitre maternelle p. 269) mettant en jeu la motricité fondamentale	À des activités en lien avec les APSA : jeux de lutte en affrontement duel
Les actions	– D'actions simples : tirer, pousser, faire sortir… – D'actions explosives et peu précises	– À des actions enchaînées : tirer et tourner, tirer et amener au sol… – À des actions effectuées avec vitesse et précision
Les prises d'informations	De prises d'informations visuelles	À des prises d'informations kinesthésiques

5 La trame de variance

L'espace	– l'espace d'évolution : un espace de jeux collectifs, un espace de combat duel – la taille et la forme des espaces de combats duels
Le temps	– la durée des combats
Le matériel	– le matériel comme médiateur pour favoriser le rapprochement. Exemple : « La queue du diable » : gagner en attrapant la queue de l'adversaire (un foulard accroché à la ceinture) – pour favoriser des actions particulières. Exemple : combattre avec des gants pour ne pas pouvoir attraper l'adversaire en pince manuelle et être obligé de le saisir différemment (voir p. 283)
Les règles	les droits et devoirs de chaque combattant
Le nombre d'élèves	– les jeux collectifs – les combats 1 contre 1
Les rôles	– attaquant – défenseur – arbitre, seul ou avec l'aide de l'adulte ou d'un autre élève
Les activités supports	– les jeux de lutte, le sumo
Le degré d'opposition	– la coopération – l'opposition « complaisante » – l'opposition avec rôles différents : je suis attaquant ou défenseur – l'opposition avec réversibilité des rôles

6 Les dispositifs

6.1 *Sur un tatami*

Organiser la classe en groupes (le nombre d'élèves et de groupes est fonction du jeu) et délimiter les espaces en utilisant des bandes caoutchoutées pour indiquer les limites extérieures.

6.2 *Dans une salle de motricité*

Assembler les petits tapis (2 × 1 m) afin de constituer un grand tapis. Certains tapis ont des bandes adhésives qui facilitent le maintien solidaire des tapis entre eux.

Pour les combats en 1 contre 1, utiliser des tapis de 2 × 1 m qui sont réunis par trois. La disposition doit permettre un auto-blocage (voir **Fig. 3** p. 281).

Constituer des groupes de quatre :
- deux combattants ;
- un arbitre ;
- un juge qui compte les points.

Fig. 3 – *Un combat 1 contre 1.*

Remarque

– Il est possible de mettre deux arbitres (notamment au début de la phase d'apprentissage de l'arbitrage) et de ne pas mettre de juge.

– Les terrains de combat peuvent être carrés ou ronds.

a) Un dispositif particulier : le mini-championnat

Des groupes de quatre : chaque élève combat une fois contre les trois autres.

Total de combats :
- pour chaque élève : 3 ;
- pour l'ensemble du groupe : 6.

Le décompte des points : 3 points par match gagné, 2 points par match à égalité et 1 point par match perdu.

Un classement peut ainsi être établi.

b) Un dispositif particulier : la montante/descendante

Fig. 4 – *La montante / descendante.*

Je gagne : je monte d'un cran (exemple du terrain 2 au 3).
Je perds : je descends d'un cran (exemple du terrain 2 au 1).

Les élèves combattent en 1 contre 1 dans des combats au temps (1 min). À la fin du temps imparti, tous les combats s'arrêtent. Les gagnants montent alors d'un cran sur le terrain au-dessus et les perdants descendent d'un cran sur le terrain en-dessous. S'il y a égalité, une procédure pour départager rapidement les combattants est mise en place. Par exemple, dans un combat au sol, le premier combattant qui fait mettre à son adversaire une partie du corps différente des genoux et des pieds au sol (une main par exemple) a gagné. À noter : avant de se déplacer d'un tapis à l'autre, il est important de demander aux élèves de s'asseoir dans un premier temps sur leur tapis de combat afin de permettre aux élèves qui n'ont pas encore pu se départager de pouvoir le faire. Les élèves peuvent alors changer de tapis quand tous les combats ont permis de désigner un vainqueur et un perdant.

Le dispositif peut être modifié :
– s'il y a trop d'élèves et pas assez d'espace pour mettre en place le nombre de terrains suffisants (ex. : 12 terrains pour 24 élèves) ;
– si les élèves ne peuvent pas combattre sans la présence d'un arbitre.

Dans les deux cas, des postes d'attente sont mis en place. Par exemple, l'élève qui gagne sur le terrain 1 passe d'abord par le poste d'attente durant le combat suivant avant de combattre sur le terrain 2. Durant l'attente, il peut arbitrer le combat du terrain qu'il vient de quitter.

Remarque

Ce dispositif peut également être mis en place dans les jeux de raquettes.

7 Exemples de situations

7.1 *Situation pour retourner l'adversaire*

Retourner la tortue sur le dos

Un élève se positionne en tant que défenseur à 4 pattes : la tortue. Il ne peut ni bouger ni se défendre. L'autre élève, l'attaquant, doit le retourner sur le dos. Changement de rôle après trois essais.

Fig. 5 – *La tortue.*

Variantes :
– imposer un type de prise différent à chaque essai. Par exemple, essai 1 : ceinturer (comme sur le schéma p. 382), essai 2 : prendre les jambes ou les bras et essai 3 : prendre un bras et une jambe ;
– imposer une position différente à la tortue. Par exemple : avoir les bras très serrés, puis très écartés… ;
– imposer un temps limite pour réussir (30 s par exemple) ;
– donner la possibilité à la tortue de contre-attaquer (en cycle 3, pour aller vers la réversibilité).

7.2 Situation pour utiliser d'autres parties du corps que les pinces manuelles (utilisation quasi-exclusive des mains pour saisir l'adversaire)

Les gants de boxe

Un élève, muni de gants de boxe, doit faire sortir son adversaire, à 4 pattes et qui ne peut pas se défendre, du cercle.

Fig. 6 – *Les gants de boxe.*

Variantes :
– reprendre le jeu de la tortue avec des gants de boxe pour l'attaquant ;
– la taille du cercle ;
– le temps pour sortir l'adversaire ;
– la possibilité pour le défenseur de bouger dans le cercle sans en sortir ;
– la possibilité pour le défenseur de contre-attaquer (l'équiper alors lui aussi de gants) ;
– les deux adversaires sont debout (cycle 3) ;
– les gants de boxe peuvent utilement être remplacés par les chaussures des élèves.

Remarque

Cette situation peut être modifiée de la manière suivante : l'attaquant tente de faire sortir son adversaire du cercle. Il n'a pas de gants de boxe. Il s'agit juste de déséquilibrer l'adversaire en poussant, tirant, en faisant tourner…

De la même manière, on peut positionner l'adversaire à l'extérieur du cercle. Il s'agit alors de l'y faire entrer.

7.3 Situation pour utiliser des masses musculaires fortes

Le combat de bœufs

Les élèves se positionnent à 4 pattes épaule contre épaule. Le premier qui arrive à repousser son adversaire au-delà de la ligne tracée au sol en poussant en avant a gagné.

Fig. 7 – *Le combat de bœufs.*

Variantes :
- la distance de la ligne ;
- le changement d'épaule ;
- les deux adversaires sont debout (cycle 3).

7.4 Situation pour saisir rapidement l'adversaire

Stopper la tortue

Fig. 8 – *Stopper la tortue.*

Au signal, l'attaquant, positionné sur le côté et en dehors de la zone jaune, saisit la tortue et doit l'empêcher de toucher le plot. La tortue avance en ligne droite, entre les deux lignes.

Variantes :
– la distance qui sépare l'attaquant de la tortue ;
– faire partir la tortue plus en arrière et donner l'autorisation à l'attaquant d'intervenir au moment où la tortue passe devant lui ;
– la distance qui sépare la tortue du plot ;
– les deux combattants sont debout (cycle 3).

7.5 Le mini-championnat

Championnat par groupe de 4 : deux combattants, un arbitre et un juge/chronométreur. Sur un espace de combat de 3 × 3 m, départ au sol (cycle 2 et CE2) ou debout (CM) au milieu du tapis. Au signal, mettre son adversaire au sol, sur le dos et l'immobiliser durant 3 s (cycle 2) ou 5 s (cycle 3).
Chaque élève rencontre une fois les trois autres membres du groupe dans des combats qui durent 1 min.
Les points : 1 point lorsque l'adversaire met son adversaire sur le dos sur les deux omoplates ; 5 points lorsque l'immobilisation est réalisée (3 ou 5 s selon le niveau).

Points attribués à l'issue de chaque combat :
– combat gagné : 3 points ;
– combat perdu : 1 point ;
– combat à égalité : 2 points pour chaque combattant.

Les six combats sont répertoriés sur un premier tableau qui est rempli après chaque match (exemple en gras).

Combats	Combattants	Résultat/Points
1	– Nom combattant 1 : **A** – Nom combattant 2 : **B**	Vainqueur : **A/3 points** Perdant : **B/1 point** Égalité :
2	– Nom combattant 3 : **C** – Nom combattant 4 : **D**	Vainqueur : Perdant : Égalité : **C/1 point** **D/1 point**
3	– Nom combattant 1 : **A** – Nom combattant 3 : **C**	Vainqueur : **C/3 points** Perdant : **A/1 point** Égalité :
4	– Nom combattant 2 : **B** – Nom combattant 4 : **D**	Vainqueur : Perdant : Égalité : **B/2 points** **D/2 points**
5	– Nom combattant 1 : **A** – Nom combattant 4 : **D**	Vainqueur : **A/3 points** Perdant : **D/1 point** Égalité :
6	– Nom combattant 2 : **B** – Nom combattant 3 : **C**	Vainqueur : **B/3 points** Perdant : **C/1 point** Égalité :

Puis les points obtenus sont reportés sur un second tableau (suite de notre exemple) :

Nom	1er combat	2e combat	3e combat	Total des points	Classement
A	3	1	3	7	1er
B	1	2	3	6	2e
C	2	3	1	6	2e
D	2	2	1	5	4e

Remarque

Il y a, dans l'exemple, deux ex æquo. Il est possible de les départager en comparant tous les points obtenus durant tous les combats. Par exemple, B a perdu son 1er match en ayant mis son adversaire sur le dos deux fois. Il a donc marqué 2 points ; il a ensuite fait match à égalité en ayant marqué 6 points (une immobilisation 3 s qui lui a rapporté 5 points et une immobilisation temporaire 1 point) et enfin, il a gagné son 3e et dernier match en ayant marqué 5 points (une immobilisation 3 s). Au total, il a marqué, pour ces trois combats, 2 + 6 + 5 = 13 points. Si C n'a pas marqué plus de 13 points, il peut être déclaré 3e, même s'il a le même nombre de points de combats.

Arbitrage : faire respecter les trois règles d'or (ne pas faire mal, ne pas se faire mal, ne pas se laisser faire mal) en arrêtant le combat et en remettant les combattants au centre de l'espace de combat. Arrêter le combat si l'un des deux combattants sort de l'espace de combat.

Remarque

- En cycle 2 et jusqu'au CM1, il est possible de faire l'arbitrage à deux (le co-arbitrage). Les tâches sont alors réparties de la manière suivante :
  – un des deux arbitres prend en charge les règles d'or ;
  – l'autre prend en charge le décompte des points et les sorties de l'espace de combat.
- Au cycle 3, en CM2, après consultation des points, l'arbitre désigne le vainqueur du combat.

8 Le matériel

8.1 L'espace de combat

L'idéal est de pouvoir disposer d'un tatami dans un dojo.

Si ce n'est pas les cas, il faut utiliser des tapis de gymnastique de 2 × 1 m. En fonction du nombre de tapis, du nombre et de l'âge des élèves, il faut grouper les tapis par 2 ou 3. Les surfaces de combat sont alors respectivement de 4 ou 6 m^2.

8.2 La délimitation des espaces de combat

Sur un tatami, utiliser des bandes caoutchoutées (différentes formes et tailles : allongées, à angle droit pour délimiter les coins) ou des coupelles en plastique. Il est également possible de tracer à la craie (si c'est autorisé) le pourtour du terrain.

Sur les tapis de gymnastique, l'espace de combat correspond à la surface des tapis joints.

8.3 La tenue

Il n'est pas nécessaire de porter des vêtements « spécial combat » comme le kimono, mais il est conseillé de demander aux élèves d'apporter des vêtements résistants. Dans les règles utilisées lors des combats, il faut fortement insister sur la nécessité de ne pas accrocher les vêtements mais les parties du corps (le bras, la jambe, le tronc...) afin de ne pas déchirer les vêtements.

9 La sécurité

9.1 La sécurité passive

L'activité se pratique obligatoirement sur des tapis (voir 8. Le matériel). Il est important de vérifier en permanence que les tapis sont tous solidaires afin de ne pas laisser d'interstices entre eux. Des tapis qui se détachent peuvent entraîner des risques articulaires et tendineux.

Les surfaces de combat ne doivent pas être :
- proches des murs de la salle ;
- proches de tout matériel stocké dans la pièce ;
- proches entre elles : une séparation de 1 m 50 à 2 m est nécessaire.

9.2 La sécurité active

Les jeux de lutte ne sont pas considérés comme des activités à risque et ne sont donc pas soumis à encadrement renforcé, à l'opposé des sports de combat (judo, lutte...) qui nécessitent cet encadrement renforcé (voir le *B.O.* HS N° 7 du 23 septembre 1999).

Par contre, il est primordial de renforcer la sécurité à travers le respect des règles d'or comme à travers les règles qui sont imposées dans ces jeux. Ainsi, les projections sont interdites et il importe, pour ne pas faire mal à son adversaire, d'accompagner les chutes au sol, que le combat se déroule au sol ou debout.

Les tableaux de progressions séparent bien les combats au sol pour le cycle 2 et le CE2, et le combat au sol ou debout pour les CM.

Les règles d'or doivent être comprises, acceptées et mises en œuvre :

– **ne pas faire mal** : ne pas se laisser tomber sur l'adversaire au sol, ne pas lui tordre un membre ou une articulation... ;

– **ne pas se faire mal** : savoir chuter, ne pas s'engager dans des saisies qui risqueraient de générer des risques ... ;

– **ne pas se laisser faire mal** : il faut tout de suite indiquer à l'arbitre que l'on est en difficulté et qu'on va avoir mal. Un code peut ainsi être utilisé. Par exemple, taper plusieurs fois au sol.

Ces règles doivent être rappelées au début de chaque séance.

10 Le lien avec le socle

- **Domaine 1 : les langages pour penser et communiquer**

Développer sa motricité et construire un langage du corps :
– adapter sa motricité à un environnement particulier : espace de combat, adversaire(s), partenaire(s) (cycle 2) ;
– accepter de jouer tous les rôles (attaquant, défenseurs) (cycles 2 et 3) ;
– acquérir des techniques spécifiques aux différents jeux et sports de combats (luttes, judo) pour améliorer son efficacité (cycle 3).

- **Domaine 2 : les méthodes et outils pour apprendre**

S'approprier seul ou à plusieurs par la pratique, les méthodes et outils pour apprendre :
– apprendre par essai-erreur en utilisant les effets de son action (cycle 2) ;
– répéter un geste (déséquilibre, saisie, immobilisation…) pour le stabiliser et le rendre plus efficace (cycle 3) ;
– utiliser des outils numériques pour observer, évaluer et modifier ses actions (cycle 3).

- **Domaine 3 : la formation de la personne et du citoyen**

Partager des règles, assumer des rôles et des responsabilités pour apprendre à vivre ensemble :
– assumer des rôles sociaux : attaquant, défenseur, arbitre, coach, récolteur de données (score), organisateur (cycles 2 et 3) ;
– assurer sa sécurité et celle d'autrui lors des différents jeux et jeux pré-sportifs (luttes, judo) (cycles 2 et 3).

- **Domaine 5 : les représentations du monde et l'activité humaine**

S'approprier une culture physique sportive et artistique :
– découvrir la variété des jeux et jeux pré-sportifs (cycles 2 et 3) ;
– comprendre et respecter l'environnement des pratiques physiques et sportives (cycle 3) ;
– savoir situer des performances à l'échelle de la performance humaine (cycle 3).

11 L'évaluation

Une grille de niveaux d'habileté peut servir de grille d'évaluation tout au long de la séquence.

Niveau d'habilité	L'espace de combat	Le type de saisies	Les actions utilisées
Niveau 1	Espace lointain : un écart de bras au minimum	La pince manuelle exclusivement	Une action simple : tirer ou pousser ou faire tourner
Niveau 2	Espace proche : de l'écart de bras à l'entrée dans l'espace intime	Les membres supérieurs	Deux actions utilisées sans enchaînement : tirer puis faire tourner…
Niveau 3	Espace intime : le corps à corps	Les membres supérieurs et les membres inférieurs	Deux actions enchaînées : tirer et faire tourner en fin de tirage

12 Le lien avec la santé

Les programmes soulignent que l'élève doit « apprendre à entretenir sa santé par une activité physique régulière » en lien direct avec le domaine de formation n° 4 du socle.

Il s'agit pour lui de :
– découvrir les principes d'une bonne hygiène de vie, à des fins de santé et de bien-être ;
– ne pas se mettre en danger par un engagement physique dont l'intensité excède ses qualités physiques.

En vous référant au chapitre « La santé à l'école : un objectif particulier », p. 79, vous pouvez de plus mettre en avant les capacités suivantes que l'élève va pouvoir construire à partir des activités d'orientation.

L'élève va être en capacité de :
– résoudre des problèmes : comment m'organiser pour déséquilibrer mon adversaire tout en gardant mon propre équilibre ? Comment utiliser mon propre déséquilibre pour déséquilibrer mon adversaire ? ;
– prendre des décisions, gérer son stress, gérer ses émotions : accepter de rentrer dans un corps à corps pour combattre, accepter d'attaquer pour gagner tout en ayant le risque de perdre ;
– informer, échanger, savoir prendre des décisions, être responsable : arbitrer, donner le score… ;
– avoir conscience de soi : ne pas se faire mal, ne pas se laisser faire mal.

Sujets corrigés

PRÉSENTATION

1 Quelques conseils

Les propositions de sujets corrigés correspondent à l'**approche méthodologique** telle qu'elle est décrite au chapitre « Méthodologie de l'épreuve » (p. 27). Les sujets corrigés sont volontairement exhaustifs pour vous aider à parfaire votre préparation. Vous ne pourrez sans doute pas retranscrire *in extenso* ces propositions. Il s'agira donc pour vous d'en retenir ce qui, à vos yeux, vous semble essentiel. C'est cette appropriation active qui vous permettra d'être plus performant le jour J !

Vous n'avez pas à rédiger votre développement mais seulement à élaborer un plan détaillé. Pour autant, nous vous proposons des corrections entièrement rédigées afin de vous permettre d'appréhender, du mieux possible, les sujets traités et la manière dont nous avons envisagé les propositions de réponses. Quand vous serez plus avancé dans vos révisions, vous ne garderez alors que la trame et vous vous entraînerez à peaufiner votre argumentation à partir des éléments-clés du développement. Ces éléments-clés sont **surlignés en gras** pour chaque sujet corrigé.

Nous vous rappelons de plus que vous avez, pour de nombreuses raisons (manque de temps, difficulté d'argumentation…), la possibilité de vous contenter de la « **formule express** » qui est également décrite dans le chapitre consacré à la méthodologie de l'épreuve.

Au début de chaque corrigé, vous retrouverez les thématiques motrices et transversales abordées à travers chaque corrigé.

Certains aspects sont volontairement peu développés afin d'inciter le jury à vous demander des explications supplémentaires, à vous poser des questions lors de l'entretien. En proposant plusieurs « **appâts** », vous pourrez ainsi anticiper, autant que faire se peut, la partie

Remarque

Afin de vous aider dans la hiérarchisation des réponses, nous vous proposons deux niveaux de réponse : un premier niveau qui vous assurera une bonne note et un niveau plus expert, identifié dans les pages qui suivent par le nom de rubrique **« Pour aller plus loin »** et par une couleur verte pour viser l'excellence. Bien entendu, n'hésitez pas à mixer ces deux niveaux en fonction de vos connaissances sur tel ou tel sujet, ou encore en fonction du degré d'avancement dans vos révisions.

entretien. Ces amorces sont identifiées par un numéro **(X)** qui renvoie à des explications pouvant tenir lieu d'argumentaire.

Dans le même ordre d'idée, vous pouvez faire le choix de ne pas autant détailler le développement que nous l'avons fait pour chaque corrigé afin d'inciter le jury à revenir sur certains points qui lui sembleraient incomplets ou abscons.

Enfin, nous vous proposons pour chaque sujet une série de questions posées régulièrement par le jury, ainsi que des éléments de réponses.

À travers ces différentes explications, nous aborderons ainsi une grande partie des questions qui peuvent vous être posées lors de votre entretien. Il s'agit alors pour vous de transposer ces explications aux autres APSA.

Certaines indications sont en italiques. Ce sont des remarques qui sont destinées à optimiser votre exposé. Il ne s'agit donc pas d'éléments de votre exposé.

2 Les thématiques développées

• **Les thématiques motrices**

– L'évolution de la motricité du terrien vers une motricité gymnique plus aérienne, plus renversée et plus enchaînée.
– La notion de démarquage en jeux sportifs collectifs.
– L'enchaînement d'actions en natation et dans les activités aquatiques.
– La performance athlétique.
– La création en danse.
– Le contact corporel dans les activités de lutte.
– La prise de risque mesurée dans les activités d'orientation.
– La connaissance et la stabilisation d'une allure régulière de course de durée.
– L'immersion en grande profondeur.
– La progression vers la cible.

• **Les thématiques transversales**

– Le travail par ateliers en autonomie : se conduire dans le groupe en fonction de règles.
– La préparation d'une rencontre sportive par le biais de l'arbitrage collectif.
– La différenciation.
– La responsabilisation et l'évaluation : s'engager lucidement dans l'action.
– L'identification et l'appréciation des effets de l'activité.
– La construction collective, de façon de plus en plus autonome, d'un projet artistique.
– Les contraintes collectives.
– La présence des parents.
– Le « bilan santé ».
– L'utilisation du matériel.
– L'engagement lucide dans l'action.

3 Les thèmes des différentes questions évoquées (par ordre alphabétique, avec la référence du niveau)

– Arbitrage : jeux sportifs collectifs.
– Approche pédagogique : inciter ou obliger ? : jeux traditionnels et jeux collectifs.
– ATSEM : activités gymniques maternelle.
– Cahier EPS : jeux sportifs collectifs, activités aquatiques (CE1).
– Commandements de courses : activités athlétiques (CP).
– Compétence attendue : activités d'orientation, danse.
– Complexité des jeux collectifs : jeux traditionnels et jeux collectifs.
– Comportements défensifs en jeux collectifs.
– Conduite motrice (les deux versants : la performance et la maîtrise) : activités athlétiques (CP).
– Constitution de binômes : activités athlétiques (CM1).
– Construction de la régularité de la course : activités athlétiques (CM1).
– Décalage optimal : activités aquatiques (CM2).
– Degré d'opposition : jeux de lutte (maternelle).
– Différenciation : activités aquatiques.
– Dispositif en étoile : activités d'orientation.
– Dispositif matériel et humain : jeux de lutte (maternelle).
– Enchaînement : activités gymniques maternelle, activités aquatiques (CE1).
– Enjeux de l'EPS : jeux sportifs collectifs.
– Évaluation (temps pour l'évaluation) : activités aquatiques (CE1).
– Évaluation (évaluation en creux) : activités aquatiques (CE1).
– Fondamentaux de la danse.
– Formes de groupements : jeux sportifs collectifs, activités aquatiques (CE1), activités athlétiques (CP).
– Jeux traditionnels et jeux collectifs : jeux traditionnels et jeux collectifs.
– Hauteur des obstacles (haies, lattes…) en courses avec franchissement d'obstacles : activités athlétiques (CP).
– Liaison CM2/6e : danse.
– Ligne d'arrêt en course d'orientation : activités d'orientation.
– Ligne d'eau : activités aquatiques (CM2).
– Le diagramme de performance : activités athlétiques (CM1).
– Les MNS : activités aquatiques (CM2).
– Le matériel en piscine : activités aquatiques (CM2).
– Le savoir nager du socle commun : activités aquatiques (CM2).
– Livret Personnel de Compétences (LPC) : activités aquatiques (CE1).
– Milieu aquatique : activités aquatiques (CE1).
– Motricité de terrien : activités gymniques (maternelle).
– Niveaux d'habileté : activités aquatiques (CE1).
– Organisation d'une séance : jeux sportifs collectifs, activités athlétiques (CP), danse.
– Organisation spatiale d'un dispositif (le « jet d'eau ») : activités athlétiques (CP).
– Plan d'Organisation de la Surveillance et des Secours (POSS) : activités aquatiques (CE1).
– Paires de lunettes en natation : activités aquatiques (CM2).
– Plongeon canard : activités aquatiques (CM2).
– Point d'appui : activités d'orientation.

SUJET N° 1 – LES PARCOURS ET LES ATELIERS D'ACTIVITÉS GYMNIQUES EN MOYENNE SECTION

Sujet zéro – Ministère de l'Éducation nationale (www.education.gouv.fr)

En classe de moyenne section de maternelle, lors des premières séances d'activité physique, vous avez mis en œuvre, pour vos élèves, des activités liées au déplacement dans un parcours aménagé.

Vous souhaitez maintenant faire évoluer les réponses motrices des enfants.

Présentez les ateliers d'activités gymniques que vous organiseriez pour développer les habiletés motrices suivantes : se suspendre, se balancer, se renverser.

Thématiques

- L'évolution de la motricité du terrien vers une motricité gymnique plus aérienne, plus renversée et plus enchaînée.

Pour aller plus loin

- Le travail par ateliers en autonomie.

Proposition de corrigé

Introduction

Mes élèves de moyenne section de maternelle ont été confrontés, lors des premières séances d'activité physique, à des parcours de motricité mettant en jeu des déplacements qui sollicitaient une motricité différente de celle qu'ils utilisent habituellement. Leurs repères de terrien étaient ainsi modifiés : par exemple, remise en cause de l'équilibre vertical par des déplacements sur un banc, des chaises, une poutre basse ou en quadrupédie ; perte progressive de repères visuels en roulant ou en se mettant tête en bas.

Je veux maintenant faire évoluer leurs réponses motrices en les confrontant à des situations qui vont leur permettre de développer des habiletés motrices autour des verbes d'action : se suspendre, se balancer et se renverser, valorisant de fait une motricité de moins en moins pédestre, de plus en plus aérienne et renversée et de plus en plus enchaînée.

En choisissant de faire évoluer le dispositif par la mise en place d'ateliers, je veux leur permettre d'augmenter leur quantité d'action et de répétition.

Pour aller plus loin

J'ai également la volonté de rendre mes élèves plus autonomes et responsables. Lors des séances mises en place à partir des parcours aménagés, j'ai déjà mis l'accent sur la nécessité de respecter les règles collectives (attendre son tour, ne pas bousculer, respecter le sens de déplacement sur le parcours). J'ai donc pu observer leur capacité à adopter un comportement responsable et à être de plus en plus autonomes. Je sais par conséquent qu'ils vont maintenant être capables de travailler en ateliers.

Les situations mises en place à travers ces ateliers vont, de plus, les amener à gérer leur stress et à prendre des risques calculés, favorisant ainsi la construction d'une « attitude santé ».

Développement

- **La référence aux textes officiels**

Selon **les programmes parus au *B.O.* spécial n° 2 du 26 mars 2015,** les activités gymniques permettent à l'élève d'atteindre l'objectif « *Adapter ses équilibres et ses déplacements à des environnements ou des contraintes variés* ».

À partir des verbes d'action se suspendre, se balancer, se renverser, les élèves mettent en œuvre une **motricité inhabituelle qui va remettre en cause leur motricité habituelle de terrien (1) et qui va les amener à utiliser le haut du corps pour se soutenir et se déplacer.**

Appâts et réponses possibles

(1) La motricité habituelle, de terrien, se caractérise par :
- une position verticale en équilibre sur les deux pieds, regard à l'horizontal ;
- un refus d'être ou de rechercher tout déséquilibre ;
- une locomotion organisée autour du train inférieur ;
- des prises d'informations visuelles et auditives ;
- une respiration réflexe à dominante nasale.

Toutes les APSA inscrivent l'individu dans une activité où le déséquilibre est source de réussite. La marche est ainsi une suite de déséquilibres rééquilibrés. La natation est l'archétype de l'activité qui remet fondamentalement en cause l'équilibre du terrien en se fondant sur :
- un équilibre horizontal, regard à la verticale ;
- une propulsion organisée à partir du train supérieur (les bras sont principalement propulseurs et les jambes principalement équilibratrices) ;
- une prise d'information proprioceptive (sensibilité très profonde du corps à lui-même) ;
- une respiration buccale volontaire (je m'efforce d'expirer sous l'eau).

Pour aller plus loin
La mise en place d'ateliers va également me permettre de responsabiliser les élèves en leur demandant de respecter des consignes d'organisation et de fonctionnement pour travailler de manière plus autonome.

Les objectifs pour les élèves, durant la séquence que je vais vous détailler, sont donc les suivants :
– **utiliser le train supérieur comme train porteur et locomoteur ;**

Pour aller plus loin
– **respecter les consignes d'organisation et de fonctionnement de travail en atelier.**

• Présentation des ateliers

Le dispositif en ateliers que je mets en place pour la séquence est le suivant :
– 4 ateliers : un atelier se suspendre, deux ateliers se balancer (en suspension et en appui) et un atelier se renverser ;
– 4 groupes de 6 élèves : un groupe par atelier.

Description des ateliers :
• **Se balancer en suspension** à partir d'une barre (barres basse et haute de barres asymétriques) : un gymnaste et une aide pour faciliter le début du balancer. Effectuer deux allers-retours puis lâcher la barre en arrière pour se réceptionner sur les pieds ; variante : effectuer un ou trois allers-retours.

• **Se balancer en appuis manuels** entre deux barres parallèles fixées à deux plinths en bois. Fonctionnement et variante identiques à l'atelier précédent.

• **Se renverser** : se renverser puis se déplacer en appuis manuels renversés, pieds sur un plinth en bois.

• **Se suspendre** : se déplacer en suspension manuelle d'un bout à l'autre d'une barre fixe. Les élèves entrent sur l'agrès en montant sur une chaise placée près de la barre. Ils sortent de l'agrès en utilisant également une chaise placée de l'autre côté de la barre.

Je prends en charge l'atelier se renverser afin de travailler avec eux le gainage et le renversement en appuis manuels, tête en bas. Je vais vous le détailler plus loin.

L'ATSEM (2) prend en charge l'atelier se suspendre afin d'apporter une aide ou une parade, en fonction des besoins, à partir des consignes que je lui aurai données.

J'ai notamment insisté sur l'aide à apporter si l'élève ne réussit pas l'exercice ou s'il se met en danger :
– en le soulevant afin de diminuer les contraintes liées à la pesanteur : l'ATSEM soulève temporairement l'élève en le prenant par la taille ;
– en facilitant le début des oscillations pour amorcer le déplacement : l'ATSEM tient l'élève par la taille et le fait légèrement osciller latéralement à partir du moment où il a le corps gainé ;
– en contrôlant l'amplitude des oscillations : l'ATSEM tient l'élève par les poignets en le soulevant pour éviter

Appâts et réponses possibles

(2) L'ATSEM : Agent Territorial Spécialisé des Écoles Maternelles. L'ATSEM est un fonctionnaire territorial employé par une collectivité territoriale (une mairie, une communauté de communes) chargé de l'assistance au personnel enseignant pour la réception, l'animation et l'hygiène des très jeunes enfants (école maternelle) ainsi que de la préparation et la mise en état de propreté des locaux et du matériel servant directement à ces enfants. Il participe à la communauté éducative. Affecté dans les classes et placé sous l'autorité fonctionnelle (donc non hiérarchique) du personnel enseignant pour leurs tâches quotidiennes, l'ATSEM dépend de l'autorité territoriale.

la chute ou l'ATSEM prend l'élève par la taille pour consolider la suspension et limiter les oscillations.

Les deux autres ateliers (se balancer) fonctionnent en autonomie relative. Je me suis assuré, lors des séances précédentes, que tous les élèves sont capables de se suspendre à une barre ou de tenir en appuis sur les barres parallèles. J'ai également travaillé avec les élèves sur le rôle d'aide pour donner un peu d'élan afin d'amorcer le balancer. J'ai enfin mis en évidence, avec les élèves, la nécessité de lâcher la ou les barres en arrière pour se réceptionner sur les pieds.

Afin d'assurer une sécurité permanente, je me positionne de façon à avoir l'ensemble des ateliers dans mon champ de vision, à l'opposé de l'ATSEM qui a également la possibilité de voir tous les ateliers.

Remarque : un schéma rapide permet de visualiser les quatre ateliers et la position du PE et de l'ATSEM : dessiner quatre carrés pour les quatre ateliers et tracer deux croix pour le PE et l'ATSEM.

- **L'atelier que je prends en charge : se renverser**

Mes élèves ont expérimenté, lors des premières séances, des positions renversées diverses : le jeu de la brouette, le placement dos à partir d'un contre-haut (espalier, plinth…), la chandelle, le trépied avec aide.

- **But pour l'élève**

Se renverser tête en bas en appuis manuels puis se déplacer.

- **Dispositif**

– Groupe de 6 élèves.
– Trois plinths en bois de 168 cm de longueur avec 3 hauteurs différentes : 33, 48 et 68 cm disposés en parallèle avec deux tapis (2 m × 1 m) en protection.
– Un cerceau d'attente devant chaque plinth.

- **Consignes**

– Venir se positionner sur le plinth le plus bas de la manière suivante : poser les deux pieds sur le haut du plinth à une extrémité et se tenir en position inversée, les deux mains sur les tapis de protection, face au plinth, puis se déplacer le long du plinth sans tomber.
– Après ma validation, passer sur les plinths suivants et refaire le même exercice.
– Un seul élève par plinth.
– Un seul élève en position d'attente dans le cerceau d'attente.
– Les élèves qui ne sont pas sur un plinth ou dans un cerceau attendent sur le banc d'attente : je vous apporterai tout à l'heure plus de précisions sur ce mode d'organisation afin d'aborder le second objectif : « respecter les consignes d'organisation et de fonctionnement de travail en atelier ».

- **Comportements attendus pour réussir**

– Se mettre en position accroupie, bras tendus sur les tapis, puis reculer les mains pour pouvoir mettre un pied puis le second sur le haut du plinth afin de se retrouver face au plinth.
– Garder les bras tendus pour se positionner puis pour se déplacer le long du plinth.
– Se gainer au niveau de la ceinture pelvienne (le bassin).
– Ouvrir progressivement la ceinture scapulaire (les épaules) en positionnant la tête menton à la poitrine afin de permettre l'ouverture de la ceinture.

– Se déplacer en étant alternativement en appui équilibré sur une main puis sur l'autre tout en étant gainé.

• **Comportements prévisibles et évolutions à apporter (⇒)**

Vers une simplification de la situation :
– les bras ne sont pas tendus ⇒ rappel verbal puis, éventuellement, blocage par manipulation de l'articulation du coude afin d'aligner les segments ;
– les bras se plient ⇒ blocage par manipulation de l'articulation du coude et aide au niveau du train supérieur (ceinture scapulaire) afin de diminuer les effets de la pesanteur ;
– le bassin n'est pas gainé ⇒ rappel verbal (« rentre ton ventre et sers les fesses ») puis, si nécessaire, positionnement du bassin en rétroversion ;
– la tête n'est pas placée ⇒ rappel verbal puis, si nécessaire, demander à l'élève de maintenir un objet (petite balle…) entre le menton et la poitrine et de ne pas le laisser tomber durant tout l'exercice ;
– le déséquilibre est refusé ou n'est pas recherché pour pouvoir changer d'appui manuel ⇒ aider l'élève à venir en appui temporaire sur une main en le soutenant au niveau du coude et de l'épaule (solidification de l'axe d'appui afin de permettre le déplacement de l'autre appui manuel et des deux pieds).

Vers une complexification de la situation :
– l'exercice est réalisé avec aisance ⇒ demander de faire un aller-retour ;
– l'élève est capable de se positionner en appui renversé et de se déplacer à partir de la plus grande hauteur ⇒ augmenter la hauteur pour amener l'élève à l'Appui Tendu Renversé (ATR) avec appui pédestre sur le plinth (ATR légèrement oblique) ;
– l'élève réussi l'ATR avec appui sur le plinth ⇒ lui demander de faire l'ATR passager avec aide puis parade.

Pour aller plus loin

• **Règles d'efficacité à intégrer par l'élève pour réussir**

– Pour le gainage : « je rentre le ventre et je sers les fesses pour être tonique ».
– Pour l'alignement des segments : « je garde mes bras tendus ».
– Pour le placement tête et l'ouverture de la ceinture scapulaire : « je regarde le plinth à travers mes bras ».
– Pour les déplacements : « je me déplace en continuant à garder mon corps tendu et tonique et à regarder le plinth » ; « je me déplace en m'appuyant sur une main puis sur l'autre ».

• **Différenciation**

Elle se met en place à chaque passage, en fonction des réponses des élèves. Elle s'appuie sur :
– une simplification de la tâche : aide manuelle pour atténuer les effets de la pesanteur ou pour positionner le corps (positionnement des bras, du bassin) ;
– une complexification de la tâche : augmenter la hauteur des plinths jusqu'à arriver à l'ATR avec aide et/ou parade.

• **Indicateur de réussite**

Se déplacer d'un bout à l'autre du plinth.

• **Évaluation**

Grille de niveaux d'habileté, en référence à l'évolution de la motricité (3) :

Nom de l'élève : **Hauteur du plinth :**	
Niveau 1	**Motricité disjointe ou discontinue** : se déplace par à-coups en restant en appui sur les deux mains : rapprochement des deux mains pour conserver l'équilibre inversé
Niveau 2	**Motricité juxtaposée ou successive** : se déplace avec aide (difficulté à maîtriser les déséquilibres) en étant alternativement en appui sur une main puis sur l'autre
Niveau 3	**Motricité enchaînée** : se déplace seul en étant alternativement en appui sur une main puis sur l'autre

Appâts et réponses possibles

(3) L'évolution de la motricité : vous la caractériserez par rapport à la schématisation de la motricité (voir p. 93). La grille de niveaux en est un exemple.

• **La sécurité (4)**

Appâts et réponses possibles

(4) La sécurité passive et la sécurité active :
– **la sécurité passive** concerne l'aménagement matériel et humain (les adultes), les consignes d'utilisation du matériel et les règles de fonctionnement ;
– **la sécurité active** renvoie aux compétences construites par l'élève par rapport au milieu dans lequel il évolue et par rapport à lui-même dans l'activité.

Pour assurer la **sécurité passive** :
– je dispose les agrès de telle manière qu'ils ne soient ni trop près des murs, ni trop près les uns des autres ;
– je dispose de suffisamment de tapis pour sécuriser les agrès en cas de chutes éventuelles ;
– je me positionne comme je vous le précisais précédemment de manière à voir l'ensemble de mes élèves sur tous les agrès et à l'opposé de l'ATSEM ;
– je rappelle les consignes d'utilisation du matériel : pas plus d'un élève sur l'agrès en même temps ; pas d'activité tant qu'un autre élève se trouve sur le tapis de réception ; rôle à tenir en tant qu'aide pour l'atelier se balancer ;
– je rappelle les consignes de fonctionnement : respecter l'ordre de passage et attendre son tour sur le banc d'attente situé près de l'atelier et/ou dans le cerceau situé près de l'agrès. Sur le banc, s'asseoir à une extrémité puis glisser sur le banc pour se retrouver à l'autre extrémité au fur et à mesure que les élèves assis avant soi passent pour réaliser l'exercice. Je peux, si besoin, indiquer par un symbole (une flèche par exemple) le sens d'utilisation du banc d'attente.

Pour assurer la **sécurité active,** j'ai travaillé, lors des séances précédentes :
– à la **connaissance en action des différents agrès** : pour se suspendre et se balancer, la flexibilité des barres et l'écartement de celles-ci pour les barres parallèles, pour se

renverser, la distance entre le haut des plinths et le tapis de réception ;
– à la **compréhension des buts à atteindre** ;
– à la **construction en action des règles d'efficacité** :
  – le gainage du corps pour faciliter les suspensions, les balancers et les renversements ;
  – l'alignement des segments et le placement dos pour les renversements ;
  – l'ouverture des ceintures ;
  – la modification des informations visuelles la tête en bas ;
  – la recherche et le contrôle du déséquilibre ;
– à la **construction en action du respect des règles de fonctionnement.**

• Le lien avec le socle commun et les autres disciplines

Mes élèves ont aussi construit des **compétences transversales en lien avec le socle commun** de connaissances, de compétences et de culture. Même si ces compétences ne sont évaluables qu'en fin de cycle 2 pour le palier 1, elles permettent à mes élèves d'être plus autonomes et plus responsables, favorisant par là-même un début de construction des compétences 6 et 7 du socle :
– **la compétence 6** : les compétences sociales et civiques en ayant un comportement responsable en respectant les autres et les règles de la vie collective ;
– **la compétence 7** : l'autonomie et l'initiative (qui ne sera, elle, évaluable qu'au cycle 3 mais qui doit bien entendu se construire le plus tôt possible) en faisant preuve d'initiative et en ayant une bonne maîtrise de son corps.

Les activités gymniques que j'ai mises en place peuvent servir de support au développement du langage. Mes élèves apprennent, par mon intermédiaire dans un premier temps, puis progressivement seuls, à s'exprimer et à échanger à partir d'une réalité concrète et vécue qui les implique physiquement, affectivement et cognitivement.

À l'instar des propositions de **Philippe Boisseau**, j'élabore **un album écho** à partir de photographies de mes élèves, prises lors des activités gymniques, afin d'**enrichir leur champ lexical**. Ces activités permettront plus tard, au cycle 2, de rendre compte de la compétence 1 du socle *« La maîtrise de la langue française »* et plus précisément des items *« S'exprimer clairement à l'oral en utilisant un vocabulaire approprié »* et *« Participer en classe à un échange verbal en respectant les règles de la communication »*.

• Le lien avec la santé

Ces compétences sont le garant de la **construction d'une « attitude santé »** telle qu'elle est définie dans le cahier pédagogique n° 15 de janvier 2010 de l'USEP (Union Sportive de l'Enseignement du Premier degré). À la suite de la conférence d'Ottawa en 1986, **la santé n'est plus considérée comme une fin en soi, mais bien comme une ressource de la vie quotidienne.** Elle ne se borne pas seulement à préconiser l'adoption de modes de vie qui favorisent la bonne santé ; son ambition est le **bien-être complet de l'individu, dans tous ses aspects : physique, mental et social.** L'individu, ici mon élève, doit pouvoir identifier et réaliser ses ambitions, satisfaire ses besoins et évoluer avec son milieu ou s'y adapter.

La construction de cette attitude santé se fonde sur la capacité qu'ont mes élèves à :
– résoudre des problèmes : comment diversifier leur répertoire moteur, à partir de verbes d'action multiples (rouler, voler, se renverser…) sur des agrès divers (sol, poutre, barres…) ? Comment choisir les actions à réaliser en fonction de leurs capacités (ni trop faciles ni trop difficiles) ? ;
– prendre des décisions, gérer leur stress, gérer leurs émotions : accepter de prendre

des risques calculés avec, puis sans aide, avec, puis sans parade ;
– avoir conscience d'eux-mêmes : savoir se situer dans l'espace, maîtriser leur corps dans toutes les situations (en l'air, tête en bas, en hauteur…), se concentrer lors de la présentation de l'enchaînement devant les autres élèves de la classe ;
– avoir de l'empathie, être solidaires, être habiles dans les relations interpersonnelles : donner des conseils pour aider un camarade, être un spectateur respectueux et bienveillant.

Conclusion

À l'issue de ce travail en atelier, mes élèves sont capables de se suspendre, se balancer et se renverser. Le dispositif a favorisé la quantité et la variété d'actions, leur permettant ainsi de développer, de consolider et d'enchaîner de plus en plus leurs habiletés motrices. Ce mode de fonctionnement a également été l'occasion pour eux de devenir plus autonomes et responsables. La construction de ces compétences permet à chacun d'eux de maîtriser encore mieux leurs émotions et de développer ainsi une « attitude santé » conçue comme une ressource de la vie quotidienne qui met l'accent sur les ressources sociales et personnelles, et sur les capacités physiques.

Je vais maintenant mettre en place de nouveaux ateliers afin de continuer à développer ces potentialités, notamment en combinant plusieurs habiletés motrices. Ce sera ainsi l'occasion de commencer avec eux un travail d'élaboration d'enchaînements **(5)** courts à travers lesquels ils pourront faire des choix en fonction de leurs potentialités.

Cette notion de choix me paraît en effet fondamentale pour favoriser la construction d'une intelligence motrice adaptative ancrée sur une responsabilisation accrue des élèves. J'ai été moi-même en mesure de la mettre en œuvre durant ma scolarité au lycée lorsque j'ai dû faire des choix de menus d'APSA. Ou encore lorsque, en acrosport, j'ai construit, avec les élèves de mon groupe, un enchaînement qui nous a permis de donner à voir ce que nous pouvions faire de mieux. Cette approche valorisante m'a permis d'appréhender l'EPS différemment et, au final, de manière très positive.

Appâts et réponses possibles

(5) Enchaînement. Plusieurs interprétations :

– **La motricité enchaînée, les actions enchaînées** : voir modélisation de la motricité p. 90. L'enchaînement caractérise un niveau d'efficience de la motricité. Pour mettre en œuvre une motricité enchaînée, il faut pouvoir anticiper le début de l'action suivante avant la fin de l'action précédente. Par exemple, pour sauter loin, il faut anticiper le saut durant la prise d'élan (vitesse optimale, pied d'appel…). **La liaison et l'anticipation** caractérisent cette motricité enchaînée ;

– **l'enchaînement d'actions** en tant que succession chronologique de plusieurs actions : un enchaînement de gymnastique, un enchaînement en activités aquatiques pour le palier 1 du socle commun… La **succession** d'actions caractérise l'enchaînement gymnique, chorégraphique…

Questions possibles du jury

Vous pouvez également imaginer des questions à partir des appâts proposés dans le corrigé.

1 « Lors des activés gymniques, vos élèves sont confrontés à un environnement particulier. Quelles sont les incidences pour sa motricité ? »

Réponse : Reportez-vous à l'appât n° 1 p. 295 qui décrit la motricité habituelle du terrien et celle du gymnaste.

2 « Quels sont les différents dispositifs que vous pourriez mettre en place pour les activés gymniques ? »

Réponse :
- le dispositif en libre accès ;
- le parcours ;
- les ateliers.

Il est possible de mixer ces trois dispositifs (voir p. 169-170).

3 « Quels sont les avantages et les inconvénients de chaque dispositif ? »

Réponse : Pour les deux questions, reportez-vous au tableau p. 169-170 qui compare trois dispositifs : l'accès libre, le parcours et l'atelier.

4 « Quelles différences faites-vous entre sécurité passive et sécurité active ? »

Réponse : Reportez-vous à l'appât n° 4 p. 299.

5 « Quel(s) rôle(s) peut tenir l'ATSEM dans une séance d'activés gymniques ? »

Réponse : Reportez-vous à l'appât n° 2 p. 296.

SUJET N° 2 – LES ACTIVITÉS ATHLÉTIQUES EN CP

Vous organisez, dans votre classe de CP, une séquence d'activités athlétiques. Au cours des premières séances, vous avez mis en œuvre, pour vos élèves, des activités liées à différentes courses. Vous voulez maintenant faire évoluer leurs capacités motrices pour qu'ils puissent courir vite.

Vous nous proposerez une situation d'apprentissage, que vous situerez dans la séquence et la séance, pour permettre aux élèves de réaliser des courses de vitesse et des courses en franchissant des obstacles.

Thématiques

• La performance athlétique.

Pour aller plus loin

• L'identification et l'appréciation des effets de l'activité.

Proposition de corrigé

Introduction

Mes élèves ont déjà eu, durant leur scolarité en maternelle, de multiples occasions de vivre différentes activités de course lors de jeux collectifs, à travers des jeux de vitesse, etc. Ils ont ainsi été amenés à courir en parcourant des distances variées, avec ou sans obstacles, seul ou à plusieurs.

Dans la continuité, j'ai mis en place cette année une séquence de course basée sur deux types de courses : celles de vitesse et celles en franchissant des obstacles. Ils ont ainsi pu établir des performances dans les deux types de courses en courant contre un adversaire sur des distances de 20 mètres.

Je veux faire évoluer leurs réponses motrices pour qu'ils puissent courir presque aussi vite en course en franchissant des obstacles qu'en course de vitesse.

Ils seront ainsi amenés à repérer leurs pratiques, favorisant la construction d'une « attitude santé ».

Pour aller plus loin

Pour y parvenir, je veux qu'ils soient capables d'identifier et d'apprécier les effets de leur activité et de celle de leurs camarades, tout en étant en mesure de gérer leur stress et leurs émotions lors des confrontations avec leurs camarades.

Ils seront ainsi amenés à repérer leurs pratiques et à échanger avec leurs pairs, favorisant la construction d'une « attitude santé ».

Développement

- **La référence aux textes officiels**

Les activités athlétiques renvoient, dans les programmes de 2015 parus au *B.O.* du 26 novembre 2015, au champ d'apprentissage *« Produire une performance optimale, mesurable à une échéance donnée »*. Pour notre sujet, nous retenons les courses où il s'agit de courir vite et plus précisément les courses de vitesse et les courses en franchissant des obstacles.

- **Le contexte**

Je prends donc en compte ces différentes attentes des programmes pour construire et mettre en place ma séquence de 10 séances.

Lors des deux premières séances, mes élèves ont établi des **performances** dans les deux types de courses :
– courses de vitesse un contre un sur une distance de 20 mètres ;
– courses en franchissant trois lattes disposées de manière irrégulière avec un espace inter-obstacle variable (de 2 m à 5 m) afin de travailler indistinctement sur le franchissement pied d'appel droit ou gauche et afin de permettre aux élèves d'avoir un nombre suffisant d'appuis personnels entre deux lattes.

La situation de référence (1) a été installée lors de la troisième séance. Il s'agit, pour les élèves :
– d'établir consécutivement la meilleure performance dans les deux types de courses

en franchissant la plus grande distance en 6 secondes ; la performance retenue est la somme des deux plus grandes distances parcourues ;
– de mesurer et de relever dans un tableau de recueil de données les distances parcourues.

Appâts et réponses possibles

(1) La situation de référence (voir p. 49).

Le constat global est le suivant : **les distances parcourues en course en franchissant des obstacles sont toujours très inférieures à celles parcourues en course de vitesse** : de 18 à 24 mètres pour la vitesse et de 14 à 20 mètres lorsqu'il y a des obstacles, soit en moyenne 4 mètres de moins.

Les raison sont doubles :
– d'une part, la **course en franchissant des obstacles n'est pas perçue comme une course de vitesse** mais plutôt comme une course avec des sauts successifs ;
– d'autre part, d'un point de vue moteur, la difficulté de liaison course-franchissement est évidente et se caractérise par un **piétinement et/ou un ralentissement prononcé avant l'obstacle.**

• La séance 4

La situation que je vais vous présenter est issue de la 4e séance de la séquence.

Je commence la séance par un **échauffement contextualisé** en mettant l'accent sur la **réaction à différents signaux sonores et visuels** à partir de jeux de vitesse.

Je continue avec le jeu de la **course à la rencontre** *(voir explications p. 110)*. Les élèves sont par deux et se font face de part et d'autre d'une ligne située à une dizaine de mètres. Pour gagner, il faut atteindre la ligne avant son adversaire. Je dispose, d'un seul côté du dispositif, de fines lattes au sol que les élèves doivent franchir en courant. Après deux courses, les élèves changent de côté. Je veux mettre en évidence la nécessité de courir aussi vite, qu'il y ait des obstacles ou non, pour gagner. Par extension, je commence à aborder le fait que les deux types de déplacements procèdent d'une **même logique** de courses de vitesse.

Après ces phases d'échauffement contextualisé et **de mobilisation de l'attention des élèves** qui durent 10 minutes au total, je propose la **situation d'apprentissage** suivante aux élèves **(2)**.

Appâts et réponses possibles

(2) L'échauffement contextualisé, la phase de mobilisation de l'attention des élèves, la phase d'apprentissage et la phase de réinvestissement (pas présente sur cette séance) sont les différents temps de la structuration d'une séance. Voir également remarque **(3)** du sujet sur les jeux sportifs collectifs (p. 326).

• La situation d'apprentissage

Elle découle donc du double constat :
– déficit d'identification de la course en franchissant des obstacles comme étant une course de vitesse ;
– difficulté à enchaîner course et franchissement.

Elle va ainsi poursuivre **deux objectifs** pour mes élèves qui devront :
– **s'inscrire dans une logique de course de vitesse quel que soit le type de course** ;
– **réduire la différence de distance parcourue entre la course de vitesse et la course en franchissant des obstacles en améliorant la liaison course-franchissement.**

Pour y arriver, je vais proposer à mes élèves :
- de courir contre un adversaire afin d'aborder le versant **performance** des courses de vitesse et de franchissement ;
- de travailler, grâce aux observations effectuées par un camarade, **la liaison course-franchissement** afin d'aborder le versant **maîtrise** **(3)** de la course avec franchissement de haies.

Appâts et réponses possibles

(3) La performance renvoie à la volonté de faire plus : courir plus vite, sauter plus haut. La maîtrise renvoie à la volonté de faire mieux : franchir en étant mieux équilibré, effectuer un départ en étant mieux concentré… Afin de « réaliser une performance », comme le stipule l'intitulé de la compétence de l'EPS, les deux aspects sont bien évidemment liés. En effet, il s'agit de réaliser une performance reproductible comme le précisent les programmes. Être performant de manière régulière nécessite donc d'asseoir cette performance sur une maîtrise de la conduite motrice.

- **But pour l'élève**

Gagner les courses de vitesse et de franchissement d'obstacles en parcourant la plus grande distance possible.

- **Dispositif**

Je dispose d'une piste avec 7 couloirs tracés.

J'ai constitué en amont des **binômes par niveau homogène** **(4)** de performance.

Chaque binôme est associé à un autre binôme. Pour chaque course, un binôme court et un observe.

Les observateurs observent chacun un coureur de l'autre binôme.

Appâts et réponses possibles

(4) La constitution de groupes homogènes : voir remarque **(6)** du sujet sur les jeux sportifs collectifs (p. 329).
(5) Durée des courses de vitesse/temps de récupération : le processus anaérobie alactique, caractéristique de la vitesse, est sollicité durant 7 secondes environ. Afin de solliciter à nouveau cette filière de manière efficace, l'élève doit être totalement reposé. Il faut donc respecter un temps de repos important entre deux courses au risque d'inscrire l'élève dans une sollicitation de la filière anaérobie lactique : programmer un temps de course (ici 6 secondes) pour 20 temps de repos (donc 2 min environ). C'est pourquoi il est primordial d'insister sur le retour lent en marchant sur les côtés.

Les courses durent 6 secondes (5).

Je donne le départ, j'égrène les secondes de 1 à 5 afin de garder les observateurs attentifs et je donne un coup de sifflet à 6 secondes pour indiquer la fin de la course.

Au signal, les observateurs notent sur la feuille personnelle de résultat (voir modèle plus loin) la zone dans laquelle se trouve le coureur. Les zones sont délimitées par des plots de couleurs différentes :
- zone verte : entre 14 et 16 mètres pour la course en franchissant des obstacles et entre 18 et 20 mètres pour la course de vitesse ;
- zone bleue : entre 16 et 18 mètres pour la course en franchissant des obstacles et entre 20 et 22 mètres pour la course de vitesse ;

– zone rouge : entre 18 et 20 mètres pour la course en franchissant des obstacles et entre 22 et 24 mètres pour la course de vitesse ;
– au-delà, zone noire.

Les courses vont se dérouler dans un dispositif en **jet d'eau** *(voir descriptif p. 107-108)* **(6)**. Deux binômes (soit 4 coureurs) courent en même temps sur deux courses séparées :
– la course 1 concerne les coureurs du binôme qui court dans les couloirs 1 et 3, le couloir 2 étant libre ;
– la course 2 concerne les coureurs du binôme qui court dans les couloirs 5 et 7, le couloir 6 étant libre ;
– le couloir 4, au centre, reste également libre et permet d'établir la séparation physique entre les deux courses.

Le principe du jet d'eau consiste à courir au milieu et à revenir sur les côtés. Concrètement, les coureurs des couloirs 1 et 3 reviennent sur le côté droit et ceux des couloirs 5 et 7 reviennent sur la gauche.

Les observateurs se positionnent dans les couloirs libres (2 et 6) et sur les côtés extérieurs des couloirs de courses (à droite du couloir 1 et à gauche du couloir 7), par où les coureurs effectuent leur retour.

Je me positionne dans le couloir 4 pour donner le départ **(7)** pour les deux courses.

Appâts et réponses possibles

(6) Le dispositif en « jet d'eau » favorise **l'organisation spatiale** : les coureurs courent au milieu et reviennent sur les côtés. En aménageant en plus des couloirs libres, les places attribuées aux observateurs, aux collecteurs de résultats et au starter sont facilement identifiables.

(7) Départ de course : utiliser simultanément un **double signal : sonore** (commandements : « À vos marques », « Prêts » et « Partez ») et **visuel** (utilisation des bras) de la manière suivante :

– « À vos marques » : tendre les deux bras à l'horizontal face au coureur ⇒ le coureur qui était relâché doit se mettre en position de départ, pieds décalés. C'est donc le début de la concentration pour lui.

– « Prêts » : relever les deux bras de 45° ⇒ le coureur se positionne en déséquilibre avant.

– « Partez » : vous frapper dans vos mains ⇒ le coureur se met en action.

Remarque : le troisième commandement se fait sous la forme d'un coup de feu pour les courses lors des compétitions sportives. Vous pouvez utiliser un sifflet à la place d'un pistolet si vous le souhaitez.

Il est donc important de se placer devant les élèves plutôt que sur le côté afin de leur permettre de bénéficier des deux informations sonore et visuelle. Il faut également donner les commandements de manière identique pour chaque course afin de favoriser l'intériorisation et donc la capacité d'anticipation pour les élèves.

Si un élève fait un faux départ (départ avant le commandement « Partez »), arrêtez tout de suite la course en sifflant plusieurs fois de manière très rapprochée.

Remarque : un rapide schéma avec les indications suivantes : les 7 couloirs tracés, la place des coureurs, des observateurs et de l'enseignant peut être très parlant.

La situation se déroule en deux temps :
– 1er temps : courses de vitesse pour un coureur et en franchissant des obstacles (**haies basses de 30 cm de hauteur (8)**) pour l'autre coureur ; 3 courses de chaque ; alternance des rôles coureur-observateur après les 6 courses.

Appâts et réponses possibles

(8) La hauteur des obstacles ne doit pas dépasser celle des genoux afin de ne pas mettre les élèves en difficulté (risques de chutes).

– 2e temps : même dispositif pour les coureurs ; les observateurs ne notent plus la zone atteinte mais observent la qualité de l'enchaînement course-franchissement ; 3 courses de chaque ; alternance des rôles coureur-observateur après les 6 courses.

- **Consignes**

Pour les coureurs :
– attendre son tour pour courir, en se postant derrière les plots afin de ne pas gêner le départ du coureur précédant ;
– respecter les commandements : « À vos marques », « Prêts » et « Partez » donnés par le starter (moi-même) ;
– rester dans son couloir durant toute la course ;
– faire attention à ne pas couper la course de l'adversaire après le coup de sifflet ;
– demander sa performance à son observateur et revenir à la ligne de départ en marchant très lentement sur le côté.

Pour les observateurs :
– se positionner au niveau de la meilleure distance parcourue par le coureur lors des séances précédentes (j'ai noté la performance sur la fiche individuelle au préalable et je la leur ai donnée) ;
– se positionner en fin de zone afin de bien repérer le franchissement dans la zone supérieure ;
– modifier sa position en fonction des résultats ;
– pour le temps 1 : reporter, pour chaque course, le résultat en cochant la couleur de la zone atteinte par le coureur en 6 secondes ;
– pour le temps 2 : indiquer au coureur s'il a beaucoup ralenti, piétiné ou non, avant de franchir la haie ;
– noter et donner l'information (la zone atteinte après 6 secondes de course) au coureur observé.

- **Comportements attendus pour réussir**

De la part des coureurs :
– être attentif au signal de départ ;
– courir le plus vite possible afin de gagner la course : acquérir puis conserver la vitesse de course jusqu'au coup de sifflet final ;
– ne pas trop ralentir avant de franchir les obstacles.

De la part des observateurs :
– être attentif à l'égrènement du temps par l'enseignant (surtout à partir des 5 secondes annoncées) ;
– cocher la zone atteinte et la communiquer systématiquement au coureur observé ;
– se placer (et éventuellement bouger) pour être idéalement positionné afin de déterminer la zone atteinte après 6 secondes de course ;
– utiliser la description et la démonstration faites avant la situation pour déterminer si le coureur :
  – ralentit, voire marche presque en piétinant fortement ;
  – ralentit beaucoup et piétine ;
  – ralentit le moins possible sans piétiner.

- **Comportements prévisibles et évolutions possibles (⇒)**

Vers une simplification de la situation :
– les coureurs reviennent en courant ou trop rapidement vers la ligne de départ ⇒ demander aux élèves d'attendre près de la ligne d'arrivée ; quand tous les binômes ont

effectué une course, accompagner les élèves vers la ligne de départ ;
– les coureurs renversent systématiquement les haies ⇒ les remplacer temporairement par les lattes utilisées en début de séquence ;
– des observateurs éprouvent des difficultés à repérer la zone ⇒ aider temporairement l'élève en difficulté ;
– des observateurs éprouvent des difficultés à caractériser le franchissement ⇒ aider temporairement l'élève en difficulté ;
– si trop d'observateurs sont en difficulté ou s'ils ne donnent pas le résultat aux coureurs observés ⇒ modifier le dispositif de la manière suivante : les observateurs se placent dans les couloirs 2 et 6, en fin de zone, et tiennent dans chaque main, à bout de bras, un foulard de la couleur de la zone franchie entièrement. Le coureur touche le foulard en passant : il connaît ainsi instantanément son résultat.

Vers une complexification de la situation :
– les élèves obtiennent des résultats identiques d'une course sur l'autre et veulent connaître plus précisément leurs progrès ⇒ délimiter des zones d'1 mètre de largeur ou d'1 mètre 50 ;
– les observateurs repèrent correctement la qualité du franchissement ⇒ leur demander de l'inscrire sur la feuille de résultats (qui sera alors modifiée).

Pour aller plus loin

- **Règles d'efficacité à intégrer par l'élève pour réussir**

– Pour la correspondance distance parcourue/vitesse de course : « plus je parcours de distance en 6 secondes, plus je cours vite » ;
– pour le départ : « je dois être attentif et adopter une position de départ pieds décalés, en déséquilibre avant, regard vers l'avant » ;
– pour la rectitude de course : « je cours droit en regardant devant moi » ;
– pour courir vite durant toute la course : « je cours sur la plante des pieds » ; « je cours en levant les genoux » ; « j'utilise mes bras pour courir » ;
– pour courir vite durant toute la course : « je cours le plus vite possible tant que je n'ai pas entendu le coup de sifflet » ;
– pour le franchissement d'obstacle : « je ne ralentis pas trop avant de franchir la haie ».

- **Différenciation**

Elle porte sur :
– la hauteur des obstacles (lattes ou haies de 30 cm de hauteur) ;
– la distance entre la ligne de départ et la première haie ;
– l'espace inter-obstacle ;
– la constitution de binômes de coureurs.

- **Indicateurs de réussite**

Réduire la différence de distance parcourue entre la course de vitesse et la course en franchissant des obstacles.

- **Outil élève : grille de recueil de résultats**

Pour chaque course, l'observateur indique par une croix la zone entièrement franchie par le coureur au coup de sifflet.

Nom :		Date :		
	Zone verte	Zone bleue	Zone rouge	Zone Noire
1ère course vitesse				
2e course vitesse				
3e course vitesse				
1e course haies				
2e course haies				
3e course haies				

• Évaluation

Grille de niveaux d'habileté

Cette grille peut être utilisée tout au long de la séquence.

Nom :				
Niveau	**Départ**	**Trajectoire de la course**	**Conservation de vitesse**	**Franchissement d'obstacles**
1	Départ les deux pieds sur la même ligne	Course avec des sorties de couloir	Décélération progressive (surtout en course en franchissant des obstacles)	Course fortement ralentie avant les obstacles
2	Départ les deux pieds décalés	Course avec des écarts dans le couloir	Décélération avant la ligne d'arrivée (ou avant le coup de sifflet)	Course ralentie avec piétinement
3	Départ les deux pieds décalés et en déséquilibre avant	Course rectiligne au milieu du couloir	Conservation de la vitesse jusqu'à la ligne d'arrivée (ou avant le coup de sifflet)	Course peu ralentie sans piétinement

• La sécurité

Si l'activité se déroule en extérieur, je vérifie que le terrain est praticable : si le sol est glissant, je reporte la séance.

Je sais que certains de mes élèves ont encore quelques difficultés pour courir droit, notamment lorsqu'ils courent contre un ou plusieurs adversaires. Lorsqu'ils sont dépassés, ils ont alors tendance à se déporter car ils regardent plus leur adversaire que devant eux. C'est pourquoi, lorsque j'organise des courses, je laisse toujours, à ce niveau d'habileté motrice, un couloir libre entre deux coureurs afin d'éviter les collisions en course.

Je rappelle les règles de fonctionnement en début de séance et j'insiste notamment sur la nécessité de ne pas sortir de son couloir en fin de course afin de ne pas couper la course des autres coureurs. Si besoin est, j'aménage la situation en disposant, à des distances différentes, des plots que les coureurs devront contourner après le coup de sifflet. Ainsi, je m'arrange pour que les coureurs situés à l'extérieur du dispositif contournent des plots plus proches pour tourner plus vite vers l'extérieur.

• Le lien avec le socle commun et les autres disciplines

À travers la pratique des activités athlétiques, mes élèves construisent également des **compétences méthodologiques et sociales en lien avec le socle commun** de connaissances, de compétences et de culture et en tout premier lieu le **domaine 3 de formation : « *la formation de la personne et du citoyen* »**.

Plus précisément, mes élèves développent un **comportement responsable en respectant les autres et les règles de la vie collective**.

Ce sera également l'occasion pour eux de construire des **compétences en lien avec le domaine de formation : « *les langages pour penser et communiquer* » et principalement l'apprentissage du langage oral mis en avant dans les programmes à la rubrique « *croisements entre enseignements* »**.

À partir des relevés effectués lors des séances d'EPS, mes élèves pourront travailler en **mathématiques** sur les grandeurs et mesures, notamment sur la comparaison des unités usuelles de longueur et ils construiront ainsi des **compétences** et plus précisément l'estimation des distances.

- **Le lien avec la santé**

Ces compétences sont le garant de la **construction d'une « attitude santé »** telle qu'elle est définie dans le cahier pédagogique n° 15 de janvier 2010 de l'USEP (Union Sportive de l'Enseignement du Premier degré). À la suite de la conférence d'Ottawa en 1986, la santé n'est plus considérée comme une fin en soi, mais bien comme une ressource de la vie quotidienne. Elle ne se borne pas seulement à préconiser l'adoption de modes de vie qui favorisent la bonne santé ; son ambition est le bien-être complet de l'individu, dans tous ses aspects : physique, mental et social. L'individu, ici mon élève, doit pouvoir identifier et réaliser ses ambitions, satisfaire ses besoins et évoluer avec son milieu ou s'y adapter.

Mes élèves vont être en capacité de :
– résoudre des problèmes : comment m'organiser pour conserver ma vitesse tout en franchissant une haie ? Comment être le plus efficace au départ ? ;
– prendre des décisions, gérer leur stress, leurs émotions : accepter de courir contre un adversaire au risque de perdre, continuer à courir le plus vite possible même lorsqu'ils sont dépassés, ou à l'inverse, s'ils gagnent facilement, ne pas avoir peur de tomber lors du franchissement des haies… ;
– informer, échanger : la constitution des binômes : coureur et observateur… ;
– être solidaires : donner des conseils sur la position de la course avant le franchissement des haies... ;
– avoir conscience de soi, de son corps en s'appuyant sur la connaissance des résultats et la confrontation avec les attentes de l'enseignant.

Conclusion

À l'issue de cette séance, mes élèves appréhendent désormais les courses avec franchissement d'obstacles comme des courses de vitesse. Je vais maintenant m'attacher à améliorer leur technique de franchissement en insistant surtout sur le déclenchement du franchissement le plus tôt possible (ne pas attendre d'être trop près de l'obstacle) et sur la précocité de la reprise de course après le franchissement de l'obstacle (se remettre à courir le plus vite possible).

Je continuerai à m'appuyer sur le travail en binôme car il facilite l'identification et l'appréciation des effets de l'activité, grâce aux observations réalisées par un camarade. **Le repérage des pratiques, l'échange entre pairs sont autant d'éléments qui favorisent** le développement d'une « attitude santé » conçue comme une ressource de la vie quotidienne qui met l'accent sur les ressources sociales et personnelles, et sur les capacités physiques.

J'envisage de prolonger cette séquence par l'organisation d'**une rencontre sportive (9)**. Ce sera alors l'occasion idéale pour mes élèves de réinvestir de manière très pragmatique, mais également ludique, leurs acquis.

Appâts et réponses possibles

(9) Les rencontres sportives peuvent prendre différentes formes :
- les rencontres interclasses entre classes d'une même école ;
- les rencontres interécoles entre deux ou plusieurs écoles ;
- les rencontres sportives sous l'égide de l'USEP. Un partenariat entre l'Éducation nationale et l'USEP permet cette délégation ;
- les rencontres sportives à l'initiation d'un tiers (fédération, comité, association, clubs sportifs…) : la présence de l'USEP est obligatoire et l'enseignant reste responsable de la mise en œuvre.

Questions possibles du jury

Vous pouvez également imaginer des questions à partir des appâts proposés dans le corrigé.

1 « Est-il préférable de faire courir les élèves avec des niveaux homogènes ou hétérogènes ? »

Réponse : Reportez-vous à l'appât n° 6 du sujet corrigé p. 329. Trop de différence de niveau nuit à la qualité de la performance en course. Lorsqu'un élève est distancé, il sait qu'il ne pourra pas gagner. Or la victoire est un élément motivationnel fort. Il va donc fortement décélérer et ne pas produire sa meilleure performance. À l'inverse, un élève qui est certain de gagner va également ralentir avant la ligne d'arrivée.

2 « Les courses en franchissant des obstacles vous semblent-elles dangereuses ? Si oui, quelles précautions allez-vous prendre ? »

Réponse : Elles peuvent en effet être dangereuses si les obstacles sont trop élevés. Voir appâts n° 8 p. 307.

3 « Considérez-vous les courses de haies comme des courses de vitesse ou des courses avec saut de haies ? »

Réponse : Ce sont des courses de vitesse. Il est donc inexact de parler de course de saut de haies, comme nous pouvons cependant parfois l'entendre. Le dispositif de comparaison entre une course de vitesse sur une certaine distance et la course sur la même distance en franchissant des obstacles permet donc à l'élève de comparer ses résultats. Il va alors s'efforcer de ne pas perdre de vitesse en franchissant les obstacles en améliorant le franchissement et la régularité de l'allure (pas de piétinement avant l'obstacle par exemple).

4 « Pourquoi est-il important de ritualiser les départs de courses ? »

Réponse : Afin de permettre aux coureurs de se préparer au départ en étant attentif ; puis d'anticiper le départ en connaissant les différents commandements : « À vos marques. Prêts. Partez. » De plus, les élèves peuvent également donner les départs, vous permettant ainsi d'assumer d'autres tâches ; observation, régulation... Voir appâts n° 7 p. 307.

SUJET N° 3 – LES ACTIVITÉS AQUATIQUES EN CE1

Dans votre classe de CE1, vous avez prévu d'organiser, en EPS, une séquence d'activités aquatiques. Vos élèves ont vécu une séquence en GS de maternelle et une en CP durant lesquelles ils se sont familiarisés avec le milieu : ils ont effectué, en petite et moyenne profondeur, diverses entrées dans l'eau, des immersions, des exercices de flottaison et des déplacements.

Décrivez une progression pour aider les élèves à atteindre le palier 1 du savoir-nager.

Thématiques

• La différenciation.

Pour aller plus loin

• La responsabilisation et l'évaluation : la notion de choix opérés par l'élève.
• L'enchaînement d'actions en natation et dans les activités aquatiques.

Proposition de corrigé

Introduction

Mes élèves ont déjà vécu deux séquences d'une dizaine de séances chacune, en GS de maternelle et en CP, durant lesquelles ils ont été amenés à découvrir le milieu aquatique et à en comprendre les contraintes **(1)**. Ils ont ainsi maîtrisé progressivement leurs déplacements sur et sous l'eau et ils sont capables de se déplacer sur quelques mètres sans aide à la flottaison en moyenne profondeur.

Dans la continuité, je vais cette année organiser une troisième séquence d'une dizaine de séances également afin de permettre à tous mes élèves d'atteindre le palier 1 du savoir-nager qui doit être évalué, au plus tard, en fin de cycle 2.

Je vais m'appuyer sur ces deux aspects : la maîtrise de l'élément liquide et la production d'une certaine performance en distance pour faire évoluer leurs réponses motrices.

Pour aller plus loin
Soucieux de la réussite de tous mes élèves, je m'attacherai ainsi à leur proposer des situations différenciées **(2)** au cours desquelles ils seront amenés à évoluer en ayant un comportement responsable pour eux-mêmes et pour les autres.

Ils devront gérer leur stress et leurs émotions et ils seront amenés à choisir et à prendre des décisions, favorisant ainsi la construction d'une « attitude santé ».

Appâts et réponses possibles

(1) Les contraintes physiques qui s'exercent dans le milieu aquatique sont liées à la poussée d'Archimède essentiellement. Il est important de comprendre que nous pouvons nous appuyer sur l'eau pour flotter (et donc ne pas nous noyer…), mais également pour créer de la vitesse en utilisant des appuis stables et orientés. Dans l'ordre, nous devons passer de la condition de terrien à celle de nageur en cherchant tout d'abord à flotter puis à rechercher la position la plus hydrodynamique qui soit afin de nous déplacer efficacement et, enfin, à adapter notre respiration afin d'optimiser nos déplacement.

(2) Situations différenciées : la différenciation peut porter sur le contenu, la structure, les processus ou les productions. Référence : www.differenciation.org.

Développement

- **La référence aux textes officiels**

La natation et les activités aquatiques renvoient au champ d'apprentissage « ***Adapter ses déplacements à des environnements variés*** ».

Les programmes **parus au *B.O.* du 26 novembre 2015** précisent qu'à la fin du cycle 2, l'élève doit être capable :

– d'une part, de réaliser **une performance** en se déplaçant sans appui sur une quinzaine de mètres ;

– d'autre part, de **maîtriser** ses déplacement sur et sous l'eau en s'immergeant, en flottant et en se repérant durant ces déplacements.

Le programme reprend en cela les propositions faites dans **la circulaire n° 2011-090 du 7 juillet 2011** relative à l'enseignement de la natation dans les premier et second degrés.

Cette évaluation servira de fil rouge pour notre proposition de réponse.

Je vais m'appuyer sur cette **double attente de maîtrise et de performance** pour permettre à mes élèves de continuer à progresser en termes d'adaptation au milieu aquatique tout en les inscrivant dans une volonté de se déplacer, en toute autonomie et en toute sécurité, sur une distance de plus en plus longue et, *a minima*, sur une quinzaine de mètres.

Pour aller plus loin

En les confrontant à des **situations différenciées** durant lesquelles ils vont être amenés à **faire des choix** fondés sur leurs capacités, ils vont ainsi s'inscrire dans une **démarche personnelle qui devrait les amener à atteindre le palier 1 du savoir-nager**.

> **Appâts et réponses possibles**
>
> **(3) Profondeur des bassins** : elle est référée à la taille des individus et se calcule de la manière suivante :
> – petite profondeur : l'élève a pied et l'eau arrive entre les genoux et les épaules,
> – moyenne profondeur : l'élève n'a pas pied et la profondeur correspond à 1-1,2 fois sa taille,
> – grande profondeur : l'élève n'a pas pied et la profondeur correspond à 1,3 sa taille ou plus.
>
> Il faut donc faire attention aux appellations « grand » et « petit » bain. Un petit bain peut très bien comporter une moyenne profondeur sur une partie de sa superficie et vos élèves n'ont donc plus pied !
>
> Les valeurs moyennes sont :
> – petite profondeur : de 0 à 80 cm,
> – moyenne profondeur : de 1 m 20 à 1 m 60,
> – grande profondeur : à partir de 1 m 70.

Les objectifs pour mes élèves seront donc les suivants :
– **enchaîner plusieurs actions : sauter dans l'eau pour s'immerger, se déplacer sous l'eau et flotter en se déplaçant sur une certaine distance ;**
– **s'inscrire dans une démarche de recherche personnelle en choisissant, en fonction de ses capacités, les éléments permettant la validation du palier 1 du savoir-nager.**

• Le contexte

Ma séquence va s'organiser sur 11 séances de la manière suivante :
– une première séance d'**évaluation diagnostique***, à partir des items de l'évaluation du palier 1 du savoir-nager que je viens de vous décrire, afin de constituer deux groupes homogènes **(4)** ;
– quatre séances sous forme d'ateliers autour des thématiques suivantes : les entrées dans l'eau, les immersions, la flottaison et les déplacements ;
– une séance d'évaluation intermédiaire pour me permettre de savoir où en sont mes élèves ;
– quatre séances sous forme d'ateliers mis en place en fonction des résultats obtenus lors de la séance d'évaluation intermédiaire ;
– si nécessaire **(5)**, pour les élèves n'ayant pas encore validé leur palier 1, une dernière séance d'évaluation sommative.

> **Appâts et réponses possibles**
>
> **(4) Groupes homogènes** : *voir remarque* ***(6)*** *sujet corrigé « Jeux sportifs collectifs C3 »* (p. 329). En natation, la majorité des classes fonctionnent en groupes de niveaux, souvent définis lors de la première séance, à cause des problèmes de sécurité.
>
> **(5)** La question des **temps réservés à l'évaluation** est récurrente au CRPE : doit-on, par exemple, consacrer systématiquement un temps d'évaluation sommative à la fin de chaque séquence ? Il n'y a pas de réponse standard. Par contre, il faut que vous ayez en tête deux éléments : d'une part, l'évaluation sommative n'a de sens que s'il n'a pas été possible de la faire durant la séquence, et d'autre part, l'évaluation ne doit pas être chronophage au détriment des temps d'apprentissage. C'est pourquoi une **évaluation en creux** est souvent bien plus efficace en EPS, et plus particulièrement en natation. *Voir remarque* ***(9)*** *p. 318.*

Je vais vous présenter les trois ateliers que je mettrai en place, lors des quatre premières séances d'apprentissage, avec l'aide de personnes adultes agréées, professionnels qualifiés (MNS : maître nageur sauveteur) ou bénévole (parent agréé) comme le stipule la circulaire de juillet 2011. Cette organisation permet d'assurer la sécurité des élèves, les activités aquatiques étant des activités à risque qui nécessitent un encadrement renforcé comme le stipule **la circulaire du 21 septembre 1999 parue au *B.O.* hors série n° 7 du 23 septembre 1999.**

- **Les trois ateliers**

Je prendrai en charge un atelier d'entrées dans l'eau, d'immersions avec déplacements subaquatiques et de flottaisons.

Un MNS prendra en charge un atelier déplacement **(6)**.

Chaque séance est divisée en deux temps équivalents afin de permettre à tous les élèves de vivre ces deux ateliers (7).

Un parent agréé gère le 3e atelier ou atelier libre : les élèves pourront, s'ils le souhaitent, aller sur ce troisième atelier où ils s'essayeront au test final. L'élève demande à l'adulte référent (l'enseignant ou le MNS) l'autorisation d'aller sur cet atelier. Le parent vient alors le chercher et lui fait passer le test. Il ne peut pas prendre en charge plus d'un élève à la fois. Je lui aurai bien entendu précisé les attentes ainsi que les modalités de fonctionnement (voir plus loin la description de l'atelier et les modalités d'évaluation).

- **L'atelier que je prends en charge directement**

Il va consister à faire vivre aux élèves plusieurs actions qui seront **toujours enchaînées deux par deux.** Par exemple, entrée dans l'eau pour s'immerger puis déplacements subaquatiques ou entrée dans l'eau pour s'immerger et flottaison, etc.

Appâts et réponses possibles

(6) Qui encadre qui ? Il n'y a pas de règle ! Le plus judicieux est de prendre en charge le niveau qui vous convient le mieux et d'en parler avec le MNS qui, lui, est capable de prendre en charge tous les niveaux. Dans l'exemple donné dans le sujet corrigé, l'enseignant et le MNS prennent successivement en charge les deux niveaux. Ce fonctionnement n'est pas habituel et on observe plutôt un groupe avec un même adulte sur un temps donné (la séquence ou la moitié de la séquence). *Voir remarque* **(7)**.

(7) L'encadrement des deux ateliers peut se faire de deux manières :

- un adulte pour un groupe : l'adulte suit donc son groupe sur les différents ateliers ;
- un adulte par atelier : l'adulte reste sur l'atelier et change donc de groupes (organisation développée dans le sujet corrigé).

(8) Le plongeon n'est pas une capacité motrice exigible en C2. Le proposer quand même à ce niveau renvoie à la question de la différenciation et à celle plus précise de la Zone Proximale de Développement **(ZPD)**. Il s'agit d'un concept issu du travail de Lev Vygotsky, défini comme la distance entre ce que l'enfant peut effectuer ou apprendre seul et ce qu'il peut apprendre uniquement avec l'aide d'une personne plus experte. Nous pouvons ici faire également référence au **décalage optimal** conçu comme le décalage idéal entre les contraintes de la tâche et les ressources de l'élève. Concrètement :

- un élève apprend mieux et plus avec l'aide de l'adulte compétent plutôt que seul ou avec ses camarades (ce qui ne veut pas dire qu'il n'apprend pas seul ou en groupe !) ;
- un élève apprend mieux lorsque les contraintes de la tâche sont suffisamment proches de ses potentialités pour qu'il puisse les intégrer tout en étant suffisamment éloignées pour que cette distance crée chez lui la nécessité de fonctionner différemment ;
- une situation trop simple engendre très vite l'ennui (sauf chez les très jeunes enfants qui adorent la répétition) et une situation trop compliquée aboutit très vite au découragement.

- **Exemple : entrées dans l'eau et déplacement subaquatique**
- **But pour l'élève**

Enchaîner une entrée dans l'eau au choix puis un déplacement subaquatique sous un objet au choix.

- **Dispositif**

L'atelier est positionné afin de permettre des entrées dans l'eau en moyenne et en grande profondeur et notamment les plongeons **(8)**.

Les entrées dans l'eau s'effectuent de chaque côté des objets à franchir sous l'eau choisis : une ligne d'eau tendue en largeur dans la piscine, un peu plus loin un tapis enroulé pour les élèves qui auront choisi le saut en moyenne profondeur, et côté plongeon en grande profondeur, un tapis de 1 mètre de largeur. Je me positionne au niveau de la ligne d'eau et du tapis enroulé car ce sont les élèves les plus en difficulté qui choisiront et le saut et ce type d'objet.

Les déplacements pour franchir les différents objets n'excèdent pas les 4 ou 5 mètres, distance que tous mes élèves ont déjà réalisée.

Remarque : un rapide schéma avec indication des profondeurs (grande profondeur à 1 m 80 et moyenne profondeur à 1 m 30), emplacement de l'enseignant et des objets utilisés est souvent très parlant.

– Entrées dans l'eau au choix : le saut, la bascule arrière et le plongeon.
– Déplacements subaquatiques au choix : passer sous une ligne d'eau, passer sous un tapis enroulé en forme de tube, passer sous un tapis d'une largeur de 1 m.

- **Consignes**

– Essayer plusieurs entrées et objets à franchir sous l'eau.
– Puis choisir et enchaîner les deux actions.
– Vérifier avant de sauter que le camarade qui nous précède a bien libéré l'espace.

- **Comportements attendus pour réussir**

– Entrées dans l'eau : sauter puis revenir à la surface ou effectuer une bascule et revenir à la surface, ou plonger et revenir à la surface.
– Déplacements subaquatiques : franchissement en position verticale sans reprise d'appui pour la ligne d'eau ou le tapis enroulé ; en position horizontale pour le tapis déployé.
– Essais multiples avant de choisir pour réussir l'enchaînement des deux actions.

- **Comportements prévisibles et évolutions à apporter (⇒)**

Vers une simplification de la situation :
– refus de sauter en moyenne profondeur ⇒ l'élève saute en accrochant une perche que je tiens ; puis saut en indiquant à l'élève que la perche sera positionnée près de lui dès sa remontée à la surface ;
– refus de bascule avant en relevant la tête ⇒ demander à l'élève de maintenir un pain de ceinture coincé entre le menton et la poitrine durant tout l'exercice ;
– refus de bascule arrière ⇒ tenir les mains de l'élève pour l'accompagner au plus près de l'eau afin de favoriser une entrée par les fesses ;
– passage sous la ligne d'eau sans mettre la tête sous l'eau en la soulevant avec les mains ⇒ effectuer l'exercice avec un masque ou une paire de lunettes ;
– difficultés à passer sous la ligne d'eau ou le tapis enroulé ⇒ insister sur la nécessité d'effectuer le déplacement subaquatique seulement après une coulée par les pieds (se laisser couler verticalement en créant un peu de vitesse en levant les bras au-dessus de la tête à la verticale par exemple) et en regardant où on va (possibilité d'utiliser masque ou paire de lunettes dans un premier temps).

Vers une complexification de la situation :
– plongeon réussi ⇒ demander d'enchaîner plongeon et passage sous le tapis ou dans un cerceau sans remonter à la surface ;
– bascule arrière réussie ⇒ effectuer une chute arrière en partant de la position debout puis en cassant au niveau du bassin pour entrer dans l'eau par les fesses ;
– bascule arrière réussie ⇒ effectuer la bascule arrière avec une brassière de sécurité afin de préparer le test nécessaire avant la pratique des sports nautiques ;
– déplacements subaquatiques réussis ⇒ aborder la brasse subaquatique en insistant sur la recherche de glisse et l'amplitude des mouvements sans à-coups.

Pour aller plus loin

• Règles d'efficacité à intégrer par l'élève pour réussir

– Pour contrôler le saut par gainage : « je suis droit et tonique pour maîtriser mon entrée dans l'eau ».
– Pour entrer dans l'eau en bascule avant : « je m'accroupis pour me mettre en boule et je reste en boule menton-poitrine jusqu'à l'entrée dans l'eau », « pour rester en boule, je peux tenir mes chevilles par les mains » ; « je rentre dans l'eau par le dos ».
– Pour entrer dans l'eau en bascule arrière : « je m'accroupis et je rentre dans l'eau par les fesses ».
– Pour entrer dans l'eau par la tête (plongeon) : « je garde mon menton à la poitrine et je pousse sur les jambes pour entrer dans l'eau par les mains puis la tête ».
– Pour m'immerger verticalement : « je prends une bonne inspiration, je reste en apnée, puis je m'immerge en faisant une coulée par les pieds ».
– Pour franchir un objet par immersion : « je me déplace sous l'eau en regardant où je vais et je fais un ou deux mouvements de bras et de jambes pour franchir l'objet ».

• Différenciation

Elle porte sur :
– l'aide apportée ou non : perche, paire de lunettes ou masque ;
– le type de saut ;
– le temps pour effectuer le déplacement subaquatique (en lien avec le type d'objet à franchir).

• Indicateurs de réussite

Réussir l'enchaînement d'actions (entrée dans l'eau-déplacement subaquatique) à partir des choix effectués.

• Description de l'atelier libre

Cet atelier renvoie à la situation d'expression de la compétence attendue. D'une part, il s'agit, pour l'élève, (comme le soulignent les tableaux de progressions de janvier 2012) de **produire puis de reproduire** un enchaînement d'actions (compétence visée : *« Adapter ses déplacements à différents types d'environnement »*), et d'autre part il doit de réaliser une performance (compétence visée : *« Réaliser une performance »*).

Cet atelier est encadré par un parent agréé.

L'élève effectue l'enchaînement d'actions demandé au palier 1 du savoir-nager tout en se déplaçant sur 15 mètres. Il réalise ainsi les deux temps de l'évaluation de ce palier sans temps de repos, contrairement à ce que prévoit la circulaire de juillet 2011. Bien enttendu, en fin de séquence, si certains de mes élèves n'ont pas encore atteint le palier 1, je leur proposerai un temps de repos entre les deux temps de l'évaluation.

Après son entrée dans l'eau (par un saut ou un plongeon), il effectuera, quand il le souhaite, son déplacement subaquatique et sa flottaison. Afin de lui offrir de nombreuses possibilités, il pourra passer sous une ligne d'eau ou sous un tapis enroulé ou déployé,

Appâts et réponses possibles

(9) L'évaluation en creux consiste à évaluer ce qui n'est pas encore acquis plutôt que ce qui l'est. Ce type d'évaluation est d'autant plus efficace qu'un grand nombre d'élèves réussit une situation. À l'extrême, si tous les élèves réussissent, il suffit juste de constater qu'aucun n'est en échec. Au bord des bassins, c'est d'autant plus judicieux qu'il est parfois très compliqué d'utiliser des outils d'évaluation à cause des éclaboussures et de la difficulté à écrire debout. Dans notre sujet, il vous est proposé une grille de niveaux d'habileté. Vous pouvez l'utiliser comme une grille d'évaluation sommative en fixant la barre minimale au niveau 2 *(voir remarque **(10)**)*. Quand les élèves effectuent le test, il suffit, par exemple, de repérer qui ne réussit pas l'entrée dans l'eau plutôt que de noter tous ceux qui réussissent.

ou encore dans un cerceau immergé (en prévision du palier 2 du savoir-nager). Il indique juste à l'adulte ce qu'il veut faire avant le passage.

L'adulte évalue la prestation de l'élève en creux **(9)** et me transmet ensuite les résultats.

Pour aller plus loin

• Évaluation

Grille de niveaux d'habileté

Cette grille peut être utilisée par chaque adulte en charge d'un atelier.

Nom :				
Niveau	**Entrée dans l'eau**	**Déplacement subaquatique**	**Flottaison**	**Déplacement**
1	Saut avec aide en moyenne profondeur	Passage sous une ligne d'eau	Passage sur le dos	Déplacement sans aide à la flottaison et sans reprise d'appui sur 5 mètres
2	Saut sans aide en moyenne profondeur	Passage sous un tapis enroulé	Flottaison 3 à 5 secondes	Déplacement sans aide à la flottaison et sans reprise d'appui sur une quinzaine de mètres
3 **(10)**	Saut sans aide en grande profondeur ou plongeon	Passage sous un tapis déployé	Flottaison 10 secondes	Déplacement sans aide à la flottaison et sans reprise d'appui sur une trentaine de mètres

Appâts et réponses possibles

(10) Les niveaux d'habileté sont établis pour rendre compte de la diversité des réponses des élèves. Ils rendent également compte d'un **continuum d'apprentissage**.
– Le niveau 1 rend compte d'un début de construction de la compétence sans qu'elle soit pour autant encore atteinte ou stabilisée.
– Le niveau 2 correspond au niveau attendu.
– Le niveau 3 permet d'anticiper sur les apprentissages futurs (ici le palier 2 du savoir-nager).

Ces niveaux doivent décrire ce que fait l'élève plutôt que ce qu'il ne fait ou ne sait pas faire. De la même manière, n'identifiez jamais de niveau 0, qui pourrait laisser croire que l'élève ne sait rien faire !

• La sécurité

La circulaire n° 2011-090 du 7 juillet 2011 définit le taux d'encadrement qui doit être renforcé car la natation et les activités aquatiques sont des activités à risque.

Tous les adultes qui encadrent ces activités, rémunérées ou bénévoles, doivent être agréés par l'inspecteur d'académie, directeur académique des services de l'Éducation nationale.

Pour ma classe de CE1, le taux minimum légal est de 2 personnes agréées. J'ai choisi de demander à un parent, lui-même agréé, de nous accompagner afin de pouvoir mettre en place un troisième atelier.

Je suis responsable de la construction et de la mise en œuvre des contenus pédagogiques et didactiques.

Je vérifie donc que nous sommes tous en phase avec mes attentes.

En plus des personnes nécessaires pour assurer l'encadrement, je vérifie qu'un MNS est bien en surveillance par bassin **(11)** et qu'il est strictement et uniquement en surveillance.

Par ailleurs, je me fais accompagner par des adultes pour le déplacement de l'école à la piscine et pour l'habillage et le déshabillage. Ces personnes ne comptent pas dans le taux d'encadrement. Elles n'ont donc pas besoin d'être agréées. Par contre, l'autorisation du directeur d'école est nécessaire.

Je veille également à faire respecter le règlement intérieur de la piscine par tous mes élèves. Par exemple, ne pas courir sur le bord du bassin, ne pas venir avec un short…

Je m'assure enfin que tous mes élèves ont bien intégré toutes les règles de fonctionnement. Par exemple, rassemblement à tel endroit de la piscine avant de commencer l'activité, rotation d'un atelier à l'autre…

Appâts et réponses possibles

(11) La surveillance des bassins : le **Plan d'Organisation de la Surveillance et des Secours (POSS)** définit le nombre de MNS nécessaire pour assurer la surveillance dans une piscine. En général, le nombre est de un par bassin.

• Le lien avec le socle commun et les autres disciplines

À travers la pratique de la natation et des activités nautiques, mes élèves construisent également des **compétences méthodologiques et sociales en lien avec le socle commun** de connaissances, de compétences et de culture et en tout premier lieu les **compétences du domaine 3 de formation** : ***« la formation de la personne et du citoyen »***.

Plus précisément, mes élèves développent des capacités à **prendre des initiatives**. Ils acquièrent également une **bonne maîtrise de leur corps**.

Ce sera également pour eux l'occasion de construire des **compétences du domaine 2 de formation** : ***« les méthodes et outils pour apprendre »*** et plus spécialement celles qui renvoient à l'estimation des distances lors des déplacements en natation, mettant aussi en relation l'espace et le temps. Ce sera aussi l'occasion de favoriser des croisements entre disciplines (EPS et mathématiques) mis en avant dans les programmes.

• Le lien avec la santé

Ces compétences sont le garant de la **construction d'une « attitude santé »** telle qu'elle est définie dans le cahier pédagogique n° 15 de janvier 2010 de l'USEP (Union Sportive de l'Enseignement du Premier degré). À la suite de la conférence d'Ottawa en 1986, la santé n'est plus considérée comme une fin en soi, mais bien comme une ressource de la vie quotidienne. Elle ne se borne pas seulement à préconiser l'adoption de modes de vie qui favorisent la bonne santé ; son ambition est le bien-être complet de l'individu, dans tous ses aspects : physique, mental et social. L'individu, ici mon élève, doit pouvoir identifier et réaliser ses ambitions, satisfaire ses besoins et évoluer avec son milieu ou s'y adapter.

La construction de cette attitude santé se fonde sur la capacité qu'ont mes élèves à :
– résoudre des problèmes : comment m'organiser pour entrer dans l'eau la tête la première sans faire de « plat » par exemple ? ;
– prendre des décisions, gérer leur stress : connaître et expérimenter les principes physiques mis en jeu dans l'élément liquide. Vivre la poussée d'Archimède lors d'une remontée passive, par exemple : lorsqu'il se trouve au fond de l'eau, l'élève remonte automatiquement même s'il ne fait pas de mouvements. Autre exemple : la perte des

appuis plantaires n'entraîne pas inévitablement une aspiration vers le fond ;
– informer, échanger : la constitution des binômes : nageur et observateur… ;
– être solidaires : donner des conseils sur la position du corps au plongeon ou lors de l'utilisation de telle ou telle nage… ;
– avoir conscience de soi, de son corps en s'appuyant sur la connaissance des résultats et la confrontation avec les attentes de l'enseignant.

■ Conclusion

À l'issue de ce travail en atelier et grâce aux nombreuses possibilités pour se tester et s'évaluer, mes élèves ont le palier 1 du savoir-nager. Le dispositif a favorisé la quantité et la variété d'actions, leur permettant ainsi de développer, de consolider et d'enchaîner de plus en plus leurs habiletés motrices. Ce mode de fonctionnement a également été pour eux l'occasion de devenir plus autonomes et responsables en étant confrontés à la nécessité d'effectuer des choix et de prendre des décisions et ainsi de développer une « attitude santé » conçue comme une ressource de la vie quotidienne qui met l'accent sur les ressources sociales et personnelles, et sur les capacités physiques.

L'an prochain, mes élèves seront en CE2 et ils seront évalués par rapport au palier 2 du savoir nager. Je les ai déjà préparés en mettant notamment en place des situations différenciées qui permettaient à certains d'aller déjà au-delà des attentes du palier 1.

Je ne manquerai donc pas de communiquer à mes collègues de cycle 3 toutes ces données, notamment par le biais du cahier d'EPS **(12)**.

Appâts et réponses possibles

(12) Cahier d'EPS. *Voir remarque* **(7)** *sujet corrigé « Jeux sportifs collectifs C3 »* (p. 330).

Questions possibles du jury

Vous pouvez également imaginer des questions à partir des appâts proposés dans le corrigé.

1 **« Afin d'obtenir le palier 2 du savoir-nager du socle commun, vos élèves devront se déplacer sur une trentaine de mètres. Faudra-t-il obligatoirement leur apprendre des nages dites codifiées ? Nages que vous dénombrerez. »**

Réponse : Les nages dites codifiées sont : la brasse, le crawl, le dos crawlé et le papillon. Pas d'obligation d'apprendre systématiquement ces nages. Par contre, bien comprises et intégrées, ce sont les meilleurs moyens d'être efficace dans les déplacements : nager plus loin et/ou plus vite et/ou en faisant moins d'efforts.

2 **« Vous faites deux groupes dans votre classe : un groupe fort et un groupe plus faible. Prenez-vous systématiquement le groupe le plus faible en laissant le groupe fort à un MNS, s'il y en a un pour vous aider en enseignement ? »**

Réponse : voir appâts n° 6 p. 316.

3 **« Devez-vous être systématiquement accompagné d'un MNS pour mettre en œuvre vos séances de natation ? »**

Réponse : Non. La circulaire de juillet 2011 précise bien que l'encadrement pour une classe est assuré à l'école élémentaire par l'enseignant et un adulte agréé, professionnel qualifié ou intervenant bénévole. Bien entendu, il est préférable que cette personne agréée soit un MNS !

4 **« Quelle place accordez-vous au jeu ? »**

Réponse : L'approche ludique permet à l'enfant d'apprendre d'une manière aussi efficace que s'il est confronté à des situations plus « fermées », et ce surtout pour les élèves débutants ou qui ne sont pas bons nageurs. Par exemple, le jeu de « Jacques a dit… » va amener l'élève à faire un certain nombre d'actions (mettre la tête sous l'eau, se déplacer en courant…) sous forme jouée. Son attention est donc un peu détournée et il les réalisera plus spontanément.

SUJET N° 4 – LES JEUX SPORTIFS COLLECTIFS EN CM2

Sujet zéro – Ministère de l'Éducation nationale (www.education.gouv.fr)

Dans votre classe de CM2, vous avez prévu d'organiser, en EPS, un cycle de jeux pré-sportifs collectifs.

L'an passé, vos élèves avaient participé à une rencontre sportive au cours de laquelle vous aviez constaté leur difficulté à s'organiser dans leur jeu d'équipe.

À partir d'un jeu collectif que vous préciserez, décrivez une programmation sur 3 séances ayant pour objectif la prise de conscience du rôle d'attaquant, du rôle de défenseur et de la notion de démarquage.

Thématiques

• La notion de démarquage en jeux sportifs collectifs.

Pour aller plus loin

• La préparation d'une rencontre sportive par le biais de l'arbitrage collectif.

Proposition de corrigé

Introduction

Mes élèves de CM2 ont participé l'an denier à une rencontre sportive de handball. J'ai pu constater des difficultés à s'organiser collectivement surtout à cause d'un jeu en « grappe » caractéristique des joueurs débutants qui veulent avoir le ballon à tous moments, offensivement comme défensivement. Ils s'agglutinent en permanence autour du porteur de balle, empêchant tout jeu fluide et aéré basé sur des démarquages latéraux et en profondeur qui favorisent la progression du ballon vers le but adverse pour essayer de marquer.

Je souhaite maintenant faire évoluer leurs réponses motrices afin d'améliorer leur organisation collective en attaque mais également en défense. Pour cela, je vais consacrer trois séances qui porteront sur la prise en compte des rôles d'attaquant et de défenseur à travers la notion de démarquage.

Je veux ainsi les amener à jouer plusieurs rôles de manière collective en communiquant et en échangeant, favorisant dans le même temps le développement d'une « attitude santé » basée sur la recherche du bien-être complet de l'individu, dans tous ses aspects : physique, mental et social.

Pour aller plus loin

Cette séquence me permettra également d'aborder la question de la gestion d'une rencontre sportive qui est prévue en fin de séquence avec, tout particulièrement, la prise en charge de l'arbitrage par les élèves.

Je veux ainsi les rendre plus autonomes et responsables, favorisant dans le même temps le développement d'une « attitude santé » basée sur la recherche du bien-être complet de l'individu, dans tous ses aspects : physique, mental et social.

Développement

- **La référence aux textes officiels**

Selon **les programmes parus au *B.O.* du 26 novembre 2015**, les jeux pré-sportifs collectifs prévus au cycle 3 permettent à l'élève de construire les **compétences dans le champ d'apprentissage *« Construire et maîtriser un affrontement collectif ou interindividuel »*** en tant qu'attaquant et défenseur durant un match. Ces jeux sportifs collectifs, dont le **handball** fait partie, permettent également la construction de **compétences méthodologiques et sociales** et plus particulièrement, pour ce qui nous concerne, la capacité d'**arbitrer des matchs**, seul ou à plusieurs.

D'une part, mes élèves ont déjà eu une séquence de handball en CM1 et sont **capables de conserver la balle** dans des jeux de coopération de type « passe à dix » ou lorsque l'opposition est réduite, à cinq contre un par exemple. Par contre, lorsque l'opposition se fait à égalité numérique, ils éprouvent plus de difficulté. **Ils progressent très difficilement vers le but adverse** et il n'y a que **très peu de buts marqués**. La raison principale vient du **jeu en grappe** évoqué lors de mon introduction qui se traduit par une concentration de tous les joueurs autour ou à la poursuite du porteur de balle. Les **démarquages** en avant ou sur les côtés sont rares et très souvent non intentionnels car mes élèves pensent qu'ils ne peuvent influencer le jeu qu'en ayant la balle ou en étant très proches de celui qui l'a. En défense, mes élèves adoptent le même comportement et veulent tous récupérer la balle.

Pour aller plus loin
D'autre part, lors de la rencontre sportive de l'an dernier, les élèves ne participaient pas à l'arbitrage et les contestations étaient nombreuses. Je vais donc mettre en place **le rôle d'arbitre à plusieurs (1) dans un premier temps,** afin de faciliter les apprentissages.

Je vais ainsi m'attacher à mettre en place des séances, au nombre de trois, qui aborderont ces deux thématiques :
– la prise en compte du démarquage en attaque et en défense ;

Pour aller plus loin
– la prise en charge de l'arbitrage afin de préparer une future rencontre sportive.

Les objectifs pour mes élèves seront donc :
– **assurer, lors des démarquages, et plus particulièrement lors des démarquages en profondeur ou latéraux, les rôles d'attaquant et de défenseur ;**

Pour aller plus loin
– **assurer à plusieurs l'arbitrage d'un match de handball.**

Appâts et réponses possibles

(1) L'arbitrage seul est totalement irréaliste à ce niveau de classe ! Rappelez-vous déjà vos expériences en la matière quand vous étiez au collège ou au lycée… L'arbitrage à plusieurs est, par contre, beaucoup plus pertinent. Il permet de distribuer la responsabilité sans la diluer car chaque élève est responsable d'une règle à faire appliquer. La question qui peut alors vous être posée est celle de la gestion concrète du match : comment arrête-t-on le match ? Qui siffle, s'il y a utilisation d'un sifflet ? Vous pourrez répondre que dans le cas du jeu de la balle au capitaine que vous avez proposé, il n'y a qu'un seul jeu. L'enseignant (vous) garde donc, dans un premier temps, la responsabilité de l'arbitrage central. Mais il ne prendra de décisions qu'à partir des interventions de ses assesseurs (les élèves arbitres). Si de grosses fautes apparaissent sans interventions des élèves, l'enseignant prend alors seul la décision et profite de cet incident pour expliquer la raison de sa décision. Il permet ainsi à ses élèves d'apprendre en situation réel d'arbitre. Il en profite aussi pour rappeler les règles comme la nécessité de les respecter et de les faire respecter.

- **Le contexte**

Les trois séances s'inscrivent dans une séquence plus large de 9 séances qui débouchera sur une rencontre sportive.

La première séance a permis de mettre en place la situation (2). Il s'agit d'un mini-championnat avec des poules de trois équipes qui se rencontrent lors de matchs de 10 minutes en 4 × 4 sans gardien sur un demi-terrain de handball en largeur avec des mini-buts constitués par des tapis positionnés contre les murs (taille 2 m par 1 m de hauteur). Chaque équipe joue deux fois (une fois contre chaque équipe adverse) et arbitre une fois.

Appâts et réponses possibles

(2) Situation de référence, voir p. 49.

Cette situation sera proposée trois fois durant la séquence afin de permettre à mes élèves, comme à moi-même, d'apprécier les progrès.

Les trois séances sont organisées autour des thématiques suivantes :
– la séance 2 (la séance 1 après la situation d'expression de la compétence attendue) abordera le thème de la **conservation de la balle avec démarquages ;**

– la séance 3 sera organisée autour du thème de **la progression de la balle vers le but adverse avec utilisation du démarquage vers l'avant ou sur le côté** ;
– la séance 4 (la dernière des trois séances de la mini-séquence) portera sur la réversibilité des rôles attaquant-défenseur.

Pour aller plus loin
Chacune des trois séances abordera le thème de l'**arbitrage** : les élèves arbitreront à plusieurs en ayant chacun en charge une règle à faire respecter. Par exemple, lors des matchs, les quatre élèves prennent chacun en charge une des règles suivantes : le respect du marcher pour un élève, le respect de la zone et des sorties du terrain pour deux élèves (un dans chaque demi-terrain) et les fautes (charges sur les adversaires) pour le quatrième. L'un des quatre élèves notera le score du match.

Chaque séance se déroule de la même manière **(3)** :
– une première partie, assez courte, qui permettra **la mobilisation de l'attention des élèves** quant à la thématique abordée durant la séance. Cette partie de la séance sert également d'**échauffement contextualisé**, c'est-à-dire en lien avec l'activité support. Par exemple, la séance 2 débutera par une passe à dix afin de mettre l'accent sur la conservation collective de la balle ;
– une partie centrale d'**apprentissage**. Par exemple, dans la séance 4, le jeu de « Poules/Renards/Vipères » (*voir p. 35*) sera mis en place afin de travailler la réversibilité des rôles ;
– une dernière partie qui permettra le **réinvestissement des apprentissages**. La situation d'expression de la compétence attendue simplifiée pourra être mise en place à ce moment de la séance sous la forme d'un seul match, sans formule mini-championnat.

Appâts et réponses possibles

(3) Le découpage d'une séance : vous pourrez utilement vous reporter au chapitre p. 47 qui met notamment en parallèle les séances longues (45 minutes à 1 heure) et les séances plus courtes (30 à 45 minutes) qui sont plus courantes à l'école primaire. Ce questionnement pourra vous amener à la question de la **programmation hebdomadaire** (faire par exemple 2 fois 1 h 30 plutôt que 3 fois 1 h afin de mettre en place des séances qui permettront justement ce découpage horaire en 3 phases) comme à celle de l'**annualisation** des heures d'EPS : répartition des heures sur l'année en fonction des installations, des intempéries (périodes en salle et en extérieur…), des temps de déplacement…

- **La séance 3**

Je vais vous présenter la séance 3 (la séance 2 de la mini-séquence pour mémoire) et plus particulièrement la **situation de la balle au capitaine avec joueurs relais** (*voir p. 35*) qui servira de support d'apprentissage pour favoriser la progression de la balle vers la cible adverse en utilisant des démarquages.

La phase de mobilisation de l'attention et d'échauffement contextualisé est organisée autour de la passe à dix avec jokers sur le côté (*voir p. 35*). Elle permet de mettre en évidence l'intérêt de jouer avec des partenaires démarqués (les joueurs relais).

Je vais maintenant détailler la phase d'apprentissage axée autour du jeu de la balle au capitaine avec joueurs relais.

- **But pour l'élève**

Gagner le match en marquant plus de points que l'équipe adverse, en s'aidant ou non des joueurs relais pour progresser vers la cible (le capitaine).

- **Dispositif** *(s'aider d'un schéma simple pour communiquer : voir dessin p. 35)*

La classe est divisée en trois équipes.

Match entre deux équipes de huit joueurs : cinq joueurs de champ, un capitaine situé dans une zone inviolable en bout de terrain et deux joueurs relais par équipe (un de chaque côté du terrain). Ces joueurs relais jouent uniquement sur les côtés. Ce sont également des zones inviolables.

L'arbitrage est assuré par la troisième équipe.

Rotation des rôles à chaque match. Exemple : A joue contre B et C arbitre puis A joue contre C et B arbitre ; enfin B joue contre C et A arbitre.

- **Consignes**

Les règles utilisées :
– le marcher **(4) (5)** ;
– les sorties : ballon pour l'adversaire ;
– chaque ballon transmis au capitaine vaut 1 point et le ballon est remis en jeu par l'équipe adverse : le capitaine donne le ballon à l'adversaire le plus proche ;
– seuls les joueurs relais de l'équipe attaquante peuvent jouer : les joueurs relais de l'équipe en défense sont temporairement neutralisés ;
– pas de contact avec l'adversaire ;
– pas de dribble.

Appâts et réponses possibles

(4) Comme pour toutes les **règles** que vous utilisez pour les situations proposées, il peut être intéressant de seulement les citer. Le marcher, par exemple, donne la possibilité à celui qui a la balle de faire au maximum 3 pas avec la balle dans les mains avant de faire une autre action : tirer, passer, dribbler. Attention, il s'agit ici du marcher pour le handball ! Par extension, la question qui est ici abordée est celle de la **transposition didactique**. Quelles sont les règles de l'APSA support (ici le handball) qui doivent être gardées à l'école ? La réponse est double : d'une part, vous devez permettre à vos élèves de jouer alors qu'ils ne sont pas des spécialistes, comme peuvent l'être les joueurs de club. Pensez bien à cet adage : trop de règles tue la règle ! D'autre part, vous devez vous référer aux programmes et plus précisément **aux enjeux** tels qu'ils sont définis dans les tableaux de progressions des programmes de janvier 2012. Pour les jeux sportifs collectifs, il est ainsi précisé que l'élève doit « coopérer avec ses partenaires pour affronter collectivement des adversaires, en respectant des règles, en assurant des rôles différents (attaquant, défenseur, arbitre) » et que « l'espace de jeu, les règles et le nombre de joueurs sont adaptés à l'âge et aux possibilités des élèves ». Vous avez donc toute latitude pour mettre en place des situations qui respectent ces contraintes tout en permettant à vos élèves d'identifier l'activité d'un point de vue culturel (le troisième objectif de l'EPS pour mémoire) : il n'est ainsi pas concevable de faire du handball à l'école et d'autoriser un marcher sur plus de 3 ou 4 pas au risque de voir apparaître des comportements que l'on observe plus au rugby.

(5) La question des **enjeux** est fondamentale. Ces enjeux renvoient à une triple problématique :

– celle de l'élève : son âge, ses potentialités, ses aspirations, ses goûts… ;

– celle de l'APSA support : à partir de quand l'élève repère-t-il, ou non, qu'il joue à telle ou telle APSA ? Comment adapter telle APSA à tous les élèves sans trop la dénaturer ?... ;

– celle de l'école : comment faire réussir tous les élèves en leur assurant une égalité de chances face aux inégalités en tous genres ?

- **Comportements attendus pour réussir**

– En attaque : occuper un maximum d'espace pour gêner les adversaires ; jouer avec les joueurs relais qui eux sont libres de tout marquage ; jouer vers l'avant ou latéralement pour progresser, ou vers l'arrière s'il n'y a pas de partenaire démarqué.
– Les joueurs relais : suivre le jeu en se déplaçant le long de la touche pour apporter en

permanence une solution de passe.
– Le capitaine : se déplacer le long de sa zone afin d'être au plus près du porteur de balle.
– Les défenseurs : tenter de récupérer la balle pour les défenseurs proches du porteur de balle, se placer entre le capitaine et le porteur de balle pour les défenseurs lointains, intercepter la balle lors d'une passe.

- **Comportements prévisibles et évolutions à apporter (⇒)**

Vers une simplification de la situation :
– le nombre de joueurs est trop important pour le porteur de balle qui ne peut effectuer les choix rapidement (prises d'informations trop nombreuses) :
⇒ faire évoluer le nombre de joueurs : 3 contre 3 ou à 4 contre 4
⇒ faire évoluer le rapport de force en mettant plus de joueurs relais
– les défenseurs ne défendent pas sur le porteur de balle :
⇒ faire évoluer les règles : la balle est récupérée par les défenseurs si le porteur de balle est touché
– le joueur porteur de balle n'arrive pas à faire une passe :
⇒ faire évoluer les règles en instaurant une distance de sécurité, équivalente à la longueur d'un bras (voire plus si nécessaire), dans laquelle les adversaires ne peuvent pas pénétrer.

Vers une complexification de la situation :
– la balle arrive trop facilement au capitaine :
⇒ faire évoluer les règles : le point ne compte que si la balle est transmise sans rebond
⇒ faire évoluer les règles : diminuer la zone d'évolution du capitaine
– le jeu devient stéréotypé :
⇒ faire évoluer les règles : le porteur de balle peut dribbler, sans reprise de dribble possible

Pour aller plus loin

- **Règles d'efficacité à intégrer par l'élève pour réussir**

– Pour le démarquage (joueur relais ou partenaire non porteur de balle) :
– pour la création d'un espace libre : « je me positionne en avant ou sur le côté dans un endroit ou il n'y a pas d'adversaires » ; « je me montre à mon partenaire porteur de balle en ne restant pas derrière un adversaire » ;
– pour la distance de passe par rapport au porteur de balle : « je me place en fonction du porteur de balle à une distance de 3 à 5 mètres ».
– Pour la passe (porteur de balle) : « je passe en avant ou sur le côté à un partenaire démarqué » ; « s'il n'y a aucune solution vers l'avant ou le côté, je passe à un partenaire démarqué se trouvant derrière moi ».
– Pour l'enchaînement d'actions (porteur puis non porteur) : « je fais une passe à un partenaire démarqué puis je me dirige vers la cible dans un espace libre ».
– Pour la marque (porteur de balle) : « je tente la passe à mon capitaine s'il n'y a pas d'adversaire devant moi ; sinon, je passe à un partenaire démarqué ».
– Pour l'occupation spatiale collective : « nous occupons le plus d'espace possible pour poser plus de problèmes aux adversaires et pour nous créer des espaces libres » ; « nous jouons sur un côté puis nous renversons le jeu en envoyant la balle à l'opposé ».
– Pour le marquage (défenseurs) : « je me positionne entre le porteur de balle et la cible à défendre dès que mon équipe a perdu la balle » ; « si je suis près du porteur de balle adverse, j'essaie de lui reprendre la balle » ; « j'essaie d'intercepter la balle ».

- **Différenciation**

Elle peut se mettre en place par la constitution de groupes homogènes (6) lors de certaines phases d'apprentissage. La différenciation porte sur :
– le nombre de joueurs et de relais : plus les élèves sont en difficulté, plus le rapport de force doit être inégal en faveur de l'attaque ;
– les droits et devoirs des joueurs : plus les élèves sont en difficulté, plus ils doivent avoir du temps pour faire des choix.

Appâts et réponses possibles

(6) La constitution des groupes est très importante. Elle doit répondre aux objectifs poursuivis. En jeux pré-sportifs collectifs, la constitution des équipes pour faire des matchs se fait obligatoirement sur une base hétérogène car l'école est, par nature, hétérogène. Il n'est pas acceptable de concevoir des équipes de niveaux en mettant d'un côté les meilleurs et de l'autre les moins bons. Par contre, la constitution de groupes de niveaux peut s'avérer très intéressante lors des phases d'apprentissage car elle permet à chacun d'apprendre à hauteur de ses possibilités. Il ne s'agit pas, pour autant, de systématiser cette modalité. Une autre forme de groupement consiste à regrouper les élèves en fonction des besoins (au niveau moteur mais également au niveau transversal) repérés.

En revanche, je veille à conserver les mêmes équipes durant toute la séquence afin de favoriser la mise en place d'un jeu collectif. Ces équipes sont par contre hétérogènes.

- **Indicateur de réussite**

Gagner le match en marquant plus de points que l'équipe adverse.

- **Évaluation**

Grille de niveaux d'habileté :

Niveau	Rôles	Prises d'informations	Choix
Niveau 1	Un seul rôle : attaquant ou défenseur	Centration sur la balle	Choix stéréotypés, exclusifs : passe toujours dans le même sens et toujours vers les mêmes personnes
Niveau 2	Un rôle prioritaire et un rôle secondaire	Prise en compte du partenaire proche et du capitaine	Choix prioritaires avec, de temps en temps, des choix différents
Niveau 3	Réversibilité des rôles en fonction de l'évolution du rapport de force	Prise en compte du partenaire proche (joueur de champ ou joueur relais) et de l'adversaire proche	Choix en fonction du contexte

La séance se terminera par un match à 3 contre 3 sur le modèle de la situation d'expression de la compétence attendue pour favoriser les transferts d'apprentissage.

- **La sécurité**

Avant la séance, je vérifie que le terrain est praticable si ma séance se déroule en extérieur. Si le terrain est glissant, je reporte la séance.

En intérieur comme en extérieur, je vérifie que les buts sont bien fixés au sol, même si je ne les utilise pas car je sais que certains de mes élèves peuvent être tentés de s'y suspendre !

Je rappelle les règles de fonctionnement en début de séance : respect des règles, pas de contact, pas de contestation d'arbitrage.

- **Le lien avec le socle commun et les autres disciplines**

À travers la pratique de jeux pré-sportifs collectifs, mes élèves construisent également des **compétences méthodologiques et sociales en lien avec le socle commun** de connaissances, de compétences et de culture.

La mise en œuvre d'intentions tactiques collectives permet la construction de compétences du domaine 3 « *la formation de la personne et du citoyen* » et plus précisément de l'apprentissage du « *S'impliquer dans un projet collectif* ».

L'explicitation de ces intentions donne lieu à un travail spécifique en lien avec le langage oral du domaine 1 de formation « *les langages pour penser et communiquer* » en insistant sur la qualité de l'expression par l'utilisation d'un vocabulaire approprié et précis. Cette qualité d'expression doit également se retrouver lors de l'arbitrage afin d'expliquer les décisions prises.

Ce travail d'expression orale se poursuit en classe, en français lors des croisements entre enseignements (EPS et français). Et il trouve un prolongement en expression écrite qui est retranscrit dans le cahier d'EPS **(7)**.

Appâts et réponses possibles

(7) Le cahier d'EPS permet de compiler divers documents en lien avec les différentes APSA vécues dans l'année. C'est également dans ce cahier que peuvent être retranscrits les travaux interdisciplinaires. Nous pouvons, par exemple, trouver le travail qui est effectué en français, en expression écrite : les règles des APSA, les événements auxquels ont pu participer les élèves (assister à un match de haut niveau, participer à une rencontre sportive…).

• Le lien avec la santé

Ces compétences sont le garant de la **construction d'une « attitude santé »** telle qu'elle est définie dans le cahier pédagogique n° 15 de janvier 2010 de l'USEP (Union Sportive de l'Enseignement du Premier degré). À la suite de la conférence d'Ottawa en 1986, la santé n'est plus considérée comme une fin en soi, mais bien comme une ressource de la vie quotidienne. Elle ne se borne pas seulement à préconiser l'adoption de modes de vie qui favorisent la bonne santé ; son ambition est le bien-être complet de l'individu, dans tous ses aspects : physique, mental et social. L'individu, ici mon élève, doit pouvoir identifier et réaliser ses ambitions, satisfaire ses besoins et évoluer avec son milieu ou s'y adapter.

La construction de cette attitude santé se fonde sur la capacité qu'ont mes élèves à :
– résoudre des problèmes : comment nous organiser à plusieurs pour conserver la balle ? pour la faire progresser ? pour marquer ? ;

Pour aller plus loin
– prendre des décisions, gérer leur stress, gérer leur émotions : accepter de prendre des risques (faire la passe à mon capitaine, tenter de marquer un but au risque de perdre la balle…), tenter de gagner avec le risque de perdre, choisir entre jouer seul et jouer avec les partenaires en fonction du contexte ;
– informer, échanger, savoir prendre des décisions, être responsable : arbitrer, donner le score.

Conclusion

À l'issue de ces trois séances de début de séquence, je vais centrer les futures séances sur la réversibilité des rôles et sur l'implication de tous en attaque comme en défense. Je continuerai à insister sur l'arbitrage et je mettrai notamment en place le rôle d'arbitre principal, toujours aidé d'assesseurs, dans la perspective de la future rencontre sportive.

Je veux, par ce mode de fonctionnement, continuer à favoriser l'autonomie et la responsabilité de tous mes élèves. La construction de ces compétences permet à chacun d'eux de développer ainsi une « attitude santé » conçue comme une ressource de la vie quotidienne qui met l'accent sur les ressources sociales et personnelles, et sur les capacités physiques.

La rencontre sportive qui est prévue en fin de séquence est, à mes yeux, très importante pour inscrire les apprentissages dans un contexte qui a du sens et qui va permettre les réinvestissements de manière concrète. Je pense d'ailleurs organiser ce genre de rencontre dans un contexte plus large de liaison CM2/6e avec le collège de secteur (voir « Appâts et réponses possibles » **(9)** p. 338).

Questions possibles du jury

Vous pouvez également imaginer des questions à partir des appâts proposés dans le corrigé.

1 **« Comment allez-vous constituez vos équipes ? »**

Réponse : voir appâts p. 329.

2 **« Faites-vous arbitrer les matchs par les élèves ? »**

Réponse : Oui. Voir chapitre sur le lien avec le socle commun p. 329. Il est important de ne pas demander aux élèves d'arbitrer seul dans un premier temps. Organiser un arbitrage à plusieurs. Voir appâts n° 1 p. 325.

3 **« Vous évoquez le cahier d'EPS. Quel est son intérêt ? »**

Réponse : voir appâts n° 7 p. 330.

4 **« Si vous faites du sport collectif dans un gymnase, à quoi faites-vous attention avant de démarrer la séance ? »**

Réponse : Je vérifie que le sol est praticable (pas de trace d'eau, pas d'objets qui traînent…), qu'il n'y a pas de matériel sur les côtés trop proches des lignes des terrains et que les buts mobiles de handball et les paniers de basket-ball sont bien fixés au sol ou aux murs.

SUJET N° 5 – LA DANSE DE CRÉATION AU CM2

Dans votre classe de CM2, vous avez prévu d'organiser, en EPS, une séquence de danse de création.

À la suite d'une visite au musée, vous proposez à vos élèves le thème suivant :

« Construire et réaliser à plusieurs une séquence à visée artistique d'une ou deux statues observées durant la visite qui vont prendre vie et s'animer ».

Vous nous présenterez une situation d'apprentissage que vous ferez vivre à vos élèves. Vous la situerez dans la séquence et la séance.

Thématiques

- La création en danse.

Pour aller plus loin

- La construction collective, de façon de plus en plus autonome, d'un projet à visée artistique.

Proposition de corrigé

Introduction

Mes élèves ont déjà vécu plusieurs séquences de danse durant leur scolarité à l'école élémentaire. Ils ont ainsi été amenés à exprimer, au cycle 2, des personnages à travers de courtes réalisations chorégraphiques. En début de cycle 3, ils ont enrichi leur répertoire d'actions motrices. La problématique de la création se pose maintenant.

Pour aller plus loin

Je vais donc profiter de **cette création en danse** pour aborder le thème de la **construction à plusieurs** qui nécessitera, de la part de mes élèves, d'être capables d'échanger avec leurs pairs afin de prendre des décisions.

Nous sommes allés visiter un musée avant le début de la séquence de danse. Nous avons ensuite exploité cette visite en classe en travaillant sur le thème des statues : immobilité, posture… Le thème de la statue qui s'anime et va se mouvoir a alors été choisi et servira de fil conducteur pour toute la séquence.

Se produire devant des spectateurs demande également de gérer son stress et ses émotions.

Autant d'éléments qui vont contribuer à la construction d'une « **attitude santé** ».

Développement

• La référence aux textes officiels

La danse renvoie au champ d'appentissage : « ***S'exprimer devant les autres par une prestation artistique et/ou acrobatique*** ».

Les programmes **parus au *B.O.* du 26 novembre 2015** précisent qu'il s'agit en cycle 3 de *« réaliser en petits groupes deux séquences dont une à visée artistique ».*

• Le contexte

Je vais partir des fondammentaux de la danse **(1)** pour organiser ma séquence en demandant à mes élèves de travailler en groupe à partir de statues choisies collectivement.

Ma séquence va durer 10 séances et se concrétisera par un spectacle qui sera présenté à l'ensemble de l'école.

Les objectifs poursuivis par mes élèves sont les suivants :

– **construire collectivement une chorégraphie d'au moins 5 mouvements en incluant le mouvement appris par toute la classe et en partant de la thématique de la statue qui s'anime ;**

– **préparer un spectacle qui sera donné devant toute l'école en fin de séquence.**

> **Appâts et réponses possibles**
>
> **(1)** Les **fondamentaux de la danse** : le corps, l'espace, le temps, l'énergie et la relation aux autres.

Afin de les aider à entrer en danse facilement, je proposerai à mes élèves un court mouvement à reproduire qui leur permettra d'évacuer une partie du stress généré par la nécessité de créer, tout en devant se produire devant des spectateurs. Ce mouvement sera intégré ultérieurement à la chorégraphie. Je vous en donnerai un exemple plus loin.

Je fais le choix d'ancrer la **création en danse** à partir de deux éléments que sont les **inducteurs** d'une part et la reproduction itérée d'un mouvement appris d'autre part, car je suis persuadé que la création en danse ne peut se faire *ex nihilo.*

Ce mouvement servira également d'**échauffement contextualisé (2)** et ritualisé en début de chaque séance afin d'aider tous mes élèves à se concentrer sur la suite de la séance.

Pour aller plus loin

La situation de référence (3) qui sera mise en place dès la 2e séance s'organise de la manière suivante :

– la classe est divisée en deux groupes : un groupe de danseurs et un groupe de spectateurs ;

– chaque groupe se trouve dans un espace bien identifié : l'espace scénique et l'espace d'observation pour les spectateurs. Les élèves sont tour à tour danseur et spectateur ;

– les danseurs sont regroupés par 4 ;

– lors de la présentation, 3 groupes de danseurs évoluent en même temps ;

– les danseurs sont également chorégraphes et donnent à voir aux spectateurs une chorégraphie d'au moins 5 mouvements issue de leur travail collectif. Ces 5 mouvements se construisent autour de la thématique de la statue qui s'anime, qui va se déplacer puis s'immobiliser, puis se déplacer à nouveau et ce, de manière répétitive et différente. Ils évoluent sur un support sonore de mon choix.

Cette situation sera à nouveau mise en place aux séances 6 et 10. Cette dernière séance servira également de répétition générale pour le futur spectacle.

Je m'arrangerai pour organiser systématiquement un temps de présentation à chaque séance sous diverses formes en fonction du temps et des objectifs poursuivis **(4)**.

Appâts et réponses possibles

(2) Une séance se décompose en plusieurs phases : échauffement contextualisé, mobilisation de l'attention des élèves, apprentissage et réinvestissement (voir p. 47 et remarque **(3)** du sujet sur les jeux sportifs collectifs p. 326 et exemple de mouvement à reproduire p. 214).

(3) La situation de référence : voir p. 49.

(4) Temps de présentation : afin d'habituer les élèves à être vus (et éventuellement jugés), il est impératif d'organiser des moments de présentation à chaque séance. Ils peuvent être très formels, comme lors des temps d'évaluation programmés (évaluation organisée lors de la SECA) ou revêtir un caractère moins contraignant comme lors du temps 2 de la situation proposée dans ce sujet.

- **La séance 3**

La situation d'apprentissage que je vais maintenant vous proposer est mise en place à la 3e séance.

Elle fait suite à l'échauffement contextualisé, tel que je vous l'ai décrit précédemment, et à une situation mise en place pour **attirer l'attention des élèves** sur la nécessité de transformer le réel en jouant sur un des fondamentaux de la danse afin de créer de l'émotion chez le spectateur.

Les élèves doivent, pour cela, choisir un geste de la vie quotidienne parmi une liste que je leur fournis : attraper un objet en l'air, frapper dans un ballon, lancer un objet, ramper au sol. Par groupe, les élèves ont choisi deux gestes et les ont enchaînés. Ils ont ensuite présenté leur enchaînement à un autre groupe. Tous les groupes ont reconnu les gestes. Mais de nombreux groupes ont également mis en avant l'uniformité et la monotonie des présentations.

La question de **l'évolution de la prestation** a ainsi pu être mise en avant.

Je leur ai alors proposé de travailler en modifiant ces gestes.

- **Situation d'apprentissage**

« Le jeu des variables », voir p. 307.

- **But pour l'élève**

Construire et présenter un mouvement en s'appuyant sur deux gestes de la vie courante et deux contrastes.

Juger le mouvement d'un autre groupe.

- **Dispositif**

Les élèves conservent leur groupe de danseurs et de spectateurs. Ils conservent également les deux gestes choisis. Ils doivent en plus choisir collectivement deux contrastes parmi la liste suivante : lent/vite ; haut/bas ; ligne droite/ligne brisée ; léger/lourd.

– 1er temps :
Les élèves construisent collectivement leur premier jet de chorégraphie et l'essaient.

– 2e temps :
Ils montrent ce 1er jet au groupe de spectateurs qui va donner son avis en utilisant l'outil suivant :

Remarque

Le groupe de danseurs remplit le tableau après que le groupe a effectué ses choix de contrastes.

Exemple

Nom du groupe :		**Noms des observateurs :**
Geste 1 : sauter	Contraste 1 : léger/lourd	Visible Peu visible Pas perçu
Geste 2 : ramper	Contraste 2 : lent/vite	Visible Peu visible Pas perçu

– 3e temps :

Les élèves retravaillent leur mouvement en fonction des retours des juges.

- **Consignes**

– Chaque élève peut apporter ses idées.
– Le choix est un choix de groupe.
– Le tableau est rempli avant la représentation.
– Les spectateurs se contentent de remplir le tableau et ne font pas de remarques désobligeantes, blessantes et personnelles.

- **Comportements attendus pour réussir**

Pour les danseurs :
– amplifier le geste afin de faire percevoir le contraste ;
– mémoriser le mouvement ;
– remplir le tableau correctement et à temps.

Pour les juges :
– remplir le tableau ;
– ne pas porter de jugement en dehors de l'appréciation des contrastes.

- **Comportements prévisibles et évolutions à apporter (⇒)**

Vers une simplification de la situation :
– difficulté pour passer d'un geste lent à un geste rapide ⇒ travailler sur le passage d'un équilibre dynamique à un équilibre statique et vice et versa ;

– difficulté à représenter le léger, le grand… ⇒ insister sur l'utilisation de tout le corps et notamment les bras ;
– difficulté à représenter le lourd, le petit…⇒ insister sur l'espace utilisé par le corps avec utilisation de niveaux différents ;
– difficultés de création ⇒ prendre un seul geste et deux contrastes ou un seul contraste et deux gestes ;
– difficultés à travailler en groupe ⇒ apporter une aide temporaire ; si persistance, organiser le temps de parole, organiser le temps pour proposer des réponses ;
– difficulté pour juger ⇒ donner des exemples à partir de gestes repérés chez les élèves afin d'élaborer un référentiel commun ; juger en même temps que les élèves et leur demander ensuite de justifier leurs choix.

Vers une complexification de la situation :
– représentation réussie, recherche en groupe très rapide ⇒ augmenter le nombre de gestes et de contrastes ;
– volonté de la part des juges de donner des conseils ⇒ ajouter une case à l'outil afin de leur permettre d'apporter des conseils.

Pour aller plus loin

• Règles d'efficacité à intégrer par l'élève pour réussir

– Pour transformer le réel : « si je veux modifier les gestes de la vie courante, je dois **amplifier** le plus possible les mouvements et les changements : de rythme, d'espace occupé par mon corps, de hauteur ».
– Pour apporter de la variété : « si je veux varier mes actions, je dois jouer avec **le rythme** en accélérant, en ralentissant et en marquant les arrêts » ; « si je veux varier mes actions, je peux **utiliser tout l'espace scénique** avec des trajectoires droites, brisées, courbes, arrondies… » ; « si je veux varier mes actions, je peux entrer en **relation avec les autres danseurs** : danser avec un autre danseur en le touchant ou sans le toucher, danser comme un autre danseur… » ; « si je veux varier mes actions, je peux **utiliser tout ou partie de mon corps**, à différents niveaux de hauteurs : haut, bas ou moyen ».

• Différenciation

Elle porte sur :
– le nombre d'inducteurs ;
– la nature des inducteurs : des images (de personnages, de paysages…), des photographies, des gestes de la vie courante… ;
– le nombre de composantes du mouvement : le corps, l'espace, le temps, l'énergie, la relation aux autres ;
– le nombre de danseurs dans un groupe : de 4 à la demi-classe ;
– le nombre de spectateurs : d'un groupe à la classe entière moins le groupe de danseurs.

• Indicateurs de réussite

Construire et présenter devant un groupe de spectateurs un mouvement intégrant deux gestes et deux contrastes choisis.

À la suite de cette situation, j'organise, pour finir la séance, un temps de **réinvestissement**. Les élèves présentent leur mouvement aux autres groupes de la classe en dansant en même temps que le groupe qui les a jugés lors de la situation d'apprentissage. Il y a donc trois temps dans cette présentation. Les spectateurs sont ensuite sollicités pour donner des conseils aux groupes de danseurs.

• Évaluation

Grille de niveaux d'habileté

J'utiliserai cette grille tout au long de la séquence.

Nom :				
Niveau	**Danseur**	**Chorégraphe**	**Juge**	**Spectateur**
1	Reproduction de la motricité habituelle	Construction basée sur une succession d'éléments répétitifs	Utilisation de certains items de l'outil d'évaluation	– Respect des danseurs – Applaudissement pour certaines productions
2	Amplification de la motricité habituelle à partir d'un fondamental de la danse choisi prioritairement	Construction variée avec un début, une fin et un propos linéaire	Utilisation de toute la grille d'évaluation	– Respect des danseurs – Applaudissement pour toutes les productions
3	Motricité inhabituelle fondée sur plusieurs fondamentaux de la danse et en lien avec les thèmes proposés	Construction originale avec un début, une fin et des temps forts	Utilisation de toute la grille d'évaluation et apport de conseils	– Respect des danseurs – Applaudissement pour toutes les productions – Apport de conseils si sollicitations

• La sécurité

Je délimite les différents espaces : espace scénique, espace pour les juges, pour les spectateurs.
Je m'assure que chaque danseur a assez d'espace pour évoluer sans risques de collisions avec les autres élèves : danseurs, juges, spectateurs.

Je fais en sorte de mettre les danseurs dans les meilleures conditions psychologiques pour qu'ils se produisent sans se retrouver en difficulté :
– j'organise le public en fonction de leurs possibilités **(5)** ;
– je canalise l'activité des juges en leur proposant un outil, en interdisant les retours centrés sur le physique, sur la différence entre les garçons et les filles, entre les copains et les autres… ;
– je fais construire le rôle de spectateur **(6)**.

Appâts et réponses possibles

(5) Le public doit être constitué en fonction des capacités des élèves. Il n'est pas envisageable de demander à un élève de danser seul face à la classe entière. Pour certains élèves, il est préférable, dans un premier temps, de les confronter au regard de quelques élèves qui sont des camarades bienveillants.

(6) Ce public s'éduque : il s'agit bien, pour l'enseignant, de **construire le rôle de spectateur**. Ainsi, lors d'une présentation, le spectateur ne se manifeste pas (il ne parle pas, ne rit pas…). À la fin de celle-ci, il peut manifester son enthousiasme par des applaudissements par exemple.

• Le lien avec le socle commun et les autres disciplines

À travers la pratique de la danse, mes élèves construisent également des **compétences méthodologiques et sociales en lien avec le socle commun** de connaissances, de compétences et de culture, en lien, en tout premier lieu avec le **domaine 3** de formation : ***« La formation de la personne et du citoyen »***.

De manière plus précise, l'élève construit :
– le respect de tous les autres : des danseurs quand je suis spectateur ou juge, des propositions des autres élèves lors des constructions chorégraphiques collectives, des garçons et des filles, des camarades et des autres (compétence 6) ;
– **l'implication dans un projet collectif** en construisant une chorégraphie à plusieurs.

Ce sera également pour eux l'occasion de construire **des compétences du domaine 1 de formation : *« les langages pour penser et communiquer »*** et plus spécialement ce qui renvoie à **l'expression orale lors des phases de jugement ou en tant que spectateur** par :
- l'utilisation d'un vocabulaire approprié et précis ;
- le respect du niveau de langue adapté.

Par extension, ce travail d'expression orale trouve toute sa place en français en classe lors de croisements entre enseignements. Il peut se prolonger par un travail écrit qui peut être consigné dans le cahier d'EPS (7).

Appâts et réponses possibles

(7) Cahier d'EPS : voir remarque (7) du sujet sur les jeux sportifs collectifs (p. 330).

- **Le lien avec la santé**

Ces compétences sont le garant de la **construction d'une « attitude santé »** telle qu'elle est définie dans le cahier pédagogique n° 15 de janvier 2010 de l'USEP. À la suite de la conférence d'Ottawa en 1986, la santé n'est plus considérée comme une fin en soi, mais bien comme une ressource de la vie quotidienne. Elle ne se borne pas seulement à préconiser l'adoption de modes de vie qui favorisent la bonne santé ; son ambition est le bien-être complet de l'individu, dans tous ses aspects : physique, mental et social. L'individu, ici mon élève, doit pouvoir identifier et réaliser ses ambitions, satisfaire ses besoins et évoluer avec son milieu ou s'y adapter.

La construction de cette attitude santé se fonde sur la capacité qu'ont mes élèves à :
- résoudre des problèmes : comment diversifier leur répertoire moteur en utilisant tous les fondamentaux de la danse, comment s'organiser à plusieurs pour construire une chorégraphie ? ;
- prendre des décisions en jugeant la prestation d'autres élèves ;
- gérer leur stress en étant vus et jugés lors des représentations ;
- échanger, être habiles dans les relations interpersonnelles lors du travail en groupe ;
- être solidaires en donnant des conseils à leurs camarades pour progresser ;
- avoir conscience d'eux, de leur corps, en dansant de manière variée et inhabituelle.

Conclusion

À l'issue de cette séance, je vais maintenant m'attacher à enrichir le répertoire moteur de tous mes élèves en m'appuyant sur les fondamentaux de la danse. Je continuerai également à approfondir le travail sur la construction des rôles de chorégraphe et de juge afin que chaque groupe puisse, lors de la représentation qui sera donnée à la fin de la séquence, proposer une chorégraphie originale et de qualité.

Ce mode de fonctionnement a également été pour eux l'occasion de devenir plus autonomes et responsables en étant confrontés à la nécessité d'effectuer des choix collectifs et individuels comme de prendre des décisions tout en respectant tous les élèves de la classe. Ils ont ainsi développé une « attitude santé » conçue

Appâts et réponses possibles

(9) Liaison CM2-6e : le sujet est d'autant plus d'actualité que la refonte des cycles, avec notamment la création d'un nouveau cycle 3 qui va inclure la 6e, va nécessiter un temps d'ajustement certain. Les différences de culture professionnelle, de structure… sont autant d'éléments qu'il s'agira de prendre en compte pour l'établissement d'une relation partenariale de qualité (voir **décret n° 2013-682 du 24 juillet 2013 relatif aux cycles d'enseignement à l'école primaire et au collège**).

comme une ressource de la vie quotidienne qui met l'accent sur les ressources sociales et personnelles, et sur les capacités physiques.

J'envisage de proposer un travail en commun avec les élèves de 6e du collège de secteur autour d'une représentation commune qui pourrait être présentée lors des journées portes-ouvertes. Ce sera l'occasion d'**amorcer une liaison CM2-6e partenariale de qualité** (9).

Questions possibles du jury

Vous pouvez également imaginer des questions à partir des appâts proposés dans le corrigé.

1 **« Effectuez-vous un échauffement en danse de création ? »**

Réponse : Oui, comme pour toute activité en EPS. Ce moment de la séance permet à l'élève de faire une transition entre l'extérieur et l'intérieur du cours d'EPS. Deux types d'échauffements sont mis en place : **l'échauffement général** qui favorise l'activation cardiaque, musculaire et respiratoire ; et **l'échauffement spécifique** qui met l'accent sur ce qui est spécifique à l'activité qui va être abordée. En danse, ce sera ainsi le moment d'insister sur la nécessaire **concentration** propre aux activités d'expression : la fameuse « Entrée en danse ».

2 **« Vous demandez à vos élèves de se produire devant des spectateurs. Comment vous organisez-vous ? »**

Réponse : Tout d'abord, l'endroit où est installé le public doit être bien distinct de l'espace scénique. Ensuite, deux aspects sont à prendre en compte. Le premier renvoie au côté matériel. Où et comment va-t-on installer le public ? Voir appâts n° 5 p. 337. Le second concerne l'aspect éducatif . Voir appâts n° 6 p. 337.

3 **« Peut-on envisager une évaluation en danse de création ? »**

Réponse : Oui et elle doit être la moins subjective possible. Il ne faut surtout pas demander aux élève s'ils ont aimé ou pas la prestation de leurs camarades, ni si c'était beau ou non ! Voir exemple d'évaluation p. 337.

4 **« Comme il s'agit de danse créative, vos élèves doivent-ils tout inventer ? »**

Réponse : Cela va dépendre de leur vécu dans l'activité ; et de toute manière, il est indispensable de les guider en utilisant des moyens pour y parvenir. Voir trame de variance p. 212.

SUJET N° 6 – LES JEUX DE LUTTE EN MOYENNE SECTION

Lors d'une première séance de jeux d'opposition avec des élèves de moyenne section, certains élèves se mettent en retrait et/ou n'acceptent pas le contact physique.

En référence à la compétence « coopérer et s'opposer individuellement ou collectivement, accepter les contraintes collectives », vous souhaitez que vos élèves acceptent d'entrer en opposition avec l'autre.

Vous proposerez une situation que vous ferez évoluer pour atteindre cet objectif.

Vous justifierez vos choix.

Thématiques

- Le contact corporel.

Pour aller plus loin

- Les contraintes collectives.

Proposition de corrigé

Introduction

À la suite d'une première séance de jeux de lutte, j'ai constaté qu'une partie de mes élèves de moyenne section de maternelle reste en retrait et ne recherche pas le **contact physique,** voire l'évite volontairement. Ils ne peuvent donc pas s'inscrire dans la logique d'opposition individuelle sous-tendue par ce type de jeux.

Je vais donc m'attacher à proposer une situation qui permettra à tous mes élèves de rentrer dans l'opposition en jouant sur un paramètre important dans ce genre de situation : le degré d'opposition **(1)**. Je vais également faire en sorte de permettre à mes élèves de choisir comme ils le souhaitent et quand ils le veulent leur adversaire afin d'abaisser les coûts affectifs et émotionnels liés à ces situations qui amènent les élèves à entrer en contact physique, dans un contexte d'opposition qui plus est.

Pour aller plus loin

En jouant ainsi sur la trame de variance (2), je vais favoriser l'activité et la réussite de tous. Pour autant, je vais maintenir un cadre strict qui garantira à chacun d'évoluer dans un environnement sécurisé et sécurisant dans lequel **le respect des contraintes collectives** est indispensable.

Ce faisant, je favorise la construction d'une « attitude santé » en amenant mes élèves à gérer leur stress et leurs émotions et à être plus responsables en osant prendre des risques.

Appâts et réponses possibles

(1) Degré d'opposition : dans les activités de lutte, l'opposition est une variable didactique qui doit permettre à l'enseignant de favoriser l'investissement de chaque élève dans ce genre d'activités. Nous pouvons distinguer, par ordre croissant de complexité :

– l'opposition passive : l'ours endormi s'oppose uniquement par son poids ;

– l'opposition conciliante : la tortue résiste au retournement par sa contraction musculaire et sa position judicieuse pour créer le plus de difficulté à l'adversaire ;

– l'opposition à partir de rôles différents : je suis attaquant ou défenseur ;

– l'opposition totale avec identification des rôles à partir de la gestion du rapport de force : je suis attaquant si je domine le rapport de force ; sinon je suis défenseur.

(2) Trame de variance : *voir p. 271-272 et définition dans le lexique.*

Développement

• La référence aux textes officiels

Le *B.O.* spécial n° 2 du 26 mars 2015 précise que les activités ludiques (comme les activités de lutte) permettent aux élèves d'entrer au contact de l'autre, d'apprendre à le respecter et d'explorer des actions en relation avec des intentions de coopération ou d'opposition spécifiques (saisir, soulever, pousser, tirer immobiliser…).

• Le contexte

Je fais l'hypothèse que certains élèves restent en retrait parce que le contact physique dans un contexte d'opposition pose problème, surtout si l'adversaire leur est imposé. J'ai pour autant remarqué que, dans d'autres situations, ce même contexte corporel est tout à fait accepté lorsque le partenaire ou l'adversaire est choisi et surtout lorsque le degré d'opposition est moindre. Je vais donc mettre en place le jeu « sortir les ours de la tanière » **(3)** qui permettra aux élèves :

– de choisir un adversaire afin d'entrer en contact physique avec lui ;

– de respecter les contraintes collectives et notamment de respecter et d'appliquer les règles d'or **(4)**.

C'est un jeu avec des rôles différents : l'élève est attaquant (chasseur) ou défenseur (ours). Le degré d'opposition est moindre : il s'agit d'une opposition passive.

Les chasseurs ont la possibilité de choisir l'ours et ils peuvent s'investir comme ils le souhaitent dans l'opposition : seul ou à plusieurs, tout le temps ou épisodiquement.

Appâts et réponses possibles

(3) « **Sortir les ours de la tanière** » : *voir description du jeu avec ses évolutions p. 273.*

(4) Règles d'or : trois règles qui permettent de structurer l'intervention des élèves : ne pas faire mal/ne pas se faire mal/ne pas se laisser faire mal.

- **La situation**

Elle se déroule de la manière suivante : la classe est divisée en deux équipes, les chasseurs et les ours. Les ours sont endormis dans leur tanière qui est délimitée. Les chasseurs doivent les sortir de ces limites en douceur afin de ne pas les réveiller et surtout afin de ne pas leur faire mal. Il y a un ours par tanière dans un premier temps. Les chasseurs peuvent se mettre à plusieurs pour transporter un seul ours.

Les objectifs poursuivis sont doubles pour l'élève :
– entrer en contact physique avec un adversaire choisi (l'ours) afin de le sortir de la tanière sans lui faire mal ;
– respecter les règles du jeu et notamment les règles d'or : ne pas faire mal, ne pas se faire mal, ne pas se laisser faire mal.

- **Le but pour l'élève**

– En tant qu'ours : se laisser déplacer sans résister.
– En tant que chasseur : participer au déplacement des ours afin de faire gagner son équipe.

- **Dispositif**

Les tanières ne sont pas trop rapprochées les unes des autres afin de favoriser la sécurité. De la même manière, elles sont positionnées loin des murs et éventuellement des objets entreposés dans la salle.
Remarque : un rapide schéma facilite la compréhension.

- **Consignes**

Les règles d'or, que j'aurai au préalable affichées au mur, sont rappelées en début de séance.

Les élèves doivent garder leur rôle durant toute la partie : ils sont donc ours ou chasseur. Les ours se positionnent comme ils veulent dans leur tanière. Les chasseurs choisissent l'ours qu'ils veulent.

Pour les sortir, les chasseurs peuvent s'y prendre à plusieurs. Afin de ne pas faire mal aux ours, ils doivent les saisir sans tordre les membres et les articulations ; ils n'ont pas le droit de continuer à agir si l'ours se plaint d'avoir mal ; ils ne peuvent pas tirer les vêtements ; ils ne peuvent pas les chatouiller.

Le jeu s'arrête lorsque tous les ours sont sortis de leur tanière. Inversion des rôles à chaque partie.

- **Comportements attendus pour réussir :**

– Pour les ours : accepter d'être touché par n'importe quel chasseur ; respecter les règles d'or et les règles du jeu en se laissant faire.
– Pour les chasseurs : utiliser des masses musculaires de plus en plus fortes et pas seulement les mains (encore appelées les pinces manuelles) ; choisir un ours et le sortir de sa tanière ; coopérer avec d'autres chasseurs afin de réussir plus facilement ; respecter les règles d'or et les règles de la situation.

- **Comportements prévisibles et évolutions possibles (⇒)**

Seuls les comportements des élèves qui n'acceptent pas le contact physique ou qui en éprouvent quelques difficultés sont ici analysés.

Vers une simplification de la situation :
– certains élèves restent encore à l'écart ⇒ prendre la place d'un élève et jouer le rôle d'ours ou de chasseur ;
– certains élèves ne jouent qu'avec des élèves précis ⇒ encourager ces contacts privilégiés, pour ensuite, progressivement, amener les élèves à choisir d'autres adversaires ;
– certains élèves ne veulent jouer qu'un seul rôle ⇒ accepter temporairement cet état de fait ;
– certains couples ours/chasseur évoluent plutôt sur un mode coopératif ⇒ laisser les élèves évoluer de cette manière dans un premier temps puis, progressivement, les inciter à aller vers plus d'opposition ;
– les élèvent font mal volontairement ou non ⇒ rappeler la règle.

Vers une complexification de la situation :
– en situation de coopération, les chasseurs réussissent très facilement ⇒ passer d'un mode de coopération à un mode d'opposition raisonnée : inciter les ours à adopter une position adéquate : écarter le plus possible les appuis afin d'empêcher les chasseurs de les pousser ou de les rouler ; être tonique afin de résister sans pour autant se défendre en contre-attaquant par exemple ou encore en bougeant dans la tanière ;
– les chasseurs réussissent trop facilement lorsqu'ils agissent à plusieurs pour sortir un ours ⇒ modifier la règle et interdire les interventions à plusieurs chasseurs sur un même ours.

Pour aller plus loin

- **Différenciation**

Elle porte sur :
– le nombre de rôles à tenir : un seul rôle (ours ou chasseur). Deux rôles successivement : ours puis chasseur ;
– le degré d'opposition : coopération ou opposition raisonnée ;
– la taille des tanières ;
– les règles : possibilité ou pas d'intervenir à plusieurs chasseurs pour sortir un même ours ; possibilité ou pas, en tant qu'ours, de pouvoir se déplacer dans la tanière ;
– le nombre de joueurs par équipes : équipes équilibrées en nombre ou pas.

- **Indicateurs de réussite**

Accepter d'entrer en contact physique avec au moins un élève de la classe en situation d'opposition raisonnée.

- **Évaluation**

Grille de niveaux d'habileté

	Accepter les contraintes collectives		Accepter le contact corporel
	Jouer tous les rôles	**Connaître et respecter les règles**	
Niveau 1	Joue seulement un rôle : chasseur ou ours.	– Connaît les règles : les règles d'or, l'espace, la marque, le début et la fin d'un point, les droits et devoirs de l'ours et des chasseurs. – Les respectent presque toutes.	Rentre en contact avec au moins un élève de la classe.
Niveau 2	Joue tous les rôles avec l'aide de l'enseignant.	– Connaît les règles. – Les respectent presque toutes après un rappel à l'ordre.	Accepte le contact physique avec la plupart des élèves de la classe.
Niveau 3	Joue tous les rôles.	Connaît et respecte les règles.	Accepte le contact physique avec tous les élèves de la classe.

• La sécurité

Pour assurer **la sécurité passive (5)**, je fais évoluer mes élèves sur un tatami ou sur un ensemble de tapis qui sont solidairement attachés à l'aide de bandes avec des scratchs. Dans ce second cas, je vérifie en permanence qu'ils restent bien attachés les uns aux autres.

Comme évoqué précédemment, les tanières des ours sont positionnées de telle façon qu'elles ne soient ni trop près les unes des autres, ni trop proches des murs ou matériels éventuellement stockés dans la salle.

Je rappelle les consignes de sécurité et les règles du jeu en début de séance en décrivant le dispositif matériel et humain **(6)**.

Pour assurer la **sécurité active**, je fais en sorte de favoriser la construction (compréhension et respect) des règles et notamment des règles d'or en action, lors des jeux mis en place. Je n'hésite pas à faire reformuler ces règles par les élèves lorsqu'il y a des transgressions. C'est bien la compréhension et le respect des règles en action qui va favoriser l'acceptation des contraintes et règles collectives par les élèves.

Appâts et réponses possibles

(5) Sécurité active et passive : *voir p. 73 et 287.*

(6) Dispositif matériel et humain : en maternelle, l'ATSEM peut utilement aider l'enseignant dans la mise en place et la gestion des dispositifs. La prise en charge d'un groupe d'élèves peut se faire sous la responsabilité de l'enseignant qui définit les contenus et l'évolution de ceux-ci. *Voir également p. 296.*

• Le lien avec la santé

J'ai fait le choix de proposer aux élèves un jeu qui, de par ses modalités, favorise leur engagement dans l'action et dans la recherche du contact corporel, grâce notamment à la possibilité de pouvoir choisir : choix de son adversaire ou encore choix du degré d'investissement dans le jeu. Ils construisent ainsi des compétences motrices mais également des compétences plus transversales comme l'acceptation et le respect des contraintes collectives.

Ces compétences sont le garant de la **construction d'une « attitude santé »** telle qu'elle est définie dans le cahier pédagogique n° 15 de janvier 2010 de l'USEP, l'Union Sportive de l'Enseignement du premier degré. À la suite de la conférence d'Ottawa en 1986, la santé n'est plus considérée comme une fin en soi, comme le but de la vie, mais bien comme une ressource de la vie quotidienne. Elle ne se borne pas seulement à préconiser l'adoption de modes de vie qui favorisent la bonne santé ; son ambition est le bien-être complet de l'individu, dans tous ses aspects : physique, mental et social. L'individu, ici mon élève, doit pouvoir identifier et réaliser ses ambitions, satisfaire ses besoins et évoluer avec son milieu ou s'y adapter.

Par la pratique des jeux d'opposition, et plus particulièrement des jeux de lutte, mes élèves vont ainsi pouvoir :
– résoudre des problèmes : comment diversifier leur répertoire moteur en acceptant le contact physique afin d'être plus efficace, en situation d'opposition, dans les interventions corporelles sur un adversaire ;
– prendre des décisions, gérer leur stress, gérer leurs émotions : accepter de s'opposer physiquement en recherchant le contact physique et ce, quel que soit l'adversaire ;
– avoir conscience d'eux-mêmes : savoir se situer dans l'espace, maîtriser leur corps dans toutes les situations et notamment celles avec perte de repères visuels, afin de ne pas se faire mal comme de ne pas faire mal aux autres.

■ Conclusion

À l'issue de cette séance basée essentiellement sur le jeu « sortir les ours de la tanière », tous mes élèves acceptent désormais le contact physique. Je vais maintenant m'attacher à faire évoluer leurs comportements afin de les inscrire dans des jeux avec plus d'opposition et en faisant varier les rôles et les adversaires. Je serai très attentif à conserver cette possibilité de choix (de l'adversaire en particulier) car je suis bien conscient que les acquis sont encore fragiles. Je veillerai tout particulièrement à constituer des groupements affinitaires pour ceux qui le souhaitent.

Puisque le frein psychologique est dépassé, je vais pouvoir amener mes élèves à construire des capacités motrices plus efficientes et je mettrai plus particulièrement l'accent sur la qualité et la variété des contacts physiques.

La construction de ces compétences permet à chacun d'eux de développer ainsi une « attitude santé » conçue comme une ressource de la vie quotidienne qui met l'accent sur les ressources sociales et personnelles, et sur les capacités physiques.

L'an prochain, mes élèves seront en grande section de maternelle. Ce sera alors l'occasion pour eux de se confronter à des jeux d'opposition duelle du type « arrêter les fourmis » **(7)** ou encore « retourner la tortue sur le dos » **(7)**. Ils seront, de plus, amenés à tenir d'autres rôles comme celui d'observateur ou d'arbitre.

Appâts et réponses possibles

(7) « Arrêter les fourmis » : *voir description et variantes du jeu p. 274.*

« Retourner la tortue sur le dos » : *voir description du jeu p. 274.*

Questions possibles du jury

Vous pouvez également imaginer des questions à partir des appâts proposés dans le corrigé.

1 « Certains de vos élèves ont toujours peur du contact de l'autre en situation d'opposition. Que pouvez-vous faire ? »

Réponse : Ces élèves continuent sans doute d'appréhender le contact en situation d'opposition. Proposer des jeux sans opposition, mais avec contact corporel. Exemple : **le jeu des statues.** Il s'agit de déménager des statues (des élèves immobiles) sans les abimer car elles sont très fragiles.

2 « Que veut dire le terme « règles d'or » ? »

Réponse : Il s'agit de règles à respecter par tous élèves afin de favoriser une activité en toute sécurité. Voir appât n° 4 p. 342.

3 « Comment organisez-vous vos groupes ? »

Réponse : À ce niveau de classe, les différences de poids et de taille ne sont généralement pas encore des critères signifiants pour constituer des groupes. Le critère le plus discriminant renvoie à la capacité, ou pas, à entrer en contact efficacement avec les adversaires (ou les partenaires).

4 « Quels prolongements pourriez-vous faire à partir du poster "Les règles d'or" que vous avez affiché au mur ? »

Réponse : Le domaine qui concerne l'EPS s'intitule « Agir, s'exprimer, comprendre à travers l'activité physique ». Je peux donc organiser des moments de langage (faire parler les élèves de ce qu'ils ont ressenti et vécu) ou encore élaborer avec les élèves, à la manière de Philippe Boisseau un lexique commun afin de constituer un album écho (voir p. 300).

SUJET N° 7 – LES ACTIVITÉS D'ORIENTATION EN CE1

Dans votre classe de CE1, lors des premières séances d'activité d'orientation, vous avez fait évoluer vos élèves dans la cour de récréation.

Présentez une situation d'apprentissage pour permettre aux élèves de se déplacer sur un parcours dans un parc.

Thématiques

- La prise de risque mesurée.

Pour aller plus loin

- La présence des parents.

Proposition de corrigé

Introduction

Lors des premières séances d'activité d'orientation, j'ai fait évoluer mes élèves de CE1 dans la cour de récréation de l'école. Ils ont ainsi appris à se déplacer en sécurité en milieu connu en orientant leur plan et en se repérant par rapport à des indices fixes : un banc, un arbre… Je veux maintenant les faire évoluer dans un milieu moins connu : le parc situé à côté de l'école. Ce milieu est peu ou pas connu de la plupart de mes élèves ; l'incertitude est ainsi plus grande. Je vais donc leur demander dans un premier temps de se déplacer sur un parcours imposé qu'ils devront suivre.

Je vais par conséquent m'attacher à proposer une situation qui permettra à tous mes élèves de prendre **des risques mesurés** dans cet environnement semi-connu, voire inconnu pour certains. Il ne s'agit pas de les laisser se déplacer comme ils le souhaitent dans un premier temps mais bien de leur permettre d'oser s'engager dans un environnement plus complexe et chargé de quelques incertitudes.

Pour aller plus loin
Puisqu'il s'agit d'un milieu qui peut présenter quelques problèmes de sécurité, je sollicite la participation de parents. Leur présence favorisera l'activité individuelle de chaque élève en leur permettant d'évoluer dans un environnement sécurisé et sécurisant. Le choix du parcours, avec notamment l'utilisation d'un plan mais également la possibilité de se repérer grâce à un balisage plus ou moins présent, garantira l'engagement et la réussite de chaque élève.

Ce faisant, je favorise la construction d'une « attitude santé » en amenant mes élèves à gérer leur stress et leurs émotions et à être plus responsable en osant prendre des risques mesurés.

Développement

- **La référence aux textes officiels**

Les programmes parus au *B.O.* du 26 novembre 2015 spécifient qu'il s'agit, au cycle 2, pour les activités d'orientation, de se déplacer « dans des espaces de plus en plus vastes et de moins en moins connus (…) avec l'utilisation de codes de plus en plus symboliques ».

- **Le contexte**

Mes élèves ont déjà pratiqué des activités d'orientation en CP dans la cour de récréation de l'école. Ils ont appris à orienter un plan en se référant à des points remarquables afin de retrouver des balises à l'aide de photographies puis d'indications données par moi-même ou un autre élève.

En début de séquence, j'ai cette année repris ces déplacements à l'aide d'un plan en augmentant le nombre de balises ou en augmentant la distance de déplacement entre la balise et le point de regroupement.

Afin de leur permettre maintenant de construire les compétences des programmes, je vais mettre en place une situation dite en étoile **(1)** où les

Appâts et réponses possibles

(1) Dispositif en étoile : *voir p. 148.*

élèves auront à retrouver un certain nombre de balises dans un parc proche de l'école en allant les chercher successivement à l'aide d'un plan et de photographies représentant les balises à trouver.

Je posterai les parents aux endroits stratégiques : toutes les sorties du parc et le point d'eau (un bassin).

- **La situation**

J'ai photographié une trentaine d'endroits et j'ai plastifié ces photos. J'ai ensuite indiqué sur le plan du parc les endroits de ces photographies.

Je constitue des binômes : un orienteur et un contrôleur. À chaque balise trouvée, changement de rôle. Cette alternance permet également aux élèves de récupérer des courses effectuées pour trouver les balises.

Je me poste judicieusement au milieu du parc et je fais repérer sur la carte l'endroit où je resterai posté. Cet endroit est, comme pour les cartes utilisées en course d'orientation, symbolisé par un triangle.

Je fais le choix de faire se déplacer les élèves seuls, même si le parc est un milieu semi-connu, afin de les mettre en réelle situation d'activité d'orientation. Avant de commencer la situation, j'aurai par contre effectué avec l'ensemble de la classe un repérage de l'endroit en identifiant les zones interdites, les points remarquables et leur symbolisation sur la carte (exemple : un arbre particulier est représenté par une croix verte), le point de départ où je reste positionné durant toute la séance ainsi que les endroits où sont positionnés les parents.

1er temps de la situation

Les élèves tirent une photographie au sort. L'élève orienteur doit ensuite retrouver la balise représentée par la photographie grâce aux indications données par l'élève contrôleur. Ces indications sont consignées par moi-même sur une feuille donnée à chaque binôme. Exemple d'indication : « pour commencer, tu pars en direction du bassin puis tu te diriges vers le grand sapin situé à gauche du bassin. Tu trouveras la balise qui est située près d'un banc ». Lorsque l'orienteur a trouvé la balise (un carré plastifié), il vérifie qu'elle est effectivement posée à l'endroit photographié et relève le symbole qui est dessiné sur le carré. Il le mémorise et l'indiquera à l'élève contrôleur qui validera, ou non, la réponse. Il utilisera pour cela un carton de contrôle détenu par moi, sur lequel seront indiqués tous les symboles des différentes balises en fonction du numéro indiqué sur chaque photographie. Exemple : la photographie de la poubelle a le numéro 12 et le symbole du carré plastifié déposé près d'elle est un triangle. L'orienteur mémorise le triangle puis revient vers le contrôleur en indiquant le numéro 12. Celui-ci vérifie alors auprès de moi qu'il s'agit bien d'un triangle.

Pour chaque balise, l'orienteur dispose de 5 minutes au maximum pour trouver la balise et revenir au point de départ. Les orienteurs partent toujours en même temps afin de me permettre de donner 4 minutes après leur départ un coup de corne de brume qui indique le retour obligatoire vers le point de ralliement, même si la balise n'est pas trouvée.
Temps total : 30 minutes.

2e temps de la situation

En fonction des réussites et des échecs, je vais diriger les élèves vers des balises plus ou moins faciles à trouver grâce aux morceaux de rubalise (bande de chantier rouge et blanche) que j'aurai installés avant la séance d'EPS et qui permettront aux élèves les plus en difficulté de suivre un parcours plus ou moins balisé afin de trouver les balises.

Les élèves auront ainsi, sur les deux temps de la situation, recherché un nombre conséquent de balises, dont un certain nombre adapté à leur niveau.

Le temps est également de 5 minutes au maximum pour trouver la balise et revenir au point de départ. Les orienteurs partent toujours en même temps.
Temps total : 30 minutes.

- **Le but pour l'élève**

– En tant qu'orienteur : retrouver le plus grand nombre de balises.
– En tant que contrôleur : donner les bonnes indications et valider la réponse donnée par l'orienteur.

- **Dispositif**

Le **dispositif en étoile** s'organise de la manière suivante : les trente balises sont disposées autour du point de regroupement, à des distances équivalentes pour cette situation : une centaine de mètres.

Lors de séances suivantes, il sera possible de différencier la situation en jouant sur la distance ou la difficulté à trouver une balise en fonction des capacités des élèves.

Les balises sont toutes posées sur ou près des lignes directrices de niveau 1 ou 2, dites « mains courantes » **(2)**.

L'orienteur va chercher une seule balise puis revient au point de départ afin de faire valider, ou pas, sa réponse par le contrôleur du binôme. Les deux élèves alternent ensuite les rôles.

Ce dispositif permet les régulations entre chaque recherche de balise.

Les balises à trouver lors du temps 1 de la situation portent les numéros 1 à 15.

Les balises numérotées de 16 à 30 sont des balises qui auront des aides sous forme de pose de rubalise :
– les balises numérotées de 16 à 22 sont très faciles : la rubalise est fixée de manière assez rapprochée (la rubalise suivante est visible depuis la rubalise précédente) et à chaque point d'appui **(3)** ou de décision **(4)** ; enfin un morceau de rubalise plus long indique l'endroit à partir duquel l'orienteur va pouvoir chercher la balise ;
– les balises 23 à 30 sont un peu plus difficiles : pas de visibilité directe ; nécessité de se déplacer un peu en suivant le plan avant d'apercevoir le nouveau morceau de rubalise ; seuls quelques points d'appuis sont identifiés par de la rubalise.
Bien entendu, je ne dirai pas aux élèves à quoi servent ces morceaux de rubalise avant le temps 2 de la situation !

Appâts et réponses possibles

(2) Lignes directrices : 2 niveaux sont identifiables :
– Niveau 1 : « Mains courantes » de type chemin, gros sentier, clôture…
– Niveau 2 : « Mains courantes » de type talus, fossé, petit sentier…

(3) Point d'appui : point sur lequel on s'appuie pour confirmer par observation directe sur le terrain mon itinéraire : un objet précis (banc, poubelle…), une particularité du terrain (butte, trou…).

(4) Point de décision : point où on change de ligne directrice : intersection de chemins, croisement de chemin et de talus…

Remarque : un rapide schéma facilitera la compréhension.

- **Consignes**

Le contrôleur donne les indications inscrites sur la feuille récapitulative à l'orienteur avant que ce dernier parte chercher la balise.

L'orienteur utilise ces indications ainsi que la photographie pour trouver la balise. Lorsqu'il pense l'avoir trouvée, il mémorise le symbole dessiné dessus.

Le contrôleur relève le numéro indiqué sur la photographie sur son carton de vérification et indique par + ou – si c'est une bonne réponse.

Les élèves alternent les rôles à chaque retour de l'orienteur.

- **Comportements attendus pour réussir :**

– Pour les orienteurs : orienter le plan à partir de repères visibles ; se déplacer en alternant course et marche en suivant les lignes directrices de niveau 1 et pour les élèves en difficulté, suivre le parcours jalonné lors du second temps de la situation ; mémoriser le symbole pour la validation.
– Pour les contrôleurs : donner les indications qui correspondent à la balise que doit trouver l'orienteur ; renseigner la fiche de résultat de l'orienteur en utilisant le carton de contrôle (voir plus loin « outil élève »).

- **Comportements prévisibles et évolutions possibles (⇒)**

Vers une simplification de la situation (sur le temps 1 de la situation) : après la première balise à trouver, repérage des difficultés : si l'élève ne distingue ni les points d'appuis, ni les points de décision, les faire identifier avec lui avant le départ. Exemple : « je me déplace jusqu'au premier virage à droite puis au croisement de sentiers, je prends à droite en suivant le talus… ».

Vers une simplification de la situation (sur le temps 2 de la situation) :
– à l'issue du temps 1 de la situation, certains élèves ne trouvent pas de balise ⇒ leur demander d'aller trouver des balises situées sur les parcours jalonnés avec de la rubalise. Deux niveaux de réalisation : balisage très rapproché pour les élèves les plus en difficulté (ce sont des élèves qui n'ont pas trouvé de balise) et balisage plus éloigné pour les élèves ayant trouvé une balise sur trois ;
– certains contrôleurs ne donnent pas les bonnes indications ou refusent de les donner ⇒ être présent lors de la passation des consignes.

Vers une complexification de la situation (sur le temps 2 de la situation) :
– pour les élèves ayant trouvé très rapidement trois balises (temps inférieur à 3 minutes pour chaque balise), leur demander d'aller trouver deux balises à suivre avant de revenir au point de départ. Ces 2 balises seront proches les unes des autres ;
– pour les élèves très en réussite, demander, en plus, à l'évaluateur de ne plus donner d'indications sur le déplacement. Aider seulement l'élève au départ pour qu'il prenne la bonne direction.

Règles d'efficacité à intégrer par l'élève pour réussir :
– pour l'orienteur : « j'oriente mon plan en fonction de ce que je vois sur le terrain », « j'oriente ma carte en fonction de mes déplacements », « je repère et je suis le balisage », « j'adapte ma vitesse de déplacement pour pouvoir observer le terrain », « j'adapte ma vitesse de déplacement afin d'augmenter le temps de course et de diminuer le temps de marche » ;
– pour le contrôleur : « je donne toutes les consignes à l'orienteur », « j'utilise le vocabulaire adapté : talus, fossé, point d'appui, point de décision, ligne d'arrêt »…

Pour aller plus loin

- **Différenciation**

Elle porte sur :
– l'aide apportée pour la lecture de carte et la correspondance avec les indications

données par le contrôleur avant le départ ;
– le balisage des parcours ou non ;
– le nombre de balises à trouver avant de revenir au point de départ : 1 ou 2 ;
– la possibilité ou pas d'obtenir des indications avant de se déplacer.

- **Indicateurs de réussite**

Le nombre de balises validées :
– temps 1 : 2 balises sur 3 au moins ;
– temps 2 : groupe suivant un itinéraire balisé : 2 balises sur 3 au moins ; groupe sans balisage : trouver au moins un groupe de deux balises.

- **Outil élève**

Chaque binôme dispose d'une feuille avec les indications servant d'aide au déplacement. Le contrôleur donne les indications à l'orienteur avant son départ. Il peut l'aider : compréhension des indications, direction à prendre au départ…

N° de balise	Indications
1	Pour commencer, tu pars en direction du bassin puis tu te dirigeras vers le grand sapin situé à gauche du bassin et tu trouveras la balise qui est près d'un banc.
2	…
3	…
…	

- **Évaluation**

Le contrôleur reporte le numéro des balises à trouver puis, au retour de l'orienteur, il inscrit un + ou un – en fonction de la réponse. Pour cela, il compare le symbole décrit par l'orienteur (symbole dessiné sur la balise à trouver) avec le carton de contrôle de l'enseignant sur lequel se trouve l'ensemble des symboles des trente balises.

Nom de l'orienteur : Nom du contrôleur :	
Balises à trouver	**Validation + ou -**

- **La sécurité**

Pour assurer **la sécurité passive**, je rappelle les consignes en début de séance : retour au point de départ au coup de corne de brume, interdiction de marcher sur les plantations…

Je poste à chaque sortie du parc un adulte (un parent d'élève le plus souvent) et à chaque endroit pouvant comporter des risques (point d'eau, toilettes publiques...). J'aurai reconnu le terrain en amont afin d'évaluer les distances et de repérer les endroits présentant des risques. Cela me permet ainsi de demander l'aide d'un nombre suffisant d'accompagnateurs. Je prendrai également le temps de leur expliquer mes attentes : rôle à tenir par rapport à un éventuel accident, aide à apporter ou pas aux élèves dans leur recherche des balises (ne pas faire à leur place par exemple)...

Pour assurer la **sécurité active**, je fais construire en action les connaissances liées aux déplacements : ne pas courir en descente, ne pas courir sur des terrains mouillés, courir régulièrement et tranquillement, en aisance respiratoire, plutôt que trop rapidement dès le début avec des risques évidents d'essoufflement... Je fais également identifier par les élèves sur le terrain, les lignes d'arrêt **(5)** qu'il ne faut pas dépasser, les zones interdites aux déplacements (plantations...) ainsi que les endroits dangereux (bassin...). Ce temps de reconnaissance sert également d'échauffement afin de préparer mes élèves à l'effort en aérobie qui va suivre. Pour cela, je me déplace avec eux à allure lente et régulière afin d'installer un rythme de course qui sera approprié pour la situation suivante.

Appâts et réponses possibles

(5) Ligne d'arrêt : ligne facilement identifiable qu'on ne doit pas dépasser.

• Le lien avec le socle commun et les autres disciplines

La pratique des activités d'orientation est l'occasion pour mes élèves de construire également des compétences transversales. Elles favorisent ainsi un engagement lucide en tenant compte d'un nombre croissant de paramètres (la distance à parcourir, la variabilité du terrain...) et en élaborant des choix de plus en plus efficaces : à quel moment changer de direction, à quelle vitesse se déplacer...

La constitution de binôme orienteur/contrôleur suscite les échanges afin de potentialiser les déplacements de l'orienteur.

Ces activités d'orientation permettent donc la construction de compétences du socle et plus précisément les domaines de formation 1 et 3 :
– domaine 1, « les langages pour penser et communiquer : la maîtrise de la langue orale » : s'exprimer clairement à l'oral en utilisant un vocabulaire approprié (talus, fossé, point d'arrêt, point d'appui...) lors des phases d'échanges entre l'orienteur et le contrôleur. Ce sera également le lieu de favoriser des croisements entre enseignements (EPS et français) comme préconisé dans les programmes ;

– domaine 3, « la formation de la personne et du citoyen » en adoptant un comportement responsable (respect des consignes de sécurité, respect de l'environnement).

• Le lien avec la santé

J'ai fait le choix de proposer aux élèves une situation qui, de par ses modalités, favorise leur engagement dans l'action de manière individuelle par la construction d'itinéraires en terrain semi-connu, ainsi que la tenue de plusieurs rôles : orienteur et contrôleur. Ils construisent ainsi des compétences motrices mais également des compétences plus transversales comme l'engagement lucide dans l'action par une prise de risque mesurée ou encore la construction d'un projet d'action.

Ces compétences sont le garant de la **construction d'une « attitude santé »** telle qu'elle est définie dans le cahier pédagogique n° 15 de janvier 2010 de l'USEP, l'Union Sportive de l'Enseignement du premier degré. À la suite de la conférence d'Ottawa en 1986, la santé n'est plus considérée comme une fin en soi, comme le but de la vie mais bien comme une ressource de la vie quotidienne. Elle ne se borne pas seulement à préconiser l'adoption de modes de vie qui favorisent la bonne santé ; son ambition est le bien-être complet de l'individu, dans tous ses aspects : physique, mental et social. L'individu, ici mon élève, doit pouvoir identifier et réaliser ses ambitions, satisfaire ses besoins et évoluer avec son milieu ou s'y adapter.

Par la pratique des activités d'orientation, mes élèves vont ainsi pouvoir :
– résoudre des problèmes : comment se déplacer en sécurité seul, comment se déplacer le plus rapidement possible sans se tromper… ;
– prendre des décisions, gérer leur stress, gérer leurs émotions : accepter de s'aventurer dans un espace semi-connu seul ;
– informer, échanger au sein d'un binôme ;
– avoir conscience de soi : savoir se situer dans le milieu d'évolution, reconnaître un état de fatigue…

■ Conclusion

À l'issue de cette situation basée sur un dispositif en étoile, tous mes élèves acceptent désormais de s'engager seul en milieu semi-connu, en prenant des risques mesurés, et en ayant des déplacements de plus en plus courus et de moins en moins marchés. Je vais maintenant m'attacher à faire évoluer leurs comportements afin de les inscrire dans des constructions d'itinéraires plus longs, au cours desquels ils auront à trouver 2 , 3 puis 5 balises en fin de séquences comme le précisent les programmes. Et je continuerai à inscrire l'activité de mes élèves à travers la construction de plusieurs rôles : orienteur, contrôleur puis chronométreur.

La construction de ces compétences permet à chacun d'eux de développer ainsi une « attitude santé » conçue comme une ressource de la vie quotidienne qui met l'accent sur les ressources sociales et personnelles, et sur les capacités physiques.

En cycle 3, mes élèves continueront à faire des activités d'orientation, mais dans des environnements moins connus, plus incertains, comme un bois ou une forêt. La présence de parents sera également indispensable afin de favoriser une sécurité optimale.

Questions possibles du jury

Vous pouvez également imaginer des questions à partir des appâts proposés dans le corrigé.

1 « Si vous avez l'intention de sortir de votre école, quelle(s) démarche(s) devez-vous suivre ? »

Réponse : En premier lieu, demander l'autorisation au directeur de l'école. Puis, se renseigner sur l'ouverture ou non au public et sur la nécessité ou pas de demander une autorisation. Enfin, solliciter la présence de parents en nombre suffisant pour l'encadrement de la vie collective et la sécurité sur le site.

2 « En plus des démarches administratives, à quoi devez-vous être attentif(ve) ? »

Réponse : Reconnaître le terrain au préalable. S'assurer que les élèves auront tous une tenue adaptée (vêtement et chaussures de sport, casquette s'il fait chaud…). Prévoir une trousse de secours, un téléphone portable et des sifflets en nombre (un par groupe d'élèves).

3 « Pourquoi utiliseriez-vous un parcours en étoile plutôt qu'un parcours "papillon" ? »

Réponse : Le parcours en étoile consiste à demander aux élèves de trouver une balise puis de revenir systématiquement au point de départ avant de repartir pour trouver une nouvelle balise. Les régulations peuvent donc se faire à chaque retour, soit sur l'identification des difficultés rencontrées par les élèves, soit sur la nature même de la balise à trouver (réguler en fonction des réussites et des échecs).

4 « Comment utiliseriez-vous les parents qui vous accompagnent ? »

Réponse : deux solutions :
- soit les parents accompagnent directement un groupe ; bien veiller à leur demander de ne pas faire à la place des élèves ! ;
- soit positionner les parents à des endroits stratégiques : points d'eau, abrupts, routes…

SUJET N° 8 – LES ACTIVITÉS ATHLÉTIQUES EN CM1

Dans le cadre de votre programmation EPS pour votre classe de CM1, vous avez décidé d'inscrire vos élèves à une course en durée au mois d'avril. Les élèves devront courir 12 minutes selon leurs possibilités.

Vous présenterez une progression de trois séances de votre module d'enseignement permettant à tous les élèves d'atteindre cet objectif.

Justifiez vos choix.

Thématiques

- La connaissance et la stabilisation d'une allure régulière de course de durée.

Pour aller plus loin

- Le « bilan santé ».

Proposition de corrigé

Introduction

J'ai décidé d'inscrire mes élèves de CM1 à une course en durée. Elle se déroulera à la fin du module d'apprentissage qui doit permettre à tous mes élèves de courir longtemps, en l'occurrence 12 minutes pour cette course.

Je vais vous présenter les trois premières séances de ce module. En premier lieu, je vais m'attacher à identifier les potentialités mais également les difficultés rencontrées par mes élèves face à ce type d'effort. Pour cela, je vais mettre en place une situation de référence **(1)** en séance 1. Je vais ensuite vous décrire les deux séances suivantes. Je vous détaillerai plus précisément une situation qui va permettre à tous mes élèves de **connaître** et de **stabiliser leur allure régulière de course** afin de réussir à courir longtemps.

Pour aller plus loin :

Je ferai travailler mes élèves le plus souvent en binôme afin de permettre à chacun d'avoir un retour réflexif sur sa pratique. Ce travail les amènera à être solidaire, à informer et à échanger, notamment lors des « **bilans santé** » qui seront régulièrement effectués par les élèves au sein de ces binômes, afin de favoriser l'explicitation des choix opérés ainsi que la régulation des efforts.

Appâts et réponses possibles

(1) La situation de référence (SR) : *voir p. 49 et lexique*. La situation de référence choisie : tous les élèves de la classe courent durant 12 minutes. Ils essaient de courir le plus de distance possible, sans s'arrêter, afin de réaliser une performance collective. Chaque élève tient deux rôles sociaux : coureur et observateur/coach. Comme observateur/coach, il aide le coureur de son binôme en utilisant un tableau (voir p. 359).

Mes élèves seront également amenés à prendre des décisions, à faire des choix. Autant de compétences qui vont favoriser la construction d'une « attitude santé ».

Développement

• La référence aux textes officiels

Les programmes d'EPS parus au *B.O.* du 26 novembre 2015 spécifient qu'il s'agit, au cycle 3, de « produire une performance maximale, mesurable à une échéance donnée » qui peut se construire notamment par la pratique des courses en durée.

• Le contexte

Ayant inscrit mes élèves pour participer à une course en durée, je veux qu'ils soient tous capable de réaliser la performance attendue, à savoir courir durant 12 minutes selon leurs possibilités. Je fais donc un certain nombre de choix qui vont se fonder sur les capacités de mes élèves tout en respectant les programmes de la discipline :
– mes élèves vont, à partir d'une situation de référence, identifier leurs potentialités, notamment en termes de distance parcourue, de régularité de course et d'aisance respiratoire ;
– ils n'auront pas le choix de la durée. Ils pourront par contre choisir leur allure en fonction de leurs possibilités, mais également dans l'optique de réaliser la performance collective la meilleure afin de gagner la course en durée. Cette performance collective se basera sur la réalisation de tous les élèves. Elle prendra en compte le nombre d'arrêts de chacun et

la distance totale parcourue par tous les élèves de la classe afin de responsabiliser tout le monde et aussi afin de les inciter à améliorer leur performance individuelle ;
– la constitution de binômes (un coureur/un observateur) permettra la réalisation de « bilans santé » afin de vérifier régulièrement l'aisance respiratoire. Je vous proposerai un exemple d'outil élève pour ce faire. La régularité de l'allure de course sera également recherchée et vérifiée au sein des binômes durant les situations. Je vous l'exposerai à travers une situation d'apprentissage.

- **Les 3 premières séances du module**

Architecture des 3 premières séances

Séance 1 : je vais mettre en place la situation de référence (SR) afin **d'évaluer les capacités de mes élèves**. Cette SR sera proposée aux élèves plusieurs fois durant le cycle afin d'évaluer les progrès réalisés.

Séance 2 : l'objectif de la séance est de permettre à mes élèves de repérer **différentes allures** de course et d'identifier celle qui leur permet de courir en aisance respiratoire, sans être essoufflé.

Séance 3 : l'objectif de la séance sera de **choisir une allure de course de manière plus précise puis de la stabiliser** sur des durées de course plus importantes. Je vous décrirai une situation qui vise cet objectif.

Situation de référence

Mes élèves doivent courir 12 minutes régulièrement sans être essoufflé et sans s'arrêter.

Le dispositif : les élèves sont répartis en binômes : un coureur et un observateur **(2)**. Le coureur évolue sur une piste de 100 mètres balisée tous les 20 mètres. L'observateur note le nombre de tours effectués en 12 minutes ainsi que le nombre d'arrêts. Il utilise un tableau pour noter les résultats.

Outil élève : le tableau utilisé par l'observateur pour noter les résultats (voir page suivante).

Appâts et réponses possibles

(2) La constitution de binômes : elle permet la construction de rôles sociaux : observateur, évaluateur, entraîneur. Elle favorise également la récupération : le coureur alterne ainsi un temps de course et un temps de récupération.

Nom du coureur : **Nom de l'observateur :**	**Date :**	**Date :**	**Date :**
MA DISTANCE Mon nombre de tours Mon nombre de plots dépassés dans le dernier tour Ma distance totale parcourue : *Je pense battre ma performance en faisant... m le…*			
MES ARRÊTS Mon nombre d'arrêts : *À la prochaine évaluation, je pense diminuer mon nombre d'arrêts de…*			

L'observateur marque chaque tour à l'aide d'un bâtonnet dans la case correspondant au jour de l'observation. Afin de permettre à l'élève d'évaluer ses progrès, il est important de mettre en place la SECA au moins trois fois durant le module.

L'observateur va également procéder à un « bilan santé » à l'issue de la situation en utilisant la fiche suivante :

Nom du coureur : **Nom de l'observateur :**	**Date :**	**Date :**	**Date :**
Le coureur est-il très pâle ?	OUI NON ?	OUI NON ?	OUI NON ?
Le coureur est-il très essoufflé (parle-il très difficilement) ?	OUI NON ?	OUI NON ?	OUI NON ?
Le coureur a-t-il un point de côté ?	OUI NON ?	OUI NON ?	OUI NON ?
Le coureur s'est-il arrêté ? **Si oui, nombre d'arrêts.**	OUI NON Arrêts :	OUI NON Arrêts :	OUI NON Arrêts :

Ces deux outils auront été expliqués en classe auparavant afin de permettre à chaque élève de se les approprier.

Lors de la séance 2, je ferai vivre à mes élèves différentes allures de course dans un premier temps. Pour ce faire, ils courront durant 3 minutes à allure lente, modérée puis plus rapide. Puis ils choisiront l'allure qui leur permettra de courir 6 minutes sans s'arrêter et sans être essoufflés. **L'objectif de cette séance est de mettre en évidence la nécessité de courir à allure modérée.**

Lors de la séance 3, les élèves vont affiner cette notion d'allure modérée afin de courir sans être essoufflés, comme lors de la séance 2, tout en parcourant la distance la plus longue possible.

Dispositif : *un rapide schéma permettra une compréhension plus aisée.*

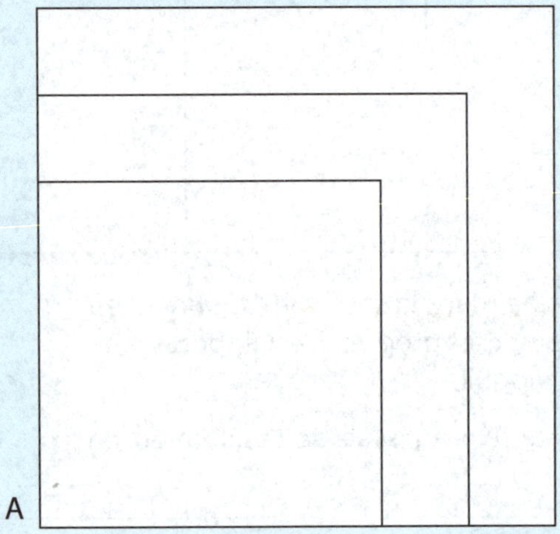

Trois carrés concentriques **(3)** sont mis en place. Chaque carré fait 20, 25 ou 30 m de côté. Un plot est posé à chaque coin de chaque carré. Un élève qui parcourt la distance d'un carré en 2 minutes court respectivement à une vitesse de 8, 10 ou 12 km/h **(5)**.

1er temps de la situation : les élèves sont regroupés en binômes : un coureur et un observateur. Ils courent durant 4 minutes à 8 km/h, puis 4 autres minutes à 10 km/h et enfin 4 dernières minutes à 12 km/h. L'enseignant donne un coup de sifflet toutes les 30 secondes afin de donner aux élèves des repères sonores réguliers **(4)** leur permettant de courir régulièrement. Ainsi, l'élève doit être à un coin du carré à chaque coup de sifflet puis au coin suivant au coup de sifflet suivant. Les élèves sont alternativement coureurs puis observateur toutes les 4 minutes.

2e temps de la situation : les élèves courent sur le carré qui correspond le mieux à leurs capacités afin de ne pas être essoufflés, sans s'arrêter et en parcourant la plus grande distance possible. Ils s'appuient, pour choisir, sur les observations de leur binôme : nombre d'arrêts, bilan santé. Ils courent sur 6 minutes.

Appâts et réponses possibles

(3) L'intérêt des carrés concentriques : les élèves courent **à leur rythme (de 8 à 12 km/h) sur le carré choisi mais ils se retrouvent systématiquement au point A ensemble. Cette alternance de temps différenciés et de temps collectifs favorise l'individualisation d'une part mais également l'émulation collective qui sera utile lors de la course en durée du mois d'avril** et qui va se dérouler de manière collective (voir dessin p. 111).

(4) La construction de la régularité de la course : l'élève s'appuie dans un premier temps sur des repères visuels (les plots) et sonores réguliers et rapprochés (ici des plots à atteindre toutes les 30 secondes) afin de réguler et de recaler l'allure de course. Il doit ensuite passer progressivement de ces repères externes à des repères internes (aisance respiratoire, amplitude de la foulée…) de plus en plus précis afin d'adapter sa course à tous types de contextes (différence de temps, de distance, de dénivelé…).

(5) Les vitesses de course : les élèves de cycle 3 ont statistiquement des vitesses de course comprise, entre 8 et 14 km/h.

- **Consignes**

– Pour les coureurs : essayer de respecter le rythme imposé par les coups de sifflet le plus longtemps possible ; choisir, avec l'aide de l'observateur, la vitesse la plus adaptée aux attentes de la situation.
– Pour les observateurs : compter le nombre d'arrêts et effectuer un « bilan santé » en se référant à l'outil élève donné en séance 2 ; aider le coureur à choisir sa vitesse de course adaptée.

- **Comportements attendus :**

– Pour le coureur : respecter les consignes et choisir la vitesse de course en fonction de critères objectifs ; le nombre d'arrêt et le « bilan santé ».
– Pour l'observateur : être attentif et noter scrupuleusement le nombre d'arrêts ; effectuer le « bilan santé » en respectant les trois critères : essoufflement, rougeur du visage, point de côté.

- **Comportements prévisibles et évolutions à apporter (⇒)**

Vers une simplification de la situation

– Les coureurs courent trop vite au début et sont en avancent sur les coups de sifflet ⇒ rappeler verbalement les consignes et demander aux élèves de ralentir.
– Les observateurs ne se souviennent pas du nombre d'arrêts ⇒ utiliser l'outil élève de la situation 2.
– Certains observateurs discutent durant les courses et ne notent pas le nombre d'arrêts ⇒ leur imposer une place loin des autres observateurs.

Vers une complexification de la situation

– Certains coureurs sont encore en deçà de leurs capacités sur le carré de 30 mètres de côté ⇒ ajouter un dernier carré de 35 mètres de côté correspondant à une vitesse de 14 km/h.
– Certains observateurs veulent aider leur coureur en lui donnant plus de précisions quant au rythme de sa course ⇒ leur demander de préciser dans quelle zone se trouve le coureur au moment du coup de sifflet : sur le plot/ dans une zone comprise entre 5 m et le plot avant celui-ci/dans une zone comprise entre le plot et 5 m après celui-ci.

Pour aller plus loin

- **Règles d'efficacité à intégrer par l'élève pour réussir**

– Pour les coureurs : partir lentement sur la première minute et ajuster la course à chaque coup de sifflet ; ne pas suivre ceux qui partent trop vite ; adapter sa respiration au rythme des foulées : une inspiration ou une expiration à chaque pose de pied.
– Pour les observateurs : suivre le coureur des yeux afin de compter le nombre d'arrêts ; ne pas discuter avec les autres observateurs.

- **Différenciation**

– Jouer sur le temps de course ; par exemple, courir sur 3 minutes plutôt que sur 4 sur chaque carré.
– Donner des coups de sifflet toutes les 30 secondes puis toutes les minutes afin d'amener les élèves à diminuer les repères externes.

- **Évaluation**

Le diagramme de performance (6)

L'élève indique sur son diagramme (ici, un triangle) :

Appâts et réponses possibles

(6) Le diagramme de performance : outil très bien décrit dans l'ouvrage « L'EPS au cycle 3 » de P. Moniot et F. Reichert.

– le nombre d'arrêts sur un axe du triangle ;
– la distance parcourue sur un second axe du triangle ;
– l'état de santé sur le troisième axe du triangle.

Il relie ensuite les trois points afin d'obtenir un triangle.

Il s'agira pour lui, d'une évaluation à l'autre, d'augmenter la surface du triangle afin de progresser sur un ou plusieurs axes. Il pourra également mieux cibler les progrès qu'il souhaite réaliser. Par exemple, s'il s'est arrêté 3 fois, il va tenter de s'arrêter 2 fois tout en gardant la même vitesse et/ou le même degré d'essoufflement.

- **La sécurité**

Je veillerai à accompagner les élèves observateurs afin de leur permettre d'effectuer le « bilan santé » le plus juste possible. Ce dernier facilitera la prise de conscience chez le coureur de son état de fatigue.

Je ne ferai pas courir mes élèves sur des terrains en pente après ou pendant la pluie.

Je veillerai à bien respecter les temps de course et de repos.

- **Le lien avec le socle commun et les autres disciplines**

À travers la pratique de la course en durée, mes élèves construisent également des compétences transversales en lien avec le socle commun de connaissances, de compétences et de culture.

La constitution de binômes et l'élaboration d'un « bilan santé » permet la construction de compétences du domaine 1 de formation : « les langages pour penser et communiquer ». Mes élèves sont amenés à s'exprimer clairement à l'oral, à utiliser des mots précis pour échanger. Les croisements entre enseignements (EPS et français) préconisés par les programmes sont ainsi facilités.

En élaborant leur diagramme de performance, ils sont également amenés à faire des choix, à s'impliquer dans un projet individuel et à réaliser une performance mesurée lors de la course de durée. Ils construisent des compétences du domaine 3 de formation « la formation de la personne et du citoyen ».

- **Le lien avec la santé**

Ces compétences sont le garant de la construction d'une « attitude santé » telle qu'elle est définie dans le cahier pédagogique n° 15 de l'USEP (Union Sportive de l'Enseignement du Premier degré). À la suite de la conférence d'Ottawa en 1986, la santé n'est plus considérée comme une fin en soi, comme le but de la vie mais bien comme une ressource de la vie quotidienne. Elle ne se borne pas seulement à préconiser l'adoption de modes de vie qui favorisent la bonne santé ; son ambition est le bien-être complet de l'individu, dans tous ses aspects : physique, mental et social. L'individu, ici mon élève, doit pouvoir identifier et réaliser ses ambitions, satisfaire ses besoins et évoluer avec son milieu ou s'y adapter.

Par la pratique des activités athlétiques, et plus spécifiquement de la course en durée, mes élèves vont ainsi pouvoir :
– résoudre des problèmes : comment courir plus régulièrement sans diminuer ma distance de course par exemple ;
– prendre des décisions : en faisant des choix (la vitesse de course), ils seront plus impliqués dans leurs apprentissages et ils vont ainsi se retrouver plus facilement en situation de réussite ;

– informer, échanger, être solidaire : en effectuant le « bilan santé », ils sont amenés à communiquer, à donner des conseils ;
– avoir conscience d'eux-mêmes : à partir des éléments donnés lors du « bilan santé » (essoufflement, rougeur du visage, nombre d'arrêts), ils ont une connaissance plus approfondie de leurs capacités comme de leurs performances.

Conclusion

À l'issue de ces trois séances, mes élèves connaissent différentes allures de course. Ils ont choisi une allure qui leur permet de courir en aisance respiratoire sans s'arrêter. Il s'agit maintenant de consolider ces résultats en les amenant d'une part, à courir régulièrement durant 12 minutes. Il s'agit d'autre part de les inciter à améliorer leur performance maximale, source de plaisir comme le soulignent les programmes en leur proposant des situations à des allures légèrement supérieures.

La construction de ces compétences permet à chacun d'eux de développer ainsi une « attitude santé » conçue comme une ressource de la vie quotidienne qui met l'accent sur les ressources sociales et personnelles, et sur les capacités physiques. L'utilisation du « bilan santé » en est une parfaite illustration.

L'an prochain, mes élèves pourront améliorer leur distance et/ou leur vitesse de course tout en continuant à courir régulièrement sans être essoufflés.

Questions possibles du jury

Vous pouvez également imaginer des questions à partir des appâts proposés dans le corrigé.

1 « Quelle(s) forme(s) peut (peuvent) prendre l'(les) évaluation(s) de vos élèves ? »

Réponse : Détailler le diagramme de performance. Diagramme avec trois axes : le nombre de tours effectués en un temps donné, le nombre d'arrêts durant ce temps et le degré d'essoufflement (voir fiche « Bilan santé » p. 112). L'élève collecte les données et les reporte sur le diagramme. En reliant les points, il obtient donc un triangle. En effectuant ces relevés régulièrement, il peut savoir :
– s'il s'est amélioré : la surface du triangle a augmenté ; en utilisant des couleurs différentes pour les différents relevés, la lecture en est facilitée ;
– où il s'est amélioré (quel(s) axe(s)) et où il doit encore progresser. Il peut alors établir un projet d'amélioration de ses résultats.
Il s'agit ici d'évaluation formatrice (voir lexique sur les rabats de l'ouvrage).
Mais l'enseignant peut également l'utiliser comme évaluation diagnostique, formative ou sommative.

2 « En course de durée, est-il préférable de courir seul puisqu'il s'agit d'une activité individuelle ? »

Réponse : Pas toujours. Courir en groupe engendre de l'émulation et casse la monotonie qui peut s'instaurer dans ce type d'activité. Bien faire attention à la constitution des groupes et valoriser les groupes homogènes. Voir situation « Les trains arrivent en gare à la même heure » p. 112.

3 « Pourquoi constituez-vous des binômes lors de votre situation de référence ? »

Réponse : voir appâts n° 2 p. 358.

SUJET N° 9 – LES ACTIVITÉS AQUATIQUES EN CM2

Votre classe de CM2 a déjà participé, lors de sa scolarité primaire, à deux modules d'enseignement « activités aquatiques » dans le cadre du parcours obligatoire du savoir-nager.

Lors de la première séance, vous constatez que la moitié d'entre eux n'a pas acquis certaines capacités motrices du savoir-nager. Ainsi, les élèves ne maîtrisent pas « le déplacement en immersion ».

Vous proposerez une situation que vous ferez évoluer afin que les élèves soient capables de se déplacer en immersion sous un obstacle en grande profondeur.

Vous justifierez vos choix.

Thématiques

- L'immersion en grande profondeur.

Pour aller plus loin

- L'utilisation du matériel.

Proposition de corrigé

Introduction

Lors de l'évaluation diagnostique de début de module, j'ai constaté que la moitié de mes élèves de CM2 ne maîtrisaient pas « le déplacement en immersion » sous un obstacle qui constitue un des items du savoir-nager tel qu'il est défini dans l'arrêté du 9 juillet 2015.

Je vais donc pour cette séance organiser ma classe en deux groupes de niveau. Je vais prendre en charge ces élèves en difficulté avec **l'immersion orientée en grande profondeur** et je vais confier l'autre moitié de ma classe au maître-nageur sauveteur (MNS) **(1)**.

Pour aller plus loin

Je vais utiliser, pour la situation que je vais mettre en place lors de la séance 2, **du matériel très spécifique et plus particulièrement des paires de lunettes, une cage, des perches ou encore des objets et des cerceaux lestés.** Je la ferai évoluer en fonction des réussites ou des difficultés rencontrées par mes élèves, j'enlèverai notamment progressivement ce matériel pédagogique afin de faire évoluer mes élèves en milieu plus naturel.

Appâts et réponses possibles

(1) Les MNS sont des intervenants extérieurs rémunérés qui doivent être agréés par la direction académique s'ils interviennent dans l'encadrement des séances de natation. *Voir p. 140-141 et remarque (6) du sujet sur les activités aquatiques en CE1 p. 317.*

Le savoir-nager est un enjeu fondamental des activités aquatiques comme le souligne la circulaire n° 2011-090 du 7 juillet 2011 et les programmes de 2015. La maîtrise du savoir-nager doit être acquise pour la fin du cycle 3.

Développement

• La référence aux textes officiels

Les programmes d'EPS parus au *B.O.* du 26 novembre 2015 spécifient qu'il s'agit, au cycle 3, d' « adapter ses déplacements à des environnements variés ». Il est donné en exemple « se déplacer en immersion de manière orientée dans un cerceau ».

• Le contexte

La moitié de mes élèves ne maîtrisent pas l'immersion en grande profondeur. Plusieurs causes peuvent être identifiées :
– certains élèves n'ouvrent pas les yeux sous l'eau ;
– d'autres ne restent pas suffisamment immergés pour pouvoir se déplacer de manière orientée ;
– d'autres encore peuvent rester immergés un certain temps mais ils n'arrivent pas à descendre sous l'eau ; ils sont donc incapables d'évoluer à différentes profondeurs.

Je vais par conséquent faire des choix. Je vais utiliser du matériel spécifique aux activités aquatiques qui va permettre aux élèves de diminuer les coûts énergétiques ou affectifs. Ils pourront alors se centrer de manière plus efficace sur leurs apprentissages, à savoir les déplacements orientés en immersion en grande profondeur. Ce matériel sera ensuite progressivement retiré comme je le soulignais dans mon introduction.

En premier lieu, je vais proposer à ceux qui le veulent des paires de lunettes **(2)**. Ils pourront les utiliser lors du premier temps de la situation puis je leur demanderai de les enlever.

Je vais surtout installer une cage en grande profondeur que j'utiliserai :
– pour aider les élèves qui n'arrivent pas à descendre en profondeur ;
– pour les aider à construire des déplacements subaquatiques.

La cage sera ensuite remplacée par des cerceaux lestés qui matérialiseront des déplacements orientés en immersion.

Appâts et réponses possibles

(2) Les paires de lunettes : l'utilisation de ce genre de matériel permet, au-delà du confort physique, un gain de temps considérable dans les apprentissages subaquatiques. Pour autant, il ne faut pas habituer les élèves à les utiliser systématiquement. Il faut donc régulièrement les faire enlever afin de vérifier que les compétences acquises le sont dans des contextes différents.

- **La situation**

Je prends en charge la moitié de ma classe, soit quatorze élèves.

Afin de favoriser une grande quantité et variété d'actions **(3)**, je vais faire en sorte de disposer le matériel que j'ai à disposition sous formes d'ateliers : la cage, l'échelle pour entrer dans l'eau, un tapis, des perches et des cerceaux lestés **(4)**.

La situation se déroule en 2 temps :
– un premier temps d'expérimentation ;
– un second temps de simplification ou de complexification ; je détaillerai plus loin ces évolutions.

Appâts et réponses possibles

(3) Favoriser une grande quantité et une grande variété d'actions permet de mettre en place une animation pédagogique de qualité, comme dans l'ouvrage collectif « Les jeux sportifs collectifs à l'école élémentaire » (voir bibliographie sur les rabats). Pour autant, si c'est nécessaire, ce n'est bien évidemment pas suffisant puisqu'il faut surtout identifier les apprentissages à réaliser.

(4) Le matériel dont on peut disposer dans une piscine est multiple et varié. Son utilisation judicieuse permet de diminuer les contraintes (motrices, affectives) et permet surtout de focaliser l'attention de l'élève sur les apprentissages à réaliser. Lors de notre situation, il s'agit pour les élèves de réaliser des déplacements subaquatiques orientés en grande profondeur. S'il éprouve par exemple des difficultés pour descendre en profondeur, nous pouvons l'aider en lui proposant de descendre le long d'une perche ou d'une cage.

- **Le but pour l'élève**

En fonction des possibilités de chacun, s'immerger en grande profondeur en suivant un trajet imposé :
– entrer dans l'eau, atteindre une cage par le haut de celle-ci, la longer jusqu'en bas avant de regagner le bord ;
– entrer dans l'eau, s'immerger et ressortir par un cerceau lesté positionné avant de regagner le bord ;
– entrer dans l'eau, s'immerger puis passer sous un tapis et regagner le bord ;
– entrer dans l'eau, s'immerger puis passer sous une perche posée horizontalement sur l'eau et le bord du bassin, puis regagner le bord.

- **Dispositif**

Voir p. 136 pour avoir un exemple de dispositif possible même si ce n'est pas un dispositif tout à fait identique.

Je mets en place quatre ateliers :
– une cage immergée en grande profondeur à 2 mètres ; le haut de la cage est à 50 cm de la surface de l'eau ;
– un cerceau lesté immergé verticalement à 1 m de profondeur, proche du bord ;
– un tapis, qui part du bord, sous lequel passer ;
– une échelle par laquelle descendre dans l'eau puis passage sous deux perches posées

horizontalement et distantes de 50 cm.

Les élèves peuvent temporairement s'équiper d'une paire de lunettes.

Je gère les quatre ateliers car mes élèves ont tous acquis le niveau 1 du savoir-nager ; ils sont donc autonomes en grande profondeur.

- **Consignes**

Premier temps de la situation

Essayer tous les ateliers successivement. Un seul élève par atelier à l'exception de la cage ou quatre élèves pourront évoluer : un élève par côté. Sept élèves peuvent donc travailler en même temps, soit un demi-groupe.

– Atelier cage : entrer dans l'eau et rejoindre la cage en nageant ou en effectuant une glissée ventrale. Descendre sous l'eau jusqu'au haut de la cage, suivre la cage jusqu'en bas de celle-ci puis remonter à la surface et rejoindre le bord.
– Atelier cerceau vertical : entrer dans l'eau puis passer dans le cerceau et rejoindre le bord.
– Atelier tapis : entrer dans l'eau, s'immerger en passant sous un tapis, posé sur le bord du bassin et sur l'eau.
– Atelier perches : entrer dans l'eau, s'immerger en passant sous une perche posée sur le bord du bassin et sur l'eau.

- **Les comportements attendus pour réussir**

– S'immerger puis se diriger sous l'eau en passant sous une perche, ou un tapis, ou dans un cerceau ou le long d'une cage.
– S'immerger à une certaine profondeur.
– S'immerger un certain temps afin d'effectuer le déplacement subaquatique demandé.
– Utiliser une brasse sous-marine pour se déplacer :
  – expirer une partie de son air pour rester en immersion sans remonter à la surface,
  – s'équiper d'une paire de lunettes si nécessaire au début puis l'enlever,
  – essayer les différents ateliers.

- **Comportements prévisibles et évolutions à apporter (⇒) mises en places lors du temps 2 de la situation**

Vers une simplification de la situation à l'issue du temps 1 :
– atelier cage : descente difficile ⇒ demander de ne descendre qu'aux barreaux intermédiaires ;
– atelier cerceau : déplacement en surface qui empêche de passer à travers le cerceau ⇒ positionner une perche verticalement près du cerceau afin d'aider à la descente ;
– atelier tapis : difficulté à franchir le tapis sans le toucher (avec les fesses notamment) ⇒ repositionner le tapis près d'un coin de bassin afin de proposer aux élèves une coulée ventrale qui leur permettra d'acquérir une certaine vitesse pour passer sous le tapis sans le toucher ;
– atelier perches : difficulté d'orientation lors du déplacement subaquatique ⇒ imposer une paire de lunettes.

Vers une complexification de la situation à l'issue du temps 1 :
– atelier cage : descente très facile ⇒ demander aux élèves de passer à l'intérieur de la cage ;
– atelier cerceau lesté : franchissement très facile ⇒ en ajouter un 2e puis jouer sur leur écartement ;
– atelier tapis : franchissement très facile ⇒ franchir successivement le tapis puis un cerceau lesté ;

– atelier perche : franchissement très facile ⇒ ajouter une seconde perche puis jouer sur leur écartement.

Pour aller plus loin

• Règles d'efficacité à intégrer par l'élève pour réussir

– « J'inspire par la bouche et je reste en apnée avant de m'immerger. »
– « Pour descendre sous l'eau, je bascule le corps en mettant et en gardant le menton à la poitrine et en m'aidant du matériel (cage, perche) ou de mes bras. »
– « Je garde les yeux ouverts même si je n'ai pas de paire de lunettes, afin de voir où je vais. »

• Différenciation

Elle s'opère à plusieurs niveaux :
– au niveau du choix des ateliers : l'atelier cage est plus difficile que l'atelier perches ;
– au niveau des évolutions proposées ou pas aux élèves en fonction de leurs résultats lors de la phase 1 de la situation ;
– au niveau de la possibilité ou pas de prendre une paire de lunettes.

• Indicateurs de réussite

L'élève doit être capable de réaliser l'atelier choisi afin de répondre aux attentes du palier 2 du savoir-nager en fin de cycle 3, à savoir effectuer une succession d'actions dont « un déplacement orienté en immersion, par exemple passer dans un cerceau immergé ».

L'élève réussit donc s'il :
– se déplace le long de la cage ;
– passe à travers un cerceau (palier 2) ;
– passe sous le tapis ;
– passe sous une perche : il réussit pour cet exercice mais il devra, avant la fin du module, avoir un temps d'immersion plus important ainsi qu'une profondeur de déplacement supérieure.

• Évaluation

L'évaluation se fait au cours de la séance, sous la forme d'une évaluation formative. Des binômes sont constitués et à un moment donné (indication donnée par moi), un des deux élèves observe son camarade puis vient me rendre compte de son observation. Je m'arrange pour qu'il y ait 4 temps différents afin de permettre aux élèves de passer aux 4 ateliers. Je leur indique bien quelle est la hiérarchisation entre les 4 ateliers et je leur précise que s'ils ont réussi à l'atelier cage, ils ont donc réalisé l'exercice le plus difficile et qu'ils n'ont pas besoin d'être évalués sur les autres ateliers.

Graduation du plus facile au plus difficile :
– atelier perche ;
– atelier tapis ;
– atelier cerceaux ;
– atelier cage.

J'ai inscrit au tableau le prénom des élèves et je coche, à la suite des indications données par les élèves, les réussites aux différents ateliers.

• La sécurité

La sécurité passive : au-delà de la surveillance exercée par le MNS affecté à cette tâche **(5)**, j'assure également la surveillance de l'ensemble des élèves de mon groupe. Tous les ateliers sont proches du bord, rapprochés les uns des autres. Je peux ainsi surveiller tous mes élèves constamment. Je tiens par ailleurs une perche à la main afin de proposer une aide rapide à un élève repéré en difficulté. La cage se trouve à proximité de la ligne d'eau **(6)** la plus proche du bord. J'indique bien aux élèves qu'ils peuvent s'y accrocher en cas de nécessité.

La sécurité active : tous mes élèves ont acquis le niveau 1 du savoir-nager **(7)**. Ils sont donc en capacité d'évoluer dans le grand bain et de s'y immerger. L'utilisation judicieuse du matériel favorise également chez les élèves des compétences qui renforcent cette sécurité active.

Appâts et réponses possibles

(5) La surveillance des bassins : un MNS est affecté exclusivement à la surveillance par bassin en général. *Voir remarque (11) du sujet sur les activités aquatiques en CE1 p. 320.*

(6) Une ligne d'eau : la largeur d'un couloir est généralement de 2 m 50. La ligne d'eau est donc très proche de la cage et les élèves peuvent s'y accrocher très facilement.

(7) Le savoir-nager : la circulaire n° 2011-090 du 7 juillet 2011 définit les 3 paliers du savoir nager. Le palier 1 doit être acquis au plus tard en fin de cycle 2, le palier 2 en fin de cycle 3 et le palier 3 en fin de scolarité obligatoire à 16 ans. L'arrêté du 9 juillet 2015 définit le savoir-nager de manière plus précise (voir p. 141) et met en place une attestation scolaire de savoir-nager (ASSN).

• Le lien avec le socle commun

À travers la maîtrise du savoir-nager, l'élève se construit des compétences en lien avec le domaine de formation : « les langages pour penser et communiquer » du socle commun de connaissances, de compétences et de culture. Il apprend ainsi le contrôle et la maîtrise de soi. Il devient également un citoyen plus responsable en étant en capacité d'évoluer en sécurité dans divers environnements, développant ainsi des compétences du domaine 3 de formation : « la formation de la personne et du citoyen ».

• Le lien avec la santé

J'ai fait le choix de proposer aux élèves une situation évolutive et différenciée qui permet à chaque élève de s'investir dans l'activité et de se retrouver en situation de réussite en construisant des compétences motrices mais également plus transversales.

Ces compétences sont le garant de la **construction d'une « attitude santé »** telle qu'elle est définie dans le cahier pédagogique n° 15 de janvier 2010 de l'USEP, l'Union Sportive de l'Enseignement du premier degré. À la suite de la conférence d'Ottawa en 1986, la santé n'est plus considérée comme une fin en soi, comme le but de la vie, mais bien comme une ressource de la vie quotidienne. Elle ne se borne pas seulement à préconiser l'adoption de modes de vie qui favorisent la bonne santé ; son ambition est le bien-être complet de l'individu, dans tous ses aspects : physique, mental et social. L'individu, ici mon élève, doit pouvoir identifier et réaliser ses ambitions, satisfaire ses besoins et évoluer avec son milieu ou s'y adapter.

Par la pratique des jeux d'opposition, et plus particulièrement des jeux de lutte, mes élèves vont ainsi pouvoir :
– résoudre des problèmes : comment m'organiser pour me déplacer plus longtemps sous l'eau et dans la direction choisie par exemple ;
– gérer son stress lors des déplacements subaquatiques en grande profondeur avec, puis sans matériel ;

– être solidaire, donner des conseils lors des évaluations formatives en binômes ;
– avoir conscience de soi en ayant connaissance de ses capacités comme des attentes de l'enseignant.

Conclusion

Cette seconde séance de natation a permis à tous mes élèves d'effectuer des déplacements subaquatiques orientés en grande profondeur. Pour certains, il s'agira bien entendu de conforter ces acquisitions en ôtant progressivement le matériel notamment. Ces capacités construites devront également s'inscrire dans un enchaînement qui comprend, comme le souligne le palier 2 du savoir-nager, une entrée dans l'eau, une immersion et un surplace.

Pour mes élèves les plus en réussite, j'orienterai progressivement mon travail vers l'acquisition du plongeon canard **(8)** afin d'enrichir les possibilités de déplacements en profondeur.

La construction de ces compétences permet à chacun d'eux de développer ainsi une « attitude santé » conçue comme une ressource de la vie quotidienne qui met l'accent sur les ressources sociales et personnelles, et sur les capacités physiques.

L'an prochain, mes élèves entreront au collège où ils pourront acquérir le palier 3 du savoir-nager.

Appâts et réponses possibles

(8) Le plongeon canard : il permet de descendre rapidement et avec précision sous l'eau en partant de la surface. Depuis une position horizontale immobile ou en glisse, le nageur cambre ses reins et incline son buste et ses bras vers le fond, puis il relève ses jambes à la verticale. Le poids du haut du corps entraîne l'ensemble du corps dans l'immersion complète.

Questions possibles du jury

Vous pouvez également imaginer des questions à partir des appâts proposés dans le corrigé.

1 « Un MNS peut-il être de surveillance et d'aide à l'enseignement ? »

Réponse : Non ! La surveillance est obligatoire et les surveillants de bassin sont exclusivement affectés à la surveillance et à la sécurité des activités comme le souligne la circulaire du 7-7-2011. Donc, s'il n'y a pas de MNS en surveillance, ne pas autoriser les élèves à entrer dans l'eau.

2 « Comment est organisé l'espace des bassins ? »

Réponse : À l'appréciation des utilisateurs. Le bassin peut ainsi être délimité de nombreuses façons : en largeur, en longueur, par ateliers…

Par contre, en respect de la circulaire du 7-7-2011, les espaces doivent être clairement délimités et ils doivent être organisés sur les parties latérales des bassins et ne peuvent être réduits aux couloirs centraux.

3 « Pourquoi faut-il éviter de trop faire sortir les élèves de l'eau ? »

Réponse : Pour qu'ils n'aient pas froid trop rapidement en premier lieu ! Puis parce qu'il est préférable d'organiser des déplacements en A/R sur des distances plus courtes plutôt que de demander aux élèves de faire des allers simples plus longs puis de revenir en marchant sur le bord afin de favoriser une plus grande quantité d'actions dans l'eau. Voir appâts n° 3 p. 366.

4 « Quelle peut-être l'utilité de la cage ? »

Réponse : De très nombreuses utilisations pédagogiques :
- favoriser l'immersion, les déplacements subaquatiques ;
- favoriser les déplacements en grande profondeur sans matériel en incitant les élèves à se détacher du bord (donc à abandonner leurs appuis plantaires) pour atteindre la cage positionnée à 1m/1m50 du bord ;
- favoriser l'aspect ludique et le défi : je peux descendre jusqu'à tel barreau, je vais essayer d'atteindre celui qui est en-dessous.

SUJET N° 10 – LES JEUX TRADITIONNELS EN CP

Dans votre classe de CP, vous mettez en place un module d'enseignement de jeux traditionnels simples. Vous constatez que les équipes ne parviennent pas à atteindre la cible adverse. Vous présenterez une situation de votre module d'enseignement permettant à vos élèves de progresser vers l'avant.

Justifiez vos choix.

Thématiques

- La progression collective du ballon.

Pour aller plus loin

- L'engagement lucide dans l'action.

Proposition de corrigé

Introduction

J'ai mis en place cette année avec ma classe de CP un module de jeux collectifs à partir de différents jeux traditionnels simples **(1)**. J'ai constaté que les équipes éprouvaient des **difficultés pour atteindre la cible adverse** et ce, pour diverses raisons :
– difficulté à prendre en compte le ou les adversaires directs ;

Appâts et réponses possibles

(1) Jeux traditionnels et jeux collectifs : *voir taxonomie des jeux p. 245-246.*

Pour aller plus loin
– difficulté à **s'engager lucidement dans l'action.**

Je vais donc mettre en place une situation appelée « vider et remplir les caisses, avec rivière aux crocodiles », que je ferai évoluer, afin de favoriser cet engagement lucide vers la cible adverse.

En permettant à mes élèves de participer individuellement et collectivement à la réussite de l'équipe, je contribue alors à l'implication et à la réussite de tous.

De manière plus large, je vais ainsi favoriser la construction d'une « attitude santé ».

Développement

• La référence aux textes officiels

Les programmes d'EPS parus au *B.O.* du 26 novembre 2015 spécifient qu'il s'agit, au cycle 2, de « conduire et maîtriser un affrontement collectif ou interindividuel », compétence qui peut se construire notamment par la pratique des jeux traditionnels, des jeux collectifs, avec ou sans ballon ou des jeux pré-sportifs.

Il s'agit pour mes élèves de s'engager lucidement dans les situations et les jeux mis en place :
– en prenant en compte le ou les adversaires proches ;
– en participant efficacement à la mise en place de stratégies collectives.

• Le contexte

Lors de la première séance, j'ai mis en place le jeu « vider et remplir les caisses ». Il s'agissait de vider le plus vite possible une caisse et d'en remplir une autre en transportant des objets. Afin de complexifier la situation, j'ai positionné des adversaires qui devaient toucher les élèves transportant des objets. Si ces derniers étaient touchés, ils devaient remettre l'objet dans la caisse initiale. Ce jeu traditionnel simple m'a permis de constater que les élèves transportant des objets éprouvaient le plus souvent des difficultés à percevoir les adversaires qui voulaient les toucher et qu'ils se faisaient donc très souvent toucher. Ils atteignaient alors très rarement la cible, à savoir la caisse à remplir.

Afin de pallier ce manque de lucidité et, par voie de conséquence, ce manque d'efficacité, je vais faire évoluer le jeu initial en aménageant un espace dans lequel les adversaires (les crocodiles) seront positionnés (la « rivière ») et d'où ils ne peuvent sortir **(2)**. Les transporteurs d'objets (les attaquants) ont ainsi plus de temps pour s'organiser individuellement (Quand s'engager pour franchir la rivière ? De quelle manière ?...) et collectivement (Comment se positionner par rapport aux adversaires pour augmenter la difficulté d'intervention des adversaires ? Faut-il se sacrifier pour faire gagner l'équipe ? Si oui, sous quelle forme ?...).

Appâts et réponses possibles

(2) La rivière aux crocodiles : *voir description du jeu p. 261.*

Je vous proposerai, dans un second temps, au regard des réponses de mes élèves, des évolutions sous forme de simplification ou de complexification.

- **La situation**

Le but pour l'élève

Vider une caisse et remplir une autre caisse en franchissant une zone (la rivière), dans laquelle sont positionnés des adversaires (les crocodiles), sans se faire toucher.

Le dispositif

Ma classe de 24 élèves est divisée en trois équipes de 8 élèves. Je mets en place deux jeux en parallèle et je désigne une des trois équipes comme étant les crocodiles. Cette équipe se divise en deux groupes de 4 élèves : un groupe par jeu. Je favorise ainsi une plus grande quantité d'actions **(3)**.

Lorsque les équipes ont réussi à remplir les caisses sur les deux jeux, l'équipe en défense change. Sur trois temps de jeu, chaque équipe sera donc deux fois en attaque et une fois en défense, favorisant ainsi une plus grande variété d'actions **(3)**.

Appâts et réponses possibles

(3) Une plus grande quantité et une plus grande variété d'actions. Cette démarche est très bien décrite dans l'ouvrage « Les jeux sportifs collectifs à l'école élémentaire » du CRDP et du CDDP de Grenoble. Il s'agit pour l'enseignant de mettre en place un dispositif qui va d'abord favoriser une plus grande quantité d'actions ; il va par exemple mettre en place deux jeux en parallèle et diminuer le nombre de joueurs par équipe. Ce dispositif va également favoriser une plus grande variété d'actions en organisant les rotations : attaquant, défenseur, arbitre.

Le terrain de jeu fait la taille d'un demi terrain de handball soit 20 m par 20 m. La rivière aux crocodiles est positionnée au milieu de cet espace et mesure 20 m de long, soit la largeur du terrain, sur 3 m de large.

Les caisses sont positionnées à l'extérieur du carré et se font face.

Remarque : un rapide schéma permettra une compréhension plus aisée.

- **Les consignes**

<u>Premier temps de la situation</u>

Dans un premier temps, il y a 8 attaquants et 4 défenseurs.

Les défenseurs ne peuvent pas sortir de leur rivière. Les attaquants touchés dans la rivière doivent remettre l'objet transporté dans la caisse à vider. Chaque attaquant ne peut transporter qu'un seul objet à la fois. Les attaquants ne peuvent pas sortir des limites du terrain, sinon ils doivent également remettre l'objet dans la caisse à vider.

- **Les comportements attendus pour réussir**

Remarque : le libellé du sujet vous demande d'aborder le problème offensif (l'atteinte de la cible). Pour autant, certaines questions sur la défense peuvent vous être posées lors de l'entretien. Voir des éléments de réponse sur ces questions de comportements défensifs attendus **(4)**.

Comme attaquant

– individuellement : franchir la zone lorsque le ou les adversaires sont éloignés ; franchir la zone en pleine vitesse ; effectuer des changements de direction, des feintes afin d'« éliminer » un adversaire ;

– collectivement : se répartir sur toute la longueur de la rivière afin d'écarter la défense adverse ; attirer un ou plusieurs adversaires dans une zone afin de permettre aux partenaires de franchir plus aisément la rivière (notion de sacrifice éventuellement).

Appâts et réponses possibles

(4) Comportements défensifs attendus lors de cette situation :

– individuellement : se centrer sur un adversaire et le suivre (ne pas « papillonner » en changeant d'adversaire à toucher), dissuader un attaquant en se rapprochant de lui ; avoir des appuis dynamiques afin de pouvoir réagir au plus vite aux changements de direction de l'attaquant ;

– collectivement : se répartir équitablement l'espace d'intervention (la rivière) afin d'occuper efficacement un maximum de terrain.

- **Comportements prévisibles et évolutions possibles (⇒) mises en places lors du temps 2 de la situation**

Vers une simplification de la situation à l'issue du temps 1 :

Individuellement

– les attaquants s'engagent dans la zone sans tenir compte des crocodiles :

⇒ leur demander de s'arrêter avant de franchir la ligne afin d'observer la position du ou des adversaires,

⇒ diminuer le nombre d'adversaires (3 voire 2),

⇒ si c'est encore trop compliqué, aménager des couloirs de 2 m de large dans la rivière, dans lesquels les crocodiles ne peuvent intervenir ;

– les attaquants ne tiennent pas compte de la vitesse d'intervention des adversaires ⇒ leur demander de franchir la rivière en pleine vitesse dès lors que le choix du franchissement est opéré ;

– certains élèves sont plus touchés que d'autres ⇒ donner la possibilité aux autres attaquants de prendre plusieurs objets afin d'inciter (et non pas d'obliger !) (5) les défenseurs à choisir d'intervenir prioritairement sur ces derniers.

Collectivement

Les attaquants jouent sans tenir compte de leurs partenaires :

⇒ leur demander de ne pas suivre un partenaire (sauf lorsque l'espace est libre) afin de ne pas faciliter le travail des défenseurs ;

⇒ observer quand un partenaire entre dans la rivière pour s'engager lorsque l'adversaire est en mouvement et qu'il s'éloigne.

Les attaquants ne réussissent pas à remplir leur caisse ⇒ donner un temps de jeu de 5 minutes et compter le nombre d'objets transportés.

Appâts et réponses possibles

(5) **Inciter ou imposer ?** Il nous semble plus pertinent, pédagogiquement, de mettre en place des règles qui incitent les élèves à modifier leur comportement en fonction des nouvelles règles plutôt que d'imposer des comportements par des règles trop restrictives. L'exemple type est l'obligation qui peut être faite aux élèves d'une même équipe de faire des passes à tous les joueurs de cette équipe avant de pouvoir tirer au but ou au panier. Ce genre de règle s'oppose à la logique de l'activité d'une part (marquer plus de points que l'adversaire afin de gagner le match) et elle peut engendrer des attitudes de condescendance vis-à-vis des élèves les plus en difficulté : les passes ne sont faites que pour respecter la règle et non pas pour faire évoluer le jeu vers la cible afin de tenter de marquer un point. Il est préférable de constituer des groupes de niveaux ou encore de mettre en place des situations de jeux à « double score » comme le Bingo/Banco/Jackpot décrit p. 264.

Vers une complexification de la situation à l'issue du temps 1 :

Individuellement

Les attaquants ne prennent plus de risques et attendent trop longtemps avant de tenter de franchir la rivière ⇒ permettre à 1 ou 2 crocodiles de sortir de leur zone pour venir toucher les crocodiles.

Collectivement

Les attaquants franchissent trop facilement la rivière ⇒ augmenter la taille de la rivière.

Pour aller plus loin

- **Règles d'efficacité à intégrer par l'élève pour réussir**

– Individuellement : « je m'engage dans la zone en pleine vitesse », « je franchis la zone en étant éloigné d'un crocodile ».

– Collectivement : « je me positionne en fonction de mes partenaires : par exemple, je m'éloigne d'eux afin de poser plus de problèmes aux adversaires », « je joue en fonction des autres : par exemple, en essayant d'attirer un crocodile afin de favoriser le passage d'un ou de plusieurs partenaires ».

- **Différenciation**

Elle s'opère à plusieurs niveaux :

– la constitution de groupes de niveau : constituer deux groupes (un groupe fort sur un terrain et un groupe un peu moins fort sur l'autre) ;

– au niveau des évolutions proposées ou pas aux élèves en fonction de leurs résultats lors de la phase 1 de la situation.

- **Indicateurs de réussite**

Individuellement

Chaque élève marque au moins 2 points.

Collectivement

L'équipe marque plus de points que les équipes adverses.

- **Évaluation**

Grille de niveaux d'habileté :

Niveau	Prises d'informations	Choix individuels	Choix collectifs
1	Centration sur la zone à traverser.	Course rectiligne et sans variation de vitesse.	Joue le plus souvent seul.
2	Centration sur l'adversaire proche se trouvant dans la zone à traverser.	Course en fonction de l'adversaire et après une prise d'information.	Positionnement et engagement dans la zone en fonction du partenaire proche.
3	Centration sur les adversaires se trouvant dans la zone à traverser.	Courses diverses en fonction de la situation et de l'adversaire : feinte, esquive…	Positionnement et engagement dans la zone en fonction des partenaires.

- **La sécurité**

Sécurité passive

Je vérifie avant l'activité de mes élèves :

– que les équipements mobiles (buts, paniers de basketball…) sont bien fixés ;

– que le sol est praticable ;

– que le matériel qui est éventuellement entreposé autour du terrain (bancs, chaises, plinths…) se trouve suffisamment loin de l'espace de jeu.

Je rappelle les consignes avant le début de la séance.

Sécurité active

Je m'assure de la compréhension et du respect des règles en action et je n'hésite pas à faire reformuler par les élèves afin de juger de leur niveau de compréhension.

La maîtrise des déplacements (vitesse, trajectoire), la prise en compte des espaces et des adversaires sont autant d'éléments qui vont permettre à tous mes élèves d'évoluer en sécurité.

- **Le lien avec le socle commun et les autres disciplines**

La pratique des jeux traditionnels et collectifs est l'occasion pour mes élèves de construire également des compétences transversales. Ils favorisent ainsi un **engagement lucide dans l'action**, tant individuellement que collectivement, en prenant en compte un nombre croissant de paramètres (espace, cible à atteindre, partenaire, adversaire) et en élaborant des choix de plus en plus efficaces : à quel moment franchir la rivière, à quelle vitesse, en fonction de quel adversaire…

La mise en œuvre d'intentions tactiques individuelles et collectives contribue de la même manière à la construction de compétences du socle commun de connaissances, de compétences et de culture et plus précisément :
– s'exprimer clairement à l'oral en utilisant un vocabulaire approprié (partenaire, adversaire proche ou lointain, cible…) lors des phases d'échanges avec les partenaires afin d'élaborer des intentions tactiques en lien avec le domaine 1 : « les langages pour penser et communiquer ». C'est également l'occasion de développer des croisements entre enseignements (EPS et français) préconisés par les programmes ;
– adopter un comportement responsable (respect des règles, des autres en lien avec le domaine 3 : « la formation de la personne et du citoyen »).

- **Le lien avec la santé**

J'ai fait le choix de proposer aux élèves une situation évolutive et différenciée qui permet à chaque élève de s'investir dans l'activité et de se retrouver en situation de réussite en construisant des compétences motrices mais également plus transversales.

Ces compétences sont le garant de la **construction d'une** « **attitude santé** » telle qu'elle est définie dans le cahier pédagogique n° 15 de janvier 2010 de l'USEP, l'Union Sportive de l'Enseignement du premier degré. À la suite de la conférence d'Ottawa en 1986, la santé n'est plus considérée comme une fin en soi, comme le but de la vie, mais bien comme une ressource de la vie quotidienne. Elle ne se borne pas seulement à préconiser l'adoption de modes de vie qui favorisent la bonne santé ; son ambition est le bien-être complet de l'individu, dans tous ses aspects : physique, mental et social. L'individu, ici mon élève, doit pouvoir identifier et réaliser ses ambitions, satisfaire ses besoins et évoluer avec son milieu ou s'y adapter.

Par la pratique des jeux traditionnels et des jeux collectifs, mes élèves vont ainsi pouvoir :
– résoudre des problèmes : comment m'organiser individuellement et collectivement pour traverser la rivière et marquer des points afin de permettre à mon équipe de gagner ;
– prendre des décisions individuelles et collectives : s'engager ou attendre, jouer pour soi ou se « sacrifier » pour l'équipe… ;
– informer, échanger en arbitrant par exemple : rôle qui n'a pas été abordé lors de cette situation mais qui le sera lors des prochaines séances ;
– avoir conscience de soi en se situant individuellement et collectivement sur le terrain, en participant **à la mise en œuvre** des intentions tactiques, en ayant connaissance de ses capacités comme des attentes de l'enseignant.

Conclusion

À l'issue de cette situation, mes élèves jouent plus facilement vers l'avant et vers la cible à atteindre. Ils sont également plus lucides dans leurs choix individuels et collectifs, notamment par une prise en compte plus pertinente des partenaires et adversaires. Afin de faire évoluer les comportements, je vais maintenant les faire jouer dans deux directions :
– le retour au jeu global (vider les caisses avec adversaires) ;
– l'évolution de ce jeu en introduisant des balles en situations aménagées (du type rivière aux crocodiles) ou en jeu plus global.

Ils vont alors construire ainsi d'autres compétences et plus particulièrement la maîtrise de la passe.

Ils développeront ainsi une « attitude santé » conçue comme une ressource de la vie quotidienne qui met l'accent sur les ressources sociales et personnelles, et sur les capacités physiques.

D'autres jeux plus complexes seront ensuite abordés dès l'an prochain, puis au cycle 3 **(6)**.

Appâts et réponses possibles

(6) La complexité des jeux : au cycle 2, des jeux plus complexes avec un début de réversibilité entre les rôles d'attaquant et de défenseur comme « Le drapeau simple » décrit p. 66 peuvent être envisagés. Au cycle 3, les jeux collectifs préconisés par les programmes d'EPS et les compléments de programmes du 5 janvier 2012 sont les jeux sportifs collectifs de type football, handball, basket-ball, rugby ou encore volley-ball. Pour autant, il est tout à fait possible de programmer des jeux collectifs de même niveau de difficulté comme par exemple « Poules/Renards/Vipères » décrit p. 35. Voir aussi remarque **(1)**.

Questions possibles du jury

Vous pouvez également imaginer des questions à partir des appâts proposés dans le corrigé.

1 « Certains élèves n'arrivent toujours pas à franchir la rivière aux crocodiles. Que faites-vous ? »

Réponse : Afin de mettre ces élèves en situation de réussite, je vais organiser des rivières avec très peu de crocodiles, voire un seul, et je vais insister pour qu'ils identifient bien les temps d'engagement propices en faisant émerger des règles d'efficacité : par exemple, je ne m'engage que si le crocodile est à l'opposé de moi ; ou encore, si je m'engage, je dois courir le plus vite possible et en ligne droite.

2 « Vos élèves de CP peuvent-ils arbitrer des rencontres ? »

Réponse : Oui, à certaines conditions :
– ils arbitrent à plusieurs ;
– ils n'ont qu'une tâche à accomplir à la fois. Par exemple, regarder si le crocodile a bien touché ceux qui veulent traverser la rivière ;
– le nombre de joueurs dans le jeu est réduit ;
– chaque élève sera arbitre à son tour.

3 « Envisagez-vous de proposer une balle aux capitaine ou un match de handball à vos élèves de CP ? »

Réponse : Non ! Ce sont des jeux ou des sports collectifs trop complexes. Voir appâts n° 6 ci-dessus et classification des jeux (p. 245-246).

4 « Quel prolongement pourriez-vous envisager à votre séquence de jeux collectifs ? »

Réponse : Mettre en place une rencontre sportive entre plusieurs classes de l'école ou entre des classes d'écoles différentes. Une rencontre sportive n'a d'intérêt que si une séquence de jeux collectifs a été mise en place auparavant. Ainsi, les élèves se construisent des compétences réinvestissables.

Nouveaux programmes de l'école maternelle (*B.O.* n° 2 du 26 mars 2015)

L'école maternelle : un cycle unique, fondamental pour la réussite de tous

La loi de refondation de l'École crée un cycle unique pour l'école maternelle et souligne sa place fondamentale comme première étape pour garantir la réussite de tous les élèves au sein d'une école juste pour tous et exigeante pour chacun. Ce temps de scolarité, bien que non obligatoire, établit les fondements éducatifs et pédagogiques sur lesquels s'appuient et se développent les futurs apprentissages des élèves pour l'ensemble de leur scolarité.

L'école maternelle est une école bienveillante, plus encore que les étapes ultérieures du parcours scolaire. Sa mission principale est de donner envie aux enfants d'aller à l'école pour apprendre, affirmer et épanouir leur personnalité. Elle s'appuie sur un principe fondamental : tous les enfants sont capables d'apprendre et de progresser. En manifestant sa confiance à l'égard de chaque enfant, l'école maternelle l'engage à avoir confiance dans son propre pouvoir d'agir et de penser, dans sa capacité à apprendre et réussir sa scolarité et au-delà.

[…]

Les cinq domaines d'apprentissage

Les enseignements sont organisés en cinq domaines d'apprentissage. Cette organisation permet à l'enseignant d'identifier les apprentissages visés et de mettre en œuvre leurs interactions dans la classe. Chacun de ces cinq domaines est essentiel au développement de l'enfant et doit trouver sa place dans l'organisation du temps quotidien. Dans la mesure où toute situation pédagogique reste, du point de vue de l'enfant, une situation riche de multiples possibilités d'interprétations et d'actions, elle relève souvent pour l'enseignant de plusieurs domaines d'apprentissage.

Le domaine « Mobiliser le langage dans toutes ses dimensions » réaffirme la place primordiale du langage à l'école maternelle comme condition essentielle de la réussite de toutes et de tous. La stimulation et la structuration du langage oral d'une part, l'entrée progressive dans la culture de l'écrit d'autre part, constituent des priorités de l'école maternelle et concernent l'ensemble des domaines.

Les domaines « Agir, s'exprimer, comprendre à travers l'activité physique » ; « Agir, s'exprimer, comprendre à travers les activités artistiques » permettent de développer les interactions entre l'action, les sensations, l'imaginaire, la sensibilité et la pensée.

Les domaines « Construire les premiers outils pour structurer sa pensée » et « Explorer le monde » s'attachent à développer une première compréhension de l'environnement des enfants et à susciter leur questionnement. En s'appuyant sur des connaissances initiales liées à leur vécu, l'école maternelle met en place un parcours qui leur permet d'ordonner le monde qui les entoure, d'accéder à des représentations usuelles et à des savoirs que l'école élémentaire enrichira.

Le programme établit, pour chaque domaine d'apprentissage, une définition générale, énonce les objectifs visés et donne des indications pédagogiques de nature à fournir des repères pour organiser la progressivité des apprentissages.

[...]

2. AGIR, S'EXPRIMER, COMPRENDRE À TRAVERS L'ACTIVITÉ PHYSIQUE

La pratique d'activités physiques et artistiques contribue au développement moteur, sensoriel, affectif, intellectuel et relationnel des enfants. Ces activités mobilisent, stimulent, enrichissent l'imaginaire et sont l'occasion d'éprouver des émotions, des sensations nouvelles. Elles permettent aux enfants d'explorer leurs possibilités physiques, d'élargir et d'affiner leurs habiletés motrices, de maîtriser de nouveaux équilibres. Elles les aident à construire leur latéralité, l'image orientée de leur propre corps et à mieux se situer dans l'espace et dans le temps.

Ces expériences corporelles visent également à développer la coopération, à établir des rapports constructifs à l'autre, dans le respect des différences, et contribuer ainsi à la socialisation. La participation de tous les enfants à l'ensemble des activités physiques proposées, l'organisation et les démarches mises en oeuvre cherchent à lutter contre les stéréotypes et contribuent à la construction de l'égalité entre filles et garçons. Les activités physiques participent d'une éducation à la santé en conduisant tous les enfants, quelles que soient leurs « performances », à éprouver le plaisir du mouvement et de l'effort, à mieux connaître leur corps pour le respecter.

2.1. Objectifs visés et éléments de progressivité

À leur arrivée à l'école maternelle, tous les enfants ne sont pas au même niveau de développement moteur. Ils n'ont pas réalisé les mêmes expériences corporelles et celles-ci ont pris des sens différents en fonction des contextes dans lesquels elles se sont déroulées. Le choix des activités physiques variées, prenant toujours des formes adaptées à l'âge des enfants, relève de l'enseignant, dans le cadre d'une programmation de classe et de cycle pour permettre d'atteindre les quatre objectifs caractéristiques de ce domaine d'apprentissage. Le besoin de mouvement des enfants est réel. Il est donc impératif d'organiser une séance quotidienne (de trente à quarante-cinq minutes environ, selon la nature des activités, l'organisation choisie, l'intensité des actions réalisées, le moment dans l'année, les comportements des enfants...). Ces séances doivent être organisées en cycles de durée suffisante pour que les enfants disposent d'un temps qui garantisse une véritable exploration et permette la construction de conquêtes motrices significatives.

• Agir dans l'espace, dans la durée et sur les objets

Peu à peu, parce qu'il est sollicité par l'enseignant pour constater les résultats de ses actions, l'enfant prend plaisir à s'investir plus longuement dans les situations d'apprentissage qui lui sont proposées. Il découvre la possibilité d'enchaîner des comportements moteurs pour assurer une continuité d'action (prendre une balle, puis courir pour franchir un obstacle, puis viser une cible pour la faire tomber, puis repartir au point de départ pour prendre un nouveau projectile...). Il apprend à fournir des efforts dans la durée, à chercher à parcourir plus de distance dans un temps donné (« matérialisé » par un sablier, une chanson enregistrée...).

En agissant sur et avec des objets de tailles, de formes ou de poids différents (balles, ballons, sacs de graines, anneaux...), l'enfant en expérimente les propriétés, découvre des utilisations possibles (lancer, attraper, faire rouler...), essaie de reproduire un effet qu'il a obtenu au hasard des tâtonnements. Il progresse dans la perception et l'anticipation de la trajectoire d'un objet dans l'espace qui sont, même après l'âge de cinq ans, encore difficiles.

• Adapter ses équilibres et ses déplacements à des environnements ou des contraintes variés

Certains des plus jeunes enfants ont besoin de temps pour conquérir des espaces nouveaux ou s'engager dans des environnements inconnus. D'autres, au contraire, investissent d'emblée les propositions nouvelles sans appréhension mais également sans conscience des risques potentiels. Dans tous les cas, l'enseignant amène les enfants à découvrir leurs possibilités, en proposant des situations qui leur permettent d'explorer et d'étendre (repousser) leurs limites. Il les invite à mettre en jeu des conduites motrices inhabituelles (escalader, se suspendre, ramper...), à développer de nouveaux équilibres (se renverser, rouler, se laisser flotter...), à découvrir des espaces inconnus ou caractérisés par leur incertitude (piscine, patinoire, parc, forêt...). Pour les enfants autour de quatre ans, l'enseignant enrichit ces expérimentations à l'aide de matériels sollicitant l'équilibre (patins, échasses...), permettant de nouveaux modes de déplacement (tricycles, draisiennes, vélos, trottinettes...). Il attire l'attention des enfants sur leur propre sécurité et celle des autres, dans des situations pédagogiques dont le niveau de risque objectif est contrôlé par l'adulte.

• Communiquer avec les autres au travers d'actions à visée expressive ou artistique

Les situations proposées à l'enfant lui permettent de découvrir et d'affirmer ses propres possibilités d'improvisation, d'invention et de création en utilisant son corps. L'enseignant utilise des supports sonores variés (musiques, bruitages, paysages sonores...) ou, au contraire, développe l'écoute de soi et des autres au travers du silence. Il met à la disposition des enfants des objets initiant ou prolongeant le mouvement (voiles, plumes, feuilles...), notamment pour les plus jeunes d'entre eux. Il propose des aménagements d'espace adaptés, réels ou fictifs, incitent à de nouvelles expérimentations. Il amène à s'inscrire dans une réalisation de groupe. L'aller-retour entre les rôles d'acteurs et de spectateurs permet aux plus grands de mieux saisir les différentes dimensions de l'activité, les enjeux visés, le sens du progrès. L'enfant participe ainsi à un projet collectif qui peut être porté au regard d'autres spectateurs, extérieurs au groupe classe.

- **Collaborer, coopérer, s'opposer**

Pour le jeune enfant, l'école est le plus souvent le lieu d'une première découverte des jeux moteurs vécus en collectif. La fonction de ce collectif, l'appropriation de différents modes d'organisation, le partage du matériel et la compréhension des rôles nécessitent des apprentissages. Les règles communes (délimitations de l'espace, but du jeu, droits et interdits ...) sont une des conditions du plaisir de jouer, dans le respect des autres.

Pour les plus jeunes, l'atteinte d'un but commun se fait tout d'abord par l'association d'actions réalisées en parallèle, sans réelle coordination. Il s'agit, dans les formes de jeu les plus simples, de comprendre et de s'approprier un seul rôle. L'exercice de rôles différents instaure les premières collaborations (vider une zone des objets qui s'y trouvent, collaborer afin de les échanger, les transporter, les ranger dans un autre camp...). Puis, sont proposées des situations dans lesquelles existe un réel antagonisme des intentions (dérober des objets, poursuivre des joueurs pour les attraper, s'échapper pour les éviter...) ou une réversibilité des statuts des joueurs (si le chat touche la souris, celle-ci devient chat à sa place...).

D'autres situations ludiques permettent aux plus grands d'entrer au contact du corps de l'autre, d'apprendre à le respecter et d'explorer des actions en relation avec des intentions de coopération ou d'opposition spécifiques (saisir, soulever, pousser, tirer, immobiliser...). Que ce soit dans ces jeux à deux ou dans des jeux de groupe, tous peuvent utilement s'approprier des rôles sociaux variés : arbitre, observateur, responsable de la marque ou de la durée du jeu.

2.2. Ce qui est attendu des enfants en fin d'école maternelle

– Courir, sauter, lancer de différentes façons, dans des espaces et avec des matériels variés, dans un but précis.
– Ajuster et enchaîner ses actions et ses déplacements en fonction d'obstacles à franchir ou de la trajectoire d'objets sur lesquels agir.
– Se déplacer avec aisance dans des environnements variés, naturels ou aménagés.
– Construire et conserver une séquence d'actions et de déplacements, en relation avec d'autres partenaires, avec ou sans support musical.
– Coordonner ses gestes et ses déplacements avec ceux des autres, lors de rondes et jeux chantés.
– Coopérer, exercer des rôles différents complémentaires, s'opposer, élaborer des stratégies pour viser un but ou un effet commun.

Nouveaux programmes de l'école élémentaire (*B.O.* du 26 novembre 2015)

Programme d'enseignement du cycle des apprentissages fondamentaux (cycle 2)

L'éducation physique et sportive développe l'accès à un riche champ de pratiques, à forte implication culturelle et sociale, importantes dans le développement de la vie personnelle et collective de l'individu. Tout au long de la scolarité, l'éducation physique et sportive a pour finalité de former un citoyen lucide, autonome, physiquement et socialement éduqué, dans le souci du vivre-ensemble. Elle amène les enfants et les adolescents à rechercher le bien-être et à se soucier de leur santé. Elle assure l'inclusion, dans la classe, des élèves à besoins éducatifs particuliers ou en situation de handicap. L'éducation physique et sportive initie au plaisir de la pratique sportive.

L'éducation physique et sportive répond aux enjeux de formation du socle commun en permettant à tous les élèves, filles et garçons ensemble et à égalité, *a fortiori* les plus éloignés de la pratique physique et sportive, de construire cinq compétences travaillées en continuité durant les différents cycles :
– développer sa motricité et apprendre à s'exprimer en utilisant son corps ;
– s'approprier, par la pratique physique et sportive, des méthodes et des outils ;
– partager des règles, assumer des rôles et des responsabilités ;
– apprendre à entretenir sa santé par une activité physique régulière ;
– s'approprier une culture physique sportive et artistique.

Pour développer ces compétences générales, l'éducation physique et sportive propose à tous les élèves, de l'école au collège, un parcours de formation constitué de quatre champs d'apprentissage complémentaires :
– produire une performance optimale, mesurable à une échéance donnée ;
– adapter ses déplacements à des environnements variés ;
– s'exprimer devant les autres par une prestation artistique et/ou acrobatique ;
– conduire et maîtriser un affrontement collectif ou interindividuel.

Chaque champ d'apprentissage permet aux élèves de construire des compétences intégrant différentes dimensions (motrice, méthodologique, sociale), en s'appuyant sur des activités physiques sportives et artistiques (APSA) diversifiées. Chaque cycle des programmes (cycles 2, 3, 4) doit permettre aux élèves de rencontrer les quatre champs d'apprentissage. À l'école et au collège, un projet pédagogique définit un parcours de formation équilibré et progressif, adapté aux caractéristiques des élèves, aux capacités des matériels et équipements disponibles, aux ressources humaines mobilisables.

Spécificités du cycle 2

Au cours du cycle 2, les élèves s'engagent spontanément et avec plaisir dans l'activité physique. Ils développent leur motricité, ils construisent un langage corporel et apprennent à verbaliser les émotions ressenties et actions réalisées. Par des pratiques physiques individuelles et collectives, ils accèdent à des valeurs morales et sociales (respect de règles, respect de soi-même et d'autrui). À l'issue du cycle 2, les élèves ont acquis des habiletés motrices essentielles à la suite de leur parcours en éducation physique et sportive. Une attention particulière est portée au savoir-nager.

Compétences travaillées	Domaines du socle
Développer sa motricité et construire un langage du corps – Prendre conscience des différentes ressources à mobiliser pour agir avec son corps. – Adapter sa motricité à des environnements variés. – S'exprimer par son corps et accepter de se montrer à autrui.	1
S'approprier seul ou à plusieurs, par la pratique, les méthodes et outils pour apprendre – Apprendre par essai-erreur en utilisant les effets de son action. – Apprendre à planifier son action avant de la réaliser.	2
Partager des règles, assumer des rôles et des responsabilités pour apprendre à vivre ensemble – Assumer les rôles spécifiques aux différentes APSA (joueur, coach, arbitre, juge, médiateur, organisateur...). – Élaborer, respecter et faire respecter règles et règlements. – Accepter et prendre en considération toutes les différences interindividuelles au sein d'un groupe.	3
Apprendre à entretenir sa santé par une activité physique régulière – Découvrir les principes d'une bonne hygiène de vie, à des fins de santé et de bien-être. – Ne pas se mettre en danger par un engagement physique dont l'intensité excède ses qualités physiques.	4
S'approprier une culture physique sportive et artistique – Découvrir la variété des activités et des spectacles sportifs. – Exprimer des intentions et des émotions par son corps dans un projet artistique individuel ou collectif.	5

• Produire une performance optimale, mesurable à une échéance donnée

Attendus de fin de cycle
– Courir, sauter, lancer à des intensités et des durées variables dans des contextes adaptés. – Savoir différencier : courir vite et courir longtemps / lancer loin et lancer précis / sauter haut et sauter loin. – Accepter de viser une performance mesurée et de se confronter aux autres. – Remplir quelques rôles spécifiques.

➤➤➤

Compétences travaillées pendant le cycle	Exemples de situations, d'activités et de ressources pour l'élève
– Transformer sa motricité spontanée pour maîtriser les actions motrices ; courir, sauter, lancer. – Utiliser sa main d'adresse et son pied d'appel et construire une adresse gestuelle et corporelle bilatérale. – Mobiliser de façon optimale ses ressources pour produire des efforts à des intensités variables. – Pendant l'action, prendre des repères extérieurs à son corps pour percevoir : espace, temps, durée et effort. – Respecter les règles de sécurité édictées par le professeur.	Activités athlétiques aménagées.
Repères de progressivité Quelle que soit l'activité athlétique, l'enjeu est de confronter l'élève à une performance qu'il peut évaluer. Il doit, tout au long du cycle, en mobilisant toutes ses ressources, agir sur des éléments de sa motricité spontanée pour en améliorer la performance.	

• Adapter ses déplacements à des environnements variés

Attendus de fin de cycle
– Se déplacer dans l'eau sur une quinzaine de mètres sans appui et après un temps d'immersion. – Réaliser un parcours en adaptant ses déplacements à un environnement inhabituel. L'espace est aménagé et sécurisé. – Respecter les règles de sécurité qui s'appliquent.

Compétences travaillées pendant le cycle	Exemples de situations, d'activités et de ressources pour l'élève
– Transformer sa motricité spontanée pour maîtriser les actions motrices. – S'engager sans appréhension pour se déplacer dans différents environnements. – Lire le milieu et adapter ses déplacements à ses contraintes. – Respecter les règles essentielles de sécurité. – Reconnaître une situation à risque.	Natation, activités de roule et de glisse, activités nautiques, équitation, parcours d'orientation, parcours d'escalade, etc.
Repères de progressivité En natation, les activités proposées permettent de passer de réponses motrices naturelles (découvrir le milieu, y évoluer en confiance) à des formes plus élaborées (flotter, se repérer) et plus techniques (se déplacer). L'objectif est de passer d'un équilibre vertical à un équilibre horizontal de nageur, d'une respiration réflexe à une respiration adaptée, puis passer d'une propulsion essentiellement basée sur les jambes à une propulsion essentiellement basée sur les bras. Tout au long du cycle, les activités d'orientation doivent se dérouler dans des espaces de plus en plus vastes et de moins en moins connus ; les déplacements doivent, au fur et à mesure de l'âge, demander l'utilisation de codes de plus en plus symboliques. Au fur et à mesure du cycle, la maîtrise des engins doit amener les élèves à se déplacer dans des milieux de moins en moins protégés et de plus en plus difficiles.	

• S'exprimer devant les autres par une prestation artistique et/ou acrobatique

Attendus de fin de cycle
– Mobiliser le pouvoir expressif du corps, en reproduisant une séquence simple d'actions apprise ou en présentant une action inventée. – S'adapter au rythme, mémoriser des pas, des figures, des éléments et des enchaînements pour réaliser des actions individuelles et collectives.

Compétences travaillées pendant le cycle	Exemples de situations, d'activités et de ressources pour l'élève
– S'exposer aux autres : s'engager avec facilité dans des situations d'expression personnelle sans crainte de se montrer. – Exploiter le pouvoir expressif du corps en transformant sa motricité et en construisant un répertoire d'actions nouvelles à visée esthétique. – S'engager en sécurité dans des situations acrobatiques en construisant de nouveaux pouvoirs moteurs. – Synchroniser ses actions avec celles de partenaires.	Danses collectives, danse de création, activités gymniques, arts du cirque.
Repères de progressivité Les activités expressives, artistiques, esthétiques ou acrobatiques proposées présentent une progressivité en termes de longueur, de difficultés d'exécution. L'élève évolue au cours du cycle en montrant une pratique de plus en plus élaborée, en passant progressivement de l'exécutant à la composition et à la chorégraphie simple. Lors des activités gymniques, il réalise des actions de plus en plus tournées et renversées, de plus en plus aériennes, de plus en plus manuelles, de plus en plus coordonnées. Il réalise progressivement des actions « acrobatiques » mettant en jeu l'équilibre (recherche d'exploits) et pouvant revêtir un caractère esthétique.	

• Conduire et maîtriser un affrontement collectif ou interindividuel

Attendus de fin de cycle	
Dans des situations aménagées et très variées, – S'engager dans un affrontement individuel ou collectif en respectant les règles du jeu. – Contrôler son engagement moteur et affectif pour réussir des actions simples. – Connaître le but du jeu. – Reconnaître ses partenaires et ses adversaires.	
Compétences travaillées pendant le cycle	**Exemples de situations, d'activités et de ressources pour l'élève**
– Rechercher le gain du jeu, de la rencontre. – Comprendre le but du jeu et orienter ses actions vers la cible. – Accepter l'opposition et la coopération. – S'adapter aux actions d'un adversaire. – Coordonner des actions motrices simples. – S'informer, prendre des repères pour agir seul ou avec les autres. – Respecter les règles essentielles de jeu et de sécurité.	Jeux traditionnels simples (gagne-terrain, béret, balle au capitaine, etc.), jeux collectifs avec ou sans ballon (à effectifs réduits), jeux pré-sportifs, jeux de lutte, jeux de raquettes.
Repères de progressivité Tout au long du cycle, la pratique d'activités collectives doit amener l'élève à se reconnaître comme attaquant ou défenseur, développer des stratégies, identifier et remplir des rôles et des statuts différents dans les jeux vécus et respecter les règles. Au cours du cycle, l'élève affronte seul un adversaire afin d'obtenir le gain du jeu, de développer des stratégies comme attaquant ou comme défenseur et de comprendre qu'il faut attaquer tout en se défendant (réversibilité des situations vécues).	

Croisements entre enseignements

L'éducation physique et sportive offre de nombreuses situations permettant aux élèves de pratiquer le langage oral. Ils sont ainsi amenés à utiliser un vocabulaire adapté, spécifique pour décrire les actions réalisées par un camarade, pour raconter ce qu'ils ont fait ou vu et pour se faire comprendre des autres.

En lien avec l'enseignement « Questionner le monde », l'éducation physique et sportive participe à l'éducation à la santé et à la sécurité. Elle contribue pleinement à l'acquisition des notions relatives à l'espace et au temps introduites en mathématiques et dans l'enseignement « Questionner le monde ». Toujours en mathématiques, les élèves peuvent utiliser différents modes de représentation (chiffres, graphiques, tableaux) pour rendre compte des performances réalisées et de leur évolution (exemple : graphique pour rendre compte de l'évolution de ses performances au cours du cycle, tableau ou graphique pour comparer les performances de plusieurs élèves).

En articulation avec l'enseignement moral et civique, les activités de cet enseignement créent les conditions d'apprentissage de comportements citoyens pour organiser un groupe, respecter les règles et autrui, accepter l'autre avec ses différences, développer l'estime de soi et regarder avec bienveillance la prestation de camarades.

Une langue vivante étrangère ou régionale peut être utilisée, par exemple pour donner les consignes de jeu ou de travail.

La danse, activité physique et artistique, approchée dans toutes ses formes, permet de faire le lien avec les activités artistiques.

Programme d'enseignement du cycle de consolidation (cycle 3)

L'éducation physique et sportive développe l'accès à un riche champ de pratiques, à forte implication culturelle et sociale, importantes dans le développement de la vie personnelle et collective de l'individu. Tout au long de la scolarité, l'éducation physique et sportive a pour finalité de former un citoyen lucide, autonome, physiquement et socialement éduqué, dans le souci du vivre-ensemble. Elle amène les enfants et les adolescents à rechercher le bien-être et à se soucier de leur santé. Elle assure l'inclusion, dans la classe, des élèves à besoins éducatifs particuliers ou en situation de handicap. L'éducation physique et sportive initie au plaisir de la pratique sportive.

L'éducation physique et sportive répond aux enjeux de formation du socle commun en permettant à tous les élèves, filles et garçons ensemble et à égalité, *a fortiori* les plus éloignés de la pratique physique et sportive, de construire cinq compétences travaillées en continuité durant les différents cycles :
- développer sa motricité et apprendre à s'exprimer en utilisant son corps ;
- s'approprier par la pratique physique et sportive, des méthodes et des outils ;
- partager des règles, assumer des rôles et des responsabilités ;
- apprendre à entretenir sa santé par une activité physique régulière ;
- s'approprier une culture physique sportive et artistique.

Pour développer ces compétences générales, l'éducation physique et sportive propose à tous les élèves, de l'école au collège, un parcours de formation constitué de quatre champs d'apprentissage complémentaires :
- produire une performance optimale, mesurable à une échéance donnée ;
- adapter ses déplacements à des environnements variés ;
- s'exprimer devant les autres par une prestation artistique et/ou acrobatique ;
- conduire et maîtriser un affrontement collectif ou interindividuel.

Chaque champ d'apprentissage permet aux élèves de construire des compétences intégrant différentes dimensions (motrice, méthodologique, sociale), en s'appuyant sur des activités physiques sportives et artistiques (APSA) diversifiées. Chaque cycle des programmes (cycles 2, 3, 4) doit permettre aux élèves de rencontrer les quatre champs d'apprentissage. À l'école et au collège, un projet pédagogique définit un parcours de formation équilibré et progressif, adapté aux caractéristiques des élèves, aux capacités des matériels et équipements disponibles, aux ressources humaines mobilisables.

Au cours du cycle 3, les élèves mobilisent leurs ressources pour transformer leur motricité dans des contextes diversifiés et plus contraignants. Ils identifient les effets immédiats de leurs actions, en insistant sur la nécessaire médiation du langage oral et écrit. Ils poursuivent leur initiation à des rôles divers (arbitre, observateur…) et comprennent la nécessité de la règle. Grâce à un temps de pratique conséquent, les élèves éprouvent et développent des méthodes de travail propres à la discipline (par l'action, l'imitation, l'observation, la coopération, etc.). La continuité et la consolidation des apprentissages nécessitent une coopération entre les professeurs du premier et du second degré. Dans la continuité du cycle 2, savoir nager reste une priorité.

En complément de l'éducation physique et sportive, l'association sportive du collège constitue une occasion, pour tous les élèves volontaires, de prolonger leur pratique physique dans un cadre associatif, de vivre de nouvelles expériences et de prendre en charge des responsabilités.

À l'issue du cycle 3, tous les élèves doivent avoir atteint le niveau attendu de compétence dans au moins une activité physique par champ d'apprentissage.

Compétences travaillées	Domaines du socle
Développer sa motricité et construire un langage du corps – Adapter sa motricité à des situations variées. – Acquérir des techniques spécifiques pour améliorer son efficacité. – Mobiliser différentes ressources (physiologique, biomécanique, psychologique, émotionnelle) pour agir de manière efficiente.	1
S'approprier seul ou à plusieurs par la pratique, les méthodes et outils pour apprendre – Apprendre par l'action, l'observation, l'analyse de son activité et de celle des autres. – Répéter un geste pour le stabiliser et le rendre plus efficace. – Utiliser des outils numériques pour observer, évaluer et modifier ses actions.	2
Partager des règles, assumer des rôles et des responsabilités – Assumer les rôles sociaux spécifiques aux différentes APSA et à la classe (joueur, coach, arbitre, juge, observateur, tuteur, médiateur, organisateur…). – Comprendre, respecter et faire respecter règles et règlements. – Assurer sa sécurité et celle d'autrui dans des situations variées. – S'engager dans les activités sportives et artistiques collectives.	3
Apprendre à entretenir sa santé par une activité physique régulière – Évaluer la quantité et la qualité de son activité physique quotidienne dans et hors l'école. – Connaître et appliquer des principes d'une bonne hygiène de vie. – Adapter l'intensité de son engagement physique à ses possibilités pour ne pas se mettre en danger.	4
S'approprier une culture physique sportive et artistique – Savoir situer des performances à l'échelle de la performance humaine. – Comprendre et respecter l'environnement des pratiques physiques et sportives.	5

• Produire une performance optimale, mesurable à une échéance donnée

Attendus de fin de cycle	
– Réaliser des efforts et enchaîner plusieurs actions motrices dans différentes familles pour aller plus vite, plus longtemps, plus haut, plus loin. – Combiner une course, un saut, un lancer pour faire la meilleure performance cumulée. – Mesurer et quantifier les performances, les enregistrer, les comparer, les classer, les traduire en représentations graphiques. – Assumer les rôles de chronométreur et d'observateur.	
Compétences travaillées pendant le cycle	**Exemples de situations, d'activités et de ressources pour l'élève**
– Combiner des actions simples : courir-lancer ; courir-sauter. – Mobiliser ses ressources pour réaliser la meilleure performance possible dans des activités athlétiques variées (courses, sauts, lancers). – Appliquer des principes simples pour améliorer la performance dans des activités athlétiques et/ou nautiques. – Utiliser sa vitesse pour aller plus loin, ou plus haut. – Rester horizontalement et sans appui en équilibre dans l'eau. – Pendant la pratique, prendre des repères extérieurs et des repères sur son corps pour contrôler son déplacement et son effort. – Utiliser des outils de mesures simples pour évaluer sa performance. – Respecter les règles des activités. – Passer par les différents rôles sociaux.	Activités athlétiques (courses, sauts, lancers) et natation.
Repères de progressivité – Des aménagements sont envisageables pour permettre aux élèves d'exploiter au mieux leurs ressources pour produire une performance maximale, source de plaisir. – Privilégier la variété des situations qui permettent d'exploiter différents types de ressources dans un temps d'engagement moteur conséquent. – Les retours sur leurs actions permettent aux élèves de progresser.	

• Adapter ses déplacements à des environnements variés

Attendus de fin de cycle	
– Réaliser, seul ou à plusieurs, un parcours dans plusieurs environnements inhabituels, en milieu naturel aménagé ou artificiel. – Connaître et respecter les règles de sécurité qui s'appliquent à chaque environnement. – Identifier la personne responsable à alerter ou la procédure en cas de problème. – Valider l'attestation scolaire du savoir nager (ASSN), conformément à l'arrêté du 9 juillet 2015.	
Compétences travaillées pendant le cycle	**Exemples de situations, d'activités et de ressources pour l'élève**
– Conduire un déplacement sans appréhension et en toute sécurité. – Adapter son déplacement aux différents milieux. – Tenir compte du milieu et de ses évolutions (vent, eau, végétation etc.). – Gérer son effort pour pouvoir revenir au point de départ. – Aider l'autre.	Activité de roule et de glisse, activités nautiques, équitation, parcours d'orientation, parcours d'escalade, savoir nager, etc.
Repères de progressivité La natation fera l'objet, dans la mesure du possible, d'un enseignement sur chaque année du cycle. Les activités d'orientation peuvent être programmées, quel que soit le lieu d'implantation de l'établissement. Les autres activités physiques de pleine nature seront abordées si les ressources locales ou l'organisation d'un séjour avec nuitées le permettent.	

• S'exprimer devant les autres par une prestation artistique et/ou acrobatique

Attendus de fin de cycle	
– Réaliser en petits groupes deux séquences : une à visée acrobatique destinée à être jugée, une autre à visée artistique destinée à être appréciée et à émouvoir. – Savoir filmer une prestation pour la revoir et la faire évoluer. – Respecter les prestations des autres et accepter de se produire devant les autres.	
Compétences travaillées pendant le cycle	**Exemples de situations, d'activités et de ressources pour l'élève**
– Utiliser le pouvoir expressif du corps de différentes façons. – Enrichir son répertoire d'actions afin de communiquer une intention ou une émotion. – S'engager dans des actions artistiques ou acrobatiques destinées à être présentées aux autres en maîtrisant les risques et ses émotions. – Mobiliser son imaginaire pour créer du sens et de l'émotion, dans des prestations collectives.	Danses collectives, activités gymniques, arts du cirque, danse de création.
Repères de progressivité Les activités artistiques et acrobatiques peuvent être organisées sur chacune des trois années du cycle, en exploitant les ressources et les manifestations sportives locales.	

• Conduire et maîtriser un affrontement collectif ou interindividuel

Attendus de fin de cycle	
En situation aménagée ou à effectif réduit, – S'organiser tactiquement pour gagner le duel ou le match en identifiant les situations favorables de marque. – Maintenir un engagement moteur efficace sur tout le temps de jeu prévu. – Respecter les partenaires, les adversaires et l'arbitre. – Assurer différents rôles sociaux (joueur, arbitre, observateur) inhérents à l'activité et à l'organisation de la classe. – Accepter le résultat de la rencontre et être capable de le commenter.	
Compétences travaillées pendant le cycle	**Exemples de situations, d'activités et de ressources pour l'élève**
– Rechercher le gain de l'affrontement par des choix tactiques simples. – Adapter son jeu et ses actions aux adversaires et à ses partenaires. – Coordonner des actions motrices simples. – Se reconnaître attaquant / défenseur. – Coopérer pour attaquer et défendre. – Accepter de tenir des rôles simples d'arbitre et d'observateur. – S'informer pour agir.	Jeux traditionnels plus complexes (thèque, béret, balle au capitaine, poules– vipères– renards, etc.), jeux collectifs avec ou sans ballon et jeux pré-sportifs collectifs (type handball, basket-ball, football, rugby, volley-ball…), jeux de combats (de préhension), jeux de raquettes (badminton, tennis).
Repères de progressivité Tout au long du cycle, la pratique d'activités collectives doit amener l'élève à se reconnaître comme attaquant ou défenseur, développer des stratégies, identifier et remplir des rôles et des statuts différents dans les jeux vécus et respecter les règles. Au cours du cycle, l'élève affronte seul un adversaire afin d'obtenir le gain du jeu, de développer des stratégies comme attaquant ou comme défenseur et de comprendre qu'il faut attaquer tout en se défendant (réversibilité des situations vécues).	

Croisements entre enseignements

L'éducation physique et sportive offre de nombreuses situations permettant aux élèves de pratiquer le langage oral. Ils sont ainsi amenés à utiliser un vocabulaire adapté, spécifique pour décrire les actions réalisées par un camarade et eux-mêmes, pour organiser leur activité ou celle d'un camarade et pour exprimer les émotions ressenties. Ils développent aussi des compétences de communication en pratiquant un langage dans un genre codifié (par exemple, restituer une observation faite à partir de critères précis face à un collectif ou un individu).

En articulant le concret et l'abstrait, les activités physiques et sportives donnent du sens à des notions mathématiques (échelle, distance...). Les élèves peuvent aussi utiliser différents modes de représentation (chiffres, graphiques, tableaux) pour rendre compte des performances réalisées, de leur évolution et les comparer (exemples : graphique pour rendre compte de l'évolution de ses performances au cours du cycle, tableau ou graphique pour comparer les performances de plusieurs élèves).

Les parcours ou courses d'orientation sont l'occasion de mettre en pratique les activités de repérage ou de déplacement (sur un plan, une carte) travaillées en mathématiques et en géographie.

En lien avec l'enseignement de sciences, l'éducation physique et sportive participe à l'éducation à la santé (besoins en énergie, fonctionnement des muscles et des articulations...) et à la sécurité (connaissance des gestes de premiers secours, des règles élémentaires de sécurité routière...).

En articulation avec l'enseignement moral et civique, les activités de cet enseignement créent les conditions d'apprentissage de comportements citoyens pour respecter les autres, refuser les discriminations, regarder avec bienveillance la prestation de camarades, développer de l'empathie, exprimer et reconnaître les émotions, reconnaître et accepter les différences et participer à l'organisation de rencontres sportives.

Une langue vivante étrangère ou régionale peut être utilisée par exemple, pour donner les consignes de jeu, pour commenter une rencontre, comme langue de présentation d'un spectacle acrobatique...

N.° de projet : 10232863 - LO YENNE
Dépôt légal : janvier 2017
Imprimé en Espagne par Gráficas Estella